地方上級／国家総合職・一般職・専門職

公務員試験

新スーパー過去問ゼミ**7**

経営学

資格試験研究会編
実務教育出版

新スーパー過去問ゼミ7
刊行に当たって

　公務員試験の過去問を使った定番問題集として，公務員受験生から圧倒的な信頼を寄せられている「スー過去」シリーズ。その「スー過去」が大改訂されて「**新スーパー過去問ゼミ7**」に生まれ変わりました。

　「7」では，最新の出題傾向に沿うよう内容を見直すとともに，より使いやすくより効率的に学習を進められるよう，細部までブラッシュアップしています。

「新スーパー過去問ゼミ7」改訂のポイント

① 令和3年度～令和5年度の問題を増補

② 過去15年分の出題傾向を詳細に分析

③ 1行解説・STEP解説，学習方法・掲載問題リストなど，
学習効率向上のための手法を改良

もちろん，「スー過去」シリーズの特長は，そのまま受け継いでいます。

・テーマ別編集で，主要試験ごとの出題頻度を明示

・「必修問題」「実戦問題」のすべてにわかりやすい解説

・「POINT」で頻出事項の知識・論点を整理

・本を開いたまま置いておける，柔軟で丈夫な製本方式

　本シリーズは，「地方上級」「国家一般職［大卒］」試験の攻略にスポットを当てた過去問ベスト・セレクションですが，「国家総合職」「国家専門職［大卒］」「市役所上級」試験など，大学卒業程度の公務員採用試験に幅広く対応できる内容になっています。

　公務員試験は難関といわれていますが，良問の演習を繰り返すことで，合格への道筋はおのずと開けてくるはずです。本書を開いた今この時から，目標突破へ向けての着実な準備を始めてください。

　あなたがこれからの公務を担う一員となれるよう，私たちも応援し続けます。

資格試験研究会

本書の構成

❶学習方法・問題リスト：巻頭には，本書を使った効率的な科目の攻略のしかたをアドバイスする「経営学の学習方法」と，本書に収録した全過去問を一覧できる「掲載問題リスト」を掲載している。過去問を選別して自分なりの学習計画を練ったり，学習の進捗状況を確認する際などに活用してほしい。

❷試験別出題傾向と対策：各章冒頭にある出題箇所表では，平成21年度以降の国家総合職，国家一般職，国家専門職（国税専門官），地方上級（全国型・東京都・特別区）の出題状況が一目でわかるようになっている。具体的な出題傾向は，試験別に解説を付してある。

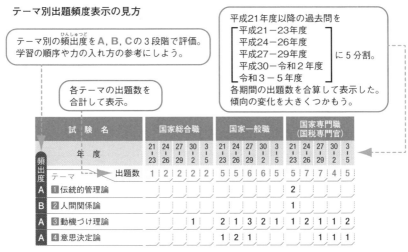

テーマ別出題頻度表示の見方

> テーマ別の頻出度をＡ，Ｂ，Ｃの３段階で評価。
> 学習の順序や力の入れ方の参考にしよう。

> 各テーマの出題数を
> 合計して表示。

> 平成21年度以降の過去問を
> ［平成21−23年度
> 　平成24−26年度
> 　平成27−29年度
> 　平成30−令和２年度
> 　令和３−５年度 ］に５分割。
> 各期間の出題数を合算して表示した。
> 傾向の変化を大きくつかもう。

頻出度	試験名	国家総合職					国家一般職					国家専門職（国税専門官）				
	年度	21−23	24−26	27−29	30−2	3−5	21−23	24−26	27−29	30−2	3−5	21−23	24−26	27−29	30−2	3−5
	テーマ　出題数	1	2	2	2	2	5	5	6	6	5	5	7	7	4	5
A	①伝統的管理論												2			
B	②人間関係論												1			
A	③動機づけ理論				1			2	1	3	2	1	2	1	1	2
A	④意思決定論							1	2	1			1	1		1

※令和２年度試験の情報については，新型コロナウィルス感染拡大により試験が延期された影響で，掲載できなかったところがある。

❸必修問題：各テーマのトップを飾るにふさわしい，合格のためには必ずマスターしたい良問をピックアップ。解説は，各選択肢の正誤ポイントをズバリと示す「**1行解説**」，解答のプロセスを示す「**STEP解説**」など，効率的に学習が進むように配慮した。また，正答を導くための指針となるよう，問題文中に以下のポイントを示している。

　　　　（アンダーライン部分）：正誤判断の決め手となる記述

　　　　（色が敷いてある部分）：覚えておきたいキーワード

「FOCUS」には，そのテーマで問われるポイントや注意点，補足説明などを掲載している。

必修問題のページ上部に掲載した「**頻出度**」は，各テーマをＡ，Ｂ，Ｃの３段階で評価し，さらに試験別の出題頻度を「★」の数で示している（★★★：最頻出，★★：頻出，★：過去15年間に出題実績あり，―：過去15年間に出題なし）。

❹POINT：これだけは覚えておきたい最重要知識を，図表などを駆使してコンパクトにまとめた。問題を解く前の知識整理に，試験直前の確認に活用してほしい。

❺実戦問題：各テーマの内容をスムーズに理解できるよう，バランスよく問題を選び，詳しく解説している。問題ナンバー上部の「*」は，その問題の「**難易度**」を表しており（***が最難），また，学習効果の高い重要な問題には❤マークを付けている。

❤ ** **No.2**　　必修問題と❤マークのついた問題を解いていけば，スピーディーに本書をひととおりこなせるようになっている。

なお，収録問題数が多いテーマについては，「**実戦問題❶**」「**実戦問題❷**」のように問題をレベル別またはジャンル別に分割し，解説を参照しやすくしている。

❻索引：巻末には，POINT等に掲載している重要語句を集めた用語索引がついている。用語の意味や定義の確認，理解度のチェックなどに使ってほしい。

本書で取り扱う試験の名称表記について

本書に掲載した問題の末尾には，試験名の略称および出題年度を記載している。

①**国家総合職**：国家公務員採用総合職試験
②**国家一般職**：国家公務員採用一般職試験［大卒程度試験］
③**国家専門職，国税専門官**：国家公務員採用専門職試験［大卒程度試験］，
　　　　　　　　　　　　　　　国税専門官採用試験，財務専門官採用試験
④**地方上級**：地方公務員採用上級試験（都道府県・政令指定都市）
　（全国型）：広く全国的に分布し，地方上級試験のベースとなっている出題型
　（東京都）：東京都職員Ⅰ類B採用試験
　（特別区）：特別区（東京23区）職員Ⅰ類採用試験

　※地方上級試験については，実務教育出版が独自に分析し，「全国型」「関東型」「中部・北陸型」「法律・経済専門タイプ」「その他の出題タイプ」「独自の出題タイプ（東京都，特別区など）」の6つに大別している。

本書に収録されている「過去問」について

①平成9年度以降の国家公務員試験の問題は，人事院により公表された問題を掲載している。地方上級の一部（東京都，特別区）も自治体により公表された問題を掲載している。それ以外の問題は，受験生から得た情報をもとに実務教育出版が独自に編集し，復元したものである。
②問題の論点を保ちつつ問い方を変えた，年度の経過により変化した実状に適合させた，などの理由で，問題を一部改題している場合がある。また，人事院などにより公表された問題も，用字用語の統一を行っている。

CONTENTS

公務員試験　新スーパー過去問ゼミ7

経営学

カバー・本文デザイン／小谷野まさを　　書名ロゴ／早瀬芳文

1. 公務員試験の経営学

●出題の特徴

　公務員試験の経営学は，基本的な学説や概念の正誤，または論者と学説の組み合わせを問う理論問題が大半を占める。経営史や経営事情の出題比率は，全体の1割程度である。

　ただし，経営学の出題は扱う対象がテーマごとに完結しておらず，**ある学説や概念が複数のテーマにわたって取り上げられる**。概念の定義や解釈が論者によって異なり，**専門用語の表記が微妙に違う場合もある**。

　そのため，学習の初期は煩雑な印象を受けるかも知れないが，基本となる知識を着実に押さえれば，得点源にすることは十分可能である。

●出題の内容

　国家総合職と国家一般職の難易度はほぼ同等である。両試験では，学説の内容を詳細に問う設問や比較的新しい学説を扱った設問が含まれ，複数のテーマを組み合せた折衷的な出題も多い。

　国家専門職は過去問で扱われた対象が中心であり，内容もある程度パターン化されている。

　地方上級は基本知識を問う総論型の出題とやや専門性の高い各論型の出題がある。

●出題の傾向

　各試験共通の頻出テーマは**経営学説**と**経営戦略論**である。次いでマーケティング，生産と技術，日本の企業と経営，株式会社制度，経営組織などが多い。

〈要点〉

・経営学では，学説や概念の正誤，論者と学説の組み合わせが主に問われる。
・国家総合職と国家一般職は，出題範囲が広く専門性も高い。
・国家専門職は，ある程度パターン化した出題が主体。
・地方上級では，総論型と各論型の出題が扱われる。
・最頻出テーマは，経営学説と経営戦略論。

---

2. 学習対策

●基本的な対策

　上述の通り，経営学の出題は折衷的な構成が多く，ある学説や概念が複数のテーマで取り上げられる。

　そのため，**出題パターンの全体像を把握するには，POINTのチェックと過去問演習を繰り返すことで，経営学の基本知識を定着させる必要がある**。

　いわば，知識の「地固め」に一定の時間を要することになるが，このプロセスを省いてしまうと，過去問に精通できても，本試験の**多様な出題に対応する判断力**が養われなくな

ってしまう。

各試験に共通する基本的な学習の手順は，次の通りである。

①**最初に各章の「試験別出題傾向と対策」とPOINTを概観する**。この段階では，頻出テーマの内容を，一通り確認する程度でかまわない。

②**過去問演習に取り組む**。いずれの試験でも，基本レベルの問題はしっかり理解し，多様な出題パターンを把握しておきたい。

③**過去問演習とPOINTのチェックを反復し，知識を定着させる**。学習の対象は「**誤りを見出し，正答を判別するための知識**」であり，過去問そのものではない。特に短期集中で取り組む際は，機械的な暗記に陥らぬよう注意が必要だ。直前期には，巻末の「頻出項目のチェックリスト」も活用しよう。

●試験別の対策

具体的な学習対策は試験によって異なる。より詳細な対策については，各章冒頭の「試験別出題傾向と対策」を参照されたい。

国家総合職では，質・量ともに経営学の幅広い知識が問われる。本書のPOINTと過去問のすべてに目を通そう。加えて，過去10年分の問題もチェックすることを勧める。なお，英文読解や計算問題が出題されることもある。

国家一般職は，令和元年度以降のテーマ構成はほぼ一定だが，年度によっては本書で扱われていない専門的なトピックも取り上げられる。総じて各設問の情報量が多く，文脈の矛盾を注意深く読み解くことが求められる。なお，かつて見受けられた高難度の出題は，近年減りつつある。

国家専門職（国税専門官と財務専門官）は，過去問の延長線上にある出題が主体なので，本書の基本レベルの問題を中心に取り組むと良い。また，国家総合職や国家一般職の出題が翌年以降に国家専門職でも取り上げられることがある。他試験の過去問にも目を通しておこう。

地方上級の出題パターンは，あるテーマのトピックを幅広く扱う総論型と特定の学説や概念を詳しく問う各論型に分かれる。総論型では基本レベルの設問が大半だが，各論型では主な学説について踏み込んだ理解が求められる。そのため，まず基本レベルの問題に取り組もう。そのうえで，各論型に備えてPOINTの主要な学説に習熟し，知識の拡充を図ろう。なお，地方上級と国家専門職は出題傾向に共通点が多い。両試験の受験者は，双方の過去問に目を通しておくのが得策だ。

〈要点〉
・経営学の学習のコツは，テーマ間の関連性を理解することにある。
・POINTの確認と過去問演習の反復で「正誤を判別するための知識」を養う。
・国家総合職は，本書の内容に加えて，過去10年分の問題をチェックする。
・国家一般職は，すべてのPOINTと過去問に取り組み，知識の拡充を図る。
・国家専門職と地方上級は，まず基本レベルの出題パターンを把握しよう。

合格者に学ぶ「スー過去」活用術

公務員受験生の定番問題集となっている「スー過去」シリーズであるが，先輩たちは本シリーズをどのように使って，合格を勝ち得てきたのだろうか。弊社刊行の『公務員試験受験ジャーナル』に寄せられた「合格体験記」などから，傾向を探ってみた。

 ## 自分なりの「戦略」を持って学習に取り組もう！

テーマ1から順番に一つ一つじっくりと問題を解いて，わからないところを入念に調べ，納得してから次に進む……という一見まっとうな学習法は，すでに時代遅れになっている。**合格者は，初期段階でおおまかな学習計画を立てて，戦略を練っている。**まずは各章冒頭にある「試験別出題傾向と対策」を見て，自分が受験する試験で各テーマがどの程度出題されているのかを把握し，「掲載問題リスト」を利用するなどして，**いつまでにどの程度まで学習を進めればよいか，学習全体の流れをイメージ**しておきたい。

 ## 完璧をめざさない！ザックリ進めながら復習を繰り返せ！

本番の試験では，6～7割の問題に正答できればボーダーラインを突破できる。裏を返せば3～4割の問題は解けなくてもよいわけで，完璧をめざす必要はまったくない。

受験生の間では，「問題集を何周したか」がしばしば話題に上る。問題集は，1回で理解しようとジックリ取り組むよりも，初めはザックリ理解できた程度で先に進んでいき，何回も繰り返し取り組むことで徐々に理解を深めていくやり方のほうが，学習効率は高いとされている。**合格者は「スー過去」を繰り返しやって，得点力を高めている。**

 ## すぐに解説を読んでもOK！考え込むのは時間のムダ！

合格者の声を聞くと「スー過去を参考書代わりに読み込んだ」というものが多く見受けられる。科目の攻略スピードを上げようと思ったら「ウンウンと考え込む時間」は一番のムダだ。過去問演習は，解けた解けなかったと一喜一憂するのではなく，**問題文と解説を読みながら正誤のポイントとなる知識を把握して記憶することの繰り返し**なのである。

 ## 分量が多すぎる！という人は，自分なりに過去問をチョイス！

広い出題範囲の中から頻出のテーマ・過去問を選んで掲載している「スー過去」ではあるが，この分量をこなすのは無理だ！と敬遠している受験生もいる。しかし，**合格者もすべての問題に取り組んでいるわけではない。**必要な部分を自ら取捨選択することが，最短合格のカギといえる（次ページに問題の選択例を示したので参考にしてほしい）。

 ## 書き込んでバラして……「スー過去」を使い倒せ！

補足知識や注意点などは本書に直接書き込んでいこう。**書き込みを続けて情報を集約していくと本書が自分オリジナルの参考書になっていくので，**インプットの効率が格段に上がる。それを繰り返し「何周も回して」いくうちに，反射的に解答できるようになるはずだ。

また，分厚い「スー過去」をカッターで切って，章ごとにバラして使っている合格者も多い。**自分が使いやすいようにカスタマイズして，「スー過去」をしゃぶり尽くそう！**

学習する過去問の選び方

●具体的な「カスタマイズ」のやり方例

本書は全151問の過去問を収録している。分量が多すぎる！と思うかもしれないが，合格者の多くは，過去問を上手に取捨選択して，自分に合った分量と範囲を決めて学習を進めている。

以下，お勧めの例をご紹介しよう。

❶必修問題と⬇のついた問題に優先的に取り組む！

当面取り組む過去問を，各テーマの「**必修問題**」と⬇マークのついている「**実戦問題**」に絞ると，およそ全体の4割の分量となる。これにプラスして各テーマの「**POINT**」をチェックしていけば，この科目の典型問題と正誤判断の決め手となる知識の主だったところは押さえられる。

本試験まで時間がある人もそうでない人も，ここから取り組むのが定石である。まずはこれで1周（問題集をひととおり最後までやり切ること）してみてほしい。

❶を何周かしたら次のステップへ移ろう。

❷取り組む過去問の量を増やしていく

❶で基本は押さえられても，❶だけでは演習量が心もとないので，取り組む過去問の数を増やしていく必要がある。増やし方としてはいくつかあるが，このあたりが一般的であろう。

◎**基本レベルの過去問を追加**（難易度「＊」の問題を追加）

◎**受験する試験種の過去問を追加**

◎**頻出度Aのテーマの過去問を追加**

これをひととおり終えたら，前回やったところを復習しつつ，まだ手をつけていない過去問をさらに追加していくことでレベルアップを図っていく。

もちろん，あまり手を広げずに，ある程度のところで折り合いをつけて，その分復習に時間を割く戦略もある。

●掲載問題リストを活用しよう！

「掲載問題リスト」では，本書に掲載された過去問を一覧表示している。

受験する試験や難易度・出題年度等を基準に，学習する過去問を選別する際の目安としたり，チェックボックスを使って学習の進捗状況を確認したりできるようになっている。

効率よくスピーディーに学習を進めるためにも，積極的に利用してほしい。

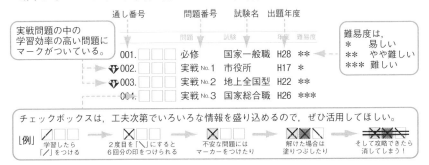

掲載問題リスト

本書に掲載した全151問を一覧表にした。□に正答できたかどうかをチェックするなどして，本書を上手に活用してほしい。

第1章 経営学説

テーマ1 伝統的管理論

	問題	試験	年度	難易度
001.	必修	地上特別区	H21	*
♦002.	実戦No.1	国税専門官	H15	*
003.	実戦No.2	地上特別区	H23	**
004.	実戦No.3	国税専門官	H21	**
♦005.	実戦No.4	地上特別区	H28	*

テーマ2 人間関係論

	問題	試験	年度	難易度
006.	必修	地上特別区	H27	*
007.	実戦No.1	国税専門官	H14	*
♦008.	実戦No.2	国税専門官	H21	*

テーマ3 動機づけ理論

	問題	試験	年度	難易度
009.	必修	国家一般職	R3	*
♦010.	実戦No.1	地上特別区	H30	*
♦011.	実戦No.2	国家一般職	R元	*
♦012.	実戦No.3	地上特別区	R3	*
013.	実戦No.4	地上東京都	H19	**
014.	実戦No.5	国家専門職	R元	**
♦015.	実戦No.6	国家専門職	R3	**

テーマ4 意思決定論

	問題	試験	年度	難易度
016.	必修	国家専門職	R5	*
♦017.	実戦No.1	国税専門官	H14	**
♦018.	実戦No.2	国家専門職	H29	**
♦019.	実戦No.3	国税専門官	R2	*
020.	実戦No.4	国家一般職	H17	***
021.	実戦No.5	国家一般職	H14	***
022.	実戦No.6	国家一般職	H24	***
023.	実戦No.7	地上特別区	R4	**

テーマ5 コンティンジェンシー理論

	問題	試験	年度	難易度
024.	必修	地上特別区	H29	*
♦025.	実戦No.1	地上特別区	H24	*
♦026.	実戦No.2	地上特別区	R2	*

テーマ6 リーダーシップ論

	問題	試験	年度	難易度
027.	必修	国家専門職	H30	*
♦028.	実戦No.1	国家専門職	H28	*
029.	実戦No.2	国家一般職	H17	**
♦030.	実戦No.3	地上特別区	H30	**
♦031.	実戦No.4	国家総合職	R3	**

テーマ7 経営組織論

	問題	試験	年度	難易度
032.	必修	国家一般職	R5	**
033.	実戦No.1	国家一般職	H21	***
♦034.	実戦No.2	国家一般職	H27	**
035.	実戦No.3	地上特別区	R元	**

テーマ8 経営学説全般

	問題	試験	年度	難易度
036.	必修	国家一般職	R4	*
♦037.	実戦No.1	国家一般職	H17	*
♦038.	実戦No.2	国税専門官	H17	*
♦039.	実戦No.3	国税専門官	H19	*
040.	実戦No.4	国家総合職	H27	**
041.	実戦No.5	国家一般職	H27	**
♦042.	実戦No.6	国家専門職	R4	**
043.	実戦No.7	地上東京都	H19	**
044.	実戦No.8	国家一般職	R2	***
045.	実戦No.9	国家一般職	R3	**

第2章 経営組織

テーマ9 組織形態

	問題	試験	年度	難易度
046.	必修	国税専門官	H21	*
♦047.	実戦No.1	地上特別区	H25	*
♦048.	実戦No.2	地上特別区	H28	*
♦049.	実戦No.3	国家専門職	H30	*
♦050.	実戦No.4	国家専門職	R2	*
051.	実戦No.5	国家一般職	H6	**
052.	実戦No.6	地上特別区	H15	**
053.	実戦No.7	国税専門官	H14	***
054.	実戦No.8	地上特別区	H23	**

第3章 経営戦略論

テーマ⑩チャンドラーとアンゾフの戦略論

	問題			試験	年度	難易度
055.			必修	地上特別区	R元	*
♦056.			実戦No.1	地上東京都	H19	*
057.			実戦No.2	地上東京都	H20	**
♦058.			実戦No.3	地上特別区	H23	*

テーマ⑪経営の多角化とM&A

	問題			試験	年度	難易度
059.			必修	国家一般職	H22	**
060.			実戦No.1	国税専門官	H4	**
♦061.			実戦No.2	国家一般職	H16	**
062.			実戦No.3	地上全国型	H28	*
♦063.			実戦No.4	国家専門職	H30	**
♦064.			実戦No.5	地上特別区	R3	*

テーマ⑫プロダクト・ポートフォリオ・マネジメント（PPM）

	問題			試験	年度	難易度
065.			必修	地上東京都	H16	*
♦066.			実戦No.1	国税専門官	H17	*
♦067.			実戦No.2	地上特別区	H22	*
068.			実戦No.3	地上特別区	H25	*
069.			実戦No.4	国家一般職	H17	**

テーマ⑬ポーターの競争戦略論

	問題			試験	年度	難易度
070.			必修	地上特別区	H24	*
♦071.			実戦No.1	国税専門官	H10	*
072.			実戦No.2	地上特別区	H21	*
073.			実戦No.3	地上特別区	H30	*

テーマ⑭その他の経営戦略

	問題			試験	年度	難易度
074.			必修	地上東京都	H19	*
075.			実戦No.1	国家一般職	H17	**
076.			実戦No.2	地上東京都	H18	**
077.			実戦No.3	国家一般職	H24	***
♦078.			実戦No.4	国家一般職	H29	**
♦079.			実戦No.5	国家一般職	R2	**

テーマ⑮経営戦略全般

	問題			試験	年度	難易度
080.			必修	地上特別区	R2	*
♦081.			実戦No.1	国家一般職	H16	**
♦082.			実戦No.2	国家専門職	R元	*
083.			実戦No.3	国家総合職	R2	**
♦084.			実戦No.4	国家専門職	R3	*
085.			実戦No.5	国家総合職	H24	**
086.			実戦No.6	国家一般職	H28	***
087.			実戦No.7	国家総合職	R元	**
088.			実戦No.8	国家総合職	R4	***

第4章 経営学各論

テーマ⑯人事・労務管理

	問題			試験	年度	難易度
089.			必修	地上特別区	R4	*
090.			実戦No.1	国家一般職	H17	**
♦091.			実戦No.2	地上特別区	H27	**
♦092.			実戦No.3	国家総合職	H30	**
♦093.			実戦No.4	国家専門職	R元	*
094.			実戦No.5	地上特別区	R3	*

テーマ⑰生産と技術

	問題			試験	年度	難易度
095.			必修	地上特別区	H27	*
♦096.			実戦No.1	国家一般職	H9	**
097.			実戦No.2	国家一般職	H26	***
098.			実戦No.3	国家一般職	H27	***
♦099.			実戦No.4	地上特別区	H30	*
♦100.			実戦No.5	国家専門職	R3	**

テーマ⑱マーケティング

	問題			試験	年度	難易度
101.			必修	地上特別区	H24	*
♦102.			実戦No.1	国家一般職	H20	**
♦103.			実戦No.2	地上特別区	H22	**
♦104.			実戦No.3	国家専門職	H27	**
105.			実戦No.4	国税専門官	H13	**
106.			実戦No.5	国税専門官	H22	**
107.			実戦No.6	国家専門職	R元	**
108.			実戦No.7	地上特別区	R3	**

テーマ⑲財務管理

	問題	試験	年度	難易度
109. ☐☐☐	必修	地上特別区	H29	**
♦110. ☐☐☐	実戦No.1	国税専門官	H19	**
111. ☐☐☐	実戦No.2	国家総合職	H20	**
112. ☐☐☐	実戦No.3	地上特別区	H25	*
113. ☐☐☐	実戦No.4	国家専門職	H29	**
♦114. ☐☐☐	実戦No.5	地上特別区	R5	*

第5章 現代企業の経営

テーマ⑳企業形態と企業集中

	問題	試験	年度	難易度
115. ☐☐☐	必修	地上特別区	R元	*
♦116. ☐☐☐	実戦No.1	国家専門職	H28	**
♦117. ☐☐☐	実戦No.2	国家専門職	H30	**
118. ☐☐☐	実戦No.3	地上東京都	H19	**
♦119. ☐☐☐	実戦No.4	国税専門官	R4	*

テーマ㉑株式会社制度

	問題	試験	年度	難易度
120. ☐☐☐	必修	国税専門官	H19	**
121. ☐☐☐	実戦No.1	地上特別区	H22	**
♦122. ☐☐☐	実戦No.2	地上特別区	H28	**
♦123. ☐☐☐	実戦No.3	国税専門官	R3	**
♦124. ☐☐☐	実戦No.4	国家総合職	R5	*
♦125. ☐☐☐	実戦No.5	国家一般職	H14	**
126. ☐☐☐	実戦No.6	国家一般職	H16	***
127. ☐☐☐	実戦No.7	国家総合職	R2	**

テーマ㉒日本企業と経営

	問題	試験	年度	難易度
128. ☐☐☐	必修	国家専門職	H28	*
129. ☐☐☐	実戦No.1	国家一般職	H15	*
♦130. ☐☐☐	実戦No.2	国家一般職	H21	**
131. ☐☐☐	実戦No.3	国税専門官	H24	**
♦132. ☐☐☐	実戦No.4	国家専門職	H27	*
133. ☐☐☐	実戦No.5	国税専門官	R2	**

テーマ㉓イノベーション・マネジメント

	問題	試験	年度	難易度
134. ☐☐☐	必修	国家総合職	R3	**
♦135. ☐☐☐	実戦No.1	国家総合職	H21	*
136. ☐☐☐	実戦No.2	国家総合職	H22	***
♦137. ☐☐☐	実戦No.3	国家一般職	H24	**
138. ☐☐☐	実戦No.4	国家一般職	H26	**
♦139. ☐☐☐	実戦No.5	国家一般職	R元	*
140. ☐☐☐	実戦No.6	国家一般職	R4	**

テーマ㉔国際経営

	問題	試験	年度	難易度
141. ☐☐☐	必修	国家一般職	R3	**
142. ☐☐☐	実戦No.1	国家一般職	H28	***
♦143. ☐☐☐	実戦No.2	地上特別区	H30	*
♦144. ☐☐☐	実戦No.3	国家一般職	R元	**
145. ☐☐☐	実戦No.4	国家一般職	R4	***

テーマ㉕経営史・経営事情

	問題	試験	年度	難易度
146. ☐☐☐	必修	国家専門職	R3	*
♦147. ☐☐☐	実戦No.1	国家総合職	H22	*
148. ☐☐☐	実戦No.2	国家総合職	H28	**
149. ☐☐☐	実戦No.3	国家専門職	H30	**
♦150. ☐☐☐	実戦No.4	国家総合職	R元	**
♦151. ☐☐☐	実戦No.5	国家総合職	R4	**

経営学説

第 1 章

試験別出題傾向と対策

頻出度	テーマ	国家総合職 21-23	24-26	27-29	30-2	3-5	国家一般職 21-23	24-26	27-29	30-2	3-5	国家専門職（国税専門官）21-23	24-26	27-29	30-2	3-5
	出題数	1	2	2	2	2	5	5	6	6	5	5	7	7	4	5
A	①伝統的管理論											2				
B	②人間関係論											1				
A	③動機づけ理論			1			2	1	3	2	1	1	2	1	1	2
A	④意思決定論							1	2	1				1	1	1
C	⑤コンティンジェンシー理論												1	1		
B	⑥リーダーシップ論					1							1	1	1	1
B	⑦経営組織論		1				2	1	1		1					
A	⑧経営学説全般	1	2	1	2	1		1	1	4	3	1	3	2	1	1

●国家総合職（経済）

　令和元年度から，一橋大学の加藤俊彦教授が試験専門委員を担当している。出題は，経営学説に経営組織や経営戦略論を組み合わせた折衷型のパターン（経営学説全般）が主体である。年度によっては初出の設問もあるが，総じて標準的な問題構成が多い。出題範囲は本章の全テーマに及ぶ。そのため，すべてのPOINTと過去問を確認することを勧める。

●国家一般職

　令和元年度から，成蹊大学の福澤光啓教授が試験専門委員を担当している。頻出テーマは，動機づけ理論と意思決定論，経営組織論である。特に動機づけ理論は長年にわたって国家一般職の最頻出テーマだが，４年度以降は単独問題の頻度がやや低下し，折衷型（経営学説全般）が増えつつある。

　出題パターンの特徴は，複数の学説を混在させた設問が多い点にある。基本知識に加えて読解力も問われるが，正誤を判別するポイントも複数含まれるため，説明の矛盾から正答を絞り込む余地も大きい。国家総合職と同じく，出題範囲は本章のすべてのテーマに及ぶ。

●国家専門職

　本章のテーマは，例年１〜２問出題されている。その大半は，あるテーマの主要な学説を問う総論型であり，特定の学説を詳しく問う各論型の出題頻度は低下傾向にある。出題内容はほぼパターン化しており，基本知識を問う設問で構成される。初出の難問は少ない。

地方上級（全国型）					地方上級（関東型）					地方上級（特別区）					
21〜23	24〜26	27〜29	30〜2	3〜4	21〜23	24〜26	27〜29	30〜2	3〜4	21〜23	24〜26	27〜29	30〜2	3〜5	
2	1	2	1	1	2	0	1	1	0	3	3	5	5	4	
										2		1			テーマ1
												1			テーマ2
1					1		1	1				1	1	1	テーマ3
										1	1			1	テーマ4
		1									1	1	1		テーマ5
		1									1	1	1		テーマ6
				1									1	1	テーマ7
1	1		1		1								1	1	テーマ8

このような出題傾向から，POINTの理解が最優先事項だ。また，国家専門職では，類似の設問が数年おきに取り上げられるため，『国家専門職［大卒］教養・専門試験　過去問500』などでこれまでに扱われたトピックを確認することも有効である。

●地方上級（全国型・関東型）

全国型と関東型の出題傾向は共通点が多く，問題構成も重複するので併せて説明する。経営学説では総論型と各論型の出題頻度が半々であり，各テーマの代表的な学説が対象となる。過去10年間では，動機づけ理論（特に関東型），コンティンジェンシー理論，リーダーシップ論，経営組織論が扱われている。本章は頻出テーマに至らないまでも，いずれの学説も出題の可能性はある。今後に備えてPOINTの内容を確認しておくことが得策だ。

●地方上級（特別区）

すべてのテーマが万遍なく出題されている。近年では，動機づけ理論，意思決定論，リーダーシップ論，コンティンジェンシー理論，経営組織論が定番の対象である。全国型や関東型と同じく特別区でも，各テーマの主要な学説を問う総論型と，特定の学説を詳しく問う各論型の出題パターンがある。総論型の大半は，標準的な問題構成で難問は少ないが，各論型は専門性が高く，初出の学説も扱われる。学習対策は，①POINTの理解，②過去問演習による出題パターンの把握，③主要な学説の理解度を高める，の3点だ。

伝統的管理論

必修問題

　テイラー・システムに関するA－Dの記述のうち，妥当なものを選んだ組合せはどれか。

【地方上級（特別区）・平成21年度】

A：テイラー・システム考案の背景として，当時の管理者が直感や経験などに頼る成行管理を採用していたため，労働者の**組織的怠業**が蔓延していたことがあった。

B：テイラー・システムは，工場管理の実際に適用されると，賃金の高騰を招く一方，企業側の労働強化には機能せず，企業側の反発を招くことになった。

C：テイラー・システムでは，高い能率を上げた者には割増金を支払うという差別的出来高払制度による動機づけが考案された。

D：テイラー・システムでは，当時一般的であった職長の機能を計画機能と執行機能に分けた**職能別職長制度**に代わる新しい組織として，職長ごとにグループを作り，職長の機能を統合する内部請負制度が考案された。

1　A，B
2　A，C
3　A，D
4　B，C
5　B，D

難易度　＊

必修問題の解説

　テイラーの学説は，単独の出題として取り上げられる機会は少ないが，設問の1つとして盛り込まれる頻度は高い。ここでは科学的管理法が提唱された背景，その概要，経営学における貢献について理解しよう。

A ○ 科学的管理法の背景 → 組織的怠業の蔓延。

正しい。20世紀初頭のアメリカの工場では，出来高に応じて賃金が支払われる単純出来高給制度に基づいて，企業家が一方的に賃率を決定する成行（なりゆき）管理が横行していた。その結果，出来高が増えて賃金水準が上昇すると，企業家は賃率を勝手に引き下げてしまうため，労働者はお互いに申し合わせて，作業能率を一定の水準に抑える**組織的怠業**が蔓延していた。この状況を改善する手法として，テイラー・システム（**科学的管理法**）が考案された。重要ポイント1を参照。

B × 科学的管理法は労働組合の感情的な反発を招いた。

テイラー・システムは「科学の名のもとに労働強化を促進する技法である」とする批判が労働組合側からなされた。その結果，科学的管理法の是非を巡って，アメリカ議会の特別委員会にテイラーが喚問される事態に発展した。重要ポイント3を参照。

C ○ 差別的出来高払制度 → 課業の達成度に応じて賃率が異なる。

正しい。差別的出来高払制度（**差別的出来高給制度**）とは，**課業**（時間研究と動作研究によって導き出された1日の標準的な作業量）を達成した者には高い賃率を適用し，達成できなかった者には低い賃率を適用するという金銭的動機づけに基づいた賃金制度である。

D × 内部請負制度に代わる手法として職能別職長制度を提唱。

説明が逆である。テイラーは，内部請負制度に代わる工場管理の手法として職能別職長制度を提唱した。**内部請負制度**とは，経営者に代わって親方が現場の管理を請け負う制度のことである。当時の工場では，親方的な現場の職長が経験や勘に基づいて仕事の手順や配分を決めていたため，製品の品質や作業能率にムラやバラつきが多かった。そこで，テイラーは工場現場を合理的に管理するために職長の機能（Function：本書の解説では職能と表記する）を4つの計画機能と4つの執行機能に分類し，職長を特定の管理業務に専念させる**職能別職長制度**を考案した。重要ポイント2の（3）を参照。

以上の内容から正しいのはAとCであり，選択肢**2**が正答となる。

正答 **2**

FOCUS

伝統的管理論は，20世紀初頭に提唱された最初期の経営学説である。ここでは，テイラーの科学的管理法（重要ポイント1～3）とファヨールの管理論（重要ポイント4～6）という代表的な2つの学説を取り上げる。

なお，第1章のテーマ1～5は経営学説の基本知識なので，受験する試験の出題頻度に関係なく，学習上の重要度はいずれも実質的にAクラスである。POINTの内容をよく理解しておこう。

重要ポイント 1 ▶ F.W.テイラーの科学的管理法

- 20世紀初頭のアメリカの工場では，作業の出来高に応じて労働者に賃金を支払う**単純出来高給制度**に基づいて，管理者が一方的に賃率を決定する**成り行き管理**が横行していた。その結果，労働者はお互いに申し合わせて作業の能率を一定の水準に抑えるという**組織的怠業**が常態化し，労働争議が頻発した。
- 機械技師であったテイラーは，このような状況を改善するために，労使それぞれの一方的な思惑ではなく，仕事量と作業の手続きを客観的に導きだし，「高賃金と低労務費」を実現する方法として科学的管理法を考案した。

重要ポイント 2 ▶ 科学的管理法の概要

テイラーが提唱した科学的管理法の主な要素は以下のとおりである。

(1) 課業の設定

- テイラーは，企業家と労働者がお互いに納得できる共通尺度の必要性を痛感し，「1日の公正な仕事量」である**課業**（Task）の設定を唱えた。課業は，**時間研究**と**動作研究**に基づいて算定される。

時間研究	熟練工が各作業に要する時間をストップウォッチで測定し，標準時間を決定する
動作研究	一流の労働者の作業手順を分析し，効率的な作業方法を導き出す

(2) 差別的出来高給制度

- 科学的管理法では，**課業を達成した者には高い賃率**を，**達成できなかった者には低い賃率**を適用するという金銭的動機づけに基づいた賃金制度を導入した。

(3) 職能別職長制度

- 20世紀初頭のアメリカにおける多くの工場では，**職長**（工場現場の管理者）ごとに班が組まれており，職長の経験や勘に基づいて仕事の手順や配分が決められた。そのため，班ごとの品質や作業の進行具合にバラつきが多かった。
- この状況を改善し，工場を合理的に管理するために，テイラーは職長の仕事を4つの**計画職能**（生産日程計画係，指図票係，時間原価係，職場監督係）と4つの**執行職能**（準備係，速度係，検査係，修繕係）に分類し，**職長を特定の管理業務に専念させる**という職能別職長制度を提唱した。職能別職長制度は，後の**ファンクショナル組織**の原型とされる。テーマ9・重要ポイント2を参照。

科学的管理法の核となる要素	課業（標準的な作業条件）の設定
	差別的出来高給制度（課業達成の成否に基づく報酬）
	職能別職長制度（計画職能と執行職能を分ける）

重要ポイント 3 　科学的管理法に対する批判

- テイラーは科学的管理法が単なる工場管理の技法ではなく，一種の「精神革命」を労使双方にもたらすと考え，その普及活動に尽力した。その一方で，労働組合から感情的な反発を招いた。
- また，後にホーソン実験を契機として展開された人間関係論の論者からは，科学的管理法は労働者を機械視し，人間の感情や主体性が考慮されていないといった批判も投げかけられた。

重要ポイント 4 　H. ファヨールの管理論

- ファヨールは19世紀末から20世紀初頭にかけてフランスで鉱山経営に従事した実業家である。彼はその経験をもとに『産業ならびに一般の管理』（1916年，アメリカでの出版は1949年）を著し，経営学史上初めて体系的な管理論を提唱した。このことから，ファヨールは「経営管理の父」とも呼ばれる。

重要ポイント 5 　経営職能と管理職能

- ファヨールは事業の内容にかかわらず，すべての企業に共通する経営職能（経営活動）として技術，商業（営業），財務，保全，会計，管理の6要素を挙げた。
- この中で，最後の管理職能だけは人間を対象とし，他の5つの職能とは質的に異なることから，ファヨールは特に重視した。管理職能の内容は予測（計画），組織（組織化），命令，調整，統制の5要素からなる過程として表される。このように管理職能をいくつかの要素に分類する立場を管理過程学派と呼ぶ。

管理職能の5要素　　予測（計画）→ 組織（組織化）→ 命令 → 調整 → 統制

重要ポイント 6 　14項目の管理原則と「渡し板」

- ファヨールは，自らの経営者として培った知識と経験から14項目からなる管理原則を示した。その内容は，①分業，②権限と責任，③規律，④命令の統一，⑤指揮の統一，⑥個人利益に対する全体利益の優越，⑦従業員の公正な報酬，⑧集権化，⑨階層組織，⑩秩序，⑪公平，⑫従業員の職位の安定，⑬イニシアティブ，⑭従業員の団結である。
- この中の⑨階層組織に関連して，ファヨールは「渡し板」（あるいは「架け橋」）と呼ばれる手法を示した。「渡し板」とは，同じ階層にいる者どうしが直接に交渉するための連絡手段である。命令の一元化に基づく階層組織では，そのつど長い階層を上下に経由して情報がやり取りされる。「渡し板」はこうした非効率を避けるための迅速で確実なコミュニケーションの手法として導入される。

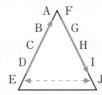

ファヨールの渡し板

※EがJに連絡をする際，⟶ のように
　上下の階層を経由するよりも ◀- - -▶
　の「渡し板」を使うほうが効率的

重要ポイント 7 　テイラーとファヨールの比較

- 伝統的管理論の代表的な論者には，テイラーとファヨール以外に，F.B.ギルブレス，H.L.ガントらがいる。彼らの所説に共通する特徴は，①**経済合理性の追求**，②**作業の標準化や管理手法の体系化**を志向した点にある。
- テイラーとファヨールの学説を比較すると，機械技師であったテイラーは工場現場の作業能率の改善に向けて**作業の科学化**を実践したといえる。これに対して，ファヨールは経営者の立場から組織全体の管理体系を示し，**管理の科学化**を実践した。
- また，テイラーの科学的管理法は後の管理工学やIE（**インダストリアル・エンジニアリング**：作業の工程や内容を分析し，効率的な生産管理を実現する手法）に多大な影響を及ぼした。ファヨールの学説は管理過程学派の契機をもたらし，合理的な管理手法の確立という点で後発の管理論の基礎を提供した。

F.W.テイラー	・**組織的怠業**や**成り行き管理の解消**に向けて**科学的管理法**を提唱 ・科学的管理法の主な要素 ①**課業管理**（作業標準を**時間研究**と**動作研究**から導き出す） ②**差別的出来高給制度**（課業を達成すれば高い賃率を適用する） ③**職能別職長制度**（職長の仕事を計画職能と執行職能に分ける）
H.ファヨール	・**組織全体の管理体系**を初めて提唱 ・**経営職能**（経営活動）と**管理職能**を区別 　経営職能 → 技術，商業（営業），財務，保全，会計，管理 　管理職能 → 予測（計画），組織（組織化），命令，調整，統制 ・**14項目**からなる**管理原則**を示す

実 戦 問 題

H. ファヨールに関する次の記述のうち，最も妥当なのはどれか。

【国税専門官・平成15年度】

1 H. ファヨールは，フランスの鉱山会社の経営者を務めた実務家であり，その経験に基づいて『産業ならびに一般の管理』を著すと，その経営管理論は，フランスにとどまらず，アメリカ合衆国においても直ちに経営管理論の主流となった。

2 H. ファヨールは，事業経営に必要な職能を技術，営業，財務，保全，会計，管理の6つの職能に分類し，はじめの5つは物を扱うのに対して，管理職能は人間組織を扱う点で，企業活動の中でも特異な存在であるとした。

3 H. ファヨールによれば，管理職能は，部下職員を持つ管理者に必須の職能であり，階層的に上級の管理者になるほど全体の職能の中での比重が高まり，社長の場合は，事業経営に必要な職能の半分は管理職能であるが，逆に最下層の労働者には管理職能はまったく必要がないとされる。

4 H. ファヨールは，管理職能を，行為計画を樹立する「計画」，計画達成のために人と物を配置する「組織」，配置した人に業務を実行させる「命令」，すべてが定められた規則や命令に従って行われるよう監視する「統制」の4つの要素に分類した。

5 「ファヨールの渡り板」とは，組織の下位の部門間で問題が生じた場合，その解決を両部門の共通の上司にゆだねると解決まで時間がかかるので，下位の部門間で協議が可能なチャンネルを設定することであり，下位の部門に問題解決の権限が委譲されるわけではない。

ファヨールの経営管理論に関する記述として，妥当なのはどれか。

【地方上級（特別区）・平成23年度】

1 ファヨールは，科学的管理法の中で，作業能率を上げるために計画機能を重視し，生産現場の監督者としての視点から管理の必要性を説いた。

2 ファヨールは，管理職能はすべての階層の監督者，管理者に必要な能力であり，管理階層が上になるに従って，1人の管理者の全体の能力の中で管理能力の占める比重が増大していくことを経験的に主張した。

3 ファヨールは，管理能力は経験によってのみ修得され，管理教育では得られないとし，自らの体験に基づいて14の管理原則を提示した。

4 ファヨールは，管理原則の中で，複数の上司から命令を受ける専門化の原則を追求したファンクショナル組織を提唱し，命令の一元化を否定した。

5 ファヨールは，管理活動は技術活動，商業活動，財務活動，保全活動，会計活動からなるものとし，すべての事業は，社会体ないし組織を通じて行われる限り，組織の形成，維持のために管理活動が必要であるとした。

【国税専門官・平成21年度】

1 課業管理は，5つの原理から成り立っているが，このうち熟練移転の原理とは，課業を平均的な工員の水準に設定するというものであり，この原理に従うと，作業水準が平準化され，生産量を適正に見積もることができる。

2 指図票制度は，課業の設定内容を大まかに記載した指図票を工員に提示することにより作業を指示するものである。指図票には使用すべき道具や装置については具体的に記載されているが，作業時間や作業方法については規定がなく，個々の工員の裁量に任されている。

3 動作研究は作業の内容と量を決定する研究で，時間研究と作業研究から成り立っている。このうち時間研究とは，個々の作業がどのような動作からなるかを分析し，無駄な動作を省くことや効率的な作業方法を見いだす研究のことである。

4 自動車の生産量を拡大するために考案された移動組立法は，テイラー・システムとも呼ばれる。これによれば，製品の大量生産にはベルト・コンベアを利用することを原則としなければならないとされる。

5 差別出来高給制度は，率を異にした出来高払いとも呼ばれ，標準作業量を達成した労働者には高い賃率で，達成できなかった労働者には低い賃率で賃金を支払うものである。この場合，標準作業量の適否が重要となる。

No.4 テイラーの科学的管理法に関する記述として，妥当なのはどれか。

【地方上級（特別区）・平成28年度】

1 課業管理とは，労働者が遂行すべき毎日の作業量である課業を明確に設定し，標準的な条件を与えることなく，労働者に課業を遂行させることであるが，その課業の設定にあたっては，標準的な労働者の作業量を観察する方法で行われた。

2 時間研究とは，一連の作業を，一つ一つの動作に分解し，それぞれに要する時間を過去の経験に基づいて分析し，無駄な動作を省き，効率的な作業方法を見出す研究である。

3 職能別職長制度とは，計画的職能と執行的職能を分離するものであり，執行的職能は4つの役割を4人の職長によって担当され，それぞれ，仕事の手順係，指図票係，時間及び原価係，工場訓練係の役割を担う。

4 指図票制度とは，使用すべき道具や装置を詳細に記載した書面で現場の労働者に指示する制度であり，労働者は指図票に従い，決められた課業を達成することが求められたが，この指図票には，遂行すべき作業方法については記載されていない。

5 差別的出来高給制度とは，課業を達成できた労働者には高い賃率を，達成できなかった労働者には低い賃率を適用する制度であり，高賃金低労務費を実現する手段である。

実戦問題の解説

1 ✕ ファヨールの著書がアメリカで刊行されたのは，約30年後。

「アメリカ合衆国においても直ちに経営管理論の主流となった」という記述が誤り。ファヨールの著書『産業ならびに一般の管理』は1916年にフランスで刊行された。その後，この英訳版がアメリカで出版されたのは1949年であり，ファヨールの学説が直ちにアメリカで普及し，経営管理論の主流になったわけではない。

2 ◎ 管理職能は人間を対象とし，他の職能とは異なる。

正しい。ファヨールは6つの経営職能（経営活動）の中で，6番目の**管理職能**を他の職能と区別して強調している。その理由は問題文にあるとおり，管理職能が人間を対象としている点と，ほかの5つの職能を調整・統合する全般的な活動として位置づけられる点にある。

3 ✕ 管理職能の比重は，最下層でなくなるわけではない。

「最下層の労働者には管理職能はまったく必要がない」という記述が誤りである。ファヨールによれば，社長の業務全体に占める管理職能の割合は50%とされ，**職位が低くなるにつれて管理職能の比重は低下**し，最下層の労働者の作業では，管理職能の占める割合は5%程度としている。

4 ✕ ファヨールが示した管理職能は5要素からなる。

ファヨールは管理職能を予測（計画），組織（組織化），命令，調整，統制の5要素からなる過程と規定した。このことから，ファヨールは**管理過程学派**の創始者とされている。なお，品質管理における業務改善の手法として用いられるPlan（計画）→Do（実行）→Check（評価）→Action（改善）という**PDCAサイクル**は，管理職能を過程とみなす考え方から派生したものといえる。

5 ✕ 「渡り板」を利用する際，状況に応じて問題解決の権限も委譲される。

「下位の部門に問題解決の権限が委譲されるわけではない」が誤り。ファヨールによれば，**集権化と分権化は程度の問題**であり，上司と部下の能力や性格，組織を取り巻く諸条件に応じて異なる。また，ファヨールの渡り板（一般には，**ファヨールの渡し板**あるいは**架け橋**と呼ばれる）は，同じ階層に属する者どうしが横に橋を架けるようにして直接に連絡を取るための手段である。**重要ポイント6**を参照。

No.2 の解説 ファヨールの管理論　　　　　　　→問題はP.21　**正答2**

1 ✕ 科学的管理法を提唱したのはテイラー。

　　テイラーは，職長（工場現場の管理者）の仕事を計画機能（計画職能）と執行機能（執行職能）に分類し，各職長を特定の仕事に専念させる**職能別職長制度**を導入した。また，テイラーは「生産現場の監督者としての視点から」ではなく，時間研究と動作研究から導き出された作業標準に基づく科学的管理法の必要性を説いた。

2 ◎ 管理階層が高くなるにつれて，管理職能の比重は高まる。

　　正しい。**実戦問題No.1・選択肢3**と同種の設問。

3 ✕ 管理能力は現場での経験と管理教育の両方で養われる。

　　「管理能力は経験によってのみ修得され，管理教育では得られない」が誤り。ファヨールによれば，管理能力は仕事の実践のみで身につくものではなく，教育および現場での経験の両方を通じて修得すべきものとしている。また，ファヨールが挙げた14項目の管理原則については，**重要ポイント6**を参照。

4 ✕ 14項目の管理原則には命令の一元化（命令の統一）が含まれる。

　　ファヨールは14項目の管理原則の中で，「専門化の原則を追求したファンクショナル組織を提唱」しておらず，「命令の一元化を否定」していない。なお，管理原則の中には相互に矛盾する項目も見受けられるが，ファヨールによれば，これらは無数にある管理原則のなかで優先順位の高いものを示したに過ぎず，その選択には柔軟性が必要であると述べている。

5 ✕ 経営職能（経営活動）は6要素からなる。

　　ファヨールは事業の内容にかかわらず，すべての組織に共通する**経営職能**（経営活動）として，技術，商業（営業），財務，保全，会計，管理の6要素を挙げた。**重要ポイント5**を参照。問題文では「管理活動」とあるが，経営職能または経営活動が正しい。そして，これらの経営職能の中で管理職能をファヨールは特に重視した。なお，ファヨールのいう「社会体」とは，人間を中心とした「社会的な組織体」を意味し，企業や国家，政党，宗教団体などが含まれる。

　本問は，井原久光著『テキスト経営学〔第3版〕』（ミネルヴァ書房，2008年）の第6章をもとに構成されている。

1 × 熟練移転の原理 → 課業を一流の工具の水準に設定。

　課業管理の5つの原理とは，①**課業設定の原理**，②**標準的条件の原理**，③**達成賃率の原理**，④**未達成賃率の原理**，⑤**熟練移転の原理**である。①は1日の公正な作業量である課業を設定することであり，②は作業の内容や方法を標準化することである。③は課業を達成した場合に高い賃率で支払うことであり，④は課業を達成できなかった場合に低い賃率で支払うことを意味する。最後の⑤は，課業を一流の工具の水準に設定することである。

2 × 指図票 → 課業の内容，使用する道具，作業方法などを明記。

　指図票制度とは，課業の設定内容を記載した**指図票**を工具に示すことによって，作業を具体的に指示する仕組みである。

＊**課業の設定・管理に用いる手法**＊

指図票	課業の内容を記したカード状の図表。使用する道具や装置，作業時間，作業方法などが明記されている。
サーブリッグ	F. B. ギルブレスが考案した**動作研究の際に用いる記号**。探す，運ぶ，休むなどの基本作業を定め，記号と色で区別した。
ガント・チャート	H. L. ガントが考案した**工程管理表**。縦方向に作業の種類や作業者，横方向に日程を取り，各工程の進行状況を示す。

3 × 作業研究は，時間研究と動作研究から構成される。

　動作研究，作業研究，時間研究の内容が誤り。課業の内容を設定するための**作業研究**は，時間研究と動作研究の2種類から成り立っている。**時間研究**の目的は，熟練工による個々の作業をストップウォッチで計測し，各作業の標準的な時間を割り出すことにある。**動作研究**の目的は，一流の工員の動作や作業の手順を分析し，効率的な作業方法を見いだす研究である。

4 × 移動組立法 → フォード・システムの要素。

　H. フォードが考案した自動車の大量生産方式（**フォード・システム**）の説明である。フォード・システムの中核的な要素は，**生産の標準化**とベルトコンベアによる**移動組立法**である。詳しくはテーマ17・重要ポイント1を参照。

5 ◎ 差別出来高給制度 → 課業を達成した者には高い賃率が支払われる。

　正しい。科学的管理法の要点については**重要ポイント2**を参照。

No.4 の解説 科学的管理法 →問題はP.23 **正答5**

1 × 標準的な作業条件である課業 → 一流の労働者の作業に基づいて設定。
「標準的な条件を与えることなく」および「標準的な労働者の作業量」という記述が誤り。**課業管理**は，労働者の1日の作業量を明確に設定し，標準的な条件を与えて課業を遂行させることである。また，課業の設定は**一流の労働者**（熟練工）の作業を観察する方法で行われた。**重要ポイント2の(1)**を参照。

2 × 時間研究 → 各作業に要する時間を測定し，標準時間を決定。
「無駄な動作を省き，効率的な作業方法を見出す研究」は**動作研究**である。**時間研究**の目的は熟練工の作業を細かな要素に分解し，各作業に要する時間をストップウォッチで測定して標準時間を決定することにある。

3 × 仕事の手順や指図票の管理 → 計画的職能に含まれる。
「仕事の手順係，指図票係，時間及び原価係，工場訓練係」は計画的職能に該当する。執行的職能には，準備係，速度係，検査係，修繕係の4種類が含まれる。**重要ポイント2の(3)**を参照。なお，計画的職能と執行的職能の内容は，テキストによって表記が異なるので注意を要する。

4 × 指図票 → 課業の内容，使用する道具，作業方法などを明記。
実践問題No.3・選択肢**2**と同種の設問。「遂行すべき作業方法については記載されていない」が誤り。

5 ◎ 差別的出来高給制度 → 課業達成の可否によって賃率が異なる。
正しい。**重要ポイント2の(2)**を参照。**差別的出来高給制度**は課業管理，職能別職長制度などとともに科学的管理法を構成する主な要素である。

人間関係論

必修問題

次の文は，ホーソン実験に関する記述であるが，文中の空所A～Dに該当する語，語句または人物の組合せとして，妥当なのはどれか。

【地方上級（特別区）・平成27年度】

　ホーソン実験は，シカゴにあるウェスタン・エレクトリック社で実施され，まず　　A　　が作業能率に及ぼす影響に関する実験と賃金の支払方法，休憩時間の導入を含めた労働時間の工夫など作業条件の変化が作業能率に及ぼす影響の実験が行われた。これらの実験の結果，作業環境などの条件と作業能率や疲労との相関関係　　B　　。

　次にメイヨーや　　C　　も参加して実験が継続され，作業能率は作業条件にではなく，むしろ職場の　　D　　が醸成する労働者の感情や態度が作業能率や勤労意欲に重要な意味をもつことが発見された。

	A	B	C	D
1	室温	が実証された	レスリスバーガー	物理的環境
2	室温	は実証されなかった	テイラー	物理的環境
3	照明	が実証された	レスリスバーガー	人間関係
4	照明	は実証されなかった	テイラー	物理的環境
5	照明	は実証されなかった	レスリスバーガー	人間関係

難易度　＊

第
1
章

経営学説

必修問題の解説

　人間関係論は「組織の人間的側面」の重要性を示した。その契機となったのがホーソン実験である。穴埋め問題では，学説の要点や論者名などのキーワードが取り上げられる。解答の組み合わせに着目して正答を絞り込もう。

　ホーソン実験に関する出題では，①当初の目的，②一連の実験内容，③実験から得られた知見，が対象となる。具体的には，**作業条件（照明度）と作業能率の相関関係を見いだせなかったこと**，G.E.メイヨーらが主導した継電器（リレー）組立実験，面接調査，バンク巻き取り配線実験（バンク配線作業観察）の内容，**非公式組織の存在が公式組織の作業能率を左右する**こと，人間は安定感や帰属感を求め，集団内の人間関係や共有される価値観に敏感であること，などが取り上げられる。

　問題文の空欄を正しい語句で埋めると，次の通りである。

　ホーソン実験は，シカゴにあるウェスタン・エレクトリック社で実施され，まず　A：照明　が作業能率に及ぼす影響に関する実験と賃金の支払方法，休憩時間の導入を含めた労働時間の工夫など作業条件の変化が作業能率に及ぼす影響の実験が行われた。これらの実験の結果，作業環境などの条件と作業能率や疲労との相関関係　B：は実証されなかった　。

　次に，メイヨーや　C：レスリスバーガー　も参加して実験が継続され，作業能率は作業条件にではなく，むしろ職場の　D：人間関係　が醸成する労働者の感情や態度が作業能率や勤労意欲に重要な意味を持つことが発見された。

　以上の内容から，正しい組み合わせは選択肢**5**である。

正答 5

FOCUS

　ホーソン実験は，科学的管理法やファヨールの管理論とともに頻繁に取り上げられるテーマである。必修問題と実戦問題の内容からも明らかによいうに，出題対象は各実験の内容と非公式組織に関する設問が大半であり，ほぼパターン化している。

　単独の問題として出題されるケースは少ないものの，設問の一つとして盛り込まれることが多いため，本テーマのPOINTも最初に押さえておくべき基本知識である。

重要ポイント 1 ▶ 人間関係論の背景

- 伝統的管理論では，組織における作業能率の向上やそのための管理手法の考案に重点が置かれた。これに対して，人間関係論の特徴は**組織内の人間集団や個人の感情と作業能率との関係**に着目した点にある。その契機をもたらしたのが，後述する**ホーソン実験**であった。

- 人間関係論が提唱された時代背景には，1920年代のアメリカ経済の発展がある。企業規模の拡大，大量生産方式の普及，それに伴う生産性の上昇は都市を中心に人々の生活水準を向上させた。その反面，単調な作業による労働者の意欲の減退，労働争議の多発，欠勤率や退職率の上昇といった問題も深刻化したため，**生産性の維持・改善と適切な職場環境の整備**が経営上の課題として浮上した。

重要ポイント 2 ▶ ホーソン実験

(1) 当初の目的

- ホーソン実験の当初の目的は，科学的管理法の成果を応用して職場の作業条件と作業能率の相関関係を分析することに求められた。すなわち，ホーソン実験では，**最初から組織内の人間関係に着目していたわけではない**。

- ホーソン実験は，通信機器メーカーであるウエスタン・エレクトリック社のホーソン工場で1924年から32年まで実施された。その内容は照明実験，継電器（リレー）組立実験，面接調査，バンク巻き取り配線実験（バンク配線作業観察）に分かれる。

(2) 照明実験（1924〜27年）

- 照明実験はウエスタン・エレクトリック社の技師たちによって行われ，職場の照明と作業能率の相関関係について調査された。実験では，照明の強度を変えて作業するグループと一定の照明度の下で作業するグループを比較した。しかし，**照明度と作業能率の相関は認められず，さらに詳細な実験を続けるきっかけとなった。**

(3) 継電器組立実験（1927〜32年）

- 継電器組立実験以降は，G.E. メイヨーと F.J. レスリスバーガーらのハーバード大学の研究者が中心となって進められた。この実験では，女子従業員による継電器（リレー）の組立作業の能率を，賃金や休憩時間，軽食，部屋の温度などの条件を変えて計測した。

- その結果，これらの作業条件を改善すると作業能率は上昇したが，後に作業条件を元に戻しても，能率は下がらずに高い水準を維持した。このことから，「自分たちは注目され，意見を求められている」という**誇りや責任感，仲間意識などの心理的な要因が作業能率に影響を与える**ことが認識された。

(4) 面接調査（1928〜30年）

- 面接調査では，作業条件や監督方式，職務内容について従業員に聞き取りが行われた。当初，その方法は研究者が従業員に直に質問する指示型だったが，自由な雰囲気と通常の会話の中から話を聞く**非指示型（非誘導法）**に変更された。

- この調査から，①人間の行動は感情と切り離せないこと，②人間の感情は容易に偽装されること，③感情はその人間の全体的な状況（個人の生活や経歴，経験）に照らして初めて理解できることが明らかにされた。

（5）バンク巻き取り配線実験（1931～32年）

- 最後のバンク巻き取り配線実験は，面接調査の結果を受け，従業員間の人間関係を詳しく観察するために1つの部屋の中で14名の従業員によるバンク（差し込み式電話交換台の端子）の配線作業を実施した。
- その結果から，従業員の中には仲間集団が形成されており，この集団内で共有されている価値観（「仕事に精を出すな」，「仕事を怠けすぎるな」，「上司に告げ口をするな」，「偉ぶったり，お節介を焼くな」）が作業能率を規制していることが明らかとなり，**非公式組織の重要性**が判明した。

重要ポイント 3 ホーソン実験の結果

ホーソン実験の結果から，メイヨーとレスリスバーガーらが指摘した主な知見は次の3点である

（1）非公式組織の重要性

- 公式組織（フォーマル集団）はある目的の下で合理的に編成され，「能率の論理」や「費用の論理」に規定される。これに対して，非公式組織（インフォーマル集団）は従業員の間で自然発生的に生じる仲間集団であり，「感情の論理」に支配される。この**非公式組織において共有される仲間意識や価値観，規範，慣習が，公式組織の作業能率に影響を与える**ことが示された。

（2）「社会人」という人間観

- 人間は孤立した個人ではなく，**安定感や帰属感を求め，非公式組織の価値基準や規範に敏感な存在**とする人間観を示し，「社会人」と名づけた。

（3）実験結果に基づく管理手法の提唱

- レスリスバーガーらは，ホーソン実験の結果に基づいた管理上の方策として，**人間関係重視の管理者教育，提案制度，人事カウンセリング，職場におけるコミュニケーションの促進**などの手法を提唱した。

重要ポイント 4 ホーソン実験の概要

ホーソン実験の当初の目的と照明実験	・当初の目的は**作業条件と作業能率の相関関係を分析**することにあった ・照明度と作業能率の相関は判明しなかった
メイヨーらが主導した実験	・継電器組立実験 ・面接調査 ・バンク巻き取り配線実験
実験結果から得られた知見	・**非公式組織が公式組織の作業能率を左右する** ・社会人という人間観を示す ・**人間関係を重視した管理手法**を提唱

実戦問題

No.1 **ホーソン実験に関する次の記述のうち，妥当なのはどれか。**

【国税専門官・平成14年度】

1 リレー（継電器）を組み立てる工程において，賃金，休憩時間，軽食サービス，部屋の温度や湿度などの条件を変えて作業量の推移を測定したところ，最初はこれらの条件が改善されると生産性も向上したが，これらの条件を元に戻すと，生産性が低下し元の水準に戻ってしまった。

2 ホーソン実験における面接調査やさまざまな実験の結果，従業員は職務規律に忠実であり，職場の人間関係は作業の能率に影響を与えなかったので，E.メイヨーは人間の行動は感情と切り離して考えることができると主張した。

3 バンク（差込式電話交換台）の配線を行う作業員を1つの部屋に集めて，作業員どうしの人間関係を調べたところ，この職場には仲間集団は存在せず，上司と部下という職務上の関係が重要な役割を果たしていることが明らかになった。

4 E.メイヨーはホーソン実験の結果を踏まえて，人間は経済的成果だけでなく社会的成果をも求め，公式組織より非公式組織の影響を受けやすいと主張した。

5 ホーソン実験は，その後の経営学の発展に影響を与え，特にH.ファヨールはこれらの成果を基に管理過程論を完成させた。

💎 **No.2** **メイヨーらによるホーソン実験に関するA～Dの記述のうち，妥当なものをすべて挙げているのはどれか。** 【国税専門官・平成21年度】

A：照明実験は，照明度の強度（照度）と作業能率の関係を調査するもので，照度を変えて作業するグループと照度を変えずに一定の照明の下で作業を行うグループの2つのグループに分けてそれぞれの作業量を測定したところ，照度が上がると作業量も増大するという明確な相関関係が見られた。

B：バンク（差込式電話交換台）の配線を行う作業員を1つの部屋に集めて，作業員どうしの人間関係を詳細に調べた結果，この職場には仲間集団である非公式組織が存在していて，作業能率に対してその非公式組織が重要な役割を果たしていることが明らかとなった。

C：リレー（継電器）を組み立てる工程において，賃金，休憩時間，部屋の温度について条件を変えながら作業量を測定したところ，賃金条件が改善されると生産性が上昇したが，休憩時間や部屋の温度について条件が改善されても，生産性は変わらなかった。

D：ホーソン実験における従業員への面接調査の結果，監督者に対する不平不満も理性的なものであることがわかった。メイヨーらはこれによって，職場の人間関係や監督者に対する個人的感情は作業能率とは無関係であると主張した。

1 A　　**2** B　　**3** C　　**4** A，C　　**5** B，D

実戦問題の解説

No.1 の解説　ホーソン実験の内容
→問題はP.32　**正答4**

1 ✕ **リレー組立実験　→　作業条件を元に戻しても生産性は高水準だった。**
リレー（継電器）組立実験では，問題文にある物理的な作業条件と作業能率の相関関係が証明されるかに見えたが，これらの条件を元に戻しても作業能率は向上した。**重要ポイント2の（3）を参照。**

2 ✕ **メイヨーらは，人間の行動は感情と切り離せないとした。**
一連の実験の結果から，メイヨーらは職場の人間関係が作業能率に影響を与え，人間の行動は感情と切り離せないと主張した。

3 ✕ **バンク巻き取り配線実験　→　仲間集団の存在が作業能率を規制する。**
バンク巻き取り配線実験から，職場には非公式な仲間集団が存在し，その中で共有される規範や価値基準によってメンバーの作業能率が規制されることが判明した。**重要ポイント2の（5）を参照。**

4 ◎ **ホーソン実験の結果　→　非公式組織が公式組織の作業能率を左右する。**
正しい。**重要ポイント3を参照。**

5 ✕ **ファヨールの管理論は，ホーソン実験以前に提唱された。**
ファヨールは**管理過程論**の創始者と呼ばれ，その学説はホーソン実験以前に提唱されている。**テーマ1・重要ポイント5を参照。**

No.2 の解説　ホーソン実験の内容
→問題はP.32　**正答2**

A ✕ **照明度と作業能率の相関関係　→　判明しなかった。**
「照度が上がると作業量も増大するという明確な相関関係が見られた」が誤り。当初のホーソン実験では，照明度と作業能率の関係が分析されたが，**両者の相関関係は認められなかった**。重要ポイント2の（2）を参照。

B ◎ **非公式組織の重要性が判明。**
正しい。**非公式組織で共有される価値観や規範が，公式組織の作業能率に影響を与える**ことが明らかにされた。重要ポイント2の（5）を参照。

C ✕ **リレー（継電器）組立実験の結果　→　作業条件に関係なく生産性が上昇。**
実践問題No.1・選択肢**1**と同種の設問。リレーの組立実験では，賃金条件を改善すると生産性が上がったが，休憩時間や部屋の温度などを改善しても生産性が向上した。そして，これらの条件を戻しても高い水準を示した。重要ポイント2の（3）を参照。

D ✕ **職場の人間関係が作業能率を左右する。**
面接調査の結果，従業員の行動は感情と切り離して考えられず，**個人的感情と作業能率には相関関係がある**ことが明らかにされた。重要ポイント2の（4）を参照。
　以上の内容から正しいのは**B**であり，選択肢**2**が正答となる。

動機づけ理論

必修問題

動機づけ理論に関する次の記述のうち，妥当なのはどれか。

【国家一般職・令和3年度】

1　F.W.テイラーは，米国の工場で生じていた組織的怠業などの生産現場の問題の改善に取り組み，**差別的出来高給制度**の運用は恣意的になりやすいため，金銭的報酬による動機づけは困難であるとした。また，職場の人間関係やインフォーマルな組織が職務満足や生産性の向上に決定的な影響を与えると主張した。

2　F.ハーズバーグは，仕事に関わる動機や欲求を，**衛生要因**と**動機づけ要因**に分類した。金銭的報酬や作業条件は衛生要因に分類され，人間関係や仕事そのものから得られる充実感などの個人の内面から生まれる欲求は動機づけ要因に分類される一方で，昇進や会社の方針などは衛生要因と動機づけ要因のどちらにも該当するとされた。

3　D.マグレガーは，X理論・Y理論と呼ばれる考え方を提示した。**X理論**では，人間は働くことを好まず，命令や強制が無ければ働かないとされる一方で，**Y理論**では，人間は自己実現の喜びを求めて目標達成に向けて努力するとされた。

4　E.L.デシは，**内発的動機づけ**の理論を体系化し，有能さや自己決定の感覚が高くなるほど職務満足感が高くなると唱えた。また，金銭的報酬は有能さを示す重要な指標であり，金銭的報酬を与えることで内発的動機づけを強化し，職務満足感を高めることができると主張した。

5　V.H.ブルームは，**達成動機づけ**の理論モデルを提唱した。これによれば，動機づけの強さは「動機」「期待」「誘因価」の和によって決定される。このうち，「誘因価」は「期待」の関数であり，また，内的報酬によってもたらされるものである。このことから，ブルームは一般に，内発的動機づけの理論の提唱者として位置付けられている。

難易度　＊

第
1
章

経営学説

必修問題の解説

　動機づけ理論は頻出テーマの一つであり，各試験で頻繁に取り上げられる。諸学説に含まれる多様なキーワードを，POINTで把握しておこう。

1 ✕ **科学的管理法 → 金銭による動機づけ策である差別的出来高給制度を導入。**
「差別的出来高給制度の運用は恣意的になりやすいため」以降の記述が誤り。また，職場の人間関係やインフォーマルな組織の存在が作業能率に影響を与えることを示したのは，G.E.メイヨーらが主導した**ホーソン実験**であった。

2 ✕ **「昇進」は動機づけ要因，「会社の方針」は衛生要因に含まれる。**
ハーズバーグが唱えた**動機づけ−衛生理論**で，職務上の満足を規定する**動機づけ要因**には，仕事の達成とその承認，責任の付与，仕事それ自体，昇進が含まれる。職務上の不満を規定する**衛生要因**は，会社の方針（政策）および管理，作業条件，対人関係，給与，監督技術が挙げられる。重要ポイント4を参照。

3 ◎ **マグレガー → X理論とY理論を提唱。**
正しい。重要ポイント2を参照。マグレガーは，上司の管理能力の向上と従業員の自己実現欲求の充足を結びつけることを重視し，**X理論に基づく管理からY理論に基づく管理への移行**を唱えた。

4 ✕ **内発的動機づけ → 金銭的報酬ではなく活動自体から得られる。**
「金銭的報酬は有能さを示す重要な指標であり」以降の記述が誤り。デシが行った実験によれば，内発的に動機づけられた活動に従事している個人に金銭的報酬が与えられるようになると，**有能さや自己決定の感覚が低下する統制的側面**があることが示された。重要ポイント7を参照。

5 ✕ **ブルームは期待理論の論者であり，内発的動機づけ理論の提唱者ではない。**
本肢はブルームとJ.W.アトキンソンの学説を混在させた内容である。重要ポイント6の（1）および重要ポイント8の（2）を参照。ブルームの期待理論は，報酬から得られる効用や満足度，すなわち外発的な動機づけ要因に基づいて個人の動機づけのプロセスを分析した。その際，個人の動機づけの強さは「期待」「道具性（手段性）」「誘意性」の積によって表される。

正答 3

FOCUS

　第1章の各テーマでは，数々の専門用語が扱われるので，当初は紛らわしい。ここでは「動機づけを分析するうえでそれぞれの論者は何に着目したか」に留意しつつ，諸学説を理解しよう。
　国家一般職の一部の設問を除いて，各試験の出題パターンと範囲，設問の難易度に大きな差はない。

━━ POINT ━━

重要ポイント 1　A. H. マズローの欲求階層説

マズローは人間の欲求を低次から高次に向けて5つの階層に分類した。

マズローの欲求階層説

高次	自己実現欲求	⟶	自己の能力や可能性の探究
	尊敬（承認）欲求	⟶	他者からの尊敬や名声への欲求
	愛情（社会的, 帰属）欲求	⟶	集団への帰属や愛情を求める欲求
	安全欲求	⟶	危険の回避，生活の安定への欲求
低次	生理的欲求	⟶	睡眠，食欲などの基本的な欲求

重要ポイント 2　D. マグレガーのX理論・Y理論

● マグレガーは，『企業の人間的側面』（1960年）において伝統的管理論で想定される人間観をX理論，より高次の欲求に働きかける人間観をY理論と名づけた。

X理論	元来，人間は仕事が嫌いで，強制や命令によってしか仕事に取り組まず，責任を回避したがる存在
Y理論	人間は状況次第で，自己の欲求実現に向けて自主的に仕事に取り組み，結果の責任を負う存在

● マグレガーは，**X理論に基づく管理からY理論に基づく管理への移行**を唱えた。その際，X理論から導かれる組織原則を**階層原則**（組織階層に基づく権限の行使や命令を必要とする考え方），Y理論から導かれる組織原則を**統合原則**（組織目標と個人の自己実現を統合しようとする考え方）としている。

重要ポイント 3　C. アージリスの学説

● アージリスは，『組織とパーソナリティ』（1957年）の中で**個人と組織の間には根本的な不適合がある**ことを指摘した。その理由は，経済合理性を追求し，管理原則によって統制される公式組織が，自己実現を求めて行動する個人の成熟を阻害することにある。

● この個人と組織の不適合を緩和するための方策として，アージリスは従業員の能力発揮の機会を増やす職務拡大や参加的リーダーシップの導入を提唱した。

重要ポイント 4 ▶ F. ハーズバーグの動機づけ－衛生理論

● 従来，職場における満足と不満は同じ要因の充足や欠如から生じると考えられて
きたが，ハーズバーグは『仕事と人間性』（1966年）において**職務満足と職務不満は異なる要因に規定される**ことを面接調査から明らかにした。

動機づけ要因 （職務満足を規定する）	仕事の達成とその承認，責任の付与， 仕事それ自体，昇進
衛生要因 （職務不満を規定する）	会社の政策（方針）および管理，作業条件， 対人関係，給与，監督技術

● この結果に基づいて，ハーズバーグは職務の再設計を唱えた。また，職務満足を
向上させる方策として，従業員により大きな責任を与え，権限委譲を行う**職務充実**や担当職務の範囲を増やす**職務拡大**の実施を提唱した。

重要ポイント 5 ▶ R. リッカートの学説

● リッカートは管理方式の類型を，システム1（独善的専制型）システム2（温情
的専制型），システム3（相談型），システム4（集団参加型，集団参画型）に分
類し，各類型と組織業績の関係を分析した。その結果，**集団参加型のシステム4が組織業績の点で最も優れている**ことを示した。

● また，リッカートは，組織の中に**原因変数**（組織内の物事や結果に影響を与える
要素），**仲介変数**（組織内の相互作用に関する要素。媒介変数とも呼ばれる），**結果変数**（組織の業績に関する要素）が存在し，原因変数が仲介変数に影響を与
え，仲介変数が結果変数を左右するという関係があることを示した。

● リッカートの研究は，このほかにも組織の生産性とリーダーシップの関係に関す
る膨大な調査（ミシガン研究）や，組織の上下階層を結びつける「**連結ピン**」と
してのリーダーの役割など，多岐に及んでいる。

重要ポイント 6 ▶ 期待理論

　期待理論の目的は**個人の動機づけのメカニズムを分析する**ことにあり，人間は行
動を起こす前にその結果を予測し，それがどの程度の効用や満足をもたらすかを判
断した上で行動する合理的な存在であると仮定する。

（1）V. H. ブルーム（ヴルーム）の学説

● ブルームは「**行為→成果→報酬**」という関係を想定して，**成果がもたらす報酬の効用が大きいほど，行為（仕事）に対する動機づけが高まる**と考えた。そして，
個人の動機づけの強さは，次の3要素の積（各要素を掛け合わせた合計値）によ
って表されるとした。

期待	行為の結果から，どのくらいの成果が得られるかに対する主観的確率
道具性 （手段性）	成果の達成から，どのくらいの報酬が得られるかに対する主観的確率
誘意性	報酬から得られる効用・満足度

(2) E.E. ローラーの学説

● ローラーは，個人の動機づけの強さは次の3要素の積によって決まるとした。

成果に対する期待	個人の努力が一定の成果に結びつくことへの期待
報酬に対する期待	成果が何らかの報酬をもたらすことへの期待
報酬誘意性	職務の遂行によって獲得できる報酬の効用

重要ポイント 7 ▶ E.L. デシの内発的動機づけ理論

● デシによれば，内発的に動機づけられた活動とは，**活動そのものに喜びやおもしろさ，やりがいを見出して従事している状態**である。言い換えれば，人がそれに従事することで**自己を有能で自己決定的である**と感じられる活動を意味する。
● また，デシは**外的報酬**（金銭や昇進など）が内発的動機づけに及ぼす影響について，外的報酬が内発的な動機づけを低下させる**統制的側面**と，条件次第では自己決定の感覚をさほど低下させずに機能する**情報的側面**という2つの側面があるとしている。

重要ポイント 8 ▶ 達成動機づけ理論

(1) D.C. マクレランドの学説

● マクレランドは，仕事への動機づけに影響を及ぼす欲求として3種類の欲求次元を示した。

達成欲求	高い目標に挑戦し，自己の能力を発揮して達成しようとする欲求
権力欲求	他者に影響力を行使して，その思考や行動を統制しようとする欲求
親和欲求	集団に所属し，友人や同僚を求め，人から好かれたいという欲求

● 後に，マクレランドは失敗を避けようとする**回避欲求**を第4の欲求として加えた。

(2) J.W. アトキンソンの学説

● アトキンソンは，ある課題を達成しようとする動機が強ければ，達成に向けての行動も現れやすいが，その内容は課題をどの程度達成できるかに関する**期待**や課題の達成によって得られる**価値**（誘因価）によって変化すると主張した。
● さらに，達成行動の最終的な強度や頻度，持続性は個人の**パーソナリティ要因**（ある課題を達成して成功したいという気持ちと，失敗を回避したいという気持ちのどちらが強いか）によって決定されるとした。

達成動機の強さ	パーソナリティ要因（成功動機と失敗回避動機）×期待×価値

実戦問題 **1** 基本レベル

◆ **No.1** モチベーション理論は，個人の行動を動機づける特定の要因を解明することを重視した内容理論（実体理論）と，モチベーションが生起する個人の心理的メカニズムおよびプロセスを解明することを重視したプロセス理論（過程理論）の2つに大別することができるが，次のA～Eのモチベーション理論のうち，内容理論（実体理論）に該当するものを選んだ組合せとして，妥当なのはどれか。

【地方上級（特別区）・平成30年度】

A　マズローの欲求階層説

B　マグレガーのX理論・Y理論

C　アダムスの公平理論

D　ハーズバーグの動機づけ－衛生理論

E　ブルームの期待理論

1　A，B，D

2　A，C，D

3　A，C，E

4　B，C，E

5　B，D，E

◆ **No.2** 動機づけ理論に関する次の記述のうち，妥当なのはどれか。

【国家一般職・令和元年度】

1　G.E.メイヨーらは，ホーソン工場での実験を通じて，作業環境や条件と生産性との関係を考察し科学的管理法を提唱した。また，その実験においては，照明の明るさなどの作業条件と従業員の作業能率との間には直接的な関係が認められるとともに，人間関係などの職場の状況を改善することによって作業能率がさらに高まることが実証された。

2　A.H.マズローは，人間の欲求は，最低次欲求である安全欲求から最高次欲求である自己実現の欲求まで階層的に配列されていると仮定したうえで，自己実現の欲求とは，他人からの尊敬や尊重を意味する名声や栄光に対する欲求のことであるとした。また，低次の欲求が満たされると一段階上の欲求の強度が増加するとした。

3　F.ハーズバーグは，職務満足に関連する要因には，会社の方針と管理，給与，対人関係などがあり，自分の職務を遂行する際の環境や条件と関係するものであるとした。一方，職務不満足に関連する要因としては，達成に対する承認，責任，昇進などがあり，自分の行っている職務そのものと関係するものであるとした。

4　D.マグレガーは，人間は自分で定めた目標のためには進んで努力するという

考え方をＸ理論と定義し，組織メンバーを目標に向かって努力させるためには，命令，統制が必要であるとする考え方をＹ理論と定義した上で，企業の置かれた状況に応じてＸ理論とＹ理論を臨機応変に使い分けて，経営を行う必要があるとした。

5 E.L.デシは，内発的動機づけの理論を体系化し，内発的に動機づけられた行動とは，人がそれに従事することにより自己を有能で自己決定的であると感知できるような行動であるとした。また，有能さや自己決定の感覚を経験したいという欲求は，人間が生来的に持っているものであるとした。

◆ No.3＊ モチベーション理論に関する記述として，妥当なのはどれか。

【地方上級（特別区）・令和３年度】

1 マグレガーは，目標による管理をＸ理論，伝統的管理論をＹ理論と名付け，Ｘ理論では，人間は自分が進んで身を委ねた目標のためには自ら自分に鞭打って働くものであるとした。

2 アルダーファーは，ERG理論において，人間の欲求を生存（Existence），関係（Relatedness），成長（Growth）の３つに分類し，それぞれの欲求が同時に存在することはないとした。

3 アダムスは，期待理論において，個人が不公平を認知すると，それを解消しようとするモチベーションが生じるという前提で，ここでいう不公平とは，自分の報酬が他者のそれと等しくない場合に感じるものであるとした。

4 ハーズバーグは，動機づけ−衛生理論において，職務満足をもたらす要因を衛生要因，職務不満足をもたらす要因を動機づけ要因と呼び，従業員の動機づけには職務充実が有効であるとした。

5 マズローは，欲求階層説において，人間の欲求は生理的欲求から自己実現欲求までの５段階の階層をなしており，人間は，低次の欲求が満たされると，より高次の欲求に動機づけられるとした。

実戦問題 **1** の 解説

→問題はP.39 **正答 1**

No.1 の解説 動機づけ理論（内容理論とプロセス理論）

　A.H.マズローの欲求階層説については**重要ポイント1**，D.マグレガーのX理論とY理論については**重要ポイント2**を参照。J.S.アダムス（アダムズ）の**公平理論（衡平理論）**は，人間は自分の働きとそれによって得られた報酬が適正であったかどうかを判断して行動すると仮定し，**努力の結果が公平に評価されているか否かが，個人の動機づけに影響を与える**と唱えた。アダムスは，他者と比べて自分の報酬が少ない場合だけでなく，自分の報酬が多すぎる場合も不公平感を持つとした。F.ハーズバーグの動機づけ−衛生理論については**重要ポイント4**，V.H.ブルームの期待理論については**重要ポイント6**の（1）を参照。

　A〜Eの中で，マズローの欲求階層説，マグレガーのX理論・Y理論，ハーズバーグの動機づけ−衛生理論は，「**人は何によって動機づけられるのか**」を明らかにすることを目的とした**内容理論（内容論，実体理論）**に該当する。これに対して，アダムスの公平理論とブルームの期待理論は，「**人はどのように動機づけられるのかというメカニズムやプロセス**」を明らかにすることを目的とした**プロセス理論（過程論，過程理論）**に含まれる。

　よって，内容理論に該当する学説は**A**，**B**，**D**であり，正答は**1**である。

動機づけの内容理論とプロセス理論

内容理論（内容論，実体理論）	個人の行動を**動機づける要因**を解明する
プロセス理論（過程論，過程理論）	**動機づけの過程や仕組み**を解明する

1× 科学的管理法 → F.W.テイラーが提唱。

メイヨーらは科学的管理法を唱えていない。また，後半の記述も誤り。ホーソン実験の当初の目的は，照明度と作業能率の関係を分析することにあったが，**相関関係は認められなかった**。テーマ2・重要ポイント2と3を参照。

2× マズローが規定した欲求階層の最低次欲求 → 生理的欲求。

重要ポイント1を参照。また，「他人からの尊敬や尊重を意味する名声や栄光に対する欲求」は尊敬欲求である。

3× 職務満足を規定する動機づけ要因 → 職務自体とその評価に関係する。

職務満足を規定する要因と，職務不満足を規定する要因の内容が逆である。職務不満足を規定する衛生要因は，職務を遂行する際の作業条件や職場の人間関係に関係する。**重要ポイント4**を参照。

4× X理論 → 人間は命令や統制によって仕事に取り組むとする人間観。

X理論と**Y理論**の内容が逆。また，マグレガーはX理論からY理論に基づく管理への移行を説いた。**重要ポイント2**を参照。

5◎ デシ → 内発的動機づけ理論を提唱。

正しい。デシによれば，内発的に動機づけられた活動とは，報酬や昇進などの外的な報酬の有無に関係なく，**活動そのものに喜びや面白さ，やりがいを見出して従事している状態**を意味する。重要ポイント7を参照。

◆経営学の出題パターン　その1

経営学の出題には，①語句の定義，論者と学説の組合せの正誤，法規制や指針の内容を問うパターン，②論旨や文脈の矛盾を問うパターンがある。

基本問題の大半は①に該当する。その対策は，**諸学説における主な概念やキーワードの内容を理解する**ことにある。

実戦問題No.2は①の典型例であり，「ホーソン実験」「マズローの欲求階層説」「動機づけ−衛生理論」「X理論とY理論」の理解に基づいて，選択肢**1**〜**4**を誤りと判別できるかがカギとなる。

本書冒頭の「経営学の学習方法」でも述べた通り，POINTの確認と過去問演習を繰り返して，まず**正誤を判断するための基本知識**を養おう。

No.3 の解説 動機づけ理論全般 　　　　　　　　　→問題はP.40　**正答5**

1 ✕ X理論 ▸ 伝統的管理論の基盤にある人間観。

X理論とY理論の説明が誤り。**重要ポイント2**を参照。なお，**目標による管理（目標管理制度）**とは，組織目標と各従業員の業務目標を結び付けて，各自の動機づけや主体性を高める手法であり，P.F.ドラッカーの所説に拠る。具体的には，組織目標に基づいて各従業員が上司と相談し，各自の業務目標を設定する。そして，業務目標の達成過程や業績の評価も一任され，各自が自己統制によって管理を行う。**テーマ16・重要ポイント6**を参照。

2 ✕ ERG理論 → 各欲求を同時に充足することもあり得る。

前半のERG理論の説明は正しいが，「それぞれの欲求が同時に存在することはない」が誤り。C.P.アルダーファー（アルダーファ）はマズローの欲求階層説の区分があいまいであると批判し，①**生存欲求**（Existence Needs），②**関係欲求**（Relatedness Needs），③**成長欲求**（Growth Needs）という3種の欲求に再構成すべきと主張した。アルダーファーは①→②→③という**欲求充足の段階的な移行を認めつつ，これらの同時的充足や逆行もあり得る**とした。

* アルダーファーのERG理論 *

生存欲求	飢えや乾きを満たす，金銭を得るなどの生理的・物的欲求
関係欲求	自分にとって重要な他者と良好な関係を保ちたいとする欲求
成長欲求	自分や自分を取り巻く環境に対して創造的でありたいとする欲求

3 ✕ J.S.アダムス → 公平理論の主唱者。

アダムスの**公平理論（衡平理論）**では，人間は自らの働きとそれによって得られた報酬が適正であるかを判断して行動し，努力の結果に対する公平な評価が個人の動機づけを左右するとした。その際，**他者と比べて自分の報酬が少ない場合だけでなく，報酬が過分であった場合も不公平感を持つ**と説明している。

4 ✕ 動機づけ要因 → 職務満足を規定，衛生要因 → 職務不満足を規定。

動機づけ要因と衛生要因の説明が逆である。**重要ポイント4**を参照。F.ハーズバーグは，職務満足を改善する方策として従業員により大きな責任を与え，権限委譲を行う**職務充実**の重要性を指摘した。職務充実については，**テーマ16・重要ポイント2**を参照。

5 ◎ A.H.マズロー → 低次から高次に向けて人間の欲求を5つの階層に分類。

正しい。**重要ポイント1**を参照。

No.4 リッカートに関する記述として，妥当なのはどれか。

【地方上級（東京都）・平成19年度】

1 彼は，組織には原因変数，仲介変数および最終結果変数の3つの変数の相互関係が存在するとし，原因変数のうち従業員のモラールが変化すると，最終結果変数である生産性が変化するとしている。

2 彼は，組織の管理方式を，独善的専制型，温情的専制型，相談型および集団参画型の4種類に分類し，相談型が最も優れた業績を上げるとしている。

3 彼は，権威主義的リーダーシップと参加的リーダーシップとを比較した場合，参加的リーダーシップのほうが，長期的には生産性を向上させるとしている。

4 支持的関係の原則では，部下の非経済的動機よりも経済的動機を満たすように上司が行動すると，部下が自分の価値を認められたと感じ，上司への協力的な態度がとられるとしている。

5 管理の集団方式では，組織の単位を小集団とし，各小集団を構成する管理者以外のすべての従業員が連結ピンとなって，他の集団の従業員と集団討議を行うことにより，組織全体のコミュニケーションが促進されるとしている。

No.5 動機づけに関する次の記述のうち，妥当なのはどれか。

【国家専門職・令和元年度】

1 F.ハーズバーグの動機づけ衛生理論によると，達成に対する承認や仕事そのもの，責任等の要素は，自分の行っている職務そのものと関係していると考えられており，職務満足をもたらす動機づけ要因と呼ばれる。一方，会社の方針と管理，給与や対人関係等の要素は，職務不満足をもたらす要因で，衛生要因と呼ばれる。

2 V.H.ブルームは，職務遂行によって獲得できる報酬の効用を「期待」，その報酬獲得の主観確率を「誘意性」と呼び，ある個人にとって，ある行為を遂行するように作用する力は，その行為がいくつかの結果をもたらす「誘意性」とそれぞれの結果が持っている「期待」との総和で計算できるとした。

3 E.L.デシにより体系化された内発的動機づけに基づく期待理論では，人間は自己実現の欲求により内発的に動機づけられ，職務等の活動に従事するとされている。この理論によると，個人として自分の資質を十分に発揮したいという感情の大きさを表す指標である効用とその人の満足感は比例するとされている。

4 J.W.アトキンソンの達成動機づけモデルは，動機づけの要因として，目的を達成した場合における外的報酬に着目している。この理論によると，達成動機は課題の困難度にかかわらず，課題達成の際に費やされる時間の逆数と，それによって得られる報酬の大きさの積によって計算できるとした。

5　A.H.マズローの欲求段階説の基礎となった動機づけ理論として，D.C.マクレランドの達成動機理論が挙げられる。この理論では，人間の欲求を生存欲求，関係欲求，成長欲求の3つに分類し，成長欲求が最も高位であり，生存欲求と関係欲求の両方が満たされたときに初めて成長欲求が現れるとしている。

✦ No.6 ＊＊ **動機づけ理論等に関する次の記述のうち，妥当なのはどれか。**

【国家専門職・令和3年度】

1　D.マグレガーは，人間は生来働くことが嫌いというわけではないが，強制，統制，命令がなければ十分に力を発揮せず，命令されるのが好きで，何よりもまず安全を求めるという考えをX理論とし，それに対し，人間は生来働くことを好まないが，条件次第で仕事は満足の源泉となり得るという考えをY理論として，状況に応じてX理論とY理論を臨機応変に使い分ける経営管理が望ましいと主張した。

2　A.H.マズローは，人間の欲求は，最低次欲求である生理的欲求から最高次欲求である自己実現の欲求までの5つの階層に分類されるという欲求階層説を唱えた。これによれば，低次の欲求を満たさなければ高次の欲求は出現しない。その後，C.P.アルダーファはマズローの欲求階層説を修正してE・R・G理論を提唱した。

3　D.C.マクレランドは，人間の欲求を生存欲求，達成欲求，親和欲求の3つに分類した。このうち，生存欲求はすべての人にとって最も強い欲求である一方，達成欲求と親和欲求については，すべての人に多少ともあるものであるが，その強さの程度は人によって違い，それがその人の個性をなすと主張した。

4　F.ハーズバーグは，人々が仕事上で満足感を得る要因と不満足を感じる要因の2種類があるとして，動機づけ・衛生理論を提唱した。このうち，給与や人間関係といった衛生要因は，職務満足をもたらす要因であり，この要因を改善することで，従業員の満足を向上させることができるとされる。

5　E.L.デシは，動機づけの期待理論を提唱し，「行為→成果（一次の結果）→報酬（二次の結果）」という関係を示した。これによれば，その人がある行為をする動機づけの強さは，どのような報酬が得られるのかに対する主観的確率である「期待」，どのような成果が得られるのかに対する主観的確率である「手段性」，得られた報酬に対する効用である「誘意性」の積によって決まるとした。

実戦問題❷の解説

→問題はP.44

No.4 の解説　リッカートの学説　　　　　　　　→問題はP.44　正答3

1 ✕ 従業員のモラール（士気）→ 仲介変数に含まれる。

原因変数とは組織内の物事の流れや結果に影響を与える要素であり，組織の目標やリーダーシップのスタイル，意思決定，組織構造などが含まれる。**仲介変数**（媒介変数）は組織内の相互作用に関する要素であり，従業員の意欲やモラール，コミュニケーションなどがある。**結果変数**（最終結果変数）は組織の業績に関する要素であり，生産性，コスト，利益，欠勤率，離職率などが含まれる。

2 ✕ 組織業績では，集団参画型（システム4）が最も優れている。

組織の管理方式については，**重要ポイント5**を参照。

3 ◎ リッカートが主導したリーダーシップに関する調査研究 → ミシガン研究。

正しい。ミシガン研究では本肢の調査以外にも，従業員中心型と職務中心型のリーダーシップを比較し，組織業績の点で従業員中心型のリーダーシップのほうが高い生産性を示すことを明らかにした。

4 ✕ 支持的関係の原則 → 部下が組織の中で支持されている実感を持つこと。

支持的関係の原則はシステム4を構成する重要な要素であり，**組織メンバーが自らの経歴や価値観，欲求，期待などについて，組織内の職務や人間関係の中で支持されているという実感をもつこと**である。

5 ✕ 小集団のリーダー → 上下の集団を結びつける連結ピンの役割。

「各小集団を構成する管理者以外のすべての従業員が連結ピンとなって」が誤り。リッカートによれば，組織は多数の小集団が重なり合って構成されている。そのため，**ある集団のリーダーはその上位の集団のメンバーの一人でもある**ことから，上下の集団を結びつける**連結ピン**の役割を果たす。テーマ8の実戦問題No.2の解説の図を参照。

No.5 の解説　動機づけ理論全般　　　　　　　　→問題はP.44　正答1

1 ◎ 動機づけ要因 → 職務満足を規定，衛生要因 → 職務不満足を規定。

正しい。**重要ポイント4**を参照。

2 ✕ ブルームの期待理論 → 個人の動機づけ ＝ 期待，道具性，誘意性の積。

ブルームの定義によれば，「期待」はどのくらいの成果が得られるかという主観確率（期待度）であり，「誘意性」は報酬から獲得できる効用である。また，個人の動機づけは「誘意性」と「期待」の総和で計算できるとする後半の記述も誤り。**重要ポイント6**の（1）を参照。

3 ✕ 活動自体に喜びや面白さを見出して従事することで，内発的動機づけが向上。

デシが唱えた**内発的動機づけ理論**は，報酬への期待や効用の大きさで個人の動機づけが決まると考える「期待理論」ではない。**重要ポイント7**を参照。

4 ✗ アトキンソンの達成動機づけモデル → 自尊心などの内的報酬に着目。

「目的を達成した場合における外的報酬に着目している…」以降の記述が誤り。アトキンソンの**達成動機づけ**モデルは，動機づけの要因として，成功あるいは失敗した場合に得られる自尊心や達成感，喪失感，他者からの評価といった内的報酬に着目した。重要ポイント8の (2) を参照。また，アトキンソンによれば，最も強く動機づけられる課題とは**主観的な成功確率が50%（成功と失敗の確率が五分五分）の「適度なチャレンジ」**であるとされる。

5 ✗ 人間の欲求を生存欲求，関係欲求，成長欲求に分類 → ERG理論。

マクレランドの達成動機理論は，マズローの欲求段階説の理論的基礎ではない。重要ポイント8の (1) を参照。また，ERG理論はC.P.アルダーファーが唱えた。実戦問題No.3・選択肢**2**の解説を参照。

No.6 の解説　動機づけ理論全般　　　→問題はP.45　正答2

1 ✗ X理論 → 人間は命令や統制によって仕事に取り組むとする人間観。

X理論の「人間は生来働くことが嫌いというわけではない」とY理論の「人間は生来働くことを好まない」，および「X理論とY理論を臨機応変に使い分ける経営管理が望ましい」という記述が誤り。重要ポイント2を参照。

2 ◎ マズローの欲求階層説に対して，アルダーファはE・R・G理論を提唱。

正しい。マズローの欲求階層説については，重要ポイント1を参照。E・R・G理論については，実戦問題No.3の選択肢**2**の解説を参照。

3 ✗ マクレランドの達成動機づけ理論 → 達成欲求，権力欲求，親和欲求。

「生存欲求」が誤り。マクレランドは，仕事への動機づけに影響を及ぼす欲求として，達成欲求，権力欲求，親和欲求を示した。重要ポイント8の (1) を参照。マクレランドによれば，3種類の欲求はすべての人間に多少なりとも備わっているが，それぞれの欲求の程度には個人差があり，その差が各人の個性になるとした。

4 ✗ 衛生要因 → 職務不満足を規定する要因。

「衛生要因は，職務満足をもたらす要因」が誤り。重要ポイント4を参照。

5 ✗ デシ → 内発的動機づけ理論を提唱。

期待理論を唱えたのはV.H.ブルームであり，「期待」と「手段性」の説明が逆である。ブルームは，「行為→成果→報酬」という関係において，個人の動機づけの強さは期待，手段性（道具性），誘意性の積で決まると考えた。ここでの**期待**は行為の結果から，どのような成果が得られるのかに対する主観的確率であり，**手段性**は成果の達成から，どのような報酬が得られるのかに対する主観的確率，**誘意性**は報酬から得られる効用・満足度を意味する。重要ポイント6の (1) を参照。

意思決定論に関する次の記述のうち，最も妥当なのはどれか。

【国家専門職・令和5年度】

1 C.I.バーナードは，組織の各メンバーには**無関心圏**が存在し，その圏内では命令の内容は意識的に反問することなく受容され得るとした。そして，無関心圏が大きい組織のメンバーは，上司の命令に対して忠実で従順である反面，受動的であると考えた。

2 C.I.バーナードは，組織の**有効性**とは個人の動機が満たされた度合いを意味し，組織の**能率**とは組織の共通目的の達成度合いを意味するとした。そして，有効性と能率の少なくとも一方が達成されていれば，組織は長期的に存続すると考えた。

3 C.I.バーナードは，組織を2人以上の人々の無意識的に行われた活動や諸力の体系と定義し，こうした組織が成立するためには，共通目的，貢献意欲及び衛生要因の3つの条件がそろわなければならないとした。

4 H.A.サイモンは，現実の組織の意思決定において，「選択機会」をゴミに，「問題，解，意思決定者」をゴミ箱に例えた。そのゴミ箱にそれらのゴミが投げ込まれ，ゴミ箱が一杯になるタイミングで，論理必然的にそれらのゴミが結び付き，意思決定がなされるとする**ゴミ箱モデル**を提唱した。

5 H.A.サイモンは，人間の意思決定には限界はなく，すべての代替案に関して生じる結果を把握し，その中から最も良いものを選ぶことができると考えた。また，彼はこのような考えから，バーナードによって提唱された近代組織論を否定した。

難易度 ＊

必修問題の解説

　意思決定論では，組織における「ものごとを決める過程とその内容」を分析する。本テーマの頻出項目は，バーナードとサイモンの学説である。

頻出度
A

国家総合職 ★
国家一般職 ★★
国税専門官 ★★
地上全国型 ―

地上関東型 ―
地上特別区 ★★

4 意思決定論

1 ◎ 無関心圏の圏内では，組織メンバーは上司の命令を反問なく受け入れる。

正しい。組織のメンバーの**無関心圏**が大きいことは，上司の命令に忠実である反面，受動的であり，言われたことは実行するが，自主的に代替案を示すことはない状況を意味する。重要ポイント1の（5）を参照。

2 ✕ 有効性 → 組織目的の達成度，能率 → 個人動機の満足度。

有効性と能率の説明が逆である。バーナードの定義によれば，組織の**有効性**は組織の共通目的の達成度合いであり，組織の**能率**は個人の動機が満たされた度合いである。また，バーナードは，組織が存続するためには，**短期的には有効性と能率のいずれか，長期的には両方を満たす必要がある**と指摘した。重要ポイント1の（2）を参照。

3 ✕ 組織の成立条件 → 共通目的，貢献意欲（協働意欲），コミュニケーション。

「無意識的に行われた」と「衛生要因」が誤り。バーナードは（公式）組織を「2人以上の人間からなる意識的に調整された活動や諸力の体系」と定義した。そして，組織が成立するための条件として共通目的，貢献意欲（協働意欲），コミュニケーションを挙げた。重要ポイント1の（2）を参照。

4 ✕ ゴミ箱モデルでは，諸要素が偶発的に結合することで意思決定が行われる。

「H.A.サイモン」と「論理必然的に」が誤り。**意思決定のゴミ箱モデル**を提唱したのはJ.G.マーチとJ.P.オルセン，M.D.コーエンである。マーチらによれば，現実の意思決定の状況は，ある「選択の機会」にさまざまな「問題，解，意思決定者（参加者）」が投げ込まれるゴミ箱にたとえられる。そして，**これらの要素が偶発的に結びついた結果，あたかも満杯になったゴミ箱を空にするように意思決定が行われる**とした。重要ポイント4を参照。

5 ✕ サイモンは，人間は「制約された合理性」の下で意思決定を行うとした。

サイモンによれば，人間は完全な合理性を獲得することは不可能であり，現実には**制約された合理性**の下で行動すると主張した。そして，組織の意思決定においても，すべての代替案を列挙して，その中から目的を満たす最適な代替案を追求するのではなく，**あらかじめ設定した一定の水準を満たす代替案を選択する**とした。この考え方を**満足化原理**（満足化意思決定）と呼ぶ。重要ポイント2の（2）を参照。また，サイモンの学説は，バーナードが唱えた近代組織論を継承し，発展させたものであり，両者の所説はバーナード＝サイモン理論と総称される。

正答 **1**

FOCUS

バーナードとサイモンの学説は，意思決定論だけではなく経営学説全般や経営組織論などでも頻繁に取り上げられる。両者の学説は独自の概念で構成されているので，内容を整理して覚えよう。

また，近年はアンゾフが示した意思決定の3階層や意思決定のごみ箱モデル，ゲーム理論など，バーナード＝サイモン理論以降の学説も出題されている。

重要ポイント 1 ▶ C.I.バーナードの学説

(1) 概要

- ニュージャージー・ベル社の経営者であったバーナードは，その知識と経験をもとに『経営者の役割』（1938年）をまとめた。その理論の革新性は「バーナード革命」とも呼ばれ，近代管理論や近代組織論の創始者と位置づけられている。

- バーナード理論の内容は多岐にわたるが，その特徴は次の3点にある。

  ① 意思決定を中核概念として組織の成立と存続の条件を分析
  ② システム論に基づいた組織観を導入
  ③ 組織の誘因と個人が提供する貢献の均衡という視点から理論を構築

(2) 組織の成立・存続の条件

- バーナードは，組織を**協働体系**（人的・物的・社会的な複合システム）ととらえ，（公式）組織を**2人以上の人間からなる意識的に調整された活動や諸力のシステム**と定義した。

- 組織の成立に不可欠な構成要素として，バーナードは次の3点を挙げている。

  組織の成立に必要な要素 ⎰ 協働意欲（貢献意欲）
  共通目的
  コミュニケーション

- その上で，組織を存続するための要素として，短期的には有効性と能率のいずれか，長期的には両方を同時に満たす必要があると主張した。

  組織の存続に必要な要素 ⎰ 有効性（組織目的の達成度）
  能率（個人動機の満足度，または個人の貢献を引き出すために有効な誘因を，組織が提供できる程度）

(3) 組織均衡

- バーナードは，**組織がもたらす誘因と個人が提供する貢献が均衡する**ことで組織は維持されるとした。すなわち，個人が提供する貢献に対して組織はそれと同じかそれ以上の誘因（報酬や地位，名誉など）を示す必要があり，これによって個人は組織に参加し，協働する意欲を示すことになる。この考え方を組織均衡論と呼ぶ。

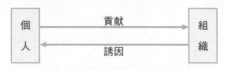

※誘因≧貢献の状況で組織は維持される

(4) 個人的意思決定と組織的意思決定

● 先述のように，バーナード理論は**個人と組織の相互作用**という観点に基づいて構成されており，この点は次の意思決定の分類にも当てはまる。

個人的意思決定	個人が組織への貢献を行うか否かに関する意思決定
組織的意思決定	個人が組織メンバーの一員として組織の立場で行う意思決定

● 個人的意思決定に基づいて個人は組織に参加し，協働することで組織が形成され，その上で組織目的の達成に向けて個々人が組織的意思決定を行う。この2つの意思決定を実施し，調整するプロセスが組織を維持する活動となる。

(5) 無関心圏

● 組織の各メンバーには，**上司からの命令を反問せずに受け入れる一定の範囲**がある。バーナードはこの範囲のことを**無関心圏**と呼んだ。

● 無関心圏が大きいメンバーは，上司の命令に対して従順で忠実である反面，自ら主体的な行動はとらず，受動的であることを意味する。

(6) 権限受容説（権威受容説）

● 権限の源泉に関する考え方は，権限委譲説（公式権限説，権限法定説）と権限受容説に大別される。

権限委譲説	ある職位の権限は，上位から下位に委譲することによって成立するという考え方
権限受容説	上司が部下に命令を与え，部下がその命令を受け入れて実際に行動することで権限が成立するという考え方

● 権限委譲説は伝統的管理論の立場である。これに対して，**バーナードは権限受容説を唱えた。**

重要ポイント 2　H. A. サイモンの学説

(1) 概要

● サイモンはバーナード理論を発展させ，組織の意思決定過程の分析を進めた。サイモンの業績は心理学や人工知能研究にも及び，1978年にはノーベル経済学賞を受賞している。主な著書には『経営行動』(1945年)，『オーガニゼーションズ』(1958年，J. G. マーチとの共著) がある。

● サイモンの意思決定論の特徴は以下のとおりである。

① 個人の意思決定過程が連鎖したシステムとして組織をとらえる
② 現実の意思決定過程を記述的に分析する
③ 管理人（経営人）モデルという人間観を提示

(2)「制約された合理性」と「満足化原理」

- 現実の人間は，経済人で想定されているような全知全能の完全な合理性を獲得することは不可能であり，**制約された合理性**（限定合理性，限界合理性）しか発揮することができない。この情報処理能力に一定の限界があるとする人間観を，サイモンは**管理人（経営人）**と呼んだ（経営学における人間観についてはテーマ8のステップアップ（→P.106）を参照）。

- そのため，実際の意思決定では，経済人のようにすべての代替案を列挙し，その中から目的を満たす最適な代替案を選ぶのではなく，**あらかじめ設定した一定の水準を満たす代替案を選択する**ことになる。この考え方が**満足化原理**であり，管理人としての人間は満足化原理に基づいて意思決定を行うとサイモンは主張した。

(3) 2つの意思決定前提

- サイモンは，個人が意思決定を行う場合，具体的な選択や行動に先立って**価値前提と事実前提**という2つの前提があると指摘した。

価値前提	組織の目的設定に関する価値判断 （目的として何をなすべきか）
事実前提	手段選択に関する事実に基づいた判断 （目的達成の手段として何を選ぶか）

- 価値前提は主観的な価値判断を含み，経験的に検証ができないため，科学的な分析の対象から除外される。これに対して，事実前提は客観的な事実に基づく判断であり，合理的な選択が可能な領域であることから，**サイモン理論では事実前提に基づく意思決定が分析対象となる。**

(4) 定型的意思決定と非定型的意思決定

- 意思決定の処理手続き（プログラム化できるか否か）という観点から，サイモンは意思決定を2種類に分類している。

定型的意思決定 （プログラム化できる意思決定）	決められた手続きによって処理が可能な意思決定（例:在庫計画，給与計算など）
非定型的意思決定 （プログラム化できない意思決定）	非反復的で，毎回新たな処理手続きを必要とする意思決定（例:多角化，製品開発など）

- 非定型的意思決定はトップ・マネジメントが担当する戦略的な意思決定の領域である。定型的意思決定は現場管理層の担当領域であり，コンピュータによって処理できる。

重要ポイント3 H.I.アンゾフの意思決定分類

● アンゾフは最高経営層（トップ・マネジメント），中間管理層，現場管理層からなる組織の階層に応じて，意思決定を**戦略的意思決定，管理的意思決定，業務的意思決定**の3種類に分類した。

戦略的意思決定	最高経営層が担当する全社的な戦略課題に関する決定 サイモンのいう非定型的意思決定に相当
管理的意思決定	中間管理層が担当する決定 戦略的意思決定の結果を数値化し，資源の効率的な配分を行う
業務的意思決定	現場管理層が担当する定型的な業務処理に関する決定 サイモンのいう定型的意思決定に相当

重要ポイント4 意思決定のごみ箱モデル

● バーナードやサイモンらが提示した意思決定論はいずれも合理性の追求を基礎とするものであったが，J.G.マーチ，J.P.オルセン，M.D.コーエンが提示した**ごみ箱モデル**では，**現実の意思決定過程は諸要素が偶発的に結びついて決定される**と説明する。このモデルでは，組織における意思決定の状況は**選択の機会**にさまざまな**問題，解，参加者**が投げ込まれる「ごみ箱」にたとえられ，意思決定とは極めて流動的で状況に左右される過程であり，曖昧な性格を持つものとされる。

● マーチらによれば，現実の組織の意思決定では，①問題のある選好（代替案の選択基準が曖昧），②不明確な技術（技術の有効性が不確か），③流動的な参加（意思決定の参加者が定まらない）によって特徴づけられる状況（**組織化された無政府状態**）がしばしば起こる。この状況を前提として，意思決定のごみ箱モデルが示された。

組織内の選択状況

これらの変数が偶発的に結合してあたかもいっぱいになった「ごみ箱」を空にするように意思決定が行われる

No.1 　C.I.バーナードやH.A.サイモンの意思決定論に関する次の記述のうち，妥当なのはどれか。　　　　　　　　　　　　【国税専門官・平成14年度】

1 　C.I.バーナードは，中間管理職が経営者から権限を与えられさえすれば，たとえその中間管理職が従業員から受け入れられなくても権限関係は成立すると考えた。これを権限受容説という。

2 　C.I.バーナードは，管理という概念を「他人に仕事をさせる」という伝統的なとらえ方から，その「行為に導く選択の過程」，すなわち「意思決定」に比重を置いて見直した。

3 　組織の置かれた環境と条件とに無関係に，普遍的な管理原則が成り立つというコンティンジェンシー理論が生まれる流れを作った原点に，C.I.バーナードを位置づけることができる。

4 　H.A.サイモンは，価値判断にかかわる部分を排除して，検証可能な事実と論理性を重視する論理実証主義の立場に立つと同時に，経済学の前提である合理的経済人の仮説にも立っている。

5 　C.I.バーナードやH.A.サイモンの意思決定論は，企業の中で実際の意思決定がどのように行われるかを記述しながらその過程を明らかにしていこうとするもので，規範的意思決定論と呼ばれている。

No.2 　経営組織論に関する次の記述のうち，妥当なのはどれか。

【国家専門職・平成29年度】

1 　H.I.アンゾフは，組織を2人以上の人々の意識的に調整された活動や諸力の体系と定義した。組織が成立するためには，貢献意欲，相互扶助（助け合い），コミュニケーションシステムの3つの条件がなくてはならないと考えた。

2 　R.M.サイアートは，企業における意思決定を組織階層ごとに3種類に分類した。その中で，企業目標の設定や経営の多角化等，主にトップ・マネジメントが行う企業全体に関わる意思決定を管理的意思決定という。

3 　H.A.サイモンが提示したモデルでは，人間は意思決定をする際に，完全な知識を持っているので利用可能な代替案のすべての中から客観的に最も合理的で最適な意思決定を行うことができるものと考え，これを満足化基準による意思決定と呼んだ。

4 　C.I.バーナードは，権威とは上司から部下に委譲されることにより生ずると考える伝統的な権威委譲説の考え方ではなく，部下に受容されることにより初めて効力を発揮するという権威受容説の考えを提示した。

5 　J.G.マーチやM.D.コーエンらは，現実の組織の意思決定を「問題」，「解」という2つの要素を用いて表した。ゴミ箱モデルといわれるこのモデルでは，独立

している2つの要素が必然的なタイミングで結び付き，意思決定が論理的に行われるものと考える。

No.3 意思決定論に関するア～エの記述のうち，妥当なもののみをすべて挙げているのはどれか。　【国家専門職・令和2年度】

ア：H.A.サイモンは，人間は意思決定を行う際に，完全情報・完全知識の下で完全合理的な行動ができるものではなく，限られた情報や知識の下で合理的に行動するものであるとした。こうした人間観を「経営人」と呼んだ。

イ：J.G.マーチ，J.P.オルセンらは現実の組織的意思決定を分析する枠組みとして，ゴミ箱モデルを提唱した。現実の意思決定状況は，①あやふやな選好，②不明確な技術，③流動的な参加という3つの特徴があると指摘し，意思決定は，選択機会と問題・解・意思決定者が偶然のタイミングで結び付いて行われるものであるとした。

ウ：H.I.アンゾフは，企業において行われる意思決定のうち，経営トップ層が担当する企業の長期的な成長と発展に関わる意思決定を管理的意思決定，経営ミドル層が担当する戦術を組み立る意思決定を戦略的意思決定とした。

エ：C.I.バーナードは，組織を「意識的に調整された人間の活動ないし諸力のシステム」と捉え，こうした組織が成立する条件として，「共通の目的」「コミュニケーション」「統制」「有効性」の4点を挙げた。また，組織が存続する条件として，目的の達成のための自発的な「協働意欲」と個人的貢献を引き出すのに足りるだけの誘因を提供する能力を表す「能率」の充足を挙げた。

1 ア，イ
2 ア，ウ
3 ア，エ
4 イ，ウ
5 イ，エ

実戦問題 **1** の解説

　本問は井原久光著『テキスト経営学〔第3版〕』（ミネルヴァ書房，2008年）の第11章をもとに構成されている。

1 ✕　**権限受容説 → 上司の命令を部下が受け入れることで権限が成立する。**
バーナードによれば，権限とは「部下によって，自分の行為を支配するものとして受容された伝達の性格」であり，**権限受容説**（Acceptance Theory of Authority）は，上司が部下に対して命令を与え，部下がその命令を受け入れ，実際に行動することで権限が成立するという考え方である。これに対して，本肢のように管理者の権限は上位から下位に委譲することによって成立するという考え方を**権限委譲説**（**公式権限説，権限法定説**）と呼ぶ。権限受容説がバーナード以降の意思決定論や近代組織論の立場であるのに対して，権限委譲説は伝統的管理理論の立場である。**重要ポイント1**の（6）を参照。

2 ◎　**バーナードは，意思決定を中核概念として組織の成立と存続を分析した。**
正しい。

3 ✕　**コンティンジェンシー理論 → 環境条件が異なれば，有効な組織も異なる。**
コンティンジェンシー理論は普遍的な理論構築を志向する従来の組織理論を否定し，「環境条件が異なれば，有効な組織構造も異なる」という観点から分析・調査を実施した学派である。コンティンジェンシー理論については**テーマ5のPOINT**を参照。また，バーナード理論をコンティンジェンシー理論の原点と考えるか否かは見解の分かれるところだが，組織をオープン・システムととらえ，外部環境と相互作用を行うという考え方を導入した点では，コンティンジェンシー理論に影響を与えたといえる。

4 ✕　**サイモンは，管理人（経営人）という人間観を唱えた。**
末尾の「合理的経済人の仮説に立っている」という記述が誤り。サイモンは合理的経済人の非現実性を指摘し，人間は「**制約された合理性**」のもとであらかじめ設定された目標水準を満たす代替案を選択するという**管理人（経営人）**モデルを提唱した。

5 ✕　**組織における実際の意思決定を記述・分析する → 記述的意思決定論。**
本肢のバーナードやサイモンの立場を**記述的意思決定論**と呼ぶ。

規範的意思決定論	ある目的を満たす最適な代替案を選択する方法を追求する立場→OR（オペレーションズ・リサーチ）など
記述的意思決定論	現実の組織の意思決定の過程を記述・分析し，理論化する立場→バーナード＝サイモン理論など

No.2 の解説 代表的な意思決定論 →問題はP.54 **正答4**

1 ✕ 組織の成立条件 → 貢献意欲（協働意欲），共通目的，コミュニケーション。
「H.I.アンゾフ」と「相互扶助（助け合い）」が誤り。本肢はC.I.バーナード
の学説である。**重要ポイント1の（2）**を参照。なお，「コミュニケーション
システム」という言葉は，彼の主著『経営者の役割』（1938年）の中で用い
られているが，組織の成立条件では，単に「コミュニケーション」と記して
いる。

2 ✕ 意思決定を組織階層に応じて3種類に分類 → H.I.アンゾフ。
「R.M.サイアート」と「管理的意思決定」の内容が誤り。意思決定を組織階
層ごとに3種類に分類したのは，H.I.アンゾフである。具体的には，トッ
プ・マネジメントが行う企業全体にかかわる意思決定を**戦略的意思決定**，中
間管理層が行う資源の効率的な配分に関する意思決定を**管理的意思決定**，現
場管理層が行う定型的な業務処理に関する意思決定を**業務的意思決定**，と分
類した。**重要ポイント3**を参照。

3 ✕ 満足化基準による意思決定 →「制約された合理性」の下で行う。
「意思決定をする際に，完全な知識を持っているので利用可能な代替案のす
べての中から客観的に最も合理的で最適な意思決定を行う」とする考え方
を，**最適化原理**と呼ぶ。サイモンによれば，現実の人間は完全な知識を持っ
ておらず，「**制約された合理性**」の下で意思決定を行う。そのため，最適な
代替案の追求ではなく，あらかじめ設定した一定の水準を満たす代替案を選
択することになる。この考え方が満足化基準（**満足化原理**）による意思決定
である。**重要ポイント2の（2）**を参照。

4 ◎ 上司からの命令を部下が受け入れることで権威が成立 → 権威受容説。
正しい。バーナードが示した**権威受容説（権限受容説）**は，上司が部下に命
令を与え，その命令を部下が受け入れて，実際に行動することによって権威
が成立するという考え方である。**重要ポイント1の（6）**を参照。

5 ✕ 意思決定のゴミ箱モデル → 現実の意思決定の状況は曖昧で偶発的。
「2つの要素」と「必然的なタイミング」，「意思決定が論理的に行われる」
が誤り。マーチとコーエンらが提唱した**意思決定のゴミ箱モデル**では，現実
の組織における意思決定の状況は，ある「選択の機会」にさまざまな「問
題」「解」「参加者」が投げ込まれるゴミ箱にたとえられる。マーチらは，こ
れらの要素が偶発的に結びついて，あたかもいっぱいになったゴミ箱を空に
するように意思決定が行われると説明した。**重要ポイント4**を参照。

No.3 の解説 代表的な意思決定論 →問題はP.55 **正答1**

ア○ 経営人（管理人）→「制約された合理性」の下で意思決定を行う。

正しい。サイモンによれば，現実の人間は全知全能の完全な合理性を獲得することは不可能であり，**制約された合理性**（限定合理性）の下で，あらかじめ設定した一定の基準を満たす代替案を選択する。サイモンは，この人間観を**経営人**（管理人）と呼んだ。重要ポイント２の（2）を参照。

イ○ あやふやな選好，不明確な技術，流動的な参加 → 組織化された無政府状態。

正しい。マーチ，オルセンおよびM.D.コーエンは，現実の組織でしばしば観察される意思決定状況を**組織化された無政府状態**と呼んだ。重要ポイント４を参照。その内容は，①あやふやな選好または問題のある選好，②不明確な技術，③流動的な参加によって特徴づけられる。マーチらは，組織化された無政府状態に基づいて**意思決定のゴミ箱モデル**を唱えた。このモデルによれば，現実の意思決定状況は，ある「選択の機会」にさまざまな「問題」「解」「意思決定者（参加者）」が投げ込まれるゴミ箱にたとえられ，これらの要素が偶発的に結びつき，あたかも満杯になったゴミ箱を空にするように意思決定が行われるとした。

ウ✕ 戦略的意思決定 → 経営トップ層が担当。

アンゾフは，企業の意思決定を管理階層に応じて，①経営トップ層（トップ・マネジメント）が担当する**戦略的意思決定**，②経営ミドル層（中間管理層）が担当する**管理的意思決定**，③現場管理層が担当する**業務的意思決定**の３種類に分類した。重要ポイント３を参照。

エ✕ 組織の成立条件 → 共通の目的，協働意欲，コミュニケーション。

冒頭の（公式）組織の定義は正しいが，組織の成立条件と存続条件の内容が誤り。バーナードは，組織が成立するための条件として，「共通の目的」「協働意欲（貢献意欲）」「コミュニケーション」を挙げた。また，組織が存続するための条件として，**有効性**と**能率**を挙げている。重要ポイント１の（2）を参照。

　以上の説明から，正しい組み合わせは**ア**と**イ**であり，選択肢**1**が正答となる。

実戦問題❷ 応用レベル

***
No.4 企業における意思決定に関する次の記述のうち，妥当なのはどれか。

【国家一般職・平成17年度】

1 H.ミンツバーグは，アメリカ合衆国の企業の経営者が実際にどのように仕事を行っているか，毎日の勤務に密着して計測を行った。その結果，経営者の勤務時間のうち50%以上が，戦略の立案という非定型的な意思決定に充てられていることがわかった。

2 一般に，経営者を含む人間はリスク回避的な意思決定を行う傾向がある。たとえば，確実な5万円の利益という選択肢と，50%の確率で10万円の利益，50%の確率で利益なしという選択肢があった場合，多数派は後者を選択すると予想される。

3 エージェンシー理論では，株主はプリンシパル，経営者はエージェントとみなされる。経営者が機会主義的な意思決定をすることを防止するために，株主は経営者と契約を交わしたり，経営者の行動をモニターしたりするが，それにはコストがかからない。

4 不確実な状況下では，人間は他者の行動を観察し，それが正しいものとしてまねをする傾向がある。これは社会的証明の原理と呼ばれる。しかし企業の経営者はむしろ独自性に価値を置く傾向があり，他社の後追いや横並び行動はほとんど観察されない。

5 事業が赤字続きであるのに，経営者はなかなか市場から撤退する意思決定ができないことがある。いったん投じた資金の回収を潔くあきらめることができず，損失を確定させることを避けようとする心理は，埋没コストの存在が原因である。

***
No.5 組織的な意思決定に関する次の記述のうち，妥当なのはどれか。

【国家一般職・平成14年度】

1 ノーベル経済学賞を受賞したH.A.サイモンは，人間の限定合理性を前提とした伝統的管理論と，人間の非合理的な感情面を重視する人間関係論を否定し，経済学のような合理的な人間観に基づく理論を構築した。

2 A.トバスキーらのプロスペクト理論によると，人間は意思決定に際しては，まずなんらかの基準を設け，そこから利得に枠組みされた選択に関してはリスク回避的で，損失に枠組みされた選択ではリスク志向的であるとされる。

3 J.G.マーチらのごみ箱モデルによれば，組織の内部には問題と正解とノイズの3つが常に流れている。問題が解決されるのは，経営者が周到な計画を立てて問題と正解をごみ箱に放り込んだときであるとされる。

4 多くの組織は固有の文化を持ち，それが構成員の意思決定に影響を及ぼしてい

る。E.H. シャインによれば，組織文化は深層意識，集団規範，道徳観の3つが階層構造を成していて，深層意識のレベルが変化することはまれである。

5 K. ワイクは，経営者の即興的な問題解決が組織の意思決定効率を低下させていると指摘し，それを防ぐためには，一種の止揚的な思考法が効果があるとした。その独特の思考法はトリートメントと名づけられた。

No.6 ***組織行動に関する次の記述のうち，妥当なのはどれか。***

1 サイモンは，組織メンバーどうしが影響を及ぼし合う関係（管理過程）を同型化と権威という2つの現象によって説明する。このうち権威とは，批判的な検討や考慮をせずに命令を受容する現象のことである。したがって，上司からの命令に権威を認める部下は，無関心圏を広げることになるので，上司からの命令を無視するようになり，反抗的な態度をとることになる。

2 近代組織論の創始者バーナードは，公式組織の存続条件は組織の有効性と組織の能率であることを明らかにした。有効性とは組織が必要とする個人的貢献を引き出すことができるだけの有効な誘因を提供できる度合い，能率とは組織目的の達成度合いのことであり，後にサイモンは，組織の短期的な存続には有効性が，長期的な存続には能率が必要であることを示した。

3 人間資源アプローチと呼ばれる一連の研究を対象にレビュー研究を進め，職務満足と職務遂行の関係性について明らかにしたのが期待理論の提唱者ブルームである。ブルームによれば，職務満足と離職率，欠勤の間には明確な関係性は見いだされなかったが，職務満足と職務遂行の間には一貫した正の相関関係のあることが明らかになった。

4 マクシマクス原理は，不確実性下の意思決定原理の一つである。マクシマクス原理における決定の方法は，まず各戦略から得られる利得のうちから最大値を選び出し，これを各戦略の楽観水準とする。そして戦略間で楽観水準を比較し，最大の楽観水準をもたらす戦略を選択するというものである。

5 自分の利益を最大化しようとする意思決定が，結果的に自分だけでなく相手の利益も損なうような状況をゲーム理論では「囚人のジレンマ」ゲームという。次のような利得表における「囚人のジレンマ」ゲームの均衡においては，Aの利得は-5，Bの利得はゼロとなる。

		個人 B の行動			
		黙秘（協調）		自白（裏切り）	
個人 A の行動	黙秘（協調）	A の利得 　−1		A の利得 　−5	
		B の利得 　−1		B の利得 　　0	
	自白（裏切り）	A の利得 　　0		A の利得 　　3	
		B の利得 　−5		B の利得 　−3	

No.7 経営における意思決定に関するA〜Dの記述のうち，妥当なものを選んだ組合せはどれか。 【地方上級（特別区）・令和4年度】

A：サイモンは，意思決定を定型的意思決定と非定型的意思決定に分類したうえで，これらに適用する技法を伝統的なものと現代的なものに分類した。

B：アンゾフは，企業の意思決定を戦略的意思決定，管理的意思決定および業務的意思決定の3つに分類した。

C：バーナードは，意思決定プロセスが情報活動，設計活動，選択活動および検討活動の4段階から構成されると明らかにした。

D：コモンズは，組織的意思決定を選択機会，参加者，問題および解という4つの流れが偶然に交錯した産物であるとするごみ箱モデルを提唱した。

1 A，B

2 A，C

3 A，D

4 B，C

5 B，D

実戦問題 ❷ の解説

No.4 の解説　企業の意思決定　　　　　　　　　　　　　　　→問題はP.59　**正答5**

1 ✕ **経営者の役割は，対人関係，情報関係，意思決定の3領域に分類される。**
「経営者の勤務時間のうち50%以上が，戦略の立案という非定型的な意思決定に充てられている」という記述が誤り。ミンツバーグは『マネジャーの仕事』（1973年）の中で，5人の経営者の仕事の内容を克明に調査した。その結果，5人の経営者の仕事は，対人関係，情報関係，意思決定の3領域に分類され，意思決定に充てられた時間は全体の約2割であることを示した。

2 ✕ **リスク回避的な意思決定 → 確実な利益に着目する。**
リスク回避的な意思決定を行うならば，多数派は前者の「確実な5万円の利益」を選択すると予想される。意思決定における**フレーミング効果**によれば，ある意思決定を行う際に客観的状況が同じでも，心理的な受け止め方（フレーミング）によって選択が異なる場合がある。その際，意味がまったく同じでも利得の面が強調される場合，意思決定者はリスク回避的になり，逆に損失の面が強調される場合にはリスク志向的になると説明される。

3 ✕ **経営者の行動を監視するための費用 → エージェンシー・コスト。**
末尾の「コストがかからない」という記述が誤り。**エージェンシー理論**では，ある依頼人（プリンシパル）が代理人（エージェント）に業務遂行を委託する契約を結んだ場合，その委託・受託関係における権限や利益分配のあり方を分析する。株主と経営者の関係では，経営者の**機会主義的行動**，すなわち経営者が株主利益よりも自己の利益を優先する危険がある。これを抑止するために，両者の利益を一致させる仕組みや経営者の行動を監視するシステムを構築する必要が生じ，そのために余分なコストが発生する。このコストを**エージェンシー・コスト**と称する。

4 ✕ **不確実な状況下では，他社の後追いや横並び的な企業行動が生じる。**
末尾の「他社の後追いや横並び行動はほとんど観察されない」という記述が誤り。ある業界で製品価格を慣習的に他社と同じ水準に維持するケースや，リーダー企業が開発した新製品に対して，二番手企業が同じ機能の製品をより安価に供給するケースなどは頻繁に見られる。なお，**社会的証明の原理**とは，状況が不明確で曖昧な場合，人間は他者の行動を参考にして自分の行動を決定するという説であり，社会心理学者のR.B.チャルディーニが『影響力の武器』（1991年）で示した。この原理によれば，①ある行動をとる人間が多ければ多いほど，②自分と他者との類似点が多いほど，③状況が不確実であるほど，その影響を受けやすいとされる。

5 ◎ **埋没コストの存在 → 適切な意思決定が阻害されやすくなる。**
正しい。現在展開している事業を継続している限り顕在化しないが，既存事業から撤退して新規事業を開始する際に生じる損失（既存事業への設備投資や広告・宣伝費など）が**埋没コスト**である。この埋没コストが多額に上る場合，経営者は現在の戦略に執着し，適切かつ迅速な意思決定が阻害されやすい。

No.5 の解説 意思決定論全般（組織文化論を含む）　　→問題はP.59　**正答2**

1 ✕ 　サイモン → 現実の人間は限定合理性の下で意思決定を行う。

　　サイモンは伝統的管理論で想定されている経済人モデルを否定し，現実の組織における人間行動に即した管理人（経営人）モデルを示した。**重要ポイント2の（2）を参照**。

2 ◎ 　プロスペクト理論 → 利得か損失かの認識に応じて意思決定が異なる。

　　正しい。トバスキーらが提唱した**プロスペクト理論**によれば，人間がある状況を利得（Gain）状況と認識するか，損失（Loss）状況と認識するかに応じて，まったく同じ結果を招く場面でも異なった意思決定を下すということを示した。このことを**フレーミング効果**と呼ぶ。すなわち，リスクのある意思決定では，まず基準点を設定し，そこから利得にフレーミング（心理的な意味づけ）された意思決定に対してはリスク回避的で，損失にフレーミングされた場合にはリスク志向的になる。

3 ✕ 　意思決定のごみ箱モデル → 問題，解，参加者が偶発的に結びつく。

　　意思決定のごみ箱モデルに関する設問。「組織の内部には問題と正解とノイズの3つが常に流れている」という記述が誤りである。**重要ポイント4**で示したとおり，組織における意思決定状況は，ある選択の機会にさまざまな問題や解，参加者が投げ込まれるごみ箱にたとえられる。

4 ✕ 　シャイン → 組織文化は基本的仮定，価値，文物からなる。

　　本肢は厳密には意思決定論ではなく経営組織論の問題である。**シャインは組織文化を①基本的仮定（根本的前提），②価値，③文物（人工物）からなる3層構造として説明する**。①は組織の中で当然視されている暗黙の前提条件であり，②はその組織に特有の価値観や規範，信念の体系を意味する。③はその組織に特有の技術，言葉，行動パターンをさす。通常，組織は③によって問題を解決するが，それが繰り返されるうちに②として定着する。そしてさらに②が組織の中に浸透すると①になり，暗黙の了解として共有される。したがって，①が変化することは極めてまれである。なお，組織文化論についてはテーマ7の重要ポイント3を参照。

5 ✕ 　ワイク → 組織化 = 多義的な事実に意味づけし，安定化させる過程。

　　ワイクは著書『組織化の社会心理学』（1969年）の中で，組織を常に再構築を繰り返さなければならないダイナミックな過程ととらえ，組織構造を分析する静的なアプローチではなく，**「組織化」**という動的な概念を提唱した。彼のいう組織化とは「多義性を減らして，合意を得た妥当性を獲得する過程」である。すなわち，さまざまな解釈が可能となる多義的な事実に組織が直面するとき，組織メンバーは共同でこれらの事実を解釈し，意味を与える。このさまざまな事実に意味づけを行い，安定化させる過程がワイクのいう組織化にほかならない。

本問は藤田英樹著，『コア・テキスト ミクロ組織論』（新世社，2009年）などに基づいて構成されており，意思決定論と動機づけ理論の折衷型である。

1 ✕ 無関心圏の拡大 → 上司からの命令を従順に受け止める態度をとる。

サイモンは「同型化と権威」ではなく「一体化と権威」という２つの現象によって管理過程を説明した。ここでの**一体化**とは，組織のメンバーが組織の観点から意思決定を行う現象である。また，「上司からの命令を無視するようになり」という記述も誤り。C.I.バーナードが提唱した**無関心圏**とは，組織メンバーが上司からの命令を一定の範囲内で反問することなく受け入れる程度のことである。

2 ✕ 組織の有効性 → 組織目的の達成度，組織の能率 → 個人動機の満足度。

有効性と能率の説明が逆。**重要ポイント１の（2）を参照。**

3 ✕ ブルーム → 職務満足と職務遂行の相関関係は見出せなかった。

ブルームはワーク・モチベーション（従業員の仕事に対する動機づけ）と呼ばれる一連の研究のレビューを行い，職務満足と職務遂行の関係性を検証した。その結果，ブルームは①職務満足と離職率には一貫した負の相関関係がある，②職務満足と欠勤の間にはやや一貫性を欠くが負の関係がある，③**職務満足と職務遂行の間には明確な関係性は見出せなかった**と説明した。

4 ◎ マクシマクス原理 → 楽観的な意思決定者が採用する意思決定原理。

正しい。

＊不確実性下の意思決定原理＊

マクシミン原理	ある戦略を採用した際に起こりうる諸結果のうち，最悪の結果に着目し，利得が最も大きい案を選択する
マクシマクス原理	ある戦略を採用した際に起こりうる諸結果のうち，最良の結果に着目し，利得が最も大きい案を選択する
ミニマックス・リグレット原理	最良の戦略を採用した際に得られたであろう利得と実際に採用した戦略の利得の差（＝機会損失）を最小化し，できる限り損失を生み出さないような案を選択する

5 ✕ 「囚人のジレンマ」ゲーム → 利己的な個体間の意思決定を分析する。

問題文の条件下での「囚人のジレンマ」ゲームの均衡は，AとBがともに自白する（－3，－3）の状況である。**囚人のジレンマは，利己的な個人や集団の間で行われる意思決定を分析するゲーム理論のモデルである。**この条件下では，互いに黙秘し，協調するほうが利得は大きいにもかかわらず，裏切って自己利益を最大化する誘惑に負けてしまい，結局は双方が自白し，共倒れの均衡になるとされる。ただし，反復的な「囚人のジレンマ」ゲームの検証実験では，上述の結論とは異なり，双方が協調する事例が確認されている。

No.7 の解説　意思決定モデルの内容

→問題はP.61　**正答 1**

A ○ **サイモン → 意思決定を「定型的意思決定」と「非定型的意思決定」に分類。**
正しい。サイモンは『意思決定の科学』（1971年）で，意思決定を「プログラム化できるか否か」という処理手続きの観点から，決められた手続きによって処理が可能な**定型的（プログラム化できる）意思決定**と，非反復的で毎回新たな処理を必要とする**非定型的（プログラム化できない）意思決定**に分類した。重要ポイント2の（4）を参照。さらに，サイモンはこれらの意思決定に適用される技法として，伝統的および現代的の2種類があるとした。定型的意思決定の伝統的技法には「習慣」「事務上の慣例」「組織構造」があり，その現代的技法として数理・統計分析を用いたオペレーションズ・リサーチや電子計算機によるデータ処理が挙げられる。これに対して，非定型的意思決定の伝統的な技法には「直観」「経験則」「創造力」などがあり，その現代的技法として「発見的（ヒューリスティック）なコンピュータ・プログラミングの作成」が示された。

B ○ **アンゾフ → 組織の階層に応じて意思決定を3層に分類。**
正しい。アンゾフによれば，**戦略的意思決定**は最高経営層（トップ・マネジメント）が担当する全社的な経営計画に関する決定であり，**管理的意思決定**は中間管理層が担当する経営資源の効率的な配分に関する決定，**業務的意思決定**は現場管理層が担当する定型的な業務処理に関する決定である。重要ポイント3を参照。

C × **サイモン → 意思決定の過程を「情報」「設計」「選択」「検討」とした。**
本肢の内容は，バーナードではなくサイモンが唱えた。サイモンは意思決定のプロセスを，①**情報活動**（環境から情報を収集し，意思決定の対象となる問題を見出す），②**設計活動**（問題解決のために実現可能な代替案を策定する），③**選択活動**（一定の水準を満たす代替案を選択する），④**検討活動**（実施した代替案の結果を評価し，次の意思決定にフィードバックする）の4段階から構成されるとした。

D × **ごみ箱モデル → J.G. マーチ，J.P. オルセン，M.D. コーエンが提唱。**
マーチらによれば，組織における意思決定の状況は，ある「選択の機会」にさまざまな「参加者」「問題」「解」が投げ込まれるごみ箱にたとえられ，現実の意思決定はこれらの諸要素が偶発的に結びつくことで決まる曖昧な性格を持つとした。重要ポイント4を参照。なお，J.R. コモンズは制度派経済学の論者であり，ごみ箱モデルとの関連はない。

　以上の説明から，正しい組み合わせは**A**と**B**であり，選択肢**1**が正答となる。

コンティンジェンシー理論

必修問題

コンティンジェンシー理論に関する記述として，妥当なのはどれか。

【地方上級（特別区）・平成29年度】

1 ウッドワードは，生産システムに用いられる技術を個別受注生産，大量生産，装置生産に分類し，個別受注生産や装置生産には**機械的組織**が適し，大量生産には**有機的組織**が適しているとした。

2 ガルブレイスは，組織の分化と統合のパターンと環境特性との関係を研究し，不確実性が高い環境にある組織は，組織の**分化**の程度が高く，分化した部門を**統合**するための組織機構が複雑であるとした。

3 バーンズとストーカーは，環境に応じて組織を有機的組織と機械的組織に分類し，不安定で変化に富む環境のもとでは**有機的組織**が有効的であるのに対して，安定した環境のもとでは**機械的組織**が有効的であるとした。

4 フィードラーは，リーダーシップ論においてコンティンジェンシー理論を提唱し，リーダーの置かれている状況が，有利または不利な状況の場合は，**人間関係志向型のリーダー**の成果が高く，状況が有利でも不利でもない中程度の場合は，**仕事志向型のリーダー**の成果が高いとした。

5 ローレンスとローシュは，組織を情報処理システムとみなし，組織の有効性は，組織の情報処理能力が環境の不確実性が課す情報負荷にいかに対処するかにかかっているとし，その対処戦略の類型として，機械的モデル，情報処理負荷の削減戦略，情報処理能力の拡充戦略をあげた。

難易度 ＊

必修問題の解説

本問は，論者とその学説の組み合わせ，および学説内容の正誤を問う典型的なパターンである。選択肢**5**の内容は初出だが，POINTの内容を把握していれば，誤りと判断できる。

頻出度	国家総合職 ★	地上関東型 ―	5 コンティンジェンシー理論
C	国家一般職 ★	地上特別区 ★	
	国税専門官 ★		
	地上全国型 ★		

1 ✕ 個別受注生産と装置生産 → 有機的組織，大量生産 → 機械的組織。
生産システムと組織の組み合わせが誤り。J. ウッドワードは，個別受注生産と装置生産には**有機的組織**が適し，大量生産には**機械的組織**が適していることを示した。重要ポイント3を参照。

2 ✕ ローレンスとローシュ → 環境条件と組織の「分化と統合」の関係を分析。
P. R. ローレンスと J. W. ローシュの学説である。重要ポイント4を参照。

3 ◎ 環境条件が不安定 → 有機的組織，環境条件が安定的 → 機械的組織。
正しい。T. バーンズと G. M. ストーカーによれば，**機械的組織**は従業員の職務が細分化され，責任・権限の所在が明確で，垂直的な命令系統によって統制される。これに対して，**有機的組織**は従業員の職務内容が柔軟に設定され，責任・権限の所在が分散し，水平的なコミュニケーションが重視される。重要ポイント2を参照。

4 ✕ リーダーを取り巻く状況が好意的か非好意的 → 仕事志向型リーダー，
リーダーを取り巻く状況が中程度 → 人間関係志向型リーダー。
リーダーを取り巻く状況と有効なリーダーシップの組み合わせが逆である。F. E. フィードラーは，リーダーの置かれている状況が有利または不利な場合では，**仕事志向型（職務志向型）リーダー**の成果が高く，状況が有利でも不利でもない中程度の場合では，**人間関係志向型リーダー**の成果が高いとした。テーマ6・重要ポイント3の（1）を参照。

5 ✕ J. R. ガルブレイス → 組織設計（組織デザイン）論を提唱。
ガルブレイスは，不確実性を「組織がすでに持っている情報量」と「活動を行うために必要な情報量」の差と定義した。彼によれば，組織の通常の情報処理は，規則の順守や階層（ヒエラルキー）に基づく官僚制組織に似た**機械的モデル**の仕組みが対処する。しかし，環境の不確実性がもたらす情報負荷が増大し，機械的モデルでは対処できなくなった場合，組織の対応には**①情報処理の負荷を減らす，②情報処理能力を高める**，という2種類の方策があるとした。

正答 **3**

FOCUS

　コンティンジェンシー理論の出題パターンは，他の経営学説と混在させて構成するタイプが主体である。単独の問題として扱われたのは，これまでのところ特別区と国家専門職だが，他試験でも設問の一つとして盛り込まれることが多い。

　出題の対象は，コンティンジェンシー理論の特徴とバーンズ＝ストーカー，ウッドワード，ローレンス＝ローシュの学説を問う設問にほぼ限られている。なお，フィードラーの学説やSL理論はリーダーシップ論に含まれるが，コンティンジェンシー理論でも扱われる場合がある。

重要ポイント 1 コンティンジェンシー理論とは

- コンティンジェンシー理論(Contingency Theory)は,主に1960～70年代にかけて提唱された組織研究のアプローチであり,条件適応理論または条件適合理論とも呼ばれる。
- 伝統的な組織論の目的は,「効率的な組織の管理を行うための最善の方法(One Best Way)」を明らかにすることにあり,組織を取り巻く環境条件は分析の対象に含まれなかった。
- これに対して,コンティンジェンシー理論では「環境条件が異なれば,有効な組織構造も異なる」という観点から**環境条件と組織構造の適合関係を分析**した。

伝統的組織論	唯一最善の普遍的な理論の構築
コンティンジェンシー理論	環境条件が異なれば,有効な組織構造も異なる

重要ポイント 2 T.バーンズとG.M.ストーカーの学説

- バーンズとストーカーは,エレクトロニクス事業に進出したスコットランド企業20社の事例研究から,環境条件の変化と組織構造の適合関係を分析した。
- 調査の結果,不安定な環境下では,分権的で柔軟性に富むネットワーク型の伝達構造を持つ**有機的組織**(有機的管理システム)が有効であり,安定した環境下では,職能別の専門化が徹底され,責任・権限の所在が明確である官僚制組織に似た**機械的組織**(機械的管理システム)が適していることが示された。

> 環境条件の変化が激しく動態的 → 有機的組織が有効
> 環境条件の変化が穏やかで安定的 → 機械的組織が有効

重要ポイント 3 J.ウッドワードの学説

- ウッドワードはイギリスの工場100社に対する調査から,**技術システム(生産技術)が異なれば有効な組織構造は異なり,組織の効率は技術システムと組織構造の適合性に依存する**ことを示した。
- 彼女は,高度化・複雑化の度合いに応じて,生産技術を**個別受注生産**(重電機,産業機械など),**大量生産**(自動車,電機製品など),**装置生産**(石油化学工業など)の3種類に分類し,それぞれの生産技術と組織構造の関係について調査を行った。その結果,得られた主な知見は次のとおりである。

①技術が複雑化・高度化するにつれて，**組織の管理階層，従業員に占める管理者の割合，経営者の管理対象が増大**する。

②**大量生産**を導入している組織では，責任と権限が明確に規定され，職能別の専門化が実施される**機械的組織**を採用している。

③**個別受注生産**と**装置生産**を導入している組織では，参加型の管理が実践され，環境変化に柔軟に対応できる**有機的組織**を採用している。

重要ポイント 4 ▶ P.R.ローレンスとJ.W.ローシュの学説

- ローレンスとローシュは，アメリカのプラスティック産業や食品産業を調査し，環境条件と組織における「分化と統合」の関係を分析した。
- **分化**とは，組織や組織内の各部門が，それぞれ異なる環境条件に適応し，担当業務に特化した結果生じる**組織構造や管理方式の違い**である。
- **統合**とは，組織目的の達成に向けて**分化した各部門を調整し，部門間の協力関係を創り出すこと**を意味する。主な分析結果は以下のとおりである。

①不確実性の高い環境に直面する企業では，**分化の程度が高くなる**。

②不確実な環境下で高い業績を上げている企業は，組織の分化に応じた**複雑な統合の過程を実現**しており，部門間のコンフリクト（不和，摩擦）が統合の過程で認識・解消される。

重要ポイント 5 ▶ コンティンジェンシー理論に対する批判

- コンティンジェンシー理論に対しては，次のような批判が投げかけられた。

環境条件と組織構造の関係が単純化されすぎている。
（実際は，ある環境条件に対する組織の適応には多様なパターンが存在する）
分析の重点が組織の受動的な適応に傾きすぎている。
（環境に対して組織が主体的に働きかける革新的機能の視点が欠けている）

＊三者の学説の要点＊

バーンズとストーカー	動態的な環境下では**有機的組織**が，安定的な環境下では**機械的組織**が有効である
ウッドワード	技術システムに応じて，有効な組織構造は異なる
ローレンスとローシュ	不確実な環境下で高業績を上げている企業は，高度な**分化と統合の過程**を実現している

💎 **No.1** ＊ **コンティンジェンシー理論に関する記述として，妥当なのはどれか。**

【地方上級（特別区）・平成24年度】

1 コンティンジェンシー理論では，職務要因には動機づけ要因と衛生要因があり，衛生要因を改善することで職務不満を予防するとともに，動機づけ要因に配慮することで職務満足を高めていくことが重要であるとする。

2 コンティンジェンシー理論では，人間が仕事に動機づけられる力は，仕事への努力が有効な業績につながるとの個人の期待，有効な業績が報酬につながるとの期待，その報酬の魅力度の3要素の積で示されるとする。

3 コンティンジェンシー理論では，組織とは2人以上の人間の意識的に調整された行動または諸力のシステムであると定義し，組織が成立するための要件は，共通の組織目的，協働意欲，コミュニケーションの3つであるとする。

4 コンティンジェンシー理論では，唯一最善の普遍的な組織を追求する古典的管理論とは異なり，組織の置かれた環境条件が異なれば，それに適合する組織構造も異なってくるとする。

5 コンティンジェンシー理論では，人間は，認知能力の限界から，すべての選択肢を探索し，その中から最適な手段を選択することができないので，制約された合理性の範囲内で満足な手段を見出し，意思決定を行うとする。

💎 **No.2** ＊ **コンティンジェンシー理論に関する記述として，妥当なのはどれか。**

【地方上級（特別区）・令和2年度】

1 ウッドワードには，「新しい企業組織」の著書があり，英国のサウス・エセックス地域の製造業100社を調査して，技術が組織構造を規定するという命題を生み出し，大量生産には有機的組織が有効であると指摘した。

2 リーダーシップの状況適応理論を最初に提唱したフィードラーは，LPC尺度を考案し，どのような状況下でも有効な唯一最善のリーダーシップ・スタイルが存在することを明らかにした。

3 ローレンスとローシュには，「組織の条件適応理論」の著書があり，組織の分化と統合のパターンと環境との関係を研究して，不確実性が高い環境に適応している組織は，分化と統合の同時極大化を図っていることを指摘した。

4 SL理論を提唱したハーシーとブランチャードは，有効なリーダーシップ・スタイルは，フォロワーの成熟度に応じて変えることが必要であるとし，成熟度が高いフォロワーに対しては，指示的リーダーシップが有効であるとした。

5 バーンズとストーカーは，エレクトロニクス分野に進出したスコットランドの企業20社を調査し，環境に応じて組織を機械的組織と有機的組織に分類して，技術革新の激しい環境では官僚的な機械的組織が有効であるとした。

実戦問題の解説

No.1 の解説　コンティンジェンシー理論と経営学説　　→問題はP.70　正答4

1 ✕ F.ハーズバーグの動機づけ－衛生理論。
ハーズバーグの学説については，テーマ3・重要ポイント4を参照。

2 ✕ E.E.ローラーの期待理論。
ローラーの学説については，テーマ3・重要ポイント6の（2）を参照。

3 ✕ C.I.バーナードの学説。
なお，「共通の組織目的」は単に共通目的，「協働意欲」は貢献意欲と表記される場合もある。テーマ4・重要ポイント1を参照。

4 ◎ コンティンジェンシー理論の特徴。
正しい。コンティンジェンシー理論は，事例研究に基づいて特定の**環境条件と組織の適合関係**を比較分析し，具体的かつ実践的な理論の構築を志向した。重要ポイント1を参照。

5 ✕ H.A.サイモンが提唱した満足化原理。
現実の人間は**制約された合理性**の下で意思決定を行う。この認知能力に限界があるとする人間観を，サイモンは**管理人（経営人）**と呼んだ。サイモンの学説については，テーマ4・重要ポイント2を参照。

No.2 の解説　コンティンジェンシー理論の代表的な学説　　→問題はP.70　正答3

1 ✕ 大量生産 → 機械的組織が有効。
ウッドワードは，大量生産を導入している組織では**機械的組織**が有効であり，単品生産（個別受注生産）と装置生産を導入している組織では**有機的組織**が有効であることを示した。重要ポイント3を参照。

2 ✕ フィードラー → 組織状況に応じて有効なリーダーシップは異なる。
「どのような状況下でも唯一最善のリーダーシップ・スタイルが存在する」が誤り。テーマ6・重要ポイント3の（1）を参照。

3 ◎ 不確実な環境に適応している企業は，高度な「分化と統合」を実現している。
正しい。ローレンスとローシュの学説については重要ポイント4を参照。

4 ✕ 指示的リーダーシップ → 成熟度の低いフォロワーに有効。
「成熟度が高いフォロワーに対しては，指示的リーダーシップが有効である」が誤り。ハーシーとブランチャードが唱えた**SL理論**では，フォロワー（集団を構成するメンバー）の成熟度が高まるにつれて，有効なリーダーシップ・スタイルは，**指示的（教示的）→説得的→参加的→委譲的（委任的）**の順番で移行するとした。テーマ6・重要ポイント3の（2）を参照。

5 ✕ 技術革新が激しい不安定な環境下では，柔軟に適応できる有機的組織が有効。
「技術革新の激しい環境では官僚的な機械的組織が有効である」が誤り。バーンズとストーカーの学説については重要ポイント2を参照。

リーダーシップ論に関する次の記述のうち，妥当なのはどれか。

【国家専門職・平成30年度】

1 リーダーシップについては，従来は**構造づくり**（initiating structure）と**配慮**（consideration）によって構成されると考えられてきたが，R. リッカートらによって行われた**オハイオ研究**の結果，動機づけの要素が加わったことにより，より詳細な分析が可能となった。

2 **アイオワ研究**では，放任的リーダーシップと民主的リーダーシップの2つのリーダーシップ・スタイルに絞った研究が行われた。この結果，民主的リーダーシップよりも放任的リーダーシップのほうが成果の観点から望ましいことがわかった。

3 **マネジリアル・グリッド**とは，縦軸に人への関心のレベル，横軸に生産（業績）への関心のレベルをとり，リーダーのタイプを分析するものである。両者はトレード・オフの関係にあるため，優れたリーダーシップに有効なタイプは，両者のバランスがとれた5・5型とされる。

4 **PM理論**によると，リーダーシップを目標達成機能（performance）と集団維持機能（maintenance）で分類する。その結果，目標達成機能が高く，集団維持機能が低いリーダーシップの下では，柔軟な対応が可能であることから，最も高い業績を残すことがわかった。

5 F.E.フィードラーは，リーダーシップを分析するために，一緒に仕事をすることが最も苦手だった者に対する寛容さの程度を図る指標としてLPC（Least Preferred Coworker）を用いた。その結果，**状況好意性**が高いまたは低い状況下では，LPCの低いリーダーの業績が高いことがわかった。

難易度　＊

頻出度
B
国家総合職 ★
国家一般職 ★
国税専門官 ★★
地上全国型 ★★
地上関東型 ★
地上特別区 ★

6 リーダーシップ論

第1章

経営学説

必修問題の解説

　リーダーシップ論の問題は，出題頻度はさほど高くないが，各学説にそれぞれ特徴があるため，出題しやすいテーマといえる。「**各論者が示す有効なリーダーシップとは何か**」を念頭に置いてPOINTをチェックしよう。

1✕ **リッカートが行ったのはミシガン研究。**
　リッカートが主導したリーダーシップ研究はミシガン大学で行われたため，**ミシガン研究**と呼ばれる。重要ポイント2の（2）を参照。**オハイオ研究**は，オハイオ州立大学で行われた調査・分析であり，リーダーシップを「構造づくり」と「配慮」という2つの要因によって捉えた。「**構造づくり**」とは，目標を達成するために部下の役割や，職務の手順を指示する仕事中心のリーダー行動である。「**配慮**」とは，部下との信頼関係を築き，メンバーの満足度を高めようとするリーダー行動を意味する。分析の結果，部下の役割と職務の割り当てを明確にし，上司と部下の信頼関係を築く「**高構造づくり・高配慮**」のリーダーシップが，部下の満足度と集団の業績の点で優れていることが示された。

2✕ **アイオワ研究では，民主的リーダーシップの生産性の高さが示された。**
　K.レヴィンらは，アイオワ大学で集団におけるメンバー間の相互作用に関する実験を行った。この一連の分析は**アイオワ研究**（アイオワ実験）と呼ばれる。レヴィンらは，専制型，民主型，自由放任型の3種のリーダーシップに関する実験を行い，**民主型のリーダーシップが集団凝集性（集団のまとまり）やメンバーの満足度，集団の生産性の点で最も優れている**ことを示した。

3✕ **マネジリアル・グリッドでは，9・9型が理想的リーダー。**
　R.R.ブレイクとJ.S.ムートンは，管理者の2つの関心領域によってリーダーシップ・スタイルを分類する**マネジリアル・グリッド**を示した。重要ポイント2の（4）を参照。マネジリアル・グリッドでは，縦軸に人間に対する関心，横軸に業績に対する関心をとり，両軸の1（無関心）から9（最も高い関心）までの目盛りに応じて，リーダーシップを5つの類型に分類した。その中では，両軸で高い関心を示す**9・9型を理想的なリーダー**とした。

4✕ **PM理論では，両機能に秀でたPM型のリーダーが高い業績を示した。**
　三隅二不二が唱えたPM理論では，目標達成機能と集団維持機能という2つの因子の強弱によって，リーダーシップをpm型，Pm型，pM型，PM型の4つの類型に分類した。この中では，目標達成機能と集団維持機能の両方に優れた**PM型のリーダーシップが，組織の生産性の点で高い**ことが示された。

PM理論の4類型

M 機能		弱	強
	強	pM型	PM型
	弱	pm型	Pm型

弱　　　　　強
P機能

5 ◎ **フィードラーは，組織の状況に応じて有効なリーダーシップは異なるとした。**
正しい。フィードラーは，リーダーシップのコンティンジェンシー理論を唱
えた。重要ポイント3の (1) を参照。ここでの**状況好意性**とは，組織状況が
リーダーに対して好意的か否かを表す。その際，「状況好意性が高い」とは，
リーダーとメンバーの関係が良好であり，メンバーに与えられる課題（タス
ク）や役割が明確で，リーダーの権限（地位パワー）が保持されている状況
である。また，フィードラーは，「一緒に仕事をするのが最も苦手な同僚」
に対するリーダーの寛容さの程度を**LPC**（Least Preferred Coworker）と
いう指標で表し，苦手な同僚に好意的に接するリーダーを高LPCリーダー
（対人関係を重視する人間関係志向型リーダー），苦手な同僚に関わることを
避けるリーダーを低LPCリーダー（仕事の遂行を重視する職務志向型リーダ
ー）と定義した。調査の結果から，**状況好意性が高いまたは低い場合は低
LPCリーダーが有効**であり，**状況好意性が中程度の場合は高LPCリーダー
が有効**であることが示された。

正答 **5**

FOCUS

　リーダーシップ論は主に国家専門職と特別区で出題されており，国家一般
職でも取り上げられる場合がある。国家総合職では，これまでほとんど見受
けられなかったが令和3年度に出題された。
　出題パターンはテーマ3の動機づけ理論と同様に，論者名や学説内容を入
れ替えるタイプが目立つ。

— POINT —

重要ポイント 1　リーダーシップ論の系譜

●リーダーシップ論は，組織におけるリーダーシップの特性や役割，組織業績との関係などを分析する研究である。その系譜を大別すると，特性論，行動科学的リーダーシップ論，リーダーシップのコンティンジェンシー（条件適応）理論，制度的リーダーシップ論に分類できる。

＊各リーダーシップ論の特徴＊

特性論（資質論，偉人理論）	偉大なリーダーに共通する資質や特性，技能を探求
行動科学的リーダーシップ論（類型論）	リーダーシップを分類し，有効な類型を探求
リーダーシップのコンティンジェンシー理論（状況論）	組織の状況と有効なリーダーシップの関係を探求
制度的リーダーシップ論	経営者や上級管理者のリーダーとしての役割を探求

重要ポイント 2　行動科学的リーダーシップ論（類型論）

（1）アイオワ研究

●K.レヴィンらがアイオワ大学で行ったリーダーシップと集団行動の関係に関する実験。専制型，民主型，自由放任型の3種のリーダーシップの比較が行われた。その結果，**民主型リーダーシップの下で，集団の生産性やメンバーの満足度，集団のまとまり（凝集性）が最も高い**ことが示された。この研究はグループ・ダイナミクス（集団力学）とも呼ばれる。

（2）ミシガン研究

●ミシガン研究はR.リッカートを中心としたミシガン大学で実施されたリーダーシップと生産性に関する広範な調査研究である。初期の研究において，リーダーシップ・スタイルを従業員中心型と職務中心型に分類し，職場集団の生産性を比較したところ，**従業員中心型リーダーシップのほうが高い生産性を示す**ことが明らかにされた。

（3）オハイオ研究

●**オハイオ研究**はオハイオ州立大学のビジネス調査局が実施したリーダーシップ・スタイルに関する調査である。分析の結果，リーダー行動は「**配慮**」と「**構造づくり**」の2つの次元に集約できることが明らかになった。そして，**高配慮・高構造づくりのリーダーシップ・スタイル**（上司と部下の信頼関係を築き，同時に部下の役割と職務の割り当てを明確にする態度）が部下の満足と職場集団の業績に好影響を与えることが示された。

(4) マネジリアル・グリッド

● R.R. ブレイクとJ.S. ムートンは，**管理者の関心領域によってリーダーシップ・スタイルを分類した**。彼らが提唱した**マネジリアル・グリッド**はヨコ軸に業績に対する関心，タテ軸に人間に対する関心を設定した図式であり，両軸の１（無関心）から９（最も高い関心）までの目盛りに応じて５つのリーダーシップ・スタイルに分類される。

1・1型（無関心型）	人間にも業績にも興味のないタイプ
9・1型（仕事中心型）	仕事はできるが思いやりのないタイプ
1・9型（人間中心型）	業績より人間関係を重視するタイプ
5・5型（中庸型）	現状を維持し，過去の伝統や慣行に従うタイプ
9・9型（理想型）	部下のやる気を引き出し，高い業績を志向するタイプ

マネジリアル・グリッド

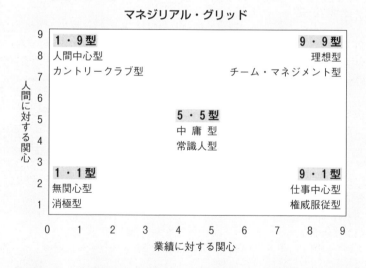

(5) 三隅二不二のPM理論

● **PM理論**では，**目標達成機能**（Performance：P機能）と**集団維持機能**（Maintenance：M機能）という２つの因子の強弱によって，リーダーシップはpm型，Pm型，pM型，PM型の４類型に分類される。多様な業種を対象とした調査の結果，両方の機能に優れた**PM型のリーダーシップが組織の生産性の点で高い**ことが示された。

重要ポイント **3** リーダーシップのコンティンジェンシー理論
（1）フィードラーの学説
● F.E.フィードラーは，リーダーシップの有効性はリーダーシップ・スタイルと状況好意性の関係で決まると主張した。この状況好意性とは，組織の状況がリーダーの行動に影響を与える程度を表し，①リーダー＝成員関係，②タスク構造，③リーダーの地位パワー，によって構成される。調査の結果，**状況好意性がリーダーにとって極めて好意的か，まったく好意的でない場合は職務志向型のリーダーシップが有効であり，状況好意性がリーダーにとって好意的でも非好意的でもない場合は人間関係志向型のリーダーシップが有効である**ことが判明した。

> **組織状況が好意的** ⟶ 職務志向型リーダー（低LPCリーダー）
> **組織状況が中程度** ⟶ 人間関係志向型リーダー（高LPCリーダー）
> **組織状況が非好意的** ⟶ 職務志向型リーダー（低LPCリーダー）

> ※LPC（Least Prefered Coworker）：協働者としての好ましさを測る尺度。

（2）SL（Situational Leadership）理論
● P.ハーシィとK.H.ブランチャードも，有効なリーダーシップは1つではないという認識から**SL理論（状況的リーダーシップ理論）**を展開した。彼らは基本的なリーダーシップ・スタイルとして①教示的（指示的），②説得的，③参加的，④委譲的（委任的），の4類型を挙げ，部下の成熟度（仕事に対する習熟度と心理的な成熟度の両方を含む）がM1（成熟度が低い状態）からM4（成熟度が最高度の状態）まで高まるにつれて，適切なリーダーシップ・スタイルが次のように移行すると説明している。

> **M1段階** ⟶ 教示的リーダーシップ（仕事に対する積極的な指示が中心）
> **M2段階** ⟶ 説得的リーダーシップ（指示を積極的に与え，人間関係も重視）
> **M3段階** ⟶ 参加的リーダーシップ（部下の自主性を重視し，人間関係をやや抑制）
> **M4段階** ⟶ 委譲的リーダーシップ（部下への指示や関与を最低限にする）

重要ポイント **4** 制度的リーダーシップ論
● C.I.バーナードは，経営者が果たすべきリーダーシップの本質は「**道徳準則の創造**」にあるとした。組織には，適用される法律，組織目的，個人の道徳的な価値基準，非公式組織の規範など，多様な道徳準則（組織を維持するうえで守らなければならないルールや価値観）がある。**経営者は，相互に矛盾対立するこれらの準則を止揚する新たな道徳準則を創造しなければならない**。バーナードによれば，この創造機能がリーダーシップの本質であり，管理責任の最も重要な役割とされる。

No.1 リーダーシップ論に関するＡ，Ｂ，Ｃの記述のうち，妥当なもののみを
すべて挙げているのはどれか。　　　　　　　　　　　　　　【国家専門職・平成28年度】

Ａ：ミシガン大学の研究では，高業績を挙げている部門のリーダー行動とそうでな
　　い部門のリーダー行動の比較が行われた。高業績部門のリーダーは，従業員中
　　心的な監督行動や，部下の失敗を学習の機会として生かすための支援的行動等
　　を行っており，そのようなリーダーに対して，部下は仕事達成への圧力があっ
　　たとしても，それを不当と感じていなかった。

Ｂ：C.I.バーナードは，組織が大規模になればなるほど，その中の個人は様々な道
　　徳規準の葛藤にさいなまれるが，それは管理者からすれば組織の有効性を阻害
　　するものであるため，管理者は個人の様々な道徳規準の葛藤を超えられるよう
　　な組織の道徳を創造し，モラールを高め，理想に燃えた協働システムを実現す
　　ることに努めるべきであるとした。

Ｃ：オハイオ州立大学の研究は，リーダーの行動には人間関係的側面の配慮と，仕
　　事中心的側面の構造づくりの二次元の行動が存在するとし，両方の次元で高い
　　パフォーマンスのリーダーの方が，その両方あるいはいずれかの次元において
　　低いパフォーマンスのリーダーよりも，部下の業績や満足度が高いことを明ら
　　かにした。

1　B　　**2**　A，B　　**3**　A，C　　**4**　B，C　　**5**　A，B，C

No.2 リーダーシップに関する次の記述のうち，妥当なのはどれか。

【国家一般職・平成17年度】

1　一般の組織成員が集団規範から逸脱すると集団によって罰を受けるが，集団の
　ために貢献を重ねてきたリーダーは，多少の逸脱は許容される。それは集団内で
　特異性クレジットを蓄積したためであり，これを利用してリーダーは変革を遂げ
　ることができる。

2　変革型リーダーは古いタイプのリーダーシップであり，部下に対して絶対的な
　滅私奉公を求める。それに対して交換型リーダーは新しいタイプのリーダーであ
　り，よく働く部下は査定を高くすることで報いる代わりに，怠け者の部下にも優
　しく接する。

3　三隅二不二のPM式リーダーシップ論によれば，リーダーシップには目標達成
　機能と集団維持機能の２つの因子がある。実証研究によれば，目標達成にも集団
　維持にも力を入れず自由放任にするpm型リーダーの集団が最も生産性が高い。

4　M.ウェーバーによれば，社会における支配には，暴力的支配，金銭的支配，
　大衆迎合的支配の３つの類型がある。また彼は，前近代社会では暴力的支配がす
　べてであったが，やがて金銭的支配に置き換わり，近代社会では大衆迎合的支配

に移行すると予想した。

5 組織における権威の源泉について，C.I.バーナードは，それまでの権威受容
説を否定し，所有権説を唱えた。すなわち，所有権こそが資本主義の根幹であ
り，株式会社の経営者が従業員に命令を下す権威は，会社の所有者である株主の
所有権に由来する。

**　No.3** **リーダーシップ論に関する記述として，妥当なのはどれか。**

【地方上級（特別区）・平成30年度】

1 レヴィンは，リーダーシップの相違によって，個人や集団にどのような影響が
出てくるかについて，専制型，相談型，参加型に類型化して行ったオハイオ研究
の結果，参加型リーダーの下での作業が，仕事への動機づけや創造性の面で最も
優れているとした。

2 三隅二不二は，集団の機能を目標達成機能と集団維持機能とに区別できると
し，両機能の強弱によりリーダーシップをPM型，Pm型，pM型，pm型の４つ
に類型化して，そのうち，目標達成機能が強く集団維持機能が弱い型であるPm
型が生産中心的なため，最も効果的であるとした。

3 ブレイクとムートンは，業績に対する関心と人間に対する関心を座標軸に置い
て，それぞれの関心度を９段階に区別したマネジリアル・グリッドにより，リー
ダーシップのスタイルを類型化し，業績にも人間にも高い関心を示す９・９型が
理想的なリーダーであるとした。

4 ハーシーとブランチャードは，部下の成熟度を条件変数としてSL理論を展開
し，部下の成熟度が最も低い段階では説得的リーダーシップが有効であり，部下
の成熟度が高まるにつれて，最も有効なリーダーシップのスタイルが，説得的，
参加的，委任的，放任的へと移行していくとした。

5 リッカートは，組織を１つの社会システムとみなして，仲介変数，原因変数，
最終結果変数の３つの変数の相互関係が存在すると主張し，リーダーシップであ
る仲介変数を変えることにより，原因変数であるモラールが改善され，最終結果
変数である業績の向上が図られるとした。

1　K.レヴィンらによる実験は，リーダーシップ・スタイルが集団のメンバーの行動に与える影響を考察した初期の研究である。レヴィンらは，①タスク志向型，②人間関係配慮型，③自由放任型の3つのリーダーシップ・スタイルを実験で設定して，実験した全ての状況において，メンバーの独自性を重んじる自由放任型の行動が最も有効であることを示した。

2　三隅二不二らは，仕事それ自体に関連する「P（Performance）機能」と，人への配慮に関連する「M（Maintenance）機能」の2次元を想定して，それぞれの高低によって，リーダーシップ・スタイルを4つに分類した。三隅らは，これら4つのうち，P機能とM機能の双方が高い「PM型」のリーダーシップ・スタイルが，様々な状況において最も有効であるとした。

3　F.E.フィードラーは，LPCという独自の尺度を用いて，リーダーシップ・スタイルを測定するとともに，①リーダーとメンバーとの関係，②メンバーの成熟度，③職位から生じるパワーという3つの要因で，リーダーが置かれた状況を捉えた。このフィードラーの研究では，どのような状況にあっても，タスク志向性と人間関係志向性の双方が高いリーダーシップ・スタイルが最も有効とされる。

4　P.ハーシーとK.H.ブランチャードによるSL理論では，外部環境の不確実性の程度によって，有効なリーダーシップ・スタイルは異なるとされる。外部環境の不確実性が低い状況では，職務の構造化を図るリーダーシップ・スタイルが最も有効とされる。それに対して，外部環境の不確実性が高い状況では，柔軟に対応するために，部下への権限委譲を行うリーダーシップ・スタイルが最も有効とされる。

5　I.ジャニスは，実際の組織で政策を決定する集団を対象とした研究を行い，集団に参加する人々の間には視点や意見の多様性があるために，リーダーが誤った結論を出そうとした場合でも，適切な方向に補正される傾向があるとした。ジャニスは，このような現象をグループシンクと呼び，集団による意思決定には，個人による意思決定よりも優れた点があることを示した。

実戦問題の解説

No.1 の解説 　リーダーシップ論　　　　　　　　　　　　→問題はP.78　正答**5**

A◎ ミシガン研究 → 高業績部門のリーダーは参加型・従業員中心型。

正しい。R.リッカートは，1940〜50年代にかけてミシガン大学・社会調査研究所で組織の生産性とリーダーシップに関する調査・研究を実施した。その成果は**ミシガン研究**と総称されている。重要ポイント2の（2）を参照。

B◎ 高い道徳規準の創造 → リーダーシップの本質。

正しい。組織には，適用される法律や職務規定，非公式組織の規範など個人が従うことになるさまざまな**道徳規準（道徳準則）**がある。これらの規準が互いに対立する場合，管理者はこれらの矛盾や対立を超えて，高い次元で包摂するような道徳規準を創り出す必要がある。重要ポイント4を参照。

C◎ オハイオ研究 →「高配慮・高構造づくり」のリーダーシップが優れている。

正しい。1940年代後半からオハイオ州立大学で行われたリーダーシップに関する研究を**オハイオ研究**と称する。この研究から導き出された主な成果は，**リーダーシップを「配慮」と「構造づくり」という2つの要因によってとらえること**である。ここでの「配慮」とは，部下との信頼関係を築き，メンバーの満足度を高めようとするリーダーの行動を意味する。「構造づくり」とは，目標を達成するための仕事の手順（枠組み）を示し，メンバーを奨励する仕事中心のリーダーの行動である。分析の結果，**「高配慮・高構造づくり」のリーダーシップが，部下の満足度と集団の業績の点で優れている**ことが示された。重要ポイント2の（3）を参照。

　以上の内容から，すべての設問が正しいため，選択肢**5**が正答となる。

No.2 の解説 　リーダーシップ論（特異性クレジット，支配の類型を含む）　→問題はP.78　正答**1**

1◎ 特異性クレジットを蓄積したリーダーは，変革を行う際に理解を得やすい。

正しい。**特異性クレジット（特異性の信用）**とは，**あるリーダーが集団の規範を逸脱するような行動をとった場合，その行動が組織メンバーにどの程度許容されるかを示す信用の度合い**であり，E.P.ホランダーが提唱した。ホランダーによれば，過去の貢献によって特異性クレジットを蓄積したリーダーは，集団規範から逸脱するような組織の革新を行う際に，メンバーからの理解を得やすい。

2✕ 変革型リーダーは，既存の目標，制度，価値観を変える。

変革型リーダーとは，従来の組織目標や組織の編成，共有される価値観などを革新するタイプのリーダーである。これに対して，**交換型リーダー**は組織メンバーに物的あるいは精神的な動機づけや誘因，報酬などを提供する見返りに，メンバーから何がしかの貢献を引き出すタイプのリーダーである。

3✕ PM理論 → PM型リーダーによる集団の生産性が最も高い。

末尾の「pm型リーダーの集団が最も生産性が高い」という記述が誤り。重

要ポイント2の（5）を参照。

4 ✕ **ウェーバーによる支配の3類型 → カリスマ的支配，伝統的支配，合法的支配。**
カリスマ的支配は支配者の天与の資質や人格に人々が情緒的に帰依する状態であり，宗教指導者や軍事的英雄などによる支配が典型例である。**伝統的支配**は家父長制を典型とし，伝統的秩序によって権威が与えられ，支配者も伝統的な規範の枠内で命令を下すことができる。**合法的支配**は制定された規則に基づく支配である。その典型は官僚制であり，支配者も被支配者も規則に従うことになる。

5 ✕ **バーナード → 権威（権限）受容説を提唱。**
権威受容説（Acceptance Theory of Authority：**権限受容説**と表記されることが多い）は，上司が部下に対して命令を与え，部下がその命令を受け入れ，実際に行動することで権威が成立するという考え方である。これに対して，権威は上位から下位に委譲することで成立するという考え方は**権威委譲説（公式権限説，権限法定説）**と呼ばれる。バーナードは，権威受容説を提唱した。テーマ4・重要ポイント1の（6）を参照。

No.3 の解説 リーダーシップ論 →問題はP.79 正答3

1 ✕ **レヴィンが行ったのはアイオワ研究。**
「相談型，参加型」「オハイオ研究」「参加型リーダー」が誤り。K. レヴィンがアイオワ大学で行ったリーダーシップと集団行動に関する実験は，**アイオワ研究**（アイオワ実験）と呼ばれる。重要ポイント2の（1）を参照。

2 ✕ **もっとも生産性が高いリーダーシップの類型はPM型。**
前半の記述は正しいが，「そのうち…」以降の記述が誤り。三隅二不二の**PM理論**では，問題文の4つの類型の中で，**PM型が，組織の生産性の点で最も高い**ことが示された。重要ポイント2の（5）を参照。

3 ◎ **マネジリアル・グリッドでは9・9型が理想的なリーダー。**
正しい。重要ポイント2の（4）を参照。

4 ✕ **部下の成熟度が最も低い段階 → 教示的（指示的）リーダーシップが有効。**
「部下の成熟度が最も低い段階では説得的リーダーシップが有効」という記述が誤り。また，4段階のリーダーシップ・スタイルの中に「放任的」は含まれない。重要ポイント3の（2）を参照。

5 ✕ **リーダーシップは原因変数に，従業員のモラールは仲介変数に含められる。**
「リーダーシップである仲介変数を…」以降が誤り。R. リッカートによれば，組織の目標，リーダーシップ，意思決定などの**原因変数**を変えることで，モラール（従業員の士気），コミュニケーションなどの**仲介変数**が改善され，生産性やコスト，利益，欠勤率などの最終結果変数（**結果変数**）の向上が図られる。

No.4 の解説 リーダーシップ論（グループシンクを含む） →問題はP.80 **正答2**

1✕ **アイオワ研究 → リーダーシップを専制型，民主型，自由放任型に分類。**
「①タスク志向型，②人間関係配慮型」および「自由放任型の行動が最も有効である」が誤り。レヴィンらが行ったアイオワ研究では，専制型，民主型，自由放任型の3種のリーダーシップ・スタイルに関する実験を行い，この中では**民主型がメンバーの満足度および集団の生産性の点で最も優れている**ことを示した。重要ポイント2の（1）を参照。

2◎ **PM理論 →「PM型」のリーダーシップが最も有効。**
正しい。重要ポイント2の（5）を参照。

3✕ **フィードラーは，組織の状況に応じて有効なリーダーシップは異なるとした。**
「②メンバーの成熟度」および「どのような状況であっても」以降の説明が誤り。重要ポイント3の（1）を参照。フィードラーは，リーダーに対する状況好意性が異なれば，有効なリーダーシップ・スタイルも異なるとするリーダーシップのコンティンジェンシー理論を唱えた。ここでの**状況好意性**とは，リーダーの直面する状況が好意的か否かを表し，①リーダーとメンバーの関係，②タスク構造（職務が構造化されている度合い），③リーダーの職位から生じるパワーの3要因からなる。

4✕ **SL理論 → メンバーの成熟度に応じて有効なリーダーシップは異なる。**
ハーシーとブランチャードが唱えたSL理論では，「外部環境の不確実性」ではなく，メンバーの成熟度（高い目標を達成する意欲，責任を負う意思と能力，仕事に不可欠な知識と経験の度合い）とリーダーシップ・スタイルの関係を分析した。重要ポイント3の（2）を参照。

5✕ **グループシンク → 集団による意思決定が非合理な判断を導き出すこと。**
ジャニスは，キューバ侵攻やベトナム戦争などの事例における米国政府の意思決定を分析した。その結果，優れた個人の集団であっても，凝集性（メンバーを集団に留まらせるように作用する力，集団のまとまり）が強く，自らの集団に対する過信，排他的精神，全会一致への圧力（少数意見を軽視し，多数意見に同調する）などの特性を持つ集団は，代替案や反対意見を正当に評価せず，誤った判断を下す可能性が高くなることを示し，このような現象を**グループシンク**（Groupthink：集団浅慮）と呼んだ。

必修問題

経営組織に関する次の記述のうち，最も妥当なのはどれか。

【国家一般職・令和5年度】

1　J.W.マイヤーとB.ローワンは，官僚制組織のような公式的な構造が広まり存続している理由は，社会において当然のものや正しいとされる規則や手続きが採用されているという「**合理化された神話**」によるものではなく，調整や管理といったタスクを効率的に行えるという「組織の有効性」によるものだとした。

2　P.ローレンスとJ.ローシュは，組織における各部門の**分化**の程度を，目標志向と顧客志向という2つの尺度によって測定した。その結果，同じ業界における高業績企業と低業績企業を比べると，前者のほうが分化の程度が低く，部門間での**統合**活動を高度に行う必要がないため，部門間の調整費用を最小化できていることを明らかにした。

3　M.コーエンらは，問題のある選好，不明確な技術，流動的な参加という3つの特徴を有する現実の組織の意思決定状況を，「**組織化され無政府状態**」と呼んだ。このような状況においては，それぞれ独立して流れている選択機会と問題，解，参加者が結び付くことで意思決定が行われるとされる。

4　J.D.トンプソンは，個体群の組織形態を，**テクニカル・コア**に集中することで専門知識を高度化している**スペシャリスト**組織と，テクニカル・コアに加えて幅広い資源や能力を獲得している**ジェネラリスト**組織の2つに分類し，どのような環境変化が生じた場合であっても，多様な能力を有するジェネラリスト組織のほうが，環境への適合度が高いことを明らかにした。

5　J.ウッドワードは，米国企業を対象とした調査において，単品・小バッチ生産，大バッチ・大量生産，装置生産のいずれにおいても，変化に柔軟に対応できる有機的な組織構造を採っている企業の業績が高いという発見に基づき，生産システムの違いにかかわらず最適な組織構造があることを明らかにした。

難易度　＊＊

B 頻出度
国家総合職 ★★
国家一般職 ★★
国税専門官 ★
地上全国型 ★
地上関東型 —
地上特別区 ★
7 経営組織論

必修問題の 解説

　経営組織論では，組織に関する多種多様な学説や概念が取り上げられる。その対象は伝統的管理論からコンティンジェンシー理論以降の諸理論に至り，さらに組織形態や戦略論にも及んでいる。

1 ✕ マイヤーとローワン → 官僚制の普及は「合理化された神話」によると主張。
問題文の説明は逆である。新制度派組織論を唱えたマイヤーとローワンによれば，近代社会において官僚制組織が普及した理由は，組織の調整や管理を効率的に行えるという事実よりも，**「官僚制組織は効率的である」という考えを人々が当然視し，それが正当な規則や手続きに基づいて採用されているとする「合理化された神話」**によるものだと主張した。

2 ✕ 高業績企業の各部門は，環境条件に適応し，高度な「分化と統合」を実現。
「顧客志向」および「前者のほうが分化の程度が低く」以降の記述が誤り。ローレンスとローシュは米国企業を調査し，環境条件と組織における「分化と統合」の関係を分析した。テーマ5・重要ポイント4を参照。彼らは，組織における各部門の分化の程度を，目標志向（目標に対する考え方），時間志向（時間に対する考え方），対人志向（交渉の仕方），構造の公式性（公式な規則の重要性や階層の数など）という4つの尺度で測定し，環境の不確実性が増すほど，これらの尺度の差が部門間で大きくなるとした。調査の結果，**高業績企業ほど各部門が環境条件に適応し，多様な尺度で業務を遂行しており，高度な「分化と統合」を達成している**ことを明らかにした。

3 ◎ コーエンらは，「組織化された無政府状態」に基づいてゴミ箱モデルを提唱。
正しい。現実の組織で生じる**組織化された無政府状態**に基づいて，J.G.マーチと J.P.オルセン，M.D.コーエンは**意思決定のゴミ箱モデル**を提唱した。テーマ4・重要ポイント4を参照。このモデルでは，意思決定の状況は，ある選択の機会にさまざまな問題，解，参加者が投げ込まれるゴミ箱にたとえられる。そして，これらの要素が偶発的に結び付いた結果，あたかも満杯になったゴミ箱を空にするように意思決定が行われるとした。

4 ✕ 個体群生態学 → M.T.ハナンと J.フリーマンが提唱。
本肢はトンプソンが唱えたテクニカル・コアと個体群生態学の説明を混在させた内容である。ハナンとフリーマンが唱えた**個体群生態学**は，個々の企業ではなく同じ構造的特徴を持つ企業の集合（個体群）を分析対象とし，それらを**ジェネラリスト組織とスペシャリスト組織**に分類した。重要ポイント4を参照。ハナンらによれば，安定した環境下では，限られた顧客層を対象とし，余分な能力を持たずに専門化しているスペシャリスト組織が適している。一方，不安定な環境下では，似かよった状況変化が生じる場合は，幅広い顧客層を対象とし，経営資源に余力を持つジェネラリスト組織の適合度が高いが，まったく異なる状況変化が頻繁に起こる場合はスペシャリスト組織

が適しているとした。なお，**テクニカル・コア**とは，さまざまな経営資源を組み合わせて製品やサービスを供給する**組織の中核を担うシステム**を指す。トンプソンは，テクニカル・コアの合理性を発揮させるためには，それを**安定した組織内部に設置し，外部環境の影響から保護する必要がある**とした。

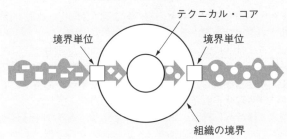

テクニカル・コアのイメージ

テクニカル・コア

境界単位　　　　　　　　境界単位

組織の境界

（出所：高橋伸夫，『超企業・組織論』有斐閣，2000年，P.244の図に加筆）

5 ✕ ウッドワード → 生産システムが異なれば有効な組織構造も異なる。

ウッドワードはイギリスの工場に対する調査で，企業の生産システムを**単品（個別受注）・小バッチ生産，大バッチ・大量生産，装置生産**の３種類に分類し，生産システムが異なれば有効な組織構造は異なることを示した。具体的には，大バッチ・大量生産を導入している組織では，責任と権限が明確に規定され，職能別の専門化が実施される**機械的組織**を採用し，小バッチ・単品生産と装置生産を導入している組織では，環境変化に柔軟に対応できる**有機的組織**を採用していることを明らかにした。テーマ５・重要ポイント３を参照。なお，バッチとは，一度にまとめて生産する部品や製品の数量である。

正答 3

FOCUS

　経営組織論では，主に取引コスト・モデル，組織文化論，個体群生態学，テクニカル・コアが問われる。これらは，国家総合職と国家一般職で頻繁に扱われるが，他試験でも設問の１つとして盛り込まれることが多い。近年では，意思決定論，コンティンジェンシー理論，官僚制組織などと組み合わせた出題も増えつつある。

─ POINT ─

重要ポイント 1 **経営組織論の展開**

- 組織構造，組織内の個人や集団の行動パターン，あるいは環境と組織の適合関係，組織間の相互関係など，経営組織論では多種多様な視点から組織に関する分析が行われている。経営組織論の発展過程は経営学の他の学説と同様に，各時代の市場環境や導入される組織形態など，実際の経営動向によって大きく左右されてきた。そのため，経営組織論に統一的な理論は存在しないが，これまでの理論の流れを大別すると，組織構造の分析や組織と環境の関係を分析する**マクロ組織論**と，組織内の個人や集団の行動あるいはリーダーシップの類型を分析する**ミクロ組織論**に分けられる。論者によっては前者を単に組織論，後者を組織行動論と呼ぶ場合がある。

- 20世紀初頭から1970年代の経営組織論の主要な流れは経営学説の推移と重なり，①**古典的組織論**→②**新古典的組織論**→③**近代組織論**→④**コンティンジェンシー理論**，となる。①は伝統的管理論の内容であり，公式組織を対象として経済合理性を追求するための組織設計や管理原則が提示された。②は人間関係論や行動科学的管理論における組織分析であり，非公式組織の重要性や組織における従業員の動機づけなどが対象となった。③はバーナード＝サイモン理論を中心とした学派であり，意思決定を中核概念とし，システム理論を導入して組織のメカニズムを分析した。④は環境条件と組織の適合関係を分析対象とし，普遍的な理論体系の構築ではなく特定の条件下で有効な組織構造の探求を行った。

- 1960年代から1970年代以降は多様な観点に基づく組織理論が登場する。上述の①から④の内容はすでに取り上げ，重複する部分も多いことから，本テーマでは主に1970年代以降に注目されるようになった**組織間関係論**，**組織文化論**，**個体群生態学（組織生態学）**を中心に説明する。

経営組織論の発展

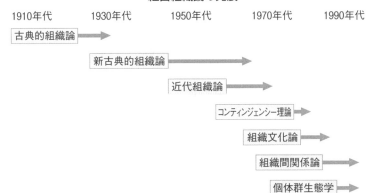

- 組織間関係論は，文字どおり**組織と組織の相互関係の分析**を行う。具体的には親会社と下請けメーカー，金融機関と企業，企業間の提携関係，メーカーと流通・小売業者などの関係を中心に，互いの経営資源に依存し，パワーを行使し合い，取引を行う過程が分析対象となる。組織間関係論は1950年代末から60年代にかけて提唱され，1970年代に組織論の一領域として確立された。組織間関係論にはさまざまなアプローチがあるが，ここでは代表的な2種のモデルを取り上げる。

（1）資源依存モデル

- J.フェファーとG.サランシックが1970年代後半に提唱した分析モデルである。資源依存モデルによれば，**組織が存続するためには他組織との間で資源の調達や供給を行うと同時に，他組織への過度の依存を回避し，自律性を維持しようとする**。そのため，各組織は①**自律化戦略**（依存を回避し，合併や垂直統合などを選択する），②**協調戦略**（他組織との共存を模索し，提携や合弁などを実施する），③**政治戦略**（政府や業界団体への介入や働きかけを行い，ロビー活動の展開や業界団体の規制を得る）のいずれかを選択し，組織間関係を自らの組織に有利に調整しようとする（ただし，①を選択した場合は他組織への資源依存がなくなる代わりに，パワーも行使できなくなるために組織間関係の調整という点では有効でないとの指摘もある）。

（2）取引コストモデル

- 取引コストの概念は R.H.コースが提唱し，O.E.ウィリアムソンの研究によって1970年代に確立された。**取引コストとは取引を成立させ，契約を履行する際に要する費用**を意味し，情報の入手や処理，交渉，契約，監視に伴う諸費用を含む。取引コスト理論の主な課題は取引コストの決定要因を明らかにすることにあり，それは①取引主体の人的要因（「制約された合理性」や，各自が自らに有利なように取引を導こうとする「機会主義的行動」の程度），②取引される財・サービスの特質や取引を行う際の不確実性といった環境要因，によって決定される。このような前提に基づいて**組織は取引コストの最小化を基準として市場取引か，あるいは組織における内製のいずれかを選択する**。

- ウィリアムソンはこの概念を組織間で継続的取引が発生する理由の解明に応用した。彼の説明によれば，取引の当事者間に**取引特殊的資産**が存在する場合に継続的な組織間関係が維持される。この取引特殊的資産とは**ある特定の取引にのみ価値を持つ資産**であり，取引が中断されれば資産価値が減少し，取引コストが上昇することになる。具体例としては，企業城下町の親会社と下請け工場の関係，特殊な製品生産に必要な設備や職人の熟練技術などがある。

- 取引特殊的資産への投資を必要とする取引では，その資産が他の取引に転用できない弱みに付け込んで**機会主義的行動**（相手に不利益を被らせ，自己利益を得る行動）が生じやすい。たとえば，特殊な部品を供給する取引において，完成品メーカーが部品メーカーに値引きを強要した場合，部品メーカーが他に当該部品の買い手を見出せず，生産技術や設備の転用も難しい状況では，不利な条件を受け入れざるを得なくなる。この状況を**ホールドアップ問題**と呼ぶ。

重要ポイント 3 **組織文化論**

- 組織文化とは**組織のメンバー間で共有される価値基準や行動パターン**，集団規範などを意味し，組織文化論はこれらの要素の形成過程や機能を分析する。組織文化については1950年代から言及されてきたが，研究が確立されたのは1960年代から70年代にかけてである。組織文化をどのようにとらえるかは，観察可能な組織メンバーの行動や明文化された理念，組織構造と考える立場や，組織メンバーに内在する意識のような不可視なものと考える立場などさまざまである。

- 組織文化論の代表的論者である E.H. シャインは主著『組織文化とリーダーシップ』（1985年）において，組織メンバーの行動や規範，価値基準など表層的なレベルにとどまらず，メンバーの無意識のレベルで機能している基本的仮定（根本的前提）を組織文化の本質ととらえ，組織文化を創造し管理することがリーダーシップの役割であるとした。

シャインの組織文化の3層構造

重要ポイント 4 **個体群生態学（組織生態学）**

- **個体群生態学は進化論における自然淘汰の概念を組織研究に応用したアプローチ**であり，**M. T. ハナン**と **J. フリーマン**による論文「組織の個体群生態学」（1977年）が発表されて以降，注目された。個体群生態学の特徴は，個々の組織ではなく，同じ構造を持つ組織の集合（**個体群**と呼ぶ。生物の「種」に相当する）の成長と衰退の過程を**淘汰モデル**（淘汰に生き残った個体群が優勢になる）によって分析する点にある。

- 淘汰モデルでは，ある組織が環境変化に適応するために根本的に構造を変革することは困難であるという前提に立つ。組織が変化を拒み，既存の状態を維持しようとするこの特性を**構造的慣性（組織慣性）**と呼ぶ。

- ハナンとフリーマンは，**淘汰の圧力が強い環境では，構造的慣性の高い組織のほうが安定した生産が可能で，顧客との信頼関係も確立しているため淘汰されにくい**という仮説を示した。テーマ5のコンティンジェンシー理論では，環境変化に適応した組織が生き残ると考えたが，**個体群生態学では，行動パターンに継続性があり，構造的慣性が高い組織のほうが生き残る**とした。

- ハナンらによれば，個体群はジェネラリスト（ゼネラリスト）とスペシャリストに分類される。**ジェネラリストは広範囲の顧客層を対象とする企業であり，スペシャリストは限られた顧客層を対象とした企業である**。調査・分析の結果，安定した環境下では，余分な能力を持たずに専門化しているスペシャリストが適している。一方，不安定な環境下では，似かよった状況変化が生じる場合は，経営資源に余力を持つジェネラリストの適合度が高いが，全く異なる状況変化が頻繁に起こる場合はスペシャリストが適しているとした。

***

No.1　組織のプロセスに関する次の記述のうち，妥当なのはどれか。

【国家一般職・平成21年度】

1　ワイクが提唱した組織化の概念は，意識的な相互連結行動によって多義性を削減するのに妥当と皆が思う文法と定義される。組織が新しい多義的な事実に直面すると，組織メンバーは共同でそれを解釈するが，この事実の意味の安定化過程に組織化の本質があるとされる。

2　アージリスの組織学習理論によれば，シングル・ループ学習は，既存の枠組みを越えて行う学習活動をさし，組織において暗黙のうちに共有されている価値観の変更を伴うが，ダブル・ループ学習は既存の枠組みの中で行う修正・学習活動のことであり，組織の価値観の変更を伴わない学習である。

3　野中郁次郎の知識創造理論では，暗黙知と形式知の相互補完・循環によって組織が知識を創造するプロセスを，知識スパイラルと呼んでいる。知識スパイラルの促進にはトップダウン型のマネジメントが最も重要であるとし，またミドル・マネジャーによる「ミッドレンジ・セオリー」を除くべきとした。

4　ごみ箱モデルでは選択機会をごみ箱にたとえており，参加者によって問題と解とエネルギーが投げ込まれ，満杯になったときに選択機会は片付けられ決定が行われたと考える。ごみ箱には必ず1つの問題と1つの解が入ることになっており，また問題が投げ込まれた後に解が投げ込まれるので，参加者が問題を解く活動を行ってエネルギーを投入しない限り，決定に至ることはない。

5　サイモンは，メンバーが意思決定を行う際，一定のグループにとっての結果の観点から代替案を評価するとき，当該メンバーはそのグループに一体化していると考えた。一体化は，グループ内で目標が共有され，またメンバー間の競争が激しいほど高くなり，メンバー間の相互作用が頻繁で，グループに備わる威信が高くなるほど低くなるとされている。

No.2 組織の構造や動態に関する次の記述のうち，妥当なのはどれか。

【国家一般職・平成27年度】

1 マトリックス組織には，機能部門の専門性を高めて規模の経済性を実現しやすいことや複数の命令系統によって意見調整の迅速化が図られ意思決定が速まるというメリットがあるが，環境変化に対応しにくいというデメリットもある。マトリックス組織のデメリットを解消するために考案されたのが事業部制組織であり，機能部門の抱える技術的問題と，事業部門の直面する顧客ニーズに同時に対応することによる環境適応と，資源の共有による規模の経済性を両立させることができる。

2 生産システムの管理構造は，市場環境の安定性によって変化する。市場環境の安定性が高い場合は，顧客ニーズが特定のタイプに収斂しているということになるので，有機的管理システムである大規模なバッチ・大量生産または装置生産が有効になる。安定性が低い場合は，多様なニーズに対応するために，機械的管理システムである単品・小規模なバッチ生産が採用されることになる。

3 O.E.ウィリアムソンによれば，取引コストの規定要因は少数性と資産特殊性の2つの要因から成っている。少数性が機会主義と結びついた場合，取引相手が少数であるほど，相手が不当な価格表示をした場合でも見破るのが容易であるので取引コストは低くなる。また，取引特殊的資産は，希少性と模倣困難性の2つの性質を持ち，取引特殊的資産が必要な取引においては，汎用的な技術や設備を用いて行われる市場取引よりも取引可能な相手の数は多くなる。

4 組織が合理的かつ効率的に活動を続けるために，テクニカル・コアを環境の不確実性から隔離する方法として，H.A.サイモンは緩衝化と平準化の2つを発見した。緩衝化とは，病院が重症患者のためにベッドを空けておくように，優先順位の高い要求に資源を割り当てるものである。また，平準化とは，製造業企業が季節に応じて生産調整を行うように，環境変動の規則性やパターンを発見し，より確実な状況下で活動しようとするものである。

5 組織デザインの在り方は，技術，市場での競争状況，産業の発展段階といった環境の諸条件に依存するという考え方をコンティンジェンシー理論という。他方，組織の変化が環境変化よりも遅い場合に構造的慣性が存在するとし，個々の組織ではなく，組織群のレベルで環境適応が行われるという考え方を組織の個体群生態学という。淘汰の結果，構造的慣性の強い組織が生き残ると考えられる。

【地方上級（特別区）・令和元年度】

1 コッターは，「多文化世界」を著し，国際企業であるIBM社の社員を調査することにより，権力格差，不確実性回避，個人主義と集団主義，女性型と男性型，短期と長期という5つの文化の次元を確認した。

2 シャインは，「組織文化とリーダーシップ」を著し，組織文化を，技術や言葉など目に見えるものである人工物，価値，当然視され議論もされないものである基本的仮定の3つの層で示した。

3 センゲは，ヘスケットとともに，組織文化を，「ある1つの集合体に共通して，相互に関連し合う価値観および行動方法のセット」であると定義し，組織文化と企業業績との関連性を調査した。

4 ピーターズは，システム思考，自己マスタリー，メンタル・モデル，共有ビジョン，チーム学習という5つの規律によって，「学習する組織」をつくることができるとした。

5 ホフステッドは，ウォーターマンとともに，「エクセレント・カンパニー」を著し，米国の62社の企業を調査した結果，超優良企業が共通して持つ8つの基本的特質を提示した。

実戦問題の解説

No.1 の解説　組織のプロセス

→問題はP.90　**正答 1**

1◎ **ワイクの「組織化」 → 多義的な事実を解釈し，意味を与える過程。**
正しい。K.E.ワイクが示した**組織化**とは「多義性を減らして合意を得た妥当性を獲得する過程」のことである。言い換えれば，多様な解釈が可能な新たな事実に組織が直面したとき，組織メンバーは共同でこれらの事実を解釈し，何らかの意味を与えようとする。

2✕ **シングルループ学習 → 既存の枠組みの中で行う修正・学習活動。**
説明が逆である。**ダブル・ループ学習は，既存の価値観に疑いを持つことから始まり，その枠組みを越えて内容を修正する学習活動**を意味する。

3✕ **知識スパイラルの促進 →「ミドル・アップダウン・マネジメント」が必要。**
後半の記述が誤り。**知識スパイラル**の促進には「ミドル・アップダウン・マネジメント」が重要である。ミドル・アップダウン・マネジメントとは，中間管理層であるミドル・マネジャーが中心となって，トップ・マネジメントと現場の第一線にいる社員の両方を巻き込んで知識創造を行う方法である。また，野中は共著『知識創造企業』（1996年）の中で，トップ・マネジメントの役割は「会社はどこを目指すべきか」という壮大な理論（グランド・セオリー）を創ることにあり，ミドル・マネジャーの役割はトップが創りたいものと現実世界にあるものとの矛盾を解決し，実際に検証できる中範囲の理論（ミッドレンジ・セオリー）を創る努力をすることにあると述べている。

4✕ **ごみ箱モデルでは，問題と解は，それぞれ独立に投げ込まれる。**
後半の記述が誤り。ごみ箱モデル（**意思決定のごみ箱モデル**）では，参加者によって多様な問題と解が勝手に作り出されては，選択機会に投げ込まれる。また，問題と解はそれぞれ独立に投げ込まれるため，問題よりも先に解がわかっているケースもありうる。そして，選択機会に投げ込まれた問題に対して，その解決に必要な量のエネルギーがたまったときに，**あたかも満杯になったごみ箱を空にするように意思決定が行われる**ことになる。テーマ4・重要ポイント4を参照。

5✕ **一体化 → メンバーが目標を共有し，協力し，相互作用が頻繁なほど高まる。**
「またメンバー間の競争が激しいほど高くなり」「グループに備わる威信が高くなるほど低くなる」という記述が誤り。サイモンは，あるメンバーが意思決定を行う際に，目標や価値を組織と共有し，組織の立場から意思決定を行うとき，そのメンバーは自己を組織に**一体化**していると説明した。したがって，グループ内で目標が共有され，問題解決のためにメンバーがお互いに協力し，メンバー間の相互作用が頻繁で，グループに備わる威信が高くなるほど，一体化の度合いは向上すると考えられる。

1✕　マトリックス組織 → 二重の命令系統により環境変化に柔軟に対応可能。

マトリックス組織は複数の組織を組み合わせた形態で，二重の命令系統を持ち，複数のプロジェクトや事業を細かく管理できる。また，**事業部制組織**は「マトリックス組織のデメリットを解消するために考案された」形態ではない。テーマ9・重要ポイント5と6を参照。

2✕　大量生産 → 機械的管理システムが有効。

本肢は**コンティンジェンシー理論**の論者として知られるJ.ウッドワードの学説である。テーマ5・重要ポイント3を参照。ウッドワードはイギリス企業100社を対象に技術と組織構造の関係を分析し，生産システムを①単純（単品・小規模なバッチ生産：注文服の仕立や楽器の製造など），②中間（大規模なバッチ・大量生産：自動車生産など），③複雑（装置生産：化学プラントや石油精製所など）に類型化した。調査・分析の結果，①と③には**有機的管理システム**が適しており，②には**機械的管理システム**が適していることが示された。なお，「バッチ」とは，一定期間に生産される部品や製品の数量であり，一回の処理単位を意味する。

3✕　取引相手が少数 → 選択の余地が減り，取引コストが上昇しやすくなる。

ウィリアムソンによれば，取引コストの規定要因は人間的要因（制約された合理性，機会主義）と環境の要因（不確実性，少数性）からなる。その際，少数性（取引相手の数が限られていること）が機会主義（自己の利益のために嘘をついたり，人をだましたりすること）と結びつくと，取引相手が機会主義的な行動をとる可能性が高まるために取引コストは上昇する。また，**取引特殊的資産**とは，特定の取引においてのみ高い価値を持つ資産であり，一般の取引よりも取引相手は限られる。重要ポイント2の(2)を参照。

4✕　テクニカル・コア → トンプソンが提唱。

テクニカル・コアの概念を提唱したのはJ.D.トンプソンである。必修問題・選択肢**4**の図を参照。トンプソンは，環境の不確実性からテクニカル・コアを隔離し，効率的な活動を維持するためには①**緩衝化**，②**平準化**，③**予測**，④**割り当て**，という方法が必要であるとした。①は需要の増減による変動を吸収して，変換を安定化させる手立てであり，原材料の備蓄や一定量の在庫が該当する。②は需要の変動を平準化して，ならすことである。電力事業で需要の少ない夜間に割引を行い，需要のピーク時に高い料金設定をするケースが挙げられる。③は「製造業企業が季節に応じて生産調整を行うように，環境変動の規則性やパターンを発見し，より確実な状況下で活動しようとする」こと。④は「病院が重症患者のためにベッドを空けておくように，優先順位の高い要求に資源を割り当てる」ことを意味する。

5◎　個体群生態学 → 構造的慣性の強い組織が淘汰に生き残る。

正しい。**重要ポイント4**を参照。

No.3 の解説　組織文化に関する諸学説　　　　　　　　→問題はP.92　**正答2**

1 ✕　G.H.ホフステッド → 多国籍企業における文化の国際比較を実施。

ホフステッドは『多文化世界』（初版1991年，第3版　2010年）で，1967～73年にかけて各国のIBM社の従業員を対象に国際比較を行った。その結果から①権力格差（上下関係の強さ），②不確実性回避（不確実な状況に脅威を感じる度合い），③個人主義と集団主義，④男性らしさと女性らしさ，という国民文化（国民性）を測定する4つの次元を示した。また，その後の調査に基づいて⑤長期志向と短期志向，⑥放縦と抑制（欲求に対して開放的か自制的か）という2つの次元が新たに加えられた。

2 ◎　E.H.シャイン → 組織文化を人工物，価値，基本的仮定の3層に分類。

正しい。シャインは『組織文化とリーダーシップ』（1985年）で，組織文化を①**文物**または**人工物**（その組織特有の技術や言葉，目に見える行動パターン），②**価値**または**価値観**（その組織で共有されている規範や判断基準），③**基本的仮定**または**根本的前提**（組織内の「暗黙の了解事項」として当然視されている信念や認識，思考）の3層に分類した。**重要ポイント3**を参照。

3 ✕　J.P.コッター → 組織文化と企業業績には正の相関関係がある。

コッターとJ.L.ヘスケットは共著『企業文化が高業績を生む』（1992年）で，米国企業を対象に組織文化と企業業績の関係を調査した。その結果，双方の間には正の相関関係が存在し，優れたリーダーシップに基づいて変革を促す組織文化が高い業績をもたらすとした。

4 ✕　P.M.センゲ → 5つの規律に基づく「学習する組織」を提唱。

センゲは『最強組織の法則』（1990年，増補改訂版の書名は『学習する組織』）で「学習する組織」という概念を示した。それは「未来を創造するために，絶えずその能力を拡充する組織」であり，その構築には①システム思考（個人の行動が組織全体にどのように影響するかを理解する），②自己マスタリー（個人が自らのビジョンを持ち，主体的に学習する），③メンタル・モデル（個人の世界観の前提となる考え方を見直し，発展させる），④共有ビジョン（組織メンバーが将来像を共有する），⑤チーム学習（対話や討論を通じて集団で学び，成果を高める），という5つの規律が重要であるとした。

5 ✕　T.J.ピーターズとR.H.ウォーターマン → 超優良企業の共通点を示す。

ピーターズとウォーターマンは共著『エクセレント・カンパニー』（1982年）で，①行動の重視，②顧客に密着する，③自主性と企業家精神，④「ひと」を通じての生産性向上，⑤価値観に基づく実践，⑥基軸事業から離れない，⑦単純な組織・小さな本社，⑧緩やかさと厳しさを同時に持つ，という超優良企業の共通する8つの特徴を挙げた。

経営学説全般

必修問題

　ミクロ組織論に関するA～Dの記述のうち，妥当なもののみをすべて挙げているのはどれか。

【国家一般職・令和4年度】

A：**ホーソン実験**は，科学的管理法の考えを前提に作業環境や条件などと生産性の関係を発見することを目的に行われた。しかし，その結果として，従業員の生産能率について，物理的な環境条件よりも，インフォーマルな組織や社会的承認の存在といった従業員の心理的なものに依存することがわかった。

B：D.マグレガーの**X理論・Y理論**において，X理論に基づき人間の管理をする場合，管理者は組織メンバーが組織目標の達成に努力することで，メンバー自身の満足も得られるような条件を作成することになる。しかし，そのような条件の作成は非常に困難で，具体的方法がないことから，Y理論に基づく命令と統制による管理が望ましいとされた。

C：F.E.フィードラーは，あるリーダーにとって，そのリーダーが置かれた状況の好ましさの程度を，**状況好意性**と呼び，状況好意性の高低により有効なリーダーシップは異なることを指摘した。このように，適切なリーダーシップはその時々の状況に応じて変化するという考えを，リーダーシップの**コンティンジェンシー理論**という。

D：オハイオ州立大による研究は，リーダーシップ・スタイルを「構造づくり」と「権力」の2次元で捉えている。「構造づくり」は，部下が効率的に職務を遂行するための環境を整える行動，「権力」は，リーダーの職位に基づく権限の強さであり，「構造づくり」が高く，「権力」も強いHiHi型のリーダーシップがより高い成果をあげることが明らかになった。

1　A，B
2　A，C
3　B，C
4　B，D
5　C，D

難易度　＊

必修問題の 解説

　経営学説全般は，テーマ1～7の内容を組み合わせて構成した問題である。その意味で，本テーマの過去問は経営学説の理解度を確認する尺度となる。

A◯ ホーソン実験の当初の目的 → 作業条件と作業能率の関係を分析。

　正しい。ホーソン実験の当初の目的は，作業条件と作業能率の関係を調査することにあったが，明確な相関関係は見出せなかった。その後，G.E.メイョーらが実験を続けた結果，職場のインフォーマルな組織（非公式集団）で共有される価値観や規範が，公式組織の作業能率に影響を与えることが明らかにされた。テーマ2・重要ポイント2を参照。

B× X理論 → 人間は強制や命令によって仕事に取り組むという人間観。

　マグレガーは，人間は仕事が嫌いで強制や命令によってしか仕事に取り組まず，責任を回避したがるとする人間観を**X理論**と呼び，人間は条件次第で自主的に仕事に取り組み，結果の責任を負うとする人間観を**Y理論**と名づけた。そのうえで，**X理論に基づく管理からY理論に基づく管理への移行**を唱えた。テーマ3・重要ポイント2を参照。

C◯ フィードラー → リーダーシップのコンティンジェンシー理論を提唱。

　正しい。**状況好意性**は，①リーダーと組織メンバーとの関係，②タスク構造（課題や役割の明確さ），③地位パワー（リーダーが持つ権限の大きさ）からなる。テーマ6・重要ポイント3の（1）を参照。

D× オハイオ研究 → リーダーシップを「構造づくり」と「配慮」で捉える。

　「権力」が誤り。オハイオ州立大による研究では，リーダーシップ・スタイルを「**構造づくり**」と「**配慮**」の2次元で捉えた。「**構造づくり**」は，効率的な職務の手順を示す仕事中心のリーダー行動である。「**配慮**」は，部下との信頼関係を築き，メンバーの満足度を高めようとするリーダー行動を意味する。調査の結果，「**高構造づくり・高配慮**」のリーダーシップが集団の業績で優れていることが示された。テーマ6・重要ポイント2の（3）を参照。

　以上から，**A**と**C**の組合せが妥当であるため，選択肢**2**が正答である。

正答 2

FOCUS

　経営学説全般はテーマ1～7の「まとめ」であり，本テーマの問題を解く力をつけることが第1章の目標である。

　その際，POINTで伝統的管理論→人間関係論→動機づけ理論→近代管理論→コンティンジェンシー理論という経営学説の推移を頭に入れておこう。これは諸学説の位置づけを俯瞰する「見取り図」であり，理論問題を解く際に明らかな誤りを除き，正答を類推するうえで役に立つ。

─POINT─

重要ポイント **1** 　**伝統的管理論**

- 伝統的管理論は，それまで個人の勘や経験によって行われていた経営に初めて科学的思考を持ち込んだ。時代的には20世紀初頭からホーソン実験が実施される1920年代後半までに提唱されたものである。伝統的管理論の主要な論者は，経営学史上，体系的な管理論を初めて提唱した **H. ファヨール**，科学的管理法を提唱した **F. W. テイラー**，自動車の大量生産方式を確立した **H. フォード**などである。

＊伝統的管理論の特徴＊

(1) 作業能率を向上させ，合理的な管理を実践するために標準的な作業手続きや管理の一般原則を導入
(2) 普遍的な管理手法の確立を志向

- 伝統的管理論は経営管理の基礎を築いたが，労働者を機械視し，人間の感情や社会的要因を考慮しなかった，などの批判が後に指摘された。
※詳しくはテーマ１のPOINTを参照。

重要ポイント **2** 　**人間関係論**

- 人間関係論の登場は，1920年代後半から **G. E. メイヨー**と **F. J. レスリスバーガー**によって実施されたホーソン実験を契機とする。

＊人間関係論の特徴＊

(1) 伝統的管理論では考慮されなかった人間の感情や職場における人間関係が，組織の作業能率に影響を与えることを指摘
(2) 人間性重視の管理を実現する方策として，管理者教育や提案制度，コミュニケーションの促進などを提唱

- ホーソン実験をはじめとする**人間関係論は，組織の人間的側面を重視するあまり，理論的に未整備な点が多い**という批判がなされている。
- 人間関係論の成果は**動機づけ理論**に統合され，組織における人間行動の分析という観点から，個人の動機づけや有効なリーダーシップに関する研究が続けられた。なお，人間関係論の影響は，産業社会学や社会心理学にも及んでいる。
※詳しくはテーマ２のPOINTを参照。

重要ポイント 3 動機づけ理論

● 動機づけ理論の代表的な論者は，**D. マグレガー**，**R. リッカート**，**C. アージリス**，**F. ハーズバーグ**などであり，彼らの学説は主に1950年代から1960年代に展開された。

＊動機づけ理論の特徴＊

(1) 組織における人間行動，特に従業員の動機づけのメカニズムやリーダーシップのあり方を研究
(2) 心理学や社会学など他の学問領域の成果を積極的に導入する学際的アプローチによって調査・分析を行い，それに基づく管理手法を提唱

● 人間の欲求は階層をなし，最終的に自己実現に至るという **A. H. マズローの欲求階層説（欲求段階説）**は，動機づけ理論の研究に対して多大な影響を与えた。
● 動機づけ理論の一部の学説では「個人目標と組織目標の統合」という視点が導入されているが，個人の自己実現は果たして組織の職務のみを通して達成することが可能か，という疑問が提示されている。なお，動機づけ理論は組織内の人間行動の分析を対象としているため，外部環境と組織の相互関係については言及していない。

※詳しくはテーマ3のPOINTを参照。

重要ポイント 4 近代管理論

● 近代管理論は **C. I. バーナード**の組織理論に始まり，**H. A. サイモン**の意思決定論によってさらなる発展を遂げ，その後，**R. M. サイアート**と**J. G. マーチ**らによって企業の行動理論として精緻化された（なお，近代管理論の各学説は，経営組織論あるいは意思決定論というテーマ区分で出題される場合もある）。

＊近代管理論の特徴＊

(1) 組織における意思決定を分析上の中核概念とする
(2) システム論的アプローチ（組織を外部環境との相互作用を行う一個のオープン・システムとみなす）を導入
(3) 組織のメカニズムや意思決定の過程を現実のありのままに分析し，理論化する記述科学を志向

● 近代管理論では，各論者の学説が相互に関連しながら発展し，独自の理論体系を形成している。特にバーナードとサイモンの理論は，その後の意思決定論や組織理論の発展に大きな影響を与えた。

※詳しくはテーマ4のPOINTを参照。

重要ポイント 5　コンティンジェンシー理論

- 1960年代後半から1970年代にかけて展開されたコンティンジェンシー理論は，条件適応理論とも呼ばれ，T. バーンズと G. M. ストーカー，J. ウッドワード，P. R. ローレンスと J. W. ローシュらが代表的論者である。

＊コンティンジェンシー理論の特徴＊

(1) 唯一最善で普遍的な理論構築を志向する従来の組織理論に対して，「環境条件が異なれば，有効な組織構造も異なる」という立場をとる
(2) 事例研究に基づいて特定の環境条件と組織の適合関係を比較分析し，より具体的かつ実践的な理論の構築を志向

- このような特徴から，コンティンジェンシー理論は経営の一般理論ではなく，特定の状況下で有効な特殊理論と位置づけられている。
- ※詳しくはテーマ5のPOINTを参照。

＊各経営学説の特徴＊

学　　説	キーワード
伝統的管理論	・経済合理性の追求 ・作業および管理の科学化 ・経済人モデル
人間関係論	・ホーソン実験が契機となる ・組織における人間的側面の重視 ・社会人モデル
動機づけ理論	・組織における人間行動の分析 ・学際的アプローチ ・動機づけとリーダーシップ ・マズローの欲求階層説
近代管理論	・バーナード＝サイモン理論 ・記述的意思決定論 ・システム論的アプローチ ・全人モデル（←バーナード） ・管理人（経営人）モデル（←サイモン）
コンティンジェンシー理論	・普遍的な理論構築の実効性を否定 ・環境条件と組織構造の適合関係を分析 ・経営の特殊理論

実戦問題❶　基本レベル

No.1 経営管理の諸理論に関する次の記述のうち，妥当なのはどれか。

【国家一般職・平成17年度】

1　F.W.テーラーは，組織的怠業を解消し，「高い賃金と低い工賃」を実現するために，指揮の一元性や従業員の団結など14からなる管理原則を考えた。また，組織の階層化を行うなどの組織の編成原理を説いた。

2　C.I.バーナードは，組織を2人以上の人々の意識的に調整された活動や諸力の体系ととらえた。組織が成立するためには，共通の目的，協働への意欲，コミュニケーション・システムの3条件が同時に成立しなければならないとした。

3　H.A.サイモンは，意思決定を問題解決のプロセスととらえ，問題は客観的な事実情報のみによって発見されるべきとした。主観的な価値観を用いず事実情報のみを用いることで，限定された合理性しか持たない意思決定者も，客観的に最適な問題解決案を選択することができると考えた。

4　T.バーンズとG.M.ストーカーは，ピラミッド型の官僚制組織を機械的管理システムと呼び，技術や市場などの組織環境が不安定な場合に有効とした。また，官僚制とは逆の緩やかなネットワークとコミュニケーションにより結合された組織を有機的管理システムと呼び，組織環境が安定している場合に有効とした。

5　P.ローレンスとJ.ローシュは，官僚制組織において，規則の遵守は組織目的を達成するための最も重要な手段であり，かつ，組織構造を保つためには不可欠であると考え，組織が直面する環境がどのような場合であっても，規則の遵守を最優先するべきであるとした。

No.2 組織の管理に関する次の記述のうち，妥当なのはどれか。

【国税専門官・平成17年度】

1　炭鉱企業の社長でもあったF.W.テイラーは，『産業および一般の管理論』の中で，管理活動を計画，組織化，命令，調節，統制の5つの下位機能からなるものとしてとらえ，さらに，管理のあるべき原則として，分業，権威・責任，規律，命令の統一性，集中化，階層化等を挙げた。

2　権限受容説とは，C.I.バーナードにより提唱された権限理論であり，権限法定説ともいわれる。この説によれば，上位者の権限が下位者に順次委譲されることにより下位者の権限は生じるとされ，上位者からの権限委譲を下位者は常に受容しなければならないとされている。

3　R.リッカートが提唱した組織管理理論における多元的重複集団構造とは，個々の作業集団が「連結ピン」と呼ばれる個人によって他集団と連結される形態のことである。「連結ピン」となった個人は，集団内の問題だけでなく，集団間

の問題も把握することができ，「連結ピン」を通じた集団間の相互作用が可能になるとされている。

4 管理活動の過程において，組織の管理者は，リーダーシップを発揮しながら自らの任務を遂行していくことになるが，リーダーシップのコンティンジェンシー理論によれば，部下の個人属性，集団の文化，環境の性質等にかかわらず，指示型のリーダーが，効率的な組織管理を行ううえでは望ましいとされている。

5 H.ファヨールは，工場管理に対して科学的なアプローチを適用し，定められた日々の課業を達成できた者には高賃率，達成できなかった者には低賃率とする差別的賃率を導入した。ここで，課業とは，平均的な労働者が達成可能な1日の作業量を意味している。

◆ No.3* 経営管理の諸理論に関する次の記述のうち，妥当なのはどれか。

【国税専門官・平成19年度】

1 F.W.テイラーは，自らの経営者としての経験をもとに，労働者に対して，組織の理念的目的や経営行動の規範からなる経営理念を提示することは，労働者の士気に影響を与え，生産性の向上に作用すると主張した。

2 E.メイヨーらは，ウエスタン・エレクトリック社のホーソン工場における実験を通じて，労働者の生産性を高めるには，客観的な計測結果に基づいて定められた課業の量的基準と作業の標準条件を賃金にリンクさせる手法が有効であることを証明した。

3 D.マグレガーは，人間は本質的に仕事嫌いで，強制，命令等がなければ働かないというX理論ではなく，人間は本質的に働くことをいとわず，動機づけがなされれば，能動的に自己の目標達成に向けて働くというY理論に基づき経営を行うことを主張した。

4 F.ハーズバーグは，組織が労働者に与えることのできるインセンティブには，衛生要因と動機づけ要因があると主張した。衛生要因とは，職務の内容，職務の達成，達成の評価など，それが与えられることによって，人々の満足が高まるようなインセンティブをいう。

5 P.F.ドラッカーは，企業のトップ・マネジメントにおいては，強力なリーダーの資質として，自己管理能力よりもカリスマ性を有することが重要であるとし，カリスマ的リーダーの行動により，労働者が結束して，組織の変革が推進され，業績が向上すると主張した。

No.4 経営組織・経営管理に関する次の記述のうち，妥当なのはどれか。

【国家総合職・平成27年度】

1 C.アージリスは，人間の欲求について，人間は生来責任感があって進んで物事に取り組む能動的な存在であるというX理論と，人間は生来怠け者で仕事が嫌いであるというY理論とを対比させたX理論・Y理論を提唱した。

2 F.E.フィードラーらの唱えたモチベーションの期待理論によると，投入する努力が成果を導くであろうという期待と，成果が報酬を導くであろうという期待とを比較して，後者が前者を上回る場合に限って動機づけられ，その動機づけのレベルは後者から前者を差し引いた大きさとなる。

3 F.ハーズバーグは，人間には，環境から生じる痛みを回避したい欲求と，仕事の達成を通して精神的成長や潜在能力の現実化や自己実現を遂げたい欲求との2種類の欲求があると提唱した。そして，後者の欲求を満足させるものである動機づけ要因のみが，仕事へのモチベーションと職務満足を生むことができるとした。

4 D.マグレガーは，組織学習について，組織行動の基盤となっている価値レベルへの疑問から生じるシングル・ループ学習と，日常業務など，日々の組織の行動レベルの修正に焦点を当てたダブル・ループ学習の2種類に区別することができるとした。

5 オハイオ州立大学の研究グループは，1920年代から1930年代にかけて，リーダーシップ行動を記述・測定する尺度として，因子分析の結果，部下に適切に仕事を割り振る「配慮」と集団の人間関係を構築する「構造づくり」の2要因を見出した。また，リーダーとメンバーの対人関係やリーダーの持つパワーに応じて，効果的なリーダーシップスタイルが異なることを示した。

経営管理論に関する次の記述のうち，妥当なのはどれか。

【国家専門職・平成27年度】

1 V.H.ヴルームは，どのような成果が得られるのかに対する主観的確率を「期待」，どのような報酬が得られるのかに対する主観的確率を「手段性」，得られた報酬に対する効用を「誘意性」であるとし，その人が仕事をする動機づけの強さは，「期待」，「手段性」，「誘意性」の積によって決まると考えた。

2 H.ファヨールは，企業が行う職能を「商業的職能」，「財務的職能」，「会計的職能」の3つに分け，これら3つの活動はどのような事業を行っている企業であっても行う必要があり，これらの活動を事業目的に向かって統合していくのが「管理的職能」であるとした。

3 M.D.コーエンらは，組織の中での意思決定について，問題を解決する意思決定が大半を占めることを確認した。そのような意思決定の例外として，見過ごしとやり過ごしを挙げ，やり過ごしとは，問題が明らかになる前に意思決定をすることであるとした。

4 F.W.テイラーは，科学的管理法を否定し，生産性には直接的な作業条件が関係しておらず，主にモラールが関係するとし，モラールは，その人個人の過去の経験や人間関係などの職場情況によって決まるものであり，職場の仲間等から認められることが重要であると主張した。

5 F.ハーズバーグは，企業で働く人を対象に面接調査を行った。その結果，職務満足をもたらす要因は，自分の職務ではなく，それを遂行する際の環境，条件と関係しており，職務不満足をもたらす要因は，自分の職務そのものと関係している頻度が高いことが分かった。

No.6 経営管理に関する次の記述のうち，妥当なのはどれか。

【国家専門職・令和4年度】

1　M.ヴェーバーは，『国富論』で官僚制の特徴として階層性，文書主義等を指摘した。ヴェーバーは官僚制について合理性を最も高い水準で達成する組織形態であると評価する一方で，構成員が規則を遵守しようとするあまり，融通のきかない形式的な行動をとるなど非効率な結果を招くという問題点も指摘した。

2　ドイツの社会学者であるR.K.マートンは，ヴェーバーの官僚制への評価は官僚制の積極的な機能や長所を強調しているだけで，官僚制の構造が持つ内部的緊迫や緊張を全く無視していると批判し，官僚制はひとたび形成されると破壊することのできない最も困難な社会現象であり，永続性を持っていると問題点を指摘した。

3　J.H.ファヨールは，自身の経験に基づいて著した『産業ならびに一般の管理』において，企業が行う6つの職能について言及した。このうち，5つの職能が原材料や資金などの物理的な対象に働きかける一方で，管理職能は主体的な人を対象としている点で，その独自性を指摘した。

4　T.バーンズとG.M.ストーカーは，米国の自動車メーカーの研究から，組織構造には，ピラミッド型の官僚制組織に代表される「有機的組織」と，水平的に協働関係が発展した柔軟な構造である「機械的組織」の2つがあるとした。その上で，安定した環境の下での仕事には前者がより有効であるとした。

5　H.A.サイモンは，企業内部の研究開発部門，販売部門，製造部門の組織特性と管理の在り方との適合関係について研究した。その結果，組織によって分化と統合の程度は異なるものの，どの組織においても普遍的に成り立つ理想的な組織編成が存在すると提唱し，これを組織均衡論と名付けた。

実戦問題 **1** の解説

　本問は塩次・高橋・小林著,『経営管理（新版）』（有斐閣, 2009年）の「第2章　経営管理の発展」に基づいて構成されている。

1✕ **14項目からなる管理原則 → ファヨールが提唱。**

「14からなる管理原則」を提唱し,「組織の階層化」について言及したのはテーラーではなく H.ファヨールである。また, テーラーが提唱した組織の編成原理は, 職長（工場現場の管理者）を特定の仕事に専念させる**職能別職長制度**（機能別職長制度）であった。テーマ1・重要ポイント2を参照。

2◎ **組織の成立条件 → 共通目的, 協働意欲　コミュニケーション。**

正しい。ただし, バーナードが提示した組織の成立に必要な3条件は, 一般に**共通目的, 協働意欲（貢献意欲）, コミュニケーション**と表記されることが多いので注意を要する。テーマ4・重要ポイント1の(2)を参照。

3✕ **サイモン → 客観的に最適な意思決定は実現できないと主張した。**

「客観的に最適な問題解決案を選択することができる」という記述が誤り。サイモンは, 人間は情報処理能力に一定の限界があるため, **制約された合理性**しか持つことができないという**管理人（経営人）**モデルを提唱した。したがって, 人間は完全な合理性を発揮することはできず, あらかじめ設定された一定の目標水準を満たす代替案を選択するという**満足化原理**に基づいて意思決定を行う。テーマ4・重要ポイント2の(2)を参照。

4✕ **安定した環境 → 機械的管理システム, 不安定な環境 → 有機的管理システム。**

環境条件と有効な組織構造の組合せが逆である。バーンズとストーカーは, 機械的管理システム（**機械的組織**）は, 技術や市場が安定した環境条件の下で有効であり, 有機的管理システム（**有機的組織**）は不安定な環境条件の下で有効な組織構造であることを明らかにした。

5✕ **ローレンスとローシュ → 環境条件と組織の「分化と統合」の関係を分析。**

ローレンスとローシュは官僚制組織の特徴ではなく, 組織における「**分化と統合**」と環境適応の関係を分析した。テーマ5・重要ポイント4を参照。

◆ステップアップ

＊経営学説における人間観の推移＊

　人間をどのような行動主体とみなすかは, 個々の学説を理解するうえで重要なカギとなるので, 以下に経営学における代表的な人間観の要点をまとめておこう。

　テイラーの科学的管理法をはじめとする伝統的管理論で想定されているのは, **経済人モデル**である。経済人とは, もともとアダム・スミスが描いた利己心に導かれて**合理性の追求**を行う孤立した個人であり, 金銭的刺激によって動機づけられ, **利益の最大化**を志向する。

これに対して，メイヨーらがホーソン実験の結果から導き出し，人間関係論の基盤となったのが**社会人モデル**である。社会人モデルでは，人間は孤立した個人ではなく，**安定感や帰属感**を求め，経済的刺激よりも仲間集団内の規範に敏感な存在と想定される。

その後，近代管理論ではバーナードが全人モデル，サイモンが管理人（経営人）モデルという独自の仮説を打ち出している。

バーナードの**全人モデル**では，人間は物的，生物的，社会的要因によって規制を受けつつも自由意志を持ち，選択力を行使することで目的を達成する存在と考える。この仮説は，バーナードが組織の成立・存続を説明する際に，**組織への参加者としての人間行動**をモデル化したものである。

また，サイモンは経済人モデルに対置する人間観として，**管理人（経営人）モデル**を提示した。サイモンによれば，人間は経済人モデルのように完全な合理性を持つことは不可能であり，認知能力の限界から**「制約された合理性」**のもとで意思決定を行わざるをえず，一定水準の満足が得られるか否かを基準として行動する。この管理人モデルは，サイモンが展開した意思決定論における中核概念の一つであり，人間の情報処理能力の限界に着目した点に特徴がある。

最後に，組織論者のE.H.シャイン（シェイン）は主著『組織心理学』（1980年）の中で，**複雑人モデル**という仮説を提示している。シャインによれば，**人間の欲求は複合的**であり，その人間の欲求階層，置かれている環境，経験，価値観などによって異なる動機が形成される。したがって，経済人や社会人といった一面的な人間性の把握ではなく，多面的かつ可変的な複雑人としての理解が必要であると説く。

No.2 の解説　代表的な論者の学説

→問題はP.101　**正答3**

1 ✕　『産業および一般の管理論』 → ファヨールの著書。

本肢の内容はテイラーではなく H.ファヨールの学説である。**テーマ1・重要ポイント4と5**を参照。

2 ✕　権限受容説 → 上司の命令を部下が受け入れることで権限が成立する。

バーナードは問題文にある権限法定説ではなく**権限受容説**を提唱した。権限受容説とは，上司が部下に対して命令を与え，部下がその命令を受け入れ，実際に行動することで権限が成立するという考え方である。**テーマ4・重要ポイント1**の（6）を参照。

3 ◎　ある集団のリーダーは上下の階層をつなぐ「連結ピン」の役割を果たす。

正しい。**「連結ピン」**の役割を担う個人は，ある階層のメンバーであると同時に下位の階層のリーダーでもあり，階層間の情報交換や意見調整などの機能を受け持つことになる。

4 ✕ リーダーシップのコンティンジェンシー理論 → 有効なリーダーシップは組織状況で異なる。

リーダーシップのコンティンジェンシー理論（状況論）では，「組織の状況が異なれば，有効なリーダーシップのスタイルも異なる」という立場から分析・調査が行われた。テーマ6の重要ポイント3を参照。

5 ✕ 工場管理に対する科学的なアプローチ → テイラーの科学的管理法。

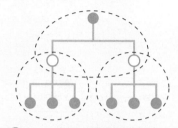

連結ピンの役割

※ ◯ は上位集団と下位集団を結び付ける「連結ピン」の役割を果たす

本肢はファヨールではなくテイラーが提唱した**課業管理**に関する説明である。テイラーによれば，課業は「平均的な労働者が達成可能な1日の作業量」ではなく，時間研究と動作研究に基づいて，**一流の労働者**の作業から導き出された標準的な作業量である。テーマ1・重要ポイント2を参照。

No.3 の解説　代表的な論者の学説

→問題はP.102　**正答3**

1 ✕ エンジニア出身のテイラーは，科学的管理法を提唱。

テイラーは機械工として出発し，後に技師として独立してコンサルタント業務に携わり，**科学的管理法**を提唱した。科学的管理法では経営理念の提示ではなく，時間研究と動作研究に基づいて導き出された作業標準である「課業」を設定したうえで，差別的出来高給制度による経済的な刺激策によって労働者に動機づけがなされる。

2 ✕ ホーソン実験 → 職場の人間関係や仲間意識が生産性を左右する。

問題文の後半はテイラーの科学的管理法の内容である。メイヨーらが主導したホーソン実験では，自然発生的に生じる仲間集団である**非公式組織**の存在が公式組織の能率に影響を与えることが明らかにされた。テーマ2・重要ポイント2を参照。

3 ◎ マグレガー → X理論からY理論に基づく経営への移行を提唱。

正しい。テーマ3・重要ポイント2を参照。

4 ✕ 動機づけ要因 → 職務上の満足を規定　衛生要因 → 職務上の不満を規定。

衛生要因は「人々の満足が高まるようなインセンティブ」ではない。テーマ3・重要ポイント4を参照。

5 ✕ カリスマ的リーダーの資質を分析したのはM.ウェーバー。

ドラッカーには多数の著作があるが，リーダーの資質としてカリスマ性が重要であるとは述べていない。たとえば，『現代の経営』（1954年）では，経営

者の３つの職務として，①事業の経営，②経営管理者（Manager）の管理，③働く人間と仕事の管理を挙げている。さらに『マネジメント』（1974年）では，経営管理者の仕事として，①目標設定，②組織，③動機づけとコミュニケーション，④評価測定，⑤自らを含めた人材開発を示し，経営管理者の資質として求められるのは「誠実さ」であるとしている。

No.4 の解説 経営組織・経営管理　　　　→問題はP.103　**正答3**

1 ✕ **X理論とY理論 → マグレガーが提唱。**
文中の説明が逆である。「人間は生来怠け者で仕事が嫌いである」という人間観がX理論，「人間は生来責任感があって進んで物事に取り組む能動的な存在である」という人間観がY理論である。テーマ３・重要ポイント２を参照。

2 ✕ **期待理論 → 個人の動機づけは成果への期待や報酬の効用の積で決まる。**
フィードラーは，期待理論ではなくリーダーシップのコンティンジェンシー理論を唱えた。テーマ６・重要ポイント３の（1）を参照。

3 ◎ **動機づけ－衛生理論 → アダム的本性とアブラハム的本性に基づいている。**
正しい。ハーズバーグは，人間には「痛みを回避したい欲求」を持つ**アダム的本性**と，「精神的成長や潜在能力の現実化や自己実現を遂げたい欲求」を持つ**アブラハム的本性**という二面性があるとした。その上で，職務満足はアブラハム的本性を表す動機づけ要因に規定され，職務不満はアダム的本性を表す衛生要因に規定されるとする**動機づけ－衛生理論**を提唱した。テーマ３・重要ポイント４を参照。

4 ✕ **シングル・ループ学習とダブル・ループ学習 → アージリスらが提唱。**
本肢の学説を示したのは，アージリスとD.A.ショーンである。アージリスらは，**組織学習**を「組織メンバーが組織行動の仕組みを再構築することで，誤りや矛盾を明らかにし，それらを修正するプロセス」と定義した。その際，**シングル・ループ学習**は「日常業務など，日々の組織の行動レベルの修正に焦点を当てた」活動であり，**ダブル・ループ学習**は「組織行動の基盤となっている価値レベルへの疑問から生じる」活動を指す。

5 ✕ **「配慮」→ 人間関係を構築，「構造づくり」→ 適切に仕事を割り振る。**
研究が行われた時期が誤り。また，「配慮」と「構造づくり」の説明が逆である。1940〜50年代に行われたオハイオ州立大学のリーダーシップに関する研究（**オハイオ研究**）は，因子分析の結果，部下と良好な人間関係を築こうとする「配慮」と，部下が成果をあげられるよう仕事を適切に割り振る「構造づくり」という２要因を見出した。そして，**「高配慮・高構造づくり」の**リーダーシップが，部下の満足と組織業績に好影響を与えるとした。テーマ６・重要ポイント２の（3）を参照。また，末尾の記述も誤り。「リーダーとメンバーの対人関係やリーダーの持つパワーに応じて，効果的なリーダーシ

ップスタイルが異なることを示した」のは，リーダーシップのコンティンジェンシー理論である。オハイオ研究は，最適なリーダーシップのあり方を探るリーダーシップの類型論（行動科学的リーダーシップ論）に分類される。

No.5 の解説　経営管理論 →問題はP.104　正答 1

　本問は，塩次喜代明・高橋伸夫・小林俊男著，『経営管理（新版）』（有斐閣，2009年）などに基づいて構成されている。

1 ◎ **ヴルームの期待理論 → 個人の動機づけは期待，誘意性，手段性で決まる。**
正しい。**個人の動機づけは，期待や誘意性などを掛け合わせた合計値（「積」あるいは「積和」）で決まる**とする考え方が，期待理論の基本的な枠組みである。なお，問題文の3要因の中で「手段性」は「道具性」と表記される場合もある。テーマ3・重要ポイント6を参照。

2 ✕ **ファヨールが示した経営職能（経営活動） → 6要素からなる。**
ファヨールは事業の内容にかかわらず，すべての企業に共通する経営職能（経営活動）として**技術，商業（営業），財務，保全，会計，管理**の6要素を挙げた。そして，これらの経営職能の中で，最後の管理職能（管理的職能）だけは人間を対象とし，他の5つの職能とは質的に異なることから，ファヨールは特に重視した。管理職能は**予測（計画），組織（組織化），命令，調整，統制**の5要素からなる過程として表される。テーマ1・重要ポイント5を参照。

3 ✕ **コーエンらは，組織の意思決定を，問題解決，見過ごし，やり過ごしに分類。**
「問題を解決する意思決定が大半を占める」および末尾の「やり過ごし」の説明が誤りである。コーエンとJ.G.マーチ，J.P.オルセンは，組織における意思決定を①問題解決による決定，②見過ごしによる決定，③やり過ごしによる決定，の3種類に分類した。①では問題を解く作業が行われ，解決した時点で決定が下される，②は他にも問題があるかも知れないが，それらを見過ごして決定すること，③は問題解決のために過大なエネルギーを要する場合，問題そのものをやり過ごすこと，を意味する。コーエンらはコンピュータ・シミュレーションに基づいて，素朴な意思決定理論で暗黙に想定されている①が大半を占めるとは限らず，問題の負担が大きいときには②や③が通常の決定スタイルになることを示し，**意思決定のごみ箱モデル**を提唱した。

4 ✕ **テイラー → 科学的管理法を提唱。**
テイラーは**科学的管理法**の提唱者であり，その内容を否定していない。また，「モラールは，その人個人の過去の経験や人間関係などの職場情況によって決まる」とは，**ホーソン実験**から得られた知見である。

5 ✕ **職務満足 → 職務そのものに関係，職務不満足 → 環境や条件に関係。**
後半の説明が逆である。ハーズバーグは，**職務満足をもたらす要因は「自分の職務そのもの」**と関係しており，**職務不満足をもたらす要因は「それを遂**

行する際の環境，条件」と関係していると説明した。テーマ３・重要ポイント４を参照。

No.6 の解説 経営組織に関する諸学説 →問題はP.105 **正答3**

1☒ 『国富論』（1776年）の著者 → **アダム・スミス**。

ヴェーバーは**官僚制**組織の特徴として，規則による権限と責任の明確化，上下関係に基づく階層性（ヒエラルキー），文書による事務処理（文書主義），職務の専門化・分業化などを挙げた。また，問題文の前半はヴェーバーが述べた内容だが，「構成員が規則を遵守しようとするあまり」以降の記述は，マートンが指摘した**官僚制の逆機能**の説明である。官僚制の逆機能は，**合理性を重視する官僚制組織が，その特徴ゆえに非効率な事態を招く**ことであり，目的の転移（規則の遵守が自己目的化すること），繁文縟礼（細かな規則や手続きがもたらす煩雑さ），組織内のセクショナリズム，前例主義による行動の硬直化などが挙げられる。

2☒ マートン → **アメリカの社会学者**。

前半の記述はマートンによる批判だが，「官僚制はひとたび形成されると」以降はヴェーバーが述べた内容である。ヴェーバーは官僚制の合理性を高く評価した上で，官僚制を「鉄の檻」と形容し，一度確立してしまうとそれを破壊することは難しいと指摘した。

3◎ 管理職能は人間を対象とすることから，ファヨールは重視した。

正しい。テーマ１・重要ポイント５を参照。

4☒ バーンズとストーカー → **スコットランド企業を対象に分析を行った**。

「米国の自動車メーカー」が誤り。また，「有機的組織」と「機械的組織」の説明が逆である。不安的な環境下では，分権的で柔軟性に富むネットワーク型の伝達構造を持つ**有機的組織**が有効であり，安定した環境下では，職能別の専門化が徹底され，責任・権限の所在が明確である官僚制組織に似た**機械的組織**が有効であることを明らかにした。テーマ５・重要ポイント２を参照。

5☒ 組織における「分化と統合」の関係を分析 → **ローレンスとローシュ**。

コンティンジェンシー理論の論者であるP.R.ローレンスとJ.W.ローシュの学説についてはテーマ５・重要ポイント４を参照。**組織均衡論**はC.I.バーナードが提唱し，サイモンが発展させた学説であり，「組織が参加者（組織のメンバー）に提供する誘因≧参加者が組織にもたらす貢献」の状態を実現することで，組織の存続が可能となるとした。テーマ４・重要ポイント１の(3)を参照。

1 彼は，企業は社会の機関であり，顧客の生活の質の向上を常に考えた経営を行うため，社会に対して衝撃を与えることはないとしている。

2 彼は，企業の生存こそが企業の目標であるとする企業生存説を否定し，企業の目標は利潤の極大化であるとしている。

3 彼は，事業の目的は顧客の創造であるとし，顧客を創造するための企業の基本的な機能は，マーケティングとイノベーションであるとしている。

4 彼は，所有と経営との分離という観点から経営者の役割を限定的なものとしてとらえ，経営者の職務は，事業の経営のみであるとしている。

5 彼は，利潤は，企業活動の成果を測定する尺度であり，顧客に還元するため，事業活動における将来のリスクの補償に利潤を充当すべきでないとしている。

1 M.ヴェーバーは，官僚制の特徴として，職務の専門化・分業化，個人的な経験やノウハウに基づく職務権限の設定，文書を媒介とする職務遂行，ヒエラルキーの排除などを挙げ，官僚制により大規模化・複雑化した組織を運営すると，仕事の遂行が正確ではあるものの遅くなるため，他の組織形態と比較して効率性が低くなるとした。

2 企業組織を開発や生産，営業などの機能を担当する部門別に編成する形態のことを事業部制組織と呼ぶ。事業部制組織では，事業部ごとの利益成果が明確であるため事業部どうしが良好な協力関係を保つことができ，各事業部は短期的な成果を気にすることなく長期的な成果を追求できる。そのため，事業部で共通している技術や製品を見つけ出しやすいという利点がある。

3 J.フェッファーとG.サランシックが提唱した資源依存理論では，組織の集合である個体群の組織形態はスペシャリスト組織とジェネラリスト組織の２つに分類される。スペシャリスト組織は，環境変化が少なく安定している場合にはジェネラリスト組織よりも適合度が高く，ジェネラリスト組織は，似ていない環境への変化が頻繁に起こる場合にはスペシャリスト組織よりも適合度が高い。

4 制度的環境への適応の結果として組織が似通ってくる現象は制度的同型化と呼ばれ，P.J.ディマジオとW.W.パウエルは，そのメカニズムとして，①強制的同型化，②模倣的同型化，③規範的同型化の３つを挙げた。大学などで類似の教育を受けた専門家が組織を超えてネットワークを形成することにより生じる同型化は規範的同型化の例である。

5 J.バーンズとG.M.ストーカーは，生産システムを歴史的な発展順序と技術の複雑さに従い，単品・小バッチ生産，大バッチ・大量生産，装置生産の３つのタイプに分類した。これら３つのタイプを比較すると，大バッチ・大量生産は，熟練労働者の割合が高いことや文書よりも口頭でのコミュニケーションが多いなどの特徴を有する。

**
No.9** **経営組織に関する次の記述のうち，妥当なのはどれか。**

【国家一般職・令和３年度】

1 環境の不確実性が高い場合には，複数の選択肢の間で明確な優先順位をつけて，不要な選択肢を早期に棄却するという「ゴミ箱モデル」が有効であることが1960年代に提唱された。このモデルに基づき M.D.コーエンらによって1970年代前半に行われたコンピュータ・シミュレーションでは，「問題解決」と呼ばれる意思決定のみが行われることが示された。

2 C.I.バーナードは，公式組織を「２人以上の人々の意識的に調整された活動や諸力の体系」であるとし，その成立条件として，「共通目的」「貢献意欲」「利他的精神」「共有されたルール」の４つを提示し，その存続条件として，組織の共通目的を達成できている程度である「能率」を提示した。

3 P.ローレンスとJ.ローシュは，テクニカル・コアを環境の影響から切り離す方法として，「平準化」と「分化」を提示した。前者は，インプット側とアウトプット側の双方において在庫を持つことにより環境の変動を吸収する方法であり，後者は，電力の深夜料金などのように，需要の変動幅を抑える方法である。

4 E.H.シャインは，組織文化を「文物」「標榜されている価値観」「基本的仮定」「国や地域における慣習」という４つのレベルに分けた。これらのうち「国や地域における慣習」は，組織メンバーにとって当たり前の信念や認識であり容易に変えられないため，組織文化の変革に際して組織のリーダーは，自社の戦略や目標である「基本的仮定」を変更しなければならないとした。

5 組織学習について，C.アージリスとD.A.ショーンは，組織が持つ既存の価値観に基づいて矛盾や誤りを修正するシングル・ループ学習と，組織が持つ既存の価値観そのものに疑問を提示するような変革を伴うダブル・ループ学習という２つのタイプを示した。また，B.ヘドバーグは，時代遅れになったり，妥当性・効率性を欠くようになった既存の知識や価値観を捨て去ることに注目した。

実戦問題 **2** の 解説

No.7 の解説　ドラッカーの経営論 　　　　　　　　　　　　→問題はP.112　**正答3**

　　本問は，P.F.ドラッカーの学説を問う内容だが，企業の存在意義，事業の目的，経営者の職務など経営全般の問題を扱っているため，本テーマに含めた。本問の内容はドラッカーの代表的著作である『現代の経営』(1954年)に基づいている。

1× **企業は社会の一機関であり，社会生活に決定的な影響を及ぼす。**
「社会に対して衝撃を与えることはない」が誤り。ドラッカーは「**公共の利益と事業の利益を一致させ，社会的利益と私的利益の調和を図ることこそ**が，指導的集団としての経営者の責任なのである」と述べている。

2× **利潤は事業活動の目的ではなく，規定要因に過ぎない。**
ドラッカーによれば，事業の目的は利潤の極大化ではなく「**顧客の創造**」にある。利潤は「事業および事業活動の目的ではなく，それらの規定要因に過ぎない」としている。

3◎ **事業の目的 → 顧客の創造。**
正しい。ドラッカーは「事業とは何かを決定するものは，あくまで顧客である。なぜならば，経済的資源を富に転化し，物を商品化するのは顧客以外の何者でもないからである」と説明している。

4× **経営者の職務 → 事業の経営，経営管理者の管理，働く人間と仕事の管理。**
ドラッカーは経営者の3つの職務として，**①事業の経営，②経営管理者(Manager)の管理，③働く人間と仕事の管理**を挙げている。

5× **利潤は，将来のリスクへの備えとして充当すべきとした。**
事業の運営は常にリスクを伴うため，経営者の義務は最大利潤の追求ではなく，**リスクに備え，それを補填するに足るプレミアム(割増金，掛金)を生み出すこと**にあるとドラッカーは主張し，その源泉が利潤であると述べている。

No.8 の解説　経営組織に関する諸学説 　　　　　　　　　→問題はP.112　**正答4**

1× **官僚制の特徴 → 個人的な感情に左右されない職務権限の設定など。**
「個人的な経験やノウハウに基づく職務権限の設定」および「ヒエラルキーの排除」が誤り。ヴェーバーは，**官僚制**の特徴として，職務の専門化・分業化，個人的な感情に左右されない職務権限の設定，文書を媒介とする職務遂行(文書主義)，ヒエラルキーに基づく権限の行使などを挙げた。

2× **事業部制組織 → 製品別，地域別などに各事業部を編成する。**
テーマ9・重要ポイント5を参照。「企業組織を開発や生産，営業などの機能を担当する部門別に編成する形態」は，**職能別部門組織(職能別組織)**である。

3× **同じ構造を持つ組織の集合である個体群を分析 → 個体群生態学。**
M.T.ハナンとJ.フリーマンが唱えた**個体群生態学**の説明である。テーマ

7・重要ポイント4を参照。ハナンらによれば，**スペシャリスト**組織は，特定のニッチ（すき間市場）を対象として，余分な能力を持たずに専門化している組織群であり，**ジェネラリスト**組織はより幅広い顧客層を対象とする組織群である。環境の変化が少なく安定しているときは，専門化しているスペシャリスト組織が効率的だが，環境の変化が大きく不安定な場合，似かよった状況変化が起こる際には，広範な市場を対象とし，柔軟に対応できるジェネラリスト組織が適している。しかし，全く異なる状況変化が頻繁に起こる際には，ニッチに特化して変化を乗り切ろうとするスペシャリスト組織が適しているとした。ジェネラリスト組織が異なる状況変化にそのつど対応する場合，組織内の調整に大きな労力とコストを必要とするため，適さないとされる。したがって，「ジェネラリスト組織は，（中略）スペシャリスト組織よりも適合度が高い」とする記述も誤りである。

4 ◎ **制度的同型化 → 環境への適応の結果として組織が似通ってくる現象。**
正しい。ディマジオとパウエルは，「組織はそれぞれ異なる環境で活動しているにもかかわらず，なぜ似た構造を持つのか」という観点から組織の同型化について分析し，制度的同型化のメカニズムを①**強制的同型化**，②**模倣的同型化**，③**規範的同型化**に分類した。①では，政府の規制によって類似の制度や部署が企業に導入される例が挙げられる。②では，不確実性の高い環境で成功している先発企業の組織編成を他社が真似る例が該当する。

5 ✕ **ウッドワード → 技術システムに応じて有効な組織構造は異なる。**
J.ウッドワードの学説に関する説明である。テーマ5・重要ポイント3を参照。ウッドワードはイギリスの工場に関する調査から，生産技術と組織構造の適合性を分析した。その結果，単品（個別受注）・小バッチ生産と装置生産では**有機的組織**が有効であり，大バッチ・大量生産では**機械的組織**が有効であることを示した。また，「大バッチ・大量生産は」以降の記述も誤り。「熟練労働者の割合が高いことや文書よりも口頭でのコミュニケーションが多い」のは，小バッチ・単品生産と装置生産であった。ここでの「バッチ」とは，一定期間に生産する部品や製品の数量である。

No.9 の解説 経営組織に関する諸学説（意思決定論を含む）→問題は P.113 **正答5**

1 ✕ **ゴミ箱モデル → 諸要素が偶発的に結びついて意思決定が行われる。**
「複数の選択肢の間で明確な優先順位をつけて」「『問題解決』と呼ばれる意思決定のみが行われる」が誤り。ゴミ箱モデルについてはテーマ4・重要ポイント4を参照。コーエンらが行ったコンピュータ・シミュレーションでは，環境の不確実性が高い場合，明確な優先順位に基づいて合理的な選択を行う「問題解決」だけでなく，「見過ごし」と「やり過ごし」による意思決定が行われることが示された。「見過ごし」は，重要な問題が明らかになる前に意思決定を行うことであり，「やり過ごし」は，問題が山積している状

況では合理的な選択ができないため，負荷の大きい問題をやり過ごしつつ仕事を処理する意思決定である。**実戦問題No.5・選択肢3**の解説を参照。

2✕ **組織の成立条件 → 共通目的，貢献意欲（協働意欲），コミュニケーション。**
公式組織の定義は妥当だが，成立条件の「利他的精神」「共有されたルール」と存続条件の「能率」の説明が誤り。バーナードは，組織の成立条件として**共通目的，貢献意欲（協働意欲），コミュニケーション**を挙げた。また，組織の存続条件として，短期的には**有効性**と**能率**のいずれか，長期的には両方が必要であるとした。ここでの有効性とは，組織目的の達成度であり，能率とは，個人動機の満足度（個人の貢献を引き出すために十分な誘因を組織が提供できる程度）を意味する。**テーマ4・重要ポイント2**を参照。

3✕ **テクニカル・コアの概念を提唱 → J.D.トンプソン。**
トンプソンはインプット（ヒト，モノ，カネ，情報などの経営資源）をアウトプット（製品やサービス）に変換する技術システムとして組織をとらえ，その変換を担う中核部分を**テクニカル・コア**と呼んだ。**テーマ7・必修問題**の選択肢**4**の解説を参照。また，環境の不確実性からテクニカル・コアを隔離し，効率的な活動を維持するためには，①緩衝化，②平準化，③予測，④割り当てという方法が必要であるとした。**テーマ7・実践問題2の選択肢4**の解説を参照。

4✕ **シャイン → 組織文化を文物，価値観，基本的仮定，の3層に分類。**
「国や地域における慣習」が誤り。シャインは，組織文化を①**文物**または**人工物**（その組織特有の技術や言葉，目に見える行動パターン），②**価値**または標榜されている**価値観**（その組織で共有されている規範や判断基準），③**基本的仮定**または**根本的前提**（組織内の「暗黙の了解事項」とされている信念や認識，思考）の3層に分類した。この内容から，「自社の戦略や目標である『基本的仮定』」という記述も誤りである。組織を取り巻く環境条件が大きく変化した場合は組織文化を変革する必要が生じるが，基本的仮定の変更は容易ではなく，組織内で根強く共有され続ける場合もある。

5◎ **アージリスら → シングル・ループ学習とダブル・ループ学習を提唱。**
正しい。なお，ヘドバーグは，これまでに学習した内容から時代遅れや不適切になった知識や価値観を意識的に捨て去ることを**アンラーニング**（Unlearning：学習棄却）と呼び，望ましい組織学習のプロセスにはアンラーニングが欠かせないとした。

経営組織

第2章

テーマ⑨ 組織形態

試験別出題傾向と対策

	試　験　名	国家総合職					国家一般職					国家専門職 （国税専門官）				
頻出度	年　度	21 ｜ 23	24 ｜ 26	27 ｜ 29	30 ｜ 2	3 ｜ 5	21 ｜ 23	24 ｜ 26	27 ｜ 29	30 ｜ 2	3 ｜ 5	21 ｜ 23	24 ｜ 26	27 ｜ 29	30 ｜ 2	3 ｜ 5
	テーマ　　　　出題数	1	0	1	0	1	1	0	0	0	0	3	1	0	2	0
A	⑨組織形態	1		1		1	1					3	1		2	

　公務員試験の経営学では，本章の出題は古くからの定番であり，特に国家専門職と地方上級・特別区で長年にわたる頻出テーマだった。

　しかし，現状では，各試験で設問の1つとして頻繁に取り上げられるが，単独の問題は一部の試験で数年おきに扱われる状況にあり，その出題頻度は低下傾向にある。

　出題パターンは，総論型，各論型，折衷型に分けられる。近年は，他章のテーマと組み合わせた折衷型が中心である。出題で問われるポイントについては，FOCUSの中にまとめてあるので参照されたい。

　学習対策は，各組織形態の長所と短所を把握することに尽きる。多角化に伴う組織の大規模化や複雑化，環境変化への対応力の強化，意思決定の迅速化などに伴って，職能別組織や事業部制組織，マトリックス組織，SBU，カンパニー制などが考案されたことを念頭に置いておこう。

　なお，一部の組織形態の表記は出題によって微妙に異なり，テキストによっても定義が違うことがあるので注意を要する。

●国家総合職（経済）

　近年では，令和5年度に単独の出題があった。国家総合職では，「経営組織」というテーマの下で，経営学説や経営戦略論と組み合わせて各組織形態の特徴を問う折衷型が多い。これまでに事業部制組織，マトリックス組織，職能別組織，カンパニー制，純粋持株会社などが扱われている。いずれも基本知識を問う内容で，他試験の出題と難易度の差はない。

　経営組織の出題頻度は，経営学説や経営戦略論，株式会社制度，イノベーション・マネジメントに比べると少ない。しかし，数年おきに出題されている状況から，POINTと過去問をチェックしておくことが得策だ。

●国家一般職

　国家総合職と同じく国家一般職でも，ほぼ毎年「経営組織」と題する出題が見受けられるが，これらの中で本章の組織形態に関する設問はほとんどない。令和元

地方上級 (全国型)					地方上級 (関東型)					地方上級 (特別区)				
21 | 23	24 | 26	27 | 29	30 | 2	3 | 4	21 | 23	24 | 26	27 | 29	30 | 2	3 | 4	21 | 23	24 | 26	27 | 29	30 | 2	3 | 5
1	0	1	0	0	0	0	0	0	0	3	2	1	0	1
1		1								3	2	1		1

テーマ 9

年度以降では，設問の１つとして事業部制組織が２年度に扱われた程度であり，出題頻度は低い状況にある。

　現状では，他章のテーマと組み合わせて各組織形態の特徴を問うパターンが予想される。基本知識としてPOINTを理解しておこう。

●国家専門職

　経営組織はかつての頻出テーマとして頻繁に出題されていたが，令和２年度以降，単独の問題は見受けられない。

　これまでの出題内容は各形態の長所と短所を問うパターンであり，ほぼ定型化している。事業部制組織やマトリックス組織など，特定の組織形態を詳しく問う各論型も想定されるが，過去の出題傾向から大きく逸脱することは考えにくい。各論型も含めて今後の出題に備えてPOINTと過去問を確認しておくことを勧める。

●地方上級（全国型・関東型）

　全国型で平成21年度と27年度に単独の出題があり，その内容は主要な組織形態を問う総論型であった。関東型での出題はこれまでにほとんど見受けられない。他試験に比べると，経営組織の出題頻度は少ないが，各組織形態の長所と短所は基本知識として把握しておこう。

●地方上級（特別区）

　令和４年度に単独の出題（総論型）があった。近年の出題頻度は低下しているが，経営組織は特別区の定番問題であり，数年おきに取り上げられる状況にある。各論型では，これまでに事業部制組織とマトリックス組織が扱われている。

　いずれの出題も標準的な問題構成だが，各組織の長所と短所を微妙に入れ替えるパターンもあり，判断に迷う設問も少なくない。「正誤を分けるポイントは何か」を意識しつつ，POINTの理解と過去問演習に取り組もう。

経営組織に関する次の記述のうち，妥当なものはどれか。

【国税専門官・平成21年度】

1 **ライン組織**は，命令系統が最上位から最下位まで1本のラインで結ばれているため直系組織とも呼ばれ，「**命令一元化の原則**」が徹底されている組織形態である。そのため，1つの命令のもと同じ行動をとる警察や消防などの組織として適しているとされる。

2 **ファンクショナル組織**は，職能別組織とも呼ばれ，「**専門化の原則**」により，管理職能の高度化の可能性を持つ組織形態である。また，各労働者は単一の職長の命令のみに従うことから「命令一元化の原則」にも合致しているため，さまざまな分野で一般的にとられる組織形態である。

3 **ライン・アンド・スタッフ組織**は，企画・統制・人事などをライン部門とし，生産や販売などのメインの業務部門をスタッフ部門としてライン部門に付置する組織形態である。この組織形態では，ライン部門からスタッフ部門への命令権限があるとともに，スタッフ部門からライン部門への命令権限もある。

4 **事業部制組織**は，組織を製品・地域・市場の別に独立した事業部として分割し，その分割された単位ごとに独立の小会社を設立して運営させる組織形態である。この組織形態の長所としては，事業部ごとに独立採算が徹底されることから，全社的な資源の効率的利用や長期的展望に立った戦略がとれることなどにある。

5 **プロジェクト・チーム**は，あるプロジェクトに関する企画と実施のうち，企画段階のみを担当する常設の組織形態である。よって，プロジェクト・チームは，あるプロジェクトが実施段階になると担当から外れ，次のプロジェクトを企画することになる。

難易度 ＊

必修問題の<u>解説</u>

　本問は，経営組織の諸形態に関する最も典型的な出題パターンである。FOCUS
でも示したとおり，経営組織に関する出題は，各組織の構造上の特徴や長所・短所
を入れ替えるタイプが大半を占める。

1◎ ライン組織 → 「命令の一元化の原則」を貫徹。
　　正しい。**ライン組織**（直系組織）は最も基本的な組織形態である。ライン組
　　織では**命令の一元化の原則**が貫かれ，部下は必ず１人の上司から命令を受け
　　ることになる。この組織の特徴は，命令を伝達しやすく，**責任・権限の所在
　　が明確**という点にある。重要ポイント１を参照。

2✕ ファンクショナル組織と職能別組織は異なる組織形態。
　　「職能別組織とも呼ばれ」および「各労働者は単一の職長の命令のみに従う
　　ことから『命令一元化の原則』にも合致している」という記述が誤り。一般
　　に**職能別組織**は，職能別部門組織や職能部門別組織，職能部門制組織とも呼
　　ばれ，購買，製造，流通，販売，財務など職能部門別に編成される組織形態
　　である。**ファンクショナル組織では，管理者が特定の職能を担当するが，職
　　能部門別の編成は行われない**。また，ファンクショナル組織は「**専門化の原
　　則**」に基づいて編成され，命令系統が多元化するため，各労働者は複数の職
　　長（工場現場の管理者）の命令に従うことになる。重要ポイント２とステッ
　　プアップ（→P.132）を参照。

3✕ ライン・アンド・スタッフ組織 → スタッフ部門に命令権限はない。
　　ライン部門とスタッフ部門の説明が逆である。**ライン・アンド・スタッフ組
　　織**は，生産や販売などの基幹業務を担当するライン部門に，企画・統制・人
　　事などの業務を担当するスタッフ部門を付置した組織形態である。また，末
　　尾の「スタッフ部門からライン部門への命令権限もある」も誤りである。**ス
　　タッフ部門はライン部門に対して助言・勧告を行うが，指揮・命令の権限は
　　ない**。重要ポイント３を参照。

4✕ 事業部制組織 → 各事業部に権限を大幅に委譲。
　　事業部制組織は分権的な組織形態であり，本社は各事業部に対して大幅な権
　　限委譲を行うが，「分割された単位ごとに独立の子会社を設立して運営させ
　　る」わけではない。また，事業部制組織が大規模化すると，各事業部に総務
　　や経理など類似の部門が設置されることから，全社的な資源配分が非効率に
　　なりやすい。そのため，「全社的な資源の効率的利用」も誤りである。重要
　　ポイント５を参照。

5✕ プロジェクト・チーム → 特別な課題のために編成される臨時的組織。
　　プロジェクト・チームは「企画段階のみを担当する常設の組織形態」ではな
　　い。この組織は特別な課題や緊急の案件を遂行するために設置され，部門の
　　枠を越えて必要な人材を召集して編成する。一般に**プロジェクト・チームは**

課題の達成後に解散する臨時的な組織形態である。重要ポイント4を参照。

FOCUS

　各組織形態の出題パターンにはいくつかの傾向がある。そのポイントは以下の通りである。

(1) ライン組織とファンクショナル組織

　両組織の特徴は対照的であるため，対比させて覚える。主にライン組織の「命令の一元化」，ファンクショナル組織の「専門化」という特徴が問われる。

(2) ライン・アンド・スタッフ組織

　ライン組織にスタッフ部門を加えた編成と「スタッフ部門には指揮・命令権がない」点を問うパターンが大半である。

(3) 職能別組織（職能別部門組織，職能部門別組織）

　職能別の部門編成および集権的な組織形態という特徴が問われる。ファンクショナル組織や事業部制組織の特徴と入れ替えるパターンも見受けられる。

(4) プロジェクト・チーム

　組織の編成と「課題の達成後に解散する臨時的な組織」という特徴が問われる。

(5) 事業部制組織

　出題頻度が最も高い組織形態であり，その特徴全般が問われる。重要ポイント5で示した組織編成および長所と短所を確認しておこう。

(6) マトリックス組織

　「二重の命令系統」および組織の長所と短所が問われる。事業部制組織との比較というパターンも多い。

(7) 戦略的事業単位（SBU）

　主に「既存の事業部制組織では対応できない市場開拓を行う事業単位」というSBUを導入する目的が問われる。

(8) 社内ベンチャー

　導入目的（社内の未利用資源の活用，起業家精神の高揚，人的資源の活性化）とその手法（社内にベンチャー組織を設置。社外のベンチャー企業を買収するわけではない）に関する設問が多い。

(9) カンパニー制

　各事業部を疑似的な独立子会社（カンパニー）とみなす組織編成が問われる。

(10) ネットワーク組織

　出題頻度はさほど高くないが，事業単位がアメーバ状に連携する組織編成を問うパターンが多い。

━━ P O I N T ━━

重要ポイント **1** ライン組織

ライン組織

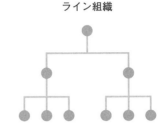

- ●ライン組織（直系組織）は最も簡素な組織形態であり，生産している製品の種類が少なく，比較的小規模な組織に適している。
- ●ライン組織は，**命令の一元化の原則**を貫徹できるため，権限や責任の所在が明確である反面，部下に対する命令は1人の上司から発せられることから，上司の責任が重くなりやすく，作業能率も低下しやすい。

重要ポイント **2** ファンクショナル組織

ファンクショナル組織

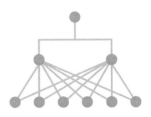

- ●ファンクショナル組織（職能的組織，職能組織）は，テイラーが考案した職能別職長制度を原型とする組織であり，各管理者が特定の管理職能を担当し，**専門化**することによって作業能率の改善が図られる。
- ●ファンクショナル組織は専門化の利益を享受でき，熟練の形成も促進される。しかし，命令系統が多元化するために**責任・権限の所在が不明瞭**になりやすい。

重要ポイント **3** ライン・アンド・スタッフ組織

ライン・アンド・スタッフ組織

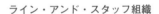
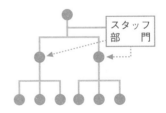

- ●文字どおり，ライン組織にスタッフ部門を付加することで，命令の一元性を保持しつつ，スタッフの助言・勧告によって専門化の利益を生かすことを意図した形態である。
- ●ライン・アンド・スタッフ組織では，組織の基幹業務はライン部門が担当するのに対して，**スタッフ部門はラインに助言・勧告を行うが，他部門への指揮・命令の権限はない**。

重要ポイント **4** プロジェクト・チーム

- ●プロジェクト・チーム（タスクフォース）は，既存の組織ではうまく処理できない特別ないしは緊急な課題の解決に向けて，必要な人材を部門の枠を越えて招集し，編成する組織形態である。
- ●プロジェクト・チームは**臨時的な組織形態**であり，通常は課題の達成後に解散し，招集された人材はもとの所属していた部門に戻る。

第2章 経営組織

- 事業部制組織は1920年代にデュポン社やGM（ゼネラル・モーターズ）社などのアメリカ大企業に導入されて以来，日本においても1950年代に電機，機械，造船，化学などの産業に急速に普及していった。
- 事業部制は，本社が各事業部に対して大幅な権限委譲を行う**分権的な組織**であり，製品別，地域別，顧客別などの形態がある。また，各事業部は本社に対して一定の利益責任を負う**プロフィット・センター**（利益責任単位）として機能する。
- 事業部制組織の中に市場における価格調整メカニズムを導入する手法として，**忌避宣言権**と**社内振替価格**がある。忌避宣言権とは，部品などを内製化するよりも外部の企業から調達したほうが安価である場合，社内取引を回避して外部企業からの購入を選択する権限である。また，社内振替価格とは，事業部間の取引の際に適用される振替価格であり，常に市場における競争市価に基づいて決定することで，事業部の効率向上の手段として利用される。

○**長所**

    ① 多角化し，複数の事業を展開する企業に適している

    ② 各事業部が自律的な経営単位として活動するため，管理者と現場の距離が近く，一般従業員の動機づけが高まり，環境変化に対しても柔軟に対応できる

    ③ 本社のトップ・マネジメントは，各事業部に権限委譲を行うため，全社的な戦略計画の遂行に専念できる

    ④ 事業部長は担当事業について総合的な意思決定を行えるので，将来のトップ・マネジメントを育成しやすい

○**短所**

    ① 各事業部に類似部門が設置されるため，経営資源の重複が生じやすい

    ② 事業部の自律性が高いため，大規模化すると組織全体の調整が難しい

    ③ 複数の事業部にまたがる製品開発や技術革新にうまく対応できない

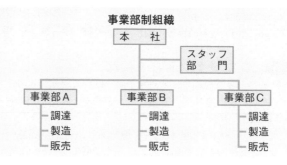

事業部制組織

重要ポイント 6 **マトリックス組織**

- マトリックス組織は，1960年代にNASA（アメリカ航空宇宙局）のアポロ計画に導入されて以来，航空宇宙産業を中心に普及していった。
- 一般的なマトリックス組織は臨時的なプロジェクト・チームを恒常化し，職能別あるいは地域別などの調整機能を付加した形態であり，**二重の命令系統**を持つことから「**ワンマン・ツーボス・システム**」と呼ばれる。

○**長所**

① 複数のプロジェクトや製品事業の進捗管理と，職能別，地域別の管理・統制を同時に実現できるため，事業部制のように経営資源の重複が発生しない
② 綿密な管理体制によって，環境変化に対して柔軟に対応できる

○**短所**

① 二重の命令系統のため，責任の所在や権限の優先順位が不明確になりやすい
② 複数の意思決定過程を経由するため，意思決定の迅速さに欠ける場合がある

マトリックス組織

社　長	研究開発部門	製造部門	販売部門	財務部門
プロジェクトA	●	●	●	●
プロジェクトB	●	●	●	●
プロジェクトC	●	●	●	●

重要ポイント 7 **戦略的事業単位（SBU）**

- SBU（Strategic Business Unit）は，既存の事業部制組織では対応できない**新たな市場開拓を戦略的に行うために設置する事業単位**であり，1970年代にGE（ゼネラル・エレクトリック）社が自社の肥大化した事業部制組織の限界を克服するために導入したケースが代表例である。
- 通常，SBUは本社の直轄部門あるいは事業部に重ね合わせるように設置され，必要な場合は他の事業部の協力を要請し，事業部を横断的に活動する。また，SBUの事業が軌道に乗った場合は新規の事業部として独立する。

＊各組織形態の特徴＊

ライン組織	● 命令の一元化を貫徹できる ● 責任・権限の所在が明らか ● 大規模化すると上司の負担が重くなりやすい
ファンクショナル組織	● 専門化による作業能率の向上 ● 早期の熟練の育成が可能 ● 責任・権限の所在が不明瞭になりやすい
ライン・アンド・スタッフ組織	● 命令の一元化を保ちつつ，専門化のメリットを実現 ● スタッフ部門に指揮・命令の権限はない
プロジェクト・チーム	● 特別な課題の達成のために編成する臨時的な組織形態 ● 必要な人材を各部門から選抜し，通常は課題の達成後に解散する
事業部制組織	● 分権的な組織形態 ● 複数事業に多角化した企業に適している ● 事業部間のセクショナリズムや経営資源の重複が生じやすい
マトリックス組織	● 二重の命令系統を持ち，環境変化に柔軟に対応できる ● 部門間の意見調整に時間を要し，意思決定の迅速さが欠けやすい
戦略的事業単位（SBU）	● 既存の事業部では対応できない新たな市場開拓を戦略的に行う事業単位
カンパニー制	● 事業部制組織の分権化をさらに進めて，事実上，分社化した組織形態 ● 既存の事業部を擬似的な独立子会社（カンパニー）に見立てる ● 本社は各カンパニーに資本を投下し，カンパニー側は年度ごとに損益計算を行い，本社に利益を還元する
ネットワーク組織	● 組織を構成する単位が，対等な関係でゆるやかに結びついている形態 ● 組織内の各部門がゆるやかに連携している場合もあれば，シリコンバレーのベンチャー企業のように，独立した組織間で連携している場合もある

実戦問題 **1** 　基本レベル

◆ No.1 　事業部制組織に関する記述として，妥当なのはどれか。

【地方上級（特別区）・平成25年度】

1 　事業部制組織では，製品別，地域別，顧客別などに事業部が編成され，各事業部は利益責任単位として機能する。

2 　事業部制組織は，経営活動の流れに沿って職能別に部門化し，それぞれの職能部門に権限を委譲した分権的組織のことである。

3 　事業部制組織では，事業部間に競争原理が働くため，全社的に経営資源の重複が解消され，それらの効率的な利用が可能となる。

4 　事業部制組織では，事業部はそれぞれ独立性が高く，部門間に共通の業績評価尺度がないため，その業績を客観的に評価することが困難である。

5 　事業部制組織では，各事業部が独立した権限と責任を有するから，目先の利益に追われることなく，長期的な視点からの経営が行われる傾向がある。

◆ No.2 　企業の組織形態に関する記述として，妥当なのはどれか。

【地方上級（特別区）・平成28年度】

1 　プロジェクト・チームとは，特定の課題達成のために組織横断的にメンバーを選抜し，編成される常設的組織であるが，タスク・フォースは，特定の課題達成のために編成される臨時的組織である。

2 　カンパニー制とは，事業部制組織がさらに発達し，独立性が高まった組織形態であり，カンパニーは，社内資本金制度を導入して，経理上も独立採算をとり，カンパニーごとの財務諸表も作成する。

3 　持株会社とは，他の会社を支配，管理することを目的にその会社の株式を保有している会社であり，自らは事業を営まないものを純粋持株会社，自らも事業を営むものを事業持株会社というが，日本では純粋持株会社の設立は独占禁止法により全面的に禁止されている。

4 　戦略的事業単位とは，事業部が製品，市場，生産技術などの要因を基準として1つの独立的な戦略行動単位として集約された組織であり，その特徴として，全社的な観点から資金や経営資源の配分が可能となるが，事業部の増加を防止することができないことが挙げられる。

5 　ネットワーク型組織とは，大きな自律性を持つ組織単位が相互に強力に連結した組織形態であり，環境の変化に柔軟に対応できないが，異質的な要素を結びつけて創造性を発揮するには適している。

No.3 経営組織の構造に関する次の記述のうち，妥当なのはどれか。

【国家専門職・平成30年度】

1 　事業部制組織は，トップマネジメントと本社スタッフ部門で成り立っている組織で，各事業部は，製品別や地域別などに独立しており，日常の業務決定について大幅に権限を付与されている。各事業部が独立しているために，二重投資が生じにくい等といった利点がある。

2 　職能別組織とは，生産や営業といった機能ごとに部門化を行っており，各部門に日常の業務決定について大幅な権限が与えられている分権的な組織である。長所として，部門間の対立が生じにくく，トップマネジメントの負担は小さいことが挙げられる。

3 　戦略的事業単位（SBU）とは，それぞれの事業単位が個別のミッションを持たず，日常的な業務管理を主眼として戦略遂行を目的とする組織単位である。これは，1970年代に米国の大手自動車メーカーであるフォード社で初めて体系的に導入されたものである。

4 　マトリックス組織とは，例えば事業部軸と職能軸の2つの軸から成る組織形態で，1人の構成メンバーに2人以上の上司が存在するという特徴がある。そのため，責任の所在が不明確になることや，組織運営上のコストが大きくなること等が欠点として挙げられる。

5 　社内ベンチャーとは，社内の少人数のチームにより，独立したベンチャー企業を設立し，創造的な新事業・新製品の開発に当たる仕組みである。既存の事業から完全に独立した環境で作業ができるので，非関連型事業への展開が容易である等といった利点がある。

[*]
No.4 **経営組織論に関する次の記述のうち，妥当なのはどれか。。**

【国家専門職・令和2年度】

1 マトリックス組織では，メンバーは機能部門長と事業部長の両方を上司として持つことになる。この組織形態は，機能別の専門性の確保と，製品や地域といった市場ごとの対応の両方を目指したものであるが，機能部門長と事業部長が同等の立場である場合，責任の所在が不明確になるという問題もある。

2 ライン・アンド・スタッフ組織とは，スタッフ部門の下位にライン部門を位置付けたものである。この組織形態は専門化の効果を発揮しにくいことから，その欠点を克服するものとしてファンクショナル組織が考案された。

3 M.ヴェーバーは，官僚制組織の特徴として，明確な職務規定から生じる逆機能について指摘した。これは，組織メンバーが規則を遵守することで，顧客の個別のニーズへの対応ができず，顧客とのトラブルが増えることから，規則の遵守が更に徹底され，それ自体が目的となり，組織が合理的に機能しないことを指す。

4 事業部制組織とは，カンパニー制組織において，事業の細分化が進むことで最新の市場動向を把握できず，商品開発力の弱体化につながるという問題に対応するために考案されたものである。また，カンパニー制組織では，経営トップ層は戦略策定と役員人事だけに専念することはできないが，事業部制組織では専念することができるとされる。

5 プロジェクト組織とは，ある特定の目的を達成するために複数の異なる組織から組織横断的にメンバーを選抜して編成される常設的な組織であり，その業務は，企画業務など複数の部門の意見を集約する必要があるものに限られる。

実戦問題 **1** の 解説

No.1 の解説 事業部制組織 →問題はP.127 **正答1**

1 ◎ 事業部制組織は，製品別，地域別，顧客別などに編成される。

正しい。一般に事業部制組織は，本社，スタッフ部門，各事業部から構成される。事業部制組織は分権的な組織形態であり，本社は全社的な戦略計画の策定や事業部長の任免，事業の業績評価に専念し，それ以外の業務は**各事業部に大幅な権限委譲を行う**。また，各事業部は本社に対して一定の利益責任を負う**プロフィット・センター**（利益責任単位）の役割を担う。**重要ポイント5**を参照。

2 ✕ 職能別に部門化 → 職能別部門組織。

職能別部門組織（職能別組織，職能部門別組織，職能部門制組織）の説明である。この組織は,トップ・マネジメントの下で購買，製造，販売，財務など職能ごとに部門化される。**ステップアップ**（→P.132）を参照。

3 ✕ 事業部間で経営資源の重複が生じやすい。

事業部制組織では，個々の事業部が自律的な事業単位を構成する。そのため，組織が大規模化すると各事業部に総務や経理など類似の部門が設置され，**経営資源の重複が生じやすい**。

4 ✕ 各事業部の業績は，共通の経営指標で評価される。

本社が各事業部の業績を評価する際には，**ROI**（投資利益率）など各事業部に共通の定量的な尺度が用いられる。したがって，「業績を客観的に評価することが困難」ではない。ROIについては，**テーマ19・重要ポイント7**の(3)を参照。

5 ✕ 事業部レベルでは，短期的な利益の追求に陥りやすい。

各事業部は，単年度，半期，四半期などの短期的な間隔で一定の利益責任を問われる。そのため，事業部レベルでは長期的な視点に基づいて経営計画を策定することが難しい。

No.2 の解説 経営組織全般 →問題はP.127 **正答2**

1 ✕ プロジェクト・チーム → 臨時的な組織形態。

一般に**プロジェクト・チーム**と**タスク・フォース**は同じ組織形態であり，**特別な課題や緊急の問題解決のために編成される臨時的な組織**を指す。そのため，この組織では必要な人材を各部門から集め，通常は課題の達成後に解散する。

2 ◎ カンパニー制 → 事業部制組織をさらに分権化した形態。

正しい。カンパニー制は事業部制組織の分権化をさらに進めて，事実上分社化した組織形態である。

3 ✕ 純粋持株会社の設立 → 1997年の独占禁止法の改正で解禁された。

「日本では純粋持株会社の設立は独占禁止法により全面的に禁止されている」

という記述が誤り。第二次世界大戦後の財閥解体に伴って，純粋持株会社の設立は禁止された。しかし，**1997年の独占禁止法改正によって，純粋持株会社の設立は解禁されている**。テーマ20・実践問題No.3の解説・ステップアップ（→P.292）を参照。

4✕ 戦略的事業単位（SBU）→ 事業部の過度な増加を防止できる。

「事業部の増加を防止することができない」が誤り。**戦略的事業単位**（Strategic Business Unit : SBU）は，新たな市場開拓を戦略的に行うための事業単位である。**重要ポイント7を参照**。戦略的事業単位は本社の直属部門，あるいは既存の事業部に重ね合わせる形で設置され，全社的な観点から資金や経営資源が配分される。そのため，戦略的事業単位を有効に活用すれば，過度の事業拡張や不要な投資を抑え，事業部の増加を防ぐことができる。

5✕ ネットワーク型組織 → 各組織単位がゆるやかに連携する。

「組織単位が相互に強力に連結した」および「環境の変化に柔軟に対応できない」が誤り。**ネットワーク型組織**（ネットワーク組織）は**自律性を持つ組織単位が対等な関係でゆるやかに連結した組織形態**であり，環境の変化に柔軟に対応できる。実際には，企業内の部門間でネットワークを形成する場合もあれば，複数企業が連携するネットワークとして形成されることもある。

No.3 の解説 経営組織全般　　　　　　　→問題はP.128　**正答4**

1✕ 事業部制組織 → 大規模化すると事業部間で二重投資が生じやすい。

事業部制組織は，本社の**トップマネジメント**と**スタッフ部門**および**各事業部**からなる組織形態である。**重要ポイント5を参照**。各事業部に対しては，日常業務だけでなく担当する事業全般について大幅に権限が付与される。また，「二重投資が生じにくい」という記述も誤り。事業部制組織は規模が拡大すると，各事業部に総務や経理などの類似の部門が設置されるため，**事業部間で資源配分が重複しやすくなる**。

2✕ 職能別組織 → 部門間の調整のため，トップマネジメントの負担は大きい。

職能別組織はトップマネジメントの下で，購買，製造，流通，販売，財務などに部門編成される。各部門は担当業務について権限が委譲されるが，対象とする市場や製品が多様化すると部門間の調整に時間を要し，生産性が低下する。そのため，**トップマネジメントは全社的な観点から各部門の調整を行う必要があり，部門間の利害の対立が深刻になるほど，その負担は大きくなる**。

◆ステップアップ

＊職能別組織とファンクショナル組織＊

　職能別組織とファンクショナル組織は相互の特徴を混同しやすい。

　職能別組織は，職能別部門組織，職能部門別組織あるいは職能部門制組織，とも表記される。**必修問題**などで示したとおり，**職能別組織は職能ごとに部門化されている組織である。**

　これに対して，ファンクショナル組織は職能的組織，職能組織，職能式組織などと表記される場合もある。**重要ポイント2**にもあるとおり，**ファンクショナル組織では，管理者の職能が専門化されてはいるが，職能別の部門編成はなされていない点が職能別組織とは異なる。**

職能別組織

3 ✕　SBU　→　**新たな市場開拓のために設置される事業単位。**
戦略的事業単位は，従来の事業部制組織では対応できない新たな市場開拓をミッション（使命）とする事業単位であり，1970年代に米国のゼネラル・エレクトリック（GE）社が初めて体系的に導入した。**重要ポイント7**を参照。

4 ◎　マトリックス組織　→　**綿密な管理が可能だが，部門間の調整に時間を要する。**
正しい。**重要ポイント6**を参照。

5 ✕　社内ベンチャー　→　**新製品開発や人材育成のために社内に設置される。**
「独立したベンチャー企業を設立」が誤り。**社内ベンチャー**は，新製品の開発や人材育成，資源の有効活用などの目的で自社内に設けられる。一般には成熟期の事業を抱える企業が，社内からアイデアを公募し，立ち上げるケースが多い。また，「既存の事業から完全に独立した環境で作業ができる…」以降の記述も誤り。社内ベンチャーは，企業が保有する「ヒト，モノ，カネ，情報」といった経営資源を有効に活用できる利点がある。そのため，非関連型事業よりも**関連型事業を展開する傾向が強い**。

No.4 の解説　経営組織全般　　　　　　　→問題はP.129　**正答 1**

1 ◎ マトリックス組織 → 二重の命令系統を持つ。

正しい。マトリックス組織は複数の組織を組み合わせた形態であり，二重の命令系統を持つことから，大規模なプロジェクトや諸事業をきめ細かく管理することができる。**重要ポイント6**を参照。

2 × ライン・アンド・スタッフ組織 → ライン部門にスタッフ部門を付加した形態。

「スタッフ部門の下位にライン部門を位置付けた」が誤り。**重要ポイント3**を参照。ライン・アンド・スタッフ組織は，**命令の一元化を保ちつつ，専門化の利点も生かすことができる。**したがって，「専門化の効果を発揮しにくいことから」以降の記述も誤り。

3 × 官僚制の逆機能 → R.K. マートンが唱えた。

マートンが示した官僚制の逆機能に関する説明。官僚制組織では，規則の形式的な遵守を徹底することから，本来は手段に過ぎない手続きの目的化や組織メンバーの行動の硬直化，変化への抵抗などの事態（逆機能）が生じる。

4 × カンパニー制組織 → 事業部制組織をさらに分権化した形態。

カンパニー制組織の問題点を改善するために，事業部制組織が考案されたわけではない。カンパニー制組織では，各事業部を疑似的な独立子会社（カンパニー）とみなして，本社は各カンパニーに一定の資本を投下する。これに対して，カンパニー側は各期末に損益計算を行い，本社に利益配当を行うことが義務づけられる。また，**カンパニー制組織では，大幅な分権化によって，本社の経営トップ層は，全社的な戦略策定と役員人事に専念できる。**事業部制組織では，戦略策定と役員人事などに加えて，本社が各事業部の業績評価を行う必要がある。ただし，現実のカンパニー制組織と事業部制組織の相違は，明確ではないケースもある。

5 × プロジェクト組織の業務は，部門間の意見集約に限らない。

プロジェクト組織の目的は，既存の部門では処理できない特別な課題を達成することにあり，単に「企画業務など複数の部門の意見を集約する」業務に限らない。なお，**プロジェクト組織とプロジェクト・チームを同じ組織形態とするか否かは，出題によって異なることがあるため，注意を要する。**プロジェクト組織を臨時的なプロジェクト・チームと同義とみなす設問もあれば，複数のプロジェクト単位を内包し，設置期間がより長く，専門家を中心に編成した組織形態をプロジェクト組織と呼ぶ場合もある。**実戦問題No.7・選択肢3**を参照。

**
No.5 マトリックス組織に関する次の記述のうち，妥当なのはどれか。

【国家一般職・平成6年度】

1 マトリックス組織は，H.ファヨールが主張するような「命令の多元性の原則」に従って，多元的な命令系統の下に職務を統括する。開発・製造・販売などの職能別の系統の管理者とプロジェクト別の系統の管理者とによって職務が二元的に統括されるために，ツー・ボス・システムとも呼ばれる。

2 マトリックス組織は1920年代にアメリカの鉄道産業を皮切りに大企業で採用されたが，特定のプロジェクトを遂行する際に職務相互間の調整を容易にするために考えられた管理機構であり，効率的な経営諸資源の活用よりも，プロジェクトの目的達成が優先されるときに適合する。

3 マトリックス組織は，タスクフォースやプロジェクト・チームなどの臨時的に導入された組織横断的なプロジェクト組織を，組織全体にわたって，しかも，定常的に採用しようとする管理機構である。この意味でマトリックス組織はプロジェクト組織の発展形態である。

4 マトリックス組織は，環境が安定したときに適合的なライン・アンド・スタッフ組織と，環境が複雑で不安定なときに適合的な官僚制組織を組み合わせた管理機構であるから，ライン・アンド・スタッフ組織や官僚制組織より効率的である。

5 マトリックス組織の大きな利点の一つは，管理者間の権限と責任が重複しているために，意思決定を1人の管理者の責任で行うことができず，管理者の間で権力の分散が図られ，妥協が容易になる結果，意思決定が迅速に行われるようになることである。

No.6 ** **事業部制組織に関する記述として，妥当なのはどれか。**

【地方上級（特別区）・平成15年度】

1 　事業部制組織では，各事業部は，短期の利益追求に追われて長期的展望に立った総合的な意思決定を行えないので，将来の経営者となる下部管理者が十分に育成されないというデメリットがある。

2 　事業部制組織では，各事業部は，自社部品が他社部品より割高であれば社内振替価格制度により他社から部品を購入することができる。

3 　事業部制組織では，各事業部は，トップ・マネジメントに対し独自の利益責任を負うプロフィット・センターとなっている。

4 　事業部制組織では，各事業部は，製品別，地域別または顧客別に編成され，生産職能と営業職能を保有し，自己充足的であるので，職能別組織と比べトップ・マネジメントに権限が集中する。

5 　事業部制組織では，各事業部は，それぞれ特定の事業を担当するので，その業績を客観的に評価することが困難である。

No.7 *** **経営組織に関する次の記述のうち，妥当なのはどれか。**

【国税専門官・平成14年度】

1 　カンパニー制は，大きな事業部や複数の事業部をまとめて，社内にカンパニーという名称で独立した事業単位を作るものである。特徴としては，カンパニーの長には包括的な裁量権が与えられていない点が挙げられる。

2 　プロダクト・マネジメント組織は，製品別に担当を区分した組織で，製品別事業部別のように利益管理を行う場合と製品の企画だけ担当する場合があり，臨時偶発的に置かれる動的な組織形態といわれている。

3 　プロジェクト組織は，プロジェクトの企画・進行について一定の予算や日程の枠内で，管理責任や権限を持つ専門家組織である。短所として，組織の運営がプロジェクト・マネージャーの資質や能力に左右されやすい点が挙げられる。

4 　タスクフォースは，重要な任務や課題解決のために恒常的に編成された少人数の専門家部隊である。長所として，構成メンバーを固定して長期にわたり重要な任務や課題について検討できる点が挙げられる。

5 　情報革命の進展とともに，組織階層を少なくして意思疎通を行いやすくしたネットワーク組織が，多く見受けられるようになった。この組織は，組織長だけが突出してその他のメンバーは並列に扱われているので，その形態から文鎮型組織とも呼ばれている。

事業部制組織またはマトリックス組織に関する記述として，妥当なのはどれか。

【地方上級（特別区）・平成23年度】

1 事業部制組織のメリットとしては，市場へ機動的に対応できること，後継者を育成できること，経営トップが全社的な戦略プロジェクトに専念できることが挙げられる。

2 マトリックス組織は，ツー・ボス・システムであることから，責任，権限関係が明確となるが，コミュニケーションが図れないといった問題がある。

3 事業部制組織では，各事業部内は製品別に組織が編成され，集権化により伝達経路が短縮され，正確かつ迅速な対応ができる。

4 マトリックス組織は，事業部制組織がもたらす効率性の追求とプロジェクト型組織がもたらす市場対応の同時達成をめざすため，事業部門とプロジェクト部門とを恒常的にクロスさせた組織である。

5 事業部制組織のデメリットとしては，全社的に経営資源の重複が起こりやすいこと，短期的な視点からの経営が損なわれやすいこと，セクショナリズムに陥りやすいことが挙げられる。

実戦問題 **2** の 解説

No.5 の解説　マトリックス組織の特徴
→問題はP.134　**正答3**

1✕ **ファヨールの14項目からなる管理原則に「命令の多元性の原則」はない。**
ファヨールの学説とマトリックス組織とは関係がない。ファヨールは**14項目からなる管理の一般原則**を挙げているが，その中に「命令の多元性の原則」は存在せず，「命令の一元化の原則」すなわち，1人の部下は1人の上司からのみ命令を受けるとする原則を提示している。なお，ファヨールの管理原則については，テーマ1・重要ポイント6を参照。

2✕ **マトリックス組織 → 1960年代のアポロ計画に採用。**
マトリックス組織は1920年代のアメリカ鉄道産業ではなく，1960年代のアポロ計画をはじめとする航空宇宙産業に採用されたことで有名になった。また，**マトリックス組織は経営資源の効率的な活用と各プロジェクトの目的達成を同時に実現することを意図した組織であり，単にプロジェクトの目的達成を優先する場合には，プロジェクト・チームのほうが適している。**

3◎ **基本的なマトリックス組織 → プロジェクト・チーム＋職能別部門組織。**
正しい。基本的に，マトリックス組織はプロジェクト・チームに職能別部門組織を組み合わせて恒常化した組織であるが，そのほかに，職能別部門組織と製品別事業部制，あるいは職能別部門組織と地域別事業部制を組み合わせる場合などもある。

4✕ **官僚制組織 → 安定した環境下で有効な組織形態。**
まず，マトリックス組織はライン・アンド・スタッフ組織と官僚制組織を組み合わせたものではない。また，官僚制組織は安定した環境下に適した組織形態であり，環境変化に対する適応力は弱く，「環境が複雑で不安定なときに適合的」ではない。加えて，マトリックス組織がライン・アンド・スタッフ組織や官僚制組織よりも効率的とは一概にいえない。各組織形態にはそれぞれに適した目的と状況があり，いかなる状況下でも効率的な組織はありえない。

5✕ **マトリックス組織は，二重の命令系統のため意思決定の迅速さに欠けやすい。**
「管理者間の権限と責任が重複している」ことはマトリックス組織の利点にも欠点にもなりうる。マトリックス組織では，二重の命令系統により，各プロジェクトの綿密な管理が可能となり，環境変化にも柔軟に対応できる。しかしそれは同時に，部門間の意見調整に時間を要し，意思決定が遅れる原因になりやすい。したがって，「管理者の間で権力の分散が図られ，妥協が容易になる結果，意思決定が迅速に行われる」ことは，マトリックス組織では起こらない。

1 × **各事業部では事業全般の意思決定を行うため,将来の経営者を育成しやすい。**
「将来の経営者となる下部管理者が十分に育成されない」という記述が誤り。
事業部制組織は**分権的な組織形態**であり,各事業部は本部から大幅な権限委
譲を受ける。そのため,事業部長は担当事業に関する全般的な意思決定を行
う権限を持つため,将来の経営者候補となる下部管理者を育成することは可
能である。また,問題文にあるとおり,事業部レベルでは短期的利益の追求
を優先することから,「長期的展望に立った総合的な意思決定」は本社が担
当することになる。**重要ポイント5**を参照。

2 × **自社製品よりも割安な他社製品を購入できる制度 → 忌避宣言権。**
社内振替価格制度ではなく**忌避宣言権**の説明である。**社内振替価格制度**とは
事業部間の資材取引に適用される決済価格であり,市場価格に応じて設定さ
れる。事業部制組織において社内振替価格制度と忌避宣言権を活用する目的
は,**市場における競争原理を社内に導入し,組織運営の効率化を図る**ことに
ある。

3 ◎ **各事業部 → プロフィット・センター(利益責任単位)。**
正しい。各事業部は**プロフィット・センター(利益責任単位)**として供給す
る製品やサービスに関する全責任を負い,年度ごとに事業部単位で決算を行
ったうえで,本社に対して一定の利益還元を行う。

4 × **事業部制組織に比べて,職能別組織はトップマネジメントに権限が集中する。**
「職能別組織と比べトップ・マネジメントに権限が集中する」という記述が
誤り。**職能別組織**(職能別部門組織,職能部門制組織)は文字通り,トッ
プ・マネジメントの下で購買,製造,販売,財務などの機能を職能別に部門
化する組織である。職能別組織では,専門領域に関する権限を各部門に委譲
するが,個々の部門は**費用責任**を負うのみで自律的な単位ではなく,重要な
意思決定はトップ・マネジメントが行う。このことから,職能別組織は事業
部制組織に比べてトップ・マネジメントに権限が集中しており,その負担は
重いといえる。

5 × **各事業部の業績は投資利益率(ROI)などの指標で評価される。**
「業績を客観的に評価することが困難」という記述が誤り。選択肢**3**で述べ
たとおり,事業部制組織において各事業部は特定事業の運営に関する権限と
責任を持ち,自律的な事業単位として収支決算を行う。本社は,売上高や利
益額のほかに**投資利益率**(ROI:投下した資本に対する利益の割合。投資収
益率とも呼ばれる)など各種の指標によって,各事業部の業績評価を行い,
その結果に応じて次年度の資源配分を決定する。

No.7 の解説 経営組織（カンパニー制，プロダクト・マネジメント組織を含む）　→問題はP.135　**正答3**

　本問は井原久光著『テキスト経営学〔第3版〕』（ミネルヴァ書房，2008年）の記述に基づいて構成されている。この中では，選択肢**2**と**3**の内容が前掲書の説明に依拠しているため，ほかの問題と組織の内容が異なっている。

1✕ **カンパニー制では，各カンパニーに包括的な裁量権が与えられる。**
　カンパニー制は事業部制を事実上「分社化」する組織形態であり，各事業部を疑似的な独立子会社（カンパニー）とみなして本社が資本を与えると同時に，各カンパニーは損益計算を行い，本社に利益配当を還元することが義務づけられる。そのため，カンパニーの長に対しては事業に関する包括的な裁量権が付与される。

2✕ **プロダクト・マネジメント組織 → 恒常的に設置される組織。**
　末尾の記述が誤り。**プロダクト・マネジメント組織**は「臨時偶発的に置かれる動的な組織形態」ではなく，静的で恒常的な組織である。

3◎ **プロジェクト組織 → 複数のプロジェクト単位から構成される。**
　正しい。なお，ここで注意すべきは，**プロジェクト組織とタスクフォース（プロジェクト・チーム）を区別している**点である。**本肢のプロジェクト組織は複数のプロジェクト単位によって編成される組織形態**を意味する。したがって，プロジェクト組織は下位組織として多種多様なプロジェクトや臨時的なタスクフォースを内包することになる。

4✕ **タスクフォース → 特定の課題解決のために編成される臨時的組織。**
　タスクフォースは特別の課題や問題解決のために編成される臨時的な組織形態であり，必要な人材は部門の枠を越えて招集される。

5✕ **組織階層を少なくした文鎮型組織 → フラット組織。**
　「組織長だけが突出してその他のメンバーは並列に扱われている」文鎮型組織は**フラット組織**である。一方，**ネットワーク組織**は，自律的な組織単位が相互に緩やかに結びついているアメーバ状の組織形態である。たとえば，個々のフラット組織が水平的に連携している場合，これらは総体として1つのネットワーク組織を形成していることになる。

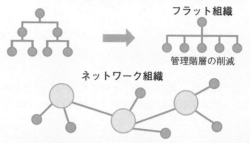

フラット組織とネットワーク組織

フラット組織

管理階層の削減

ネットワーク組織

各組織は内部に固有の構造を持つと同時に，個々の組織は対等に連携し合い，その関係は目的や状況に応じて流動的である。

No.8 の解説 事業部制組織とマトリックス組織の特徴　　→問題はP.136　**正答1**

1 ◎ **事業部制組織は，環境変化に対して柔軟に対応することが可能。**
　　正しい。問題文以外の事業部制組織のメリットとしては，各事業部が環境変化に柔軟に適応できることから，**複数の事業に多角化した企業に適している**点などが挙げられる。重要ポイント5を参照。

2 ✕ **マトリックス組織 → 責任・権限の所在が不明確になりやすい。**
　　「責任，権限関係が明確となる」が誤り。マトリックス組織は二重の命令系統を持つことから，複数のプロジェクトや事業をきめ細かく管理することができる。そのため，部門間での経営資源の重複が少なく，環境変化に対して柔軟に対応でき，効率的な資源配分を行える。しかし，**責任の所在や権限の優先順位が不明確になりやすい，部門間の意見調整に時間を要するため意思決定の迅速さに欠けやすい**，などのデメリットもある。重要ポイント6を参照。

3 ✕ **事業部制組織では，各事業部が製品別，地域別などに編成される。**
　　「各事業部内は製品別に組織が編成され」が誤り。一般的な事業部制組織は本社，スタッフ部門，各事業部から構成され，各事業部が製品別，地域別，市場別などに編成されるが，**事業部内が製品別に編成されるわけではない**。

4 ✕ **事業部制組織は，市場対応の速さや柔軟性を長所とする。**
　　効率性の追求には事業部製組織よりも職能別部門組織などが適している。また，プロジェクト型組織（プロジェクト・チーム）は市場対応ではなく，特別な課題の達成や問題解決のために編成される組織形態である。

5 ✕ **各事業部の評価を過度に重視すると，長期的な視点による経営が損なわれる。**
　　「短期的な視点からの経営が損なわれやすい」が誤り。事業部制組織では，本社が各事業部の業績評価を過度に重視すると，長期的・全社的な視点に基づく経営が損なわれてしまい，短期的な利益の追求に陥りやすくなる。

経営戦略論

第3章

試験別出題傾向と対策

試験名	国家総合職					国家一般職					国家専門職 (国税専門官)				
年度	21-23	24-26	27-29	30-2	3-5	21-23	24-26	27-29	30-2	3-5	21-23	24-26	27-29	30-2	3-5
出題数	1	3	3	2	3	3	3	3	3	3	3	3	3	3	3
A ⑩チャンドラーとアンゾフの戦略論															
B ⑪経営の多角化とM&A							1							1	
B ⑫プロダクト・ポートフォリオ・マネジメント															
A ⑬ポーターの競争戦略論			1												
A ⑭その他の経営戦略		1				1	2								
A ⑮経営戦略全般	1	2	2	2	3	1	1	3	3	3	3	3	3	2	3

　経営戦略論で最初に押さえるべき対象は，チャンドラー命題，アンゾフの学説（成長ベクトルとシナジー），ルメルトの学説（多角化の程度と企業業績の関係），PPMの構成と経験効果，ポーターの競争戦略論（業界の構造分析と競争戦略の3類型）である。いずれも各試験で頻繁に取り上げられる。

　また，多角化の諸形態（垂直統合，コングロマリットなど）やM&Aの手法，コトラーの競争地位別の戦略，VRIOフレームワークなどは，キーワードを入れ替えて正誤を問うパターンが多い。列挙されている戦略の類型や手法の違いを整理して憶えよう。

●国家総合職（経済）

　本章は最頻出テーマであり，すべてが出題対象になり得る。特にポーターの競争戦略論は，元年度以降に毎年取り上げられている。次いで競争優位の源泉，VRIOフレームワーク，SWOT分析，PPM（経験効果）などが多い。

　また，競争戦略論は試験専門委員である加藤俊彦教授の専門領域であり，参考文献としては，『競争戦略』（日経文庫，2014年），『競争戦略論（第2版）』（共著，東洋経済新報社，2012年）が挙げられる。

●国家一般職

　経営戦略論は毎年出題されており，出題対象は本章全般に及ぶ。他試験の過去問も含めてすべての内容をチェックすることを勧める。経営学説と同じく各設問の情報量が多く，年度によっては初出の学説も扱われるが，正誤の判別は基本知識で対応可能である。

　なお，さらなる学習に向けての参考文献としては，高橋伸夫編著『よくわかる経

地方上級 （全国型）					地方上級 （関東型）					地方上級 （特別区）				
21-23	24-26	27-29	30-2	3-4	21-23	24-26	27-29	30-2	3-4	21-23	24-26	27-29	30-2	3-5
2	1	2	1	1	0	1	2	2	1	3	4	2	3	2
										1	1		1		テーマ10
	1								1	1	1			1	テーマ11
	1	1								1	1				テーマ12
								1	1	1	1				テーマ13
	1				1	1	1							1	テーマ14
2							1					1	1		テーマ15

営管理』（ミネルヴァ書房，2011年）が有効だ。

●国家専門職

　総論型の問題（経営戦略全般）が毎年出題されている。国家専門職では基本知識を問う設問が多く，出題対象は各テーマのPOINTで示した代表的な学説が中心である。この点は他章の出題にも該当する。

　また，国家総合職と国家一般職の出題が，翌年以降に国家専門職で扱われることもあり，出題範囲は拡大傾向にある。

●地方上級（全国型・関東型）

　経営戦略論は頻出テーマの1つである。かつては総論型が大半を占めていたが，近年は特定の学説を詳しく問う各論型が多い。これまでに全国型ではアンゾフとポーターの学説，PPMの構成など，関東型では経営の多角化，ポーターの競争戦略論，企業ドメインの定義などが扱われている。POINTの理解に加えて，応用レベルまで含めた過去問演習で，経営戦略論の諸学説を広範に押さえておこう。

●地方上級（特別区）

　本章の各テーマは，いずれも数年ごとに取り上げられている。近年では，2年度と5年度に総論型，元年度と3年度に各論型（アンゾフの学説とM&Aの手法）が扱われている。過去の出題パターンの確認とPOINTの把握が不可欠だ。そのうえで，各論型の出題に備えて代表的な学説の内容を詳しく押さえておこう。

チャンドラーとアンゾフの戦略論

必修問題

アンゾフの経営戦略論に関する記述として，妥当なのはどれか。

【地方上級（特別区）・令和元年度】

1 アンゾフは，企業が新分野に進出したとき，新規製品・市場が既存製品・市場と結合することで単純な加算以上にもたらされる相乗効果を「**成長ベクトル**」と呼んで，これを販売，生産，投資，マネジメントの4つに分類した。

2 アンゾフは，米国の大企業の成長プロセスを実証分析し，事業多角化による企業の発展に伴って，集権的な職能別組織から分権的な事業部制組織に変化していることを指摘し，「**組織は戦略に従う**」という命題を提唱した。

3 アンゾフは，企業の意思決定を，管理的意思決定，戦略的意思決定，業務的意思決定の3つに分類し，その中でも，管理的意思決定が最上位の階層によって行われるとした。

4 アンゾフは，製品・市場戦略において，企業が新規市場に対して新規製品を投入することで，成長を図ることをめざす戦略を**製品開発**戦略とした。

5 アンゾフは，製品・市場戦略において，企業が新規市場に対して既存製品を投入することで，売上の拡大をめざす戦略を**市場開発**戦略とした。

難易度 ＊

必修問題の 解説

　チャンドラーとアンゾフの学説は経営戦略論の基本知識であり，本問の内容はその典型的な出題パターンといえる。

A

国家総合職 ★
国家一般職 ★
国税専門官 ★
地上全国型 ★

地上関東型 ★
地上特別区 ★★

⓾チャンドラーとアンゾフの戦略論

1 ✕ 事業間で経営資源を共有することによる相乗効果 → シナジー。

H.I.アンゾフは，企業が事業を多角化し，新分野に進出した際，複数の事業間で経営資源を共有することで「1＋1＝3」となるような相乗効果を**シナジー**と呼んだ。シナジーは，販売シナジー，生産シナジー，投資シナジー，マネジメント（経営管理）・シナジーの4つに分類される。また，**成長ベクトル**は企業の成長方向であり，その内容は製品の新旧と市場の新旧の組み合わせによって，**市場浸透**（既存製品・既存市場），**市場開発**または**市場開拓**（既存製品・新規市場），**製品開発**（新規製品・既存市場），**多角化**（新規製品・新規市場）に分けられる。重要ポイント2の（2）と（3）を参照。

2 ✕ 組織は戦略に従う → A.D.チャンドラーが導き出した命題。

チャンドラーは，主著『経営戦略と組織』（1962年）で19世紀末から20世紀初頭にかけての米国大企業の成長過程を分析した。そして，これらの大企業が事業の多角化に伴って，組織編成を事業部制組織に変革する経緯をあとづけ，「**組織（構造）は戦略に従う**」あるいは「**戦略は組織（構造）を従える**」という命題を示した。重要ポイント1の（1）を参照。

3 ✕ 最上位の階層で行われる意思決定 → 戦略的意思決定。

「管理的意思決定が最上位の階層によって行われる」が誤り。アンゾフは，最高経営層（トップ・マネジメント），中間管理層，現場管理層という3つの階層に応じて，企業の意思決定を**戦略的意思決定，管理的意思決定，業務的意思決定**に分類した。テーマ4・重要ポイント3を参照。

4 ✕ 新規市場に新規製品を投入 → 多角化戦略。

アンゾフによる成長ベクトルの分類では，「企業が新規市場に対して新規製品を投入することで，成長を図ることをめざす戦略」は，**多角化**戦略である。

5 ◎ 新規市場に既存製品を投入 → 市場開発または市場開拓。

正しい。成長ベクトルについては重要ポイント2の（2）を参照。

正答 **5**

FOCUS

チャンドラーとアンゾフの学説は，経営戦略論の「古典」に相当する。
両者の学説から出題される対象は，ある程度限られている。チャンドラーでは，『経営戦略と組織』の命題を問うパターンが主体であり，アンゾフでは，成長ベクトルの分類とシナジーの内容を問う設問が大半を占める。
これまでにこのテーマの単独問題は特別区でのみ見受けられるが，両者の学説は他試験でも設問の一つとして取り上げられることが多い。

重要ポイント 1　A. D. チャンドラーの学説

チャンドラーは，経営学に「戦略」という概念を導入した最初の論者である。彼の主な業績は，次の3冊の著書にまとめられている。

(1)『経営戦略と組織』

- 経営史家であるチャンドラーは，著書『経営戦略と組織』（1962年）の中で，デュポン社やGM（ゼネラル・モーターズ）社などを中心に19世紀末から20世紀初頭にかけてのアメリカ大企業の成長過程を分析した。
- その結果，これらの大企業が事業の多角化に伴って，組織編成を事業部制組織に変革する経緯をあとづけ，「**戦略は組織構造を従える**」あるいは「**組織構造は戦略に従う**」という命題（**チャンドラー命題**）を示した。

(2)『経営者の時代』

- 1977年に出版された『経営者の時代』では，19世紀以降のアメリカ経済で，生産と流通がどのように大企業に管理されるようになったかに焦点が当てられた。
- 同著では,19世紀には個人や少数の所有者が個別の事業を営んできたが，20世紀になると大企業が多数の事業単位を内部化し，生産と流通を統合してゆく過程が示された。
- その結果，**市場の「見えざる手」による調整機能よりも，大企業のマネジメント（経営管理）による「見える手」が，産業において重要な役割を果たすように**なったことをチャンドラーは指摘した。

(3)『スケール・アンド・スコープ』

- 1990年に出版された『スケール・アンド・スコープ』では，アメリカ，イギリス，ドイツでの大企業の形成に関する比較が行われた。経済的・文化的背景によって各国の産業発展の過程は異なり，アメリカは競争的経営者資本主義，イギリスは個人資本主義，ドイツは協調的経営者資本主義と特徴づけられる。
- また，現代の大企業を成立・発展させた要因は，**生産，流通，マネジメントへの三つ又投資**にあるとされ，組織能力，規模の経済，範囲の経済，取引コストなどの概念によって，その分析がなされている。

重要ポイント 2　H. I. アンゾフの学説

(1) 概要

- アンゾフは経営戦略の策定過程を初めて体系化した論者である。彼は『企業戦略論』（1965年）において戦略を「**部分的無知**」の状態で行う意思決定ルールと定義し，特に**多角化の決定**に関する所説を展開した。アンゾフは，その後も経営戦略に関する多数の論文を発表している。
- アンゾフによれば，経営戦略は①**製品・市場分野**，②**成長ベクトル**，③**競争優位性**，④**シナジー**の4つの要素で構成される。

戦略の構成要素	製品・市場分野（製品と市場の組合せ）
	成長ベクトル（企業成長の方向性）
	競争優位性（競争上の優位を生み出す製品と市場の特性）
	シナジー（経営資源の共有による相乗効果）

（2）成長ベクトル

● 成長ベクトルとは**企業の成長方向**を意味する。その内容は製品の新旧と市場（使命）の新旧によって，**市場浸透**（既存製品・既存市場），**市場開発**または**市場開拓**（既存製品・新市場），**製品開発**（新製品・既存市場），**多角化**（新製品・新市場）に分けられる。

①	**市場浸透**	現在の製品・市場分野における市場占有率の拡大
②	**市場開発**	既存の製品の新たな市場の探求
③	**製品開発**	既存製品に代わる新製品の投入
④	**多 角 化**	製品と市場の両方で新たな組合せを探求

成長ベクトル

		製　品	
		既存	新
市場	既存	**市場浸透**	**製品開発**
	新	**市場開発**	**多 角 化**

（3）シナジー

● シナジーは企業が**多角化する際に考慮すべき相乗効果**であり，**新旧事業間の経営資源の共有**によって生み出される。シナジーは生産，販売，投資，経営管理などの分野で効果が期待されるが，未経験の事業に進出し，失敗した場合には既存事業に損失を与え，負のシナジーが生み出される。

第3章
経営戦略論

No.1 経営学におけるシナジーに関する記述として，妥当なのはどれか。

【地方上級（東京都）・平成19年度】

1 シナジーは，企業が新しい事業に進出する場合に，新しい事業と既存の事業との間に生じる相乗効果であるが，シナジーは常にプラスになるとは限らないとされる。

2 シナジーは，企業が既存の事業との関連がない分野へ進出する場合のほうが，関連がある分野へ進出する場合よりも，異なる経営資源が一つになるため，シナジーは常に大きくなるとされる。

3 販売シナジーとは，企業が新しい事業に進出する場合に，既存の販売管理組織などを利用することにより得られる効果をいい，販売シナジーの例として，投資の増大がある。

4 生産シナジーとは，企業が既存の事業との関連がない分野へ進出する場合に，既存の生産設備などを利用することにより得られる効果をいい，生産シナジーの例として，研究開発費の削減がある。

5 経営管理シナジーとは，従業員が身につけてきた事業の実施に伴うノウハウなどを利用することにより得られる効果をいうが，既存の製品との関連がない分野へ進出する場合には，経営管理シナジーは得られないとされる。

No.2 チャンドラーに関する記述として，妥当なのはどれか。

【地方上級（東京都）・平成20年度】

1 彼は，経営学において初めて戦略の概念を提示し，戦略は，短期的な目標を実現するための資源区分を決定することであるとした。

2 彼は，アメリカの大企業における組織の発展過程の研究をもとに，組織は戦略に従うという命題を提示した。

3 彼は，企業の経営管理という見える手よりも市場における見えざる手が，市場で大きな役割を果たすようになった過程を明らかにした。

4 彼は，経営者資本主義はアメリカで進んでいると考えたことから，アメリカの企業のみを対象として研究を行っており，国際比較研究は行っていない。

5 彼は，生産，流通および経営への投資を最初に実行した企業を一番手企業と呼んだが，企業の経営環境は変化するため一番手企業の優位性を認めていない。

No.3 次の表は，製品市場戦略におけるアンゾフの成長ベクトルのマトリックスを表したものであるが，表中の空所A～Dに該当する語の組合せとして，妥当なのはどれか。

【地方上級（特別区）・平成23年度】

製品\市場	現製品	新製品
現市場	A	C
新市場	B	D

	A	B	C	D
1	市場開発戦略	多角化戦略	市場浸透戦略	製品開発戦略
2	市場浸透戦略	市場開発戦略	製品開発戦略	多角化戦略
3	製品開発戦略	市場開発戦略	市場浸透戦略	多角化戦略
4	市場浸透戦略	多角化戦略	市場開発戦略	製品開発戦略
5	製品開発戦略	市場開発戦略	多角化戦略	市場浸透戦略

第3章

経営戦略論

実戦問題の解説

No.1 の解説　シナジーの種類　　　　　　　　　　　　　→問題はP.148　正答1

1 ◎ シナジー → 事業間での経営資源の共有によって生じる相乗効果。
正しい。シナジーは，事業の多角化の際に考慮すべき相乗効果として H.I.ア
ンゾフが示した概念である。本肢にあるとおり，シナジーは新旧の事業間で
経営資源を共有することから生じる。そのため，これまで手がけた経験のな
い新規事業に多角化して損失が生じた場合，経営資源を共有している既存事
業にもダメージを与えることから，**マイナスのシナジー**が発生する。重要ポ
イント2の（3）を参照。

2 ✕ 事業間の関連性が薄い場合，シナジーの効果は限定される。
資源の共有がほとんど見込めない非関連型多角化よりも，事業間の関連性が
深く，経営資源を共有できる度合いが高い**関連型多角化のほうがシナジーの
効果を期待できる**。

3 ✕ 販売シナジー → 流通チャネルやブランドを共有。
「販売シナジーの例として，投資の増大がある」が誤り。アンゾフはシナジ
ーを販売シナジー，生産シナジー，経営管理シナジー，投資シナジーに分類
した。この中で**販売シナジー**とは，流通チャネルやブランド，倉庫などを事
業間で共有することから生じる相乗効果である。また，**投資シナジー**は，研
究開発の成果やプラント・機械の共同利用から生じる相乗効果である。

4 ✕ 生産シナジー → 事業間で生産設備などを共有。
生産シナジーは生産設備や技術，人員の共同利用，原材料の一括購入などに
よる相乗効果であり，「研究開発費の削減」は含まれない。また，既存事業
との関連が深い事業に多角化する場合のほうが，既存の生産設備を活用でき
る可能性が高いことから生産シナジーはより多く期待できる。

5 ✕ 経営管理シナジー → 事業間の関連性が少なくても利用可能。
経営管理シナジー（マネジメント・シナジー）は，管理業務上の制度や経験，
ノウハウなどを事業間で共有することから生じる。このタイプのシナジーは
資材や設備など具体的な「モノ」を共有しないため，「既存の製品と関連が
ない分野へ進出する場合」にも活用することができる。

No.2 の解説　チャンドラーの学説　　　　　　　　　　→問題はP.148　正答2

1 ✕ 戦略 → 長期目標を実現するための行動様式や資源配分を決定。
「短期的な目標を実現するための資源配分」という記述が誤り。経営学に初
めて戦略の概念を導入したチャンドラーは，「企業の基本的な長期目標や目
的を決定し，これらの諸目標を遂行するために必要な行動様式を採択し，諸
資源を割り当てること」と戦略を定義している。

2 ◎ 米国大企業の分析から「組織は戦略に従う」という命題を導き出した。
正しい。**重要ポイント1**を参照。

3✖️ **大企業による「見える手」が重要な役割を果たす過程を示した。**

説明が逆である。チャンドラーは『経営者の時代』（原題：The Visible Hand, 1977年）において，19世紀末のアメリカでは個人や少人数の所有者が運営する小規模な企業が主体だったが，20世紀になると大企業が成長し，それまで市場を介して多数の小企業が行っていた原材料の調達や製品の流通・販売などの機能を大企業が統合するようになったと指摘している。言い換えれば，市場における「見えざる手」よりも**大企業の経営管理による「見える手」が，産業において重要な役割を果たすようになった**ことを示した。

4✖️ **アメリカ，イギリス，ドイツにおける企業の成長過程を比較した。**

「国際比較研究は行っていない」が誤り。チャンドラーは『スケール・アンド・スコープ』（1990年）の中で，19世紀末から20世紀半ばまでのアメリカ，イギリス，ドイツにおける企業の成長過程を比較している。同著の中でチャンドラーは各国における産業発展の特徴について，アメリカは「一番手企業（最初に三つ又投資を行った企業）」に挑戦者企業が対抗する競争的経営者資本主義，イギリスは大規模な本社機構を持たない大企業ないしは小企業の連合体からなる持株会社による個人資本主義，ドイツは資源と市場を国外に依存する「ヨーロッパの一番手企業」が互いに共存を図る協調的経営者資本主義と位置づけている。

5✖️ **一番手企業は「三つ又投資」を行い，競争優位を実現する。**

チャンドラーによれば，一番手企業は生産，流通，マネジメントという3つの領域に**三つ又投資**を行い，大規模な組織能力を構築した企業であり，ある産業の中で競争優位を実現し，経済的に重要な地位にあると説明している。

No.3 の解説 製品市場マトリックス　→問題はP.149　**正答2**

アンゾフによれば，成長ベクトルとは**企業の成長方向**を意味する。その内容は製品の新旧と市場の新旧によって，市場浸透（現製品・現市場），市場開発または市場開拓（現製品・新市場），製品開発（新製品・現市場），多角化（新製品・新市場）に分けられる。問題文の表の空欄を正しく埋めると，以下のとおりとなる。

製品＼市場	現製品	新製品
現市場	A：市場浸透戦略	C：製品開発戦略
新市場	B：市場開発戦略	D：多角化戦略

以上の内容から，選択肢**2**が正しい組合せである。

経営の多角化とM&A

必修問題

　事業戦略および多角化戦略に関する次の記述のうち，妥当なものはどれ
か。

【国家一般職・平成22年度】

1　1960年代の米国で，合併・買収ブームを契機として流行した**コングロマ
リット**とは，合併・買収によって高度に<u>垂直統合</u>を果たした企業のことで
ある。コングロマリットの収益性は，他の戦略をとる企業と比べて，売上
高や税引き後利益の面だけでなく，他の多くの利益指標の面でも成長率は
有意に高く，<u>米国の大手企業は現在でもコングロマリットが大半を占めて
いる</u>。

2　アンゾフは企業の成長の方向性を，製品・市場が現在のものにとどまる
か，新規のものに進出するかという2軸によって分類した。両者とも<u>現在
のものにとどまった場合を拡大化といい，また**多角化**については製品が新
規，市場が現在の場合を垂直的統合，製品が現在，市場が新規の場合を水
平的多角化，両者とも新規の場合を同心的多角化と位置づけている</u>。

3　<u>**シナジー**効果と**規模の経済性**はまったく同一の概念であり，一定期間内
に生産する数量が大きくなるほど，製品1つ当たりのコストが下がる効果
をさしている</u>。このためシナジー効果を追求しようとする企業は，多角化
戦略として垂直的統合を採用するべきであり，複数の事業（製品）で利用
可能な共通部品を大量生産方式で製造することが必要である。

4　**製品ライフサイクル**とは，市場（製品）の成長段階を導入期，成長期，
成熟期，衰退期に分け，それぞれに適合的な戦略があるとする考え方であ
る。導入期から成長期にかけては<u>チャネル政策の開放型から閉鎖型への移
行，販売促進のプル型からプッシュ型への移行</u>が，成熟期はコスト・リー
ダーシップ戦略の採用，衰退期は新たな市場へ進出する多角化戦略の採用
が推奨される。

5　**OEM**（Original Equipment Manufacturing）とは，<u>相手先ブランドに
よる製品供給を目的とする製造受託のことである</u>。OEMの受託企業は，
自社の生産能力の余剰を有効活用することで規模の経済性を享受すること
ができ，開発および生産コストの低減が可能となる一方，委託企業は内製
していない製品を自社ブランドに加えて，フルラインナップ化が可能にな
る。

難易度　＊＊

頻出度

国家総合職 ★
国家一般職 ★
国税専門官 ★
地上全国型 ★

地上関東型 ★
地上特別区 ★

11 経営の多角化とM&A

必修問題の解説

　経営の多角化とは，新規事業の立ち上げやM&A（企業の合併と買収）によって，複数の事業を経営することである。本問は，経営の多角化を中心に，マーケティング（選択肢**4**），生産と技術（選択肢**5**）などを盛り込んだ折衷的な問題である。この種の出題は各試験で徐々に増えつつある。各設問の記述が詳細である場合，誤りが複数含まれていることが多いので，未知の内容であっても消去法で対応できる可能性が高い。

　本問の大半は高橋伸夫編，東京大学ものづくり経営研究センター著『170のkeywordによるものづくり経営講義』（日経BP社，2005年）に基づいて構成されている。

1✕ **コングロマリット → 非関連型多角化によって成長した企業。**
　「高度に垂直統合を果たした企業」と「米国の大手企業は現在でもコングロマリットが大半を占めている」という記述が誤り。**コングロマリット**は，合併・買収によって広範囲の事業分野に進出する非関連型多角化の形態であり，個々の事業の関連性は薄い。1960年代の米国では，収益性や成長性の見込める投資機会を求めてコングロマリットが急増したが，1980年代になると**リストラクチャリング**（事業の再構築）によって経営資源の選択と集中が進み，巨大なコングロマリットはほとんど見受けられなくなった。コングロマリットについては，重要ポイント1の（3）を参照。

2✕ **アンゾフが定義する「多角化」→ 新規市場と新製品の組合せ。**
　拡大化および多角化の内容が誤り。H.I.アンゾフが示した企業の成長の方向性（**成長ベクトル**）は製品の新旧と市場の新旧によって，市場浸透（既存製品・既存市場），市場開発または市場開拓（既存製品・新市場），製品開発（新製品・既存市場），多角化（新製品・新市場）の4種類に分けられる。**アンゾフの定義では，市場浸透，市場開発，製品開発は拡大化に分類され，多角化とは区別されている。**成長ベクトルについては，テーマ10・重要ポイント2の（2）を参照。

3✕ **シナジー → 経営資源の共有によって生じる相乗効果。**
　シナジー効果と規模の経済性（規模の経済とも呼ばれる）は同一の概念ではない。「一定期間内に生産する数量が大きくなるほど，製品1つ当りのコストが下がる効果」は規模の経済性である。アンゾフが示した**シナジー**効果は，**複数の事業間で経営資源を共有することによって生み出される相乗効果**である。また，垂直的統合は一貫生産・販売によってコストを削減し，生産性を向上できるメリットがあることから，シナジー効果ではなく規模の経済性を追求する場合に適している。シナジーについては，テーマ10の重要ポイント2の（3）を参照。

4 ✕ 導入期から成長期のチャネル政策 → 閉鎖型から開放型へ移行。

製品ライフサイクルの各段階で採用する戦略の順序と内容が誤り。**導入期**から**成長期**にかけては売上高が急速に増大するため，顧客の製品に対するブランド選好を高めることが焦点となる。そのため，チャネル政策は特定の販売チャネルを利用する閉鎖型から，利用可能な販売チャネルを用いる開放型へ拡大する。販売促進はプッシュ型（流通・小売業者の協力を得て，対面セールスを中心に顧客に働きかける）からプル型（広告・宣伝を中心に顧客に働きかける）へ移行する必要がある。**成熟期**は市場が飽和し，買換え需要の増加や顧客のニーズの多様化に対応するため，製品差別化戦略や市場細分化戦略が導入される。**衰退期**は市場の縮小傾向に歯止めがかからず，売上高が低下することから，わずかな「残存者利益」の確保，他事業への経営資源の移転，赤字になる前に事業からの撤退，などを行う。テーマ18の重要ポイント2と3を参照。

5 ◎ OEM → 相手先ブランドによる製品・部品の供給。

正しい。委託企業にとっての**OEM**のメリットは，コスト削減や製品ラインの拡充にある。受託企業にとってのメリットは，余剰生産能力の活用，規模の経済性の実現，技術やノウハウ，経験の蓄積などにある。テーマ17の重要ポイント5を参照。なお，**フルラインナップ化**とは，企業が生産・販売する製品について，特定のニーズではなく**顧客のニーズを幅広く満たすように品揃えを構成すること**である。自動車メーカーが，小型車から大型車，大衆車から高級車まで自社の製品に組み込むことは，フルラインナップ化の一例である。

正答 **5**

FOCUS

　経営の多角化に関する問題は，チャンドラーやアンゾフの学説と組み合わせて問うパターンが目立つ。その中ではコングロマリット，ルメルトの学説に関する出題が比較的多い。

　M&Aの問題で主に問われるのは，TOB，LBO，MBOなどの代表的な手法である。

─POINT─

重要ポイント 1 多角化のタイプ

（1）垂直統合（垂直的多角化）

● 垂直統合とは，現在展開している事業の前段階あるいは後段階へと事業分野を拡大することをさし，自動車産業や化学工業などに見受けられる生産工程の垂直的な統合を意味する。たとえば，ある製品の生産を行っている企業が原材料の調達あるいは流通，販売へと垂直方向に進出することが当てはまる。その際，原材料調達や加工段階への事業拡大を**後方統合ないし川上統合**，流通や販売段階への事業拡大を**前方統合ないし川下統合**と呼ぶ。

● 垂直統合のメリットは一貫生産・販売による**コストの削減や生産性の向上**にある。しかし，技術革新や製品需要の急激な変化が発生した場合，巨額のロスが生じやすく，**環境変化に柔軟に対応することができない**というデメリットがある。

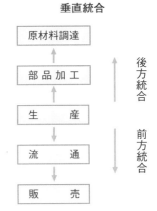

（2）水平統合（水平的多角化）

● 水平統合とは，ある産業において，現在展開している事業と同種の事業に多角化の機会を求めることを意味する。たとえば，紳士服事業を展開しているメーカーが，婦人服や子供服などの事業に進出する場合が当てはまる。

● 水平統合のメリットは，現有の技術や生産設備，流通網などの経営資源を新事業に活用できるため，**多角化の際のリスクが少なく，シナジー効果が期待できる**。しかし，同一産業内での多角化であるために**産業の成長率が停滞した場合，収益性の向上は期待できなくなる**。

※ある業種内の同種の事業への多角化。

（3）コングロマリット

● コングロマリットは異業種の企業を買収・合併することによって，高い成長性を維持することを目的とした多角化のタイプである。

● コングロマリットによる成長は，自社内で新規事業を育成するよりも早期に利益の確保が可能である。ただし，個々の事業の関連性が薄いため，**シナジー効果はほとんど期待できない**。

第3章 経営戦略論

コングロマリット

事業 B

事業 C

事業 A

事業 D

事業 E

※収益性や成長性を基準とした多角化。個々の事業の関連性はない。

重要ポイント **2** 多角化のタイプと業績（成長性・収益性）の関係

- R.P.ルメルトは『多角化戦略と経済成果』（1974年）で，多角化のタイプと業績の関係を分析した。その分析で用いられた多角化のタイプは，専業型，垂直統合型，本業中心型，関連分野型，非関連分野型であり，本業中心型と関連分野型は，さらに集約型と拡散型に分類される。
- 分析の結果，**成長性では，多角化の程度が高い企業が低い企業よりも優れている**ことが示された。特に非関連型のコングロマリットの成長性は著しく高い。ただし，コングロマリットを除けば，成長性のピークは関連・集約型であった。
- **収益性では，中程度の多角化を展開している企業が優れている**ことが示された。本業・集約型と関連・集約型は，どちらも高い収益性を達成している。

重要ポイント **3** M&A（企業の合併と買収）

- M&A（Merger and Acquisition）とは，合併と買収を通して行う企業成長の一手段である。**アメリカにおいてM&Aは経営戦略上の一般的な手法であり，特に活発に展開された時期は，企業の多角化が盛んに実施された1960年代と，リストラクチャリングによって収益性の高い事業への選択と集中が行われた1980年代である。**
- 日本では，大型企業の合併などは戦前・戦後を通じて実施されてきたが，他企業の買収による多角化は比較的少なかった。しかし，近年では国内外の企業の合併や買収を実施して，企業成長と生き残りを図る日本企業が増えつつある。
- M&Aによる多角化のメリットとしては以下の点が挙げられる。

① 自社内でゼロから事業を設立し，育成するよりも時間を短縮できる
② 他企業の経営資源の利用が可能となる
③ 高収益企業を買収することで短期間に自社の業績改善が達成できる
④ 自社の経営資源の弱点を補強できる

重要ポイント 4　M&Aの手法

- M&Aの代表的な手法には，TOB（株式公開買付け）とLBO，MBOがある。

（1）TOB（Take over Bid）

- ある企業が他企業を買収する際に**必要な株式数，１株当たりの買付け価格，買付け期間を公告**し，買収する企業の株式を株主から**直接に調達する**方法である。

（2）LBO（Leveraged Buyout）

- ある企業が他企業を買収する際に**買収対象となる企業の資産を担保として，金融機関から資金を調達し，買収する**方法である。

（3）MBO（Management Buyout）

- **経営陣による買収**を意味し，**ある企業の子会社や事業部門の経営陣が，親企業や株主から株式を買取り，事業の経営権を獲得して独立する**方法である。MBOは1980年代以降に米国企業で普及し，90年代後半に日本企業でも実施されるようになった。その目的は事業再編による合理化や，買収側の経営陣にとっては経営の独立性・機動力の向上などにある。また，敵対的買収の予防や中・長期的な展望に基づく経営の実践を目的として，経営陣が株主や親会社から**株式を買い上げ，上場廃止するケースもMBOに含められる**。
- なお，経営陣と従業員が一体となって，共同で自社の子会社や事業部門を買収し，独立する手法を**MEBO**（Management and Employee Buyout），従業員が主体となって実施する同種の買収を**EBO**（Employee Buyout）と呼ぶ。

TOB	買収条件を公告し，買収対象の企業の株主から直接に株式を調達
LBO	買収対象となる企業の資産を担保に資金を調達し，買収を実施
MBO	経営陣や従業員が自社の株式を買い取り，事業の経営権を獲得

重要ポイント 5　敵対的買収を仕掛けられた際の防衛策

パックマンディフェンス	敵対的買収を仕掛けた企業を逆に買収する
ホワイトナイト	自社に友好的な条件での買収を引き受ける「白馬の騎士」
クラウンジュエル	意図的に自社の企業価値を下げ，敵対的買収の意欲を削ぐ
ゴールデンパラシュート	取締役の解任時の退職金を高額に設定し，敵対的買収を防ぐ
ポイズンピル	新株予約権を活用し，敵対的買収企業の持株比率を下げる

No.1 **経営多角化に関する次の記述のうち，妥当なのはどれか。**

【国税専門官・平成 4 年度】

1 経営多角化は，企業の成長の促進やその支配力の強化を図るために行われるもので，企業の安定性や合理性を図る観点から行われることはない。

2 コングロマリット的多角化とは，原材料部品等の供給の安定化，販売部門への進出による需要の安定化，そして取引先に対する交渉力強化による利潤の増大などの効果をねらったものである。

3 垂直的多角化には，同一売上に対する資本投下が大きく，総資本回転率が著しく低下するため，経営に機動性が失われるという欠点がある。

4 経営多角化の利益を考える場合，必ずシナジーを考慮しなければならないが，このシナジーには，負のシナジーは存在しない。

5 他企業の買収によって新規事業へ進出する場合には，工場建設に伴う苦労や販売網を確立するための努力が必要とされないことから，わが国においても，このような多角化戦略がこれまで主要戦略とされてきた。

✦ No.2 ** 企業のM&A（合併・買収）に関する次の記述のうち，妥当なのはどれか。 【国家一般職・平成16年度】

1 MBO（マネジメント・バイアウト）とは，他企業の買収を計画している企業が，それに先立って被買収企業の経営者を高額の給与を支払うことを約束して引き抜きを行うことをさす。そのメリットとしては，被買収企業の抵抗が少なくなり，買収作業が円滑に進みやすくなることが挙げられる。

2 第二次世界大戦後のわが国では，公正取引委員会が，市場の寡占化を徹底的に排除すべく市場占有率が4割を超える企業合併を認めなかったことから，大企業どうしの合併は極めて少なかった。

3 第二次世界大戦後の日本企業は，合併後の社内融和に腐心し，実質的には対等合併が多かったものの，形式的には吸収合併の形をとることが多かった。合併当初のポストの配分やその後の昇進について大胆な抜擢を行ういわゆる「たすきがけ」人事もその一環である。

4 LBO（レバレッジド・バイアウト）とは，買収企業が被買収企業の資産や将来の事業キャッシュ・フローを担保としてM&Aに必要な資金を調達するものである。買収後は買収企業の負債比率が低くなるので，資金調達のために発行された債券の格付けは高くなる傾向がある。

5 TOB（テイクオーバー・ビッド）とは，会社の経営権を奪取することを目的として，複数の株主に対して行われる株式買取りの提案をさす。その利点として，市場価格より高い価格を提示することで大量の株式取得が可能になることや，取得数が目標に達しないと見込まれる場合は買付けの提案を取り消せることなどが挙げられる。

企業経営の「多角化」に関する記述のうち，妥当なものはどれか。

【地方上級（全国型）・平成28年度】

1 「多角化」には，垂直統合を含む広義の意味が含まれている。たとえば，製造業が，ある製品の生産を一社内部ですべて行う場合についても「多角化」という。

2 「多角化」を実施すると，相補効果が生じる。これはシナジー効果とも呼ばれる。

3 企業が「多角化」を実施する動機の一つとして，既存事業の停滞がある。新規事業を立ち上げることにより，既存事業の停滞も解消することができる。

4 企業が「多角化」を実施する動機の一つとして，リスクの分散がある。ある特定の事業にのみ経営を依存すると，環境変化により危機に瀕する場合がある。「多角化」は，その危険性を低減させることができる。

5 企業が「多角化」を実施する動機の一つとして，未利用資源の活用がある。他社が保有する未利用資源を活用することで「多角化」を促し，企業を活性化させることができる。

No.4 **M&Aに関する次の記述のうち，妥当なのはどれか。**

【国家専門職・平成30年度】

1 企業買収には，敵対的買収と友好的買収がある。敵対的買収とは，買収者が買収される側の企業の経営陣の同意を得ないで買収を行うことをいうが，資金力のある大企業による寡占や独占を生む懸念から，わが国では敵対的買収は法律で禁止されている。

2 敵対的買収に対して，買収される側の企業は対抗措置をとることがあり，そのうちの1つがパックマンディフェンスである。これは友好的な買収者に買収してもらうことで，敵対的買収を防ぎ，より良い経営条件を確保するという手法である。

3 友好的買収に対して，買収される側の企業は，クラウンジュエルという戦略をとることがある。これは，優良資産以外の不要な資産を他社に売却して，企業価値を上げることで，企業買収に協力することである。

4 レバレッジド・バイアウト（LBO）とは，買収者が買収される側の企業の資産や将来のキャッシュフローを担保とし，買収資金を調達して買収を行うM&Aの手法の1つをいう。

5 公開買付け（TOB）とは，特定の者に対して，公告により株券等の買付け等の申込み，または売付け等の申込みの勧誘を行い，取引所金融商品市場において株券等の買付け等を行うM&Aの手法の1つをいう。

No.5 企業のM&Aに関する記述として，妥当なのはどれか。

【地方上級（特別区）・令和3年度】

1 LBOとは，企業の経営陣や従業員が，自己資金のみで，自社または自社の事業を買収することで，親会社から子会社が独立することや，上場を廃止して株式を非公開化することに用いられる。

2 TOBとは，株式公開買付けのことであり，不特定多数の株主に対して公告し，株式市場を通さずに株式を買い集めることをいい，それには敵対的TOBと友好的TOBがある。

3 ゴールデンパラシュートとは，敵対的買収に対する防衛策の一つで，買収を仕掛けられた企業が，買収を仕掛けた企業に対して，逆に買収を仕掛けることである。

4 ポイズンピルとは，敵対的買収に対する防衛策の一つで，買収によって経営者が解任された際に，多額の割増退職金を支給することをあらかじめ定めておくことで，買収コストを大きくすることである。

5 ホワイトナイトとは，敵対的買収に対する防衛策の一つで，新株を与える権利を会社が既存株主に与えておき，敵対的買収者以外の株主に大量の新株を発行して買収者の持ち株比率を低下させることである。

第3章 経営戦略論

実戦問題の解説

No.1 の解説　経営多角化の内容
→問題はP.158 **正答3**

1 ✕ **多角化の目的 → 企業の安定性や合理性の確保も含まれる。**
一般に経営の多角化は，新たな成長機会の探求や市場における競争上の地位の確立を目的とするが，同時に経営の安定性や合理性の向上を図るための手段でもある。

2 ✕ **コングロマリット → 異業種企業の買収による非関連型多角化。**
本肢の内容は，**垂直的多角化（垂直統合）**に関する説明である。コングロマリット的多角化とは，現在展開している事業とは無関係な新しい事業分野に成長の機会を求める戦略であり，高い成長性を求めてM&A（企業の合併・買収）によって異業種の企業を獲得することが多い。

3 ◎ **垂直的多角化 → 総資本回転率は低下しやすい。**
正しい。垂直的多角化を展開する事業は，巨大な設備投資を必要とする製造業に多く，資本投資がかさむために**総資本回転率（売上高／総資本。企業資本の利用度を示し，回転率が高ければ資本が効率的に運用されたことになる）が低下しやすい**。また，特定の製品供給のために大規模な生産システムを構築するため，製品需要の急激な変化が発生した場合，柔軟な対応が困難であり，大量の過剰在庫が発生しやすい。

4 ✕ **事業開拓に失敗すると，負のシナジーが生じる。**
シナジー効果は単に正の相乗効果だけではなく，負の相乗効果も存在する。たとえば，企業がまったく未経験の新分野に進出し，損失を生み出した場合，経営資源を共有している既存事業に対してもダメージを与えることから，負のシナジーが発生する。

5 ✕ **従来の日本企業の多角化 → 本業を中心とした関連型多角化が主流。**
従来の日本企業における多角化のパターンは，**本業を中心とした関連型多角化が主流**であり，欧米企業と比較すると相対的に多角化の程度は低く，M&Aによる新規事業への多角化は比較的少なかった。しかし，近年では，新たな成長機会を求めて積極的に異業種の国内外の企業を買収する日本企業も増えつつある。

No.2 の解説　M&A
→問題はP.159 **正答5**

1 ✕ **MBO → 経営陣による買収。**
MBO（Management Buyout）とは，**経営陣による企業買収**である。具体的には，**ある企業の小会社や事業部の経営陣が親会社や株主から株式を買取り，事業の経営権を獲得して独立する手法**であり，現代版の「のれん分け」とも呼ばれる。重要ポイント4の（3）を参照。

2 ✕ **戦後，諸産業で大企業間の合併は実施された。**
わが国では1960〜70年代にかけて繊維，鉄鋼，セメント，機械，造船などの

産業で大企業間の合併が行われた。とりわけ，1970年の八幡製鉄と富士製鉄の合併による新日本製鐵と，1971年の第一銀行と日本勧業銀行の合併による第一勧業銀行の誕生は，当時の大型合併として注目を集めた。なお，1990年代以降は，金融機関の再編に伴う大型合併が相次いだ。

3×　「たすきがけ」人事 → 出身母体に基づいて交互に選出。

「たすきがけ」人事は，合併後のポスト配分や昇進に「大胆な抜擢を行う」ものではない。いわゆる「たすきがけ」人事とは，合併後も**出身母体別に会長や社長，頭取などのトップ・マネジメントを交互に選出する慣行**である。日本の大企業間の対等合併では，両社の組織や人事システムをそのまま温存し，統合しないケースも見受けられる。

4×　LBO → 買収後の負債比率は高くなる。

後半部の記述が逆である。**LBO**（Leveraged Buyout）は，被買収企業の資産などを担保にして金融機関から資金融資を受けることから，買収後は買収企業の負債比率が上昇する。そのため，買収後の業績が低迷した場合，資金調達のために発行された債券の格付けは低くなる傾向がある。重要ポイント4の（2）を参照。なお，**キャッシュ・フロー**とは，ある企業の**一定期間における現金の流出と流入の差額**を意味する。財務諸表に記載されている従来の経営指標に加えて，近年では企業の業績評価の指標としてキャッシュ・フローが重視されつつある。

5◎　TOB → 買収条件を公告し，株主から直接に株式を調達する。

正しい。**TOB**（Takeover Bid：株式公開買付け）とは，ある企業が他企業を買収する際に，**必要な株式数，1株当たりの買付け価格，買付け期間などを公告し，株式市場を経由せずに相手企業の株主から株式を直接に調達する手法**である。重要ポイント4の（1）を参照。

No.3 の解説　企業の多角化 →問題はP.160　**正答4**

1×　多角化 → 新規事業の立ち上げや他社の買収・合併。

前半は正しいが，後半の説明が誤り。一般に多角化とは，自社による新規事業の立ち上げや他社の買収・合併などによって，複数の事業を経営することである。したがって，単に「製造業が，ある製品の生産を一社内部ですべて行う場合」は多角化には含まれない。**垂直統合**については**重要ポイント1**の（1）を参照。

2×　相補効果 → 複数の事業が互いの弱点や不足を補う。

「相補効果」が誤り。H.I.アンゾフが提唱した**シナジー効果**は，複数の事業間で経営資源を共有することから生じる相乗効果である。テーマ10・重要ポイント2の（3）を参照。なお，**相補効果（コンプリメント効果）**とは，複数の事業が互いの弱点や不足を補い合うことで，資源の制約や需要の変動に対応し，業績を向上させる効果である。スキー・リゾートにあるホテルが，

第3章 経営戦略論

新たにテニスコートやゴルフ場を併設することで，冬季以外の需要を喚起する例などがある。

3 ✕ **新規事業の立ち上げが，既存事業の停滞の解消策になるとは限らない。**
　既存事業が停滞し，利益の低下に歯止めがかからない状況は，多角化を実施する動機の一つである。しかし，新規事業の立ち上げや他社の買収・合併に成功したとしても，それによって既存事業の停滞を解消できるとは限らない。

4 ◎ **経営上のリスクの分散 → 多角化を実施する動機のひとつ。**
　正しい。多角化によって複数の事業を経営することは，個々の事業を取り巻く環境変化による影響を緩和し，経営上のリスクを分散する効果がある。

5 ✕ **自社が保有する未利用資源の活用 → 企業成長の内部要因。**
　「他社が保有する未利用資源」が誤り。E. T. ペンローズによれば，**企業内に存在する未利用資源（社内で活用されていない人的資源や物的資源，職務を通じて蓄積される知識や経験など）は，企業を成長させる基本的な内部要因**である。多角化は企業成長のための手段であることから，自社の未利用資源の活用は多角化を促す要因となる。

No.4 の解説　M&Aの手法　　　　　　　　　　→問題はP.160　**正答4**

1 ✕ **わが国に敵対的買収を禁止する法律はない。**
　前半の説明は正しいが，「わが国では敵対的買収は法律で禁止されている」が誤り。ただし，欧米企業に比べると，日本企業による敵対的買収の件数は相対的に少ない。

2 ✕ **パックマンディフェンス → 敵対的買収を仕掛けた企業を逆に買収する。**
　後半の記述は**ホワイトナイト**（White Knight）の説明である。A社が経営方針の異なるB社に敵対的買収を仕掛けられた際，A社の経営陣が自社に有利な条件での買収をC社に依頼する場合がある。このC社のことを，窮地に陥ったときに助けに現れる「白馬の騎士」になぞらえてホワイトナイトと呼ぶ。**パックマンディフェンス**（Pac-man Defense）は，敵対的買収を仕掛けてきた企業を，仕掛けられた企業が買収する対抗措置であり，いわゆる逆買収を意味する。呑み込もうとする相手を反対に呑み込んでしまうことから，ゲーム・ソフトの「パックマン」にちなんで名付けられた。

3 ✕ **クラウンジュエル → 自社の企業価値を低下させ，敵対的買収を避ける。**
　クラウンジュエル（Crown Jewel）とは，敵対的買収を仕掛けられた企業が，優良な資産を他社に売却することで，自社の企業価値を低下させ，買収を仕掛けた企業の意欲を削ぎ，敵対的買収を防ぐ手法である。宝石（ジュエル）を取り外すことで王冠（クラウン）の価値を目減りさせ，王冠が狙われる危険を避けるという逸話になぞらえて，このように呼ばれる。

4 ◎ **LBO → 買収対象となる企業の資産を担保にして買収資金を調達する。**

正しい。重要ポイント4の（2）を参照。

5✕ TOB → 買収対象となる企業の株主から直接に株式を調達する。
「取引所金融商品市場において株券等の買付け等を行う」が誤り。重要ポイント4の（1）を参照。

No.5 の解説 M&Aの手法　　　　　　　　　　→問題はP.161　**正答2**

1✕ LBO → 買収対象となる企業の資産を担保にして買収資金を調達する。
本肢は**MBO**に関する説明である。重要ポイント4の（3）を参照。なお，MBOは資金調達の方法によって，**自己資金型MBO**（自己資金のみで買収を行う），**ローン型MBO**（金融機関から融資を受けて買収を行う），**ファンドMBO**（投資ファンドから資金を調達し買収を行う。その際，投資ファンドが株式を保有して議決権を持つ）に分類される。

2◎ TOB → 買収対象となる企業の株主から直接に株式を購入する。
正しい。重要ポイント4の（1）を参照。

3✕ ゴールデンパラシュート → 事前に経営陣の退職金を高額に設定する。
パックマンディフェンスの説明である。**ゴールデンパラシュート**（Golden Parachute）とは，買収によって現在の経営陣が解任された際に，**多額の退職金を支給する規定をあらかじめ設けておくことで買収コストを増大させ，敵対的買収を予防する手法**である。

4✕ ポイズンピル → 新株発行によって敵対的買収者の持ち株比率を下げる。
ゴールデンパラシュートの説明である。**ポイズンピル**（Poison Pill）は，敵対的買収を仕掛ける企業に「毒薬を盛る」ことから名付けられた。具体的には，新株予約権を既存の株主にあらかじめ発行しておき，敵対的買収者の持ち株比率が一定の割合を超えた際に，**新株予約権を持つ株主に市場価格よりも安価で新株を発行することで買収者の持ち株比率を低下させる手法**である。ただし，この手法を用いると新株発行によって株価が下落し，一般株主に損失が及ぶ場合もある。

5✕ ホワイトナイト → 自社に有利な条件の買収を引き受ける「白馬の騎士」。
ポイズンピルの説明である。敵対的買収を仕掛けられた際の防衛策については，重要ポイント5を参照。

必修問題

　ボストン・コンサルティング・グループ（BCG）による製品ポートフォリオ・マネジメント（PPM）に関する記述として，妥当なのはどれか。

【地方上級（東京都）・平成16年度】

1　BCGによるPPMは，市場の成長性と市場のシェアの2つの軸によって，製品や事業を分類していく分析方法であり，既存の事業を客観的に評価する手段としてだけでなく，新規事業領域を開発する手段としても優れている。

2　「金のなる木」に分類される製品や事業は，現在の市場のシェアは低いが，市場の成長性が高いものであり，投下する資金に比べて十分な利益を生み出す，企業にとって最も貢献度の高い資金源である。

3　「花形商品」に分類される製品や事業は，市場の成長性・シェアがともに高いものであり，資金の流入量も多いが，投入する資金も多いため，資金的な余裕を生み出すまでには至っていない「金のなる木」の予備軍である。

4　「負け犬」に分類される製品や事業は，急成長市場に位置していながら市場のシェアが低いものであり，市場のシェアの拡大には，かなりの資金投下が必要であるが，市場の差別化などによっては効果的な戦略も考えられる。

5　「問題児」に分類される製品や事業は，市場の成長性・シェアがともに低いものであり，市場のシェアの拡大には，現在以上の資金を多額に必要とするため，基本的に撤退すべきであるとされる。

難易度　＊

頻出度
B
国家総合職 ★
国家一般職 ★
国税専門官 ★
地上全国型

地上関東型 ★
地上特別区 ★

⓬プロダクト・ポートフォリオ・マネジメント（PPM）

必修問題の解説

　BCGのPPM（Product Portfolio Management）を構成する2つの基準と各セルの内容に関する問題。これらを問う出題パターンが最も多い。PPMは特徴の正誤を問いやすいので，経営戦略論の中で以前から出題されてきたテーマである。解法のポイントは①**PPMの目的**，②**仕組み（マトリックスの構成と各セルの特徴）**，③**理論的背景（経験効果と製品ライフサイクル）**の内容を理解することにある。

1 ✕ **PPM → 既存事業への資源配分を行うための手法。**
　BCGが考案したPPMでは，**市場成長率**と**相対的なマーケット・シェア（市場占有率）**という2つの基準によって，製品や事業は「問題児」，「花形商品」，「金のなる木」，「負け犬」と特徴づけられた4つのセルに分類される。また，PPMは**既存事業に対する効率的な資源配分を実施するための手法**であり，「新規事業領域を開発する手段」ではない。なお，本問では「市場の成長性」という表記が用いられているが，「市場成長率」が一般的である。重要ポイント1の（1）を参照。

2 ✕ **金のなる木 → 低成長率・高シェアの製品や事業。**
　市場成長率が高く，相対的なマーケット・シェアが低いセルに位置するのは「**問題児**」である。「**金のなる木**」は市場成長率が低く，相対的なマーケット・シェアが高いセルに位置する製品や事業であり，投資を上回る資金流入をもたらすため，他事業の資源源として機能する。

3 ◎ **花形 → 高成長率・高シェアの製品や事業。**
　正しい。「**花形商品**」は多くの資金流入をもたらすが，一方で資金流出も多いため，資金源とはならない。「花形商品」が市場におけるシェアを維持したまま，市場成長率が鈍化した場合，「金のなる木」に移行する。なお，「花

PPMの4つのセルにおける資金の流出入

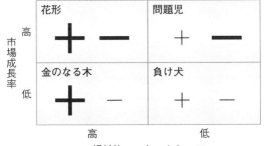

プラス符号の大きさ＝資金流入の大きさ
マイナス符号の大きさ＝資金流出の大きさ

第3章
経営戦略論

167

形商品」は「花形製品」あるいは単に「花形」と表記されることもある。

4 ✕ 負け犬 → 低成長率・低シェアの製品や事業。

「**問題児**」の説明である。将来性のある「問題児」は次世代の「花形商品」に育成するために先行投資を必要とするが，将来性のない「問題児」はそのまま放置し，適当な時期に撤退させなければならない。なお，戦略案に製品差別化や市場細分化はあるが，「市場の差別化」はない。

5 ✕ 問題児 → 高成長率・低シェアの製品や事業。

市場成長率と相対的なマーケット・シェアがともに低いセルに位置するのは「**負け犬**」である。「負け犬」は資金の流入も流出も低い状態にあり，これ以上のシェアの拡大は困難となる。そのため，事業が赤字に転化する前に他事業に経営資源を移転するか，適切なタイミングで市場から撤退させる必要がある。ただし，条件によっては，残存者利益の獲得やニッチ（すき間市場）のマニア層などを対象に製品およびアフターサービスを提供する戦略，市場における製品の位置づけ（ポジショニング）を再設定し，需要を確保する戦略はあり得る。**残存者利益**とは，他社が先に撤退し，自社だけが業界に残る場合，競争相手が存在しなくなるため，小規模ではあるが事業を継続することで獲得できる利益である。

正答 **3**

FOCUS

　PPMは「限られた経営資源を既存の諸事業にどのような基準で配分するのが効率的か」という課題のために考案された分析手法である。言い換えれば，企業全体の利益を確保し，成長を維持するために，性質の異なる各事業への資源配分を組み合わせることがPPMの目的となる。

　過去問の大半は同工異曲だが，平成17年度・国家一般職の出題（実戦問題No.4）は製品ライフサイクルと各セルとの特徴を対象にしており，PPMについての総合的な理解が求められる内容だった。

POINT

重要ポイント 1 ▶ プロダクト・ポートフォリオ・マネジメント（PPM）

（1）概要

● 経営コンサルティング会社のボストン・コンサルティング・グループ（BCG）が考案したPPMは，**複数の事業（あるいは製品）に対する効率的な資源配分を決定するための手法**である。BCGのPPMでは，ある事業の資金の流出入は**市場成長率と自社の相対的な市場占有率（最大の競争相手に対する自社事業の市場占有率）の高低**によって決定される。各事業はこの2つの基準に従って，マトリックスにおける4つのセルのいずれかに位置づけられる。

BCGのPPM

相対的マーケットシェア

（2）各セルの特徴

● 4つのセルは，その特徴に応じて「問題児」，「花形」，「金のなる木」，「負け犬」と呼ばれる。

① **問題児** ：低シェア・高成長率に位置する「問題児」は，**資金流入よりも多くの投資を必要とする事業**であり，経営者はその将来性を分析して，投資を継続し「花形」に育成するか，そのまま放置して「負け犬」の状態で撤退させるかを選択しなければならない。

② **花形** ：高シェア・高成長率に位置する「花形」は，多くの資金流入をもたらすが資金流出も多く，**先行投資を続ける必要があるため資金源とはならない**。「花形」はシェアを維持したまま市場成長率が鈍化した場合，「金のなる木」に移行する。

③ **金のなる木**：高シェア・低成長率に位置する「金のなる木」は，必要な投資を上回る資金流入をもたらすため，**他事業へ資金を供給する資金源として機能する**。

④ **負け犬** ：低シェア・低成長率に位置する「負け犬」は，資金流入も資金流出も少ない事業であり，シェアの拡大は困難な状況にある。したがって，**適時に他事業へ経営資源を移転し，市場から撤退させる必要がある**。

問題児	→ 低シェア・高成長率	→ 選択的投資によって花形に育成
花　形	→ 高シェア・高成長率	→ 資金流入・資金流出ともに多い
金のなる木	→ 高シェア・低成長率	→ 他事業への資金源となる
負け犬	→ 低シェア・低成長率	→ 時期を見極めて撤退させる

- PPMの要点は,「金のなる木」から得られた資金を「花形」や将来性のある「問題児」に投資すると同時に,将来性のない「問題児」や「負け犬」を適切な時期に撤退させることにある。

(3) PPMに対する批判

- BCGのPPMに対しては,4セルのマトリックスでは単純化されすぎており,市場成長率と相対的なシェア以外の基準を必要とするという批判がある(GE社が考案した改良型のPPMである**戦略的事業計画グリッド**は,9セルからなる)。また,あまりにPPMによる机上分析にこだわりすぎると**分析マヒ症候群**に陥りやすくなり,積極的な新規事業開拓や戦略の実行過程の軽視につながる,などの点が指摘されている。

重要ポイント **2** 経験効果(経験曲線)

- BCGが自社の顧客の膨大なデータ分析から,**ある製品の累積生産量が倍加するにつれて,トータル・コスト(生産コストだけではなく,管理,販売,物流などに関するコストも含む)が一定の予測可能な範囲で低下すること**を発見した。この経験則から得た知見を経験効果と呼ぶ。

経験効果	ある製品の累積生産量が倍加するごとに, トータルコストが約10~30%低下する現象

- 具体的に経験効果によるコストの逓減率は,**累積生産量が倍加するごとに10%から30%下がる**ことが明らかにされている。たとえば,横軸に累積生産量,縦軸に単位当たりのコストを設定し,グラフに表した場合,85%経験曲線とは累積生産量が倍加するごとに,単位当たりのコストが当初の水準から15%低下する軌跡を描くことになる。言い換えると,85%経験曲線の下で,初年度にある製品を100単位生産するときの単位当たりのコストが100である場合,2年目に100単位生産するとき(すなわち累積生産量が200のとき)の単位当たりコストは85になる。

- 経験効果によってトータル・コストが低下するならば,企業がとるべき戦略は他企業よりも早く生産量を累積し,知識や経験を蓄積し,習熟度を高めることにある。これはすなわち,**他社よりも高い市場占有率の確保が戦略上の最優先課題となる**ことを意味する。BCGのPPMの理論的背景には,この経験効果や製品ライフサイクルが基盤にある。

実戦問題

No.1 PPM（プロダクト・ポートフォリオ・マネジメント）に関する次の記述のうち，妥当なのはどれか。 【国税専門官・平成17年度】

1 PPMの手法を用いて，事業ポートフォリオの全体像を描くに当たっては，各事業をその事業の企業にとっての魅力度とその事業での競争力という2つの次元から考える。この場合，事業の魅力度を事業の収益性で，競争力を企業の事業規模で測るのが最も一般的である。

2 ある事業のキャッシュフローは，通常，その事業のライフサイクルの移り変わりにかかわらず一定であると考えられているが，PPMでは，各事業の性格によって，キャッシュフローのパターンが異なるところに注目する。

3 PPMによる事業分類のうち，「問題児」とは，通常は成熟期の分野で事業自体の収益性は低く，その将来性に大きな魅力はないことから，企業としては，早期に戦略的撤退を行うべき分野である。

4 PPMの手法は，資源配分が不要な事業単位を明確にするため，「問題児」や「負け犬」として位置づけられた事業単位には，十分な資源配分が行われることはない。このため，事業単位内部の人々の動機づけが難しくなるといったモラールの問題が生ずる場合がある。

5 GE社がPPMの手法を発展させて用いたビジネス・スクリーンとは，事業強度と産業魅力度の2つの次元から構成され，それぞれの次元について3つのレベルを想定し，都合9つのセルを識別するものである。

No.2 PPMにおけるBCGマトリックスに関する記述として，妥当なのはどれか。 【地方上級（特別区）・平成22年度】

1 BCGマトリックスは，新規事業の有効な資源配分を検討することで，企業全体としての持続的な成長・発展を計画していく手法である。

2 BCGマトリックスの分析単位は，製品である必要はなく，事業部門内の一つの製品ラインでもよく，この分析単位のことを戦略的事業単位という。

3 「問題児」は，産業としても成長の鈍化などで将来の魅力も小さく，競争力をあまり持たない事業であり，企業としては戦略的撤退を真剣に考える必要のある分野である。

4 「金のなる木」は，市場シェアが高く，成長期であって事業としての将来の魅力も大きいが，現在は大きな資金流入と同時に資金投下も必要としている分野である。

5 事業が望ましい移動の方向は，「金のなる木」から「花形」へというものであり，資金の移動の方向としては，「問題児」や「花形」から「金のなる木」へというのが望ましい。

[*] **ボストン・コンサルティング・グループ（BCG）によるプロダクト・ポートフォリオ・マネジメント（PPM）に関する記述として，妥当なのはどれか。**

【地方上級（特別区）・平成25年】

1 PPMは，製品が導入期，成長期，成熟期，衰退期という段階をたどるとする製品ライフサイクルの存在と，製品の単位当たり生産コストは累積生産量が増加するに伴って減少するという経験曲線効果の存在とを前提としている。

2 PPMは，多角化した企業が各事業への効果的な資源配分と最適な製品事業の組合せを実現するための手法であり，事業単位間の相互関連性から生まれるシナジー効果を重視したものであることが特徴とされる。

3 PPM分析によると，長期的・安定的な成長を達成するための標準的な資金配分の戦略は，「金のなる木」で得た資金を用いて，「負け犬」を「花形」に育成することである。

4 BCGマトリックスで「問題児」に位置づけられる事業は，市場成長率と相対的市場占有率とがともに低く，利益率が低いため，基本的戦略は，撤退となる。

5 BCGマトリックスで「花形」に位置づけられる事業は，市場成長率が高く将来期待される事業ではあるが，相対的市場占有率が低く，資金の供給が必要となるため，基本的戦略は，その事業の将来性によって拡大または縮小となる。

No.4 下の表は市場シェアと市場成長率によって「問題児」,「花形製品」,「金のなる木」,「負け犬」に分類した,いわゆるBCGポートフォリオマトリックスである。このような分類に関する次の記述のうち,妥当なのはどれか。

【国家一般職・平成17年度】

1 この分類の背景には,事業（製品）は誕生から成長を経て成熟,衰退に向かうというプロダクトサイクル理論がある。このような考え方からすると,「金のなる木」の成長率をさらに高めるためにこの事業に投資を行うことは有効な投資策となる。

2 この分類の背景には,生産量が増大するにつれて当初は規模の経済が働くが,累積生産量が一定量を超えると逆に平均費用は上昇していくとする考え方がある。したがって,「金のなる木」に新たな投資をすることは,たとえシェアを高めることができても平均費用も上昇する可能性が高いので有効な投資策とはいえない。

3 この分類では市場成長率が高い製品は競争が激しく追加投資の必要性が高いと考えられている。したがって,「花形製品」は優位な競争ポジションを確保しているが,この製品で高い利益を生み出すことは困難である。

4 この分類では市場成長率が低い製品は競争が激しくないので追加投資の必要性は低いと考えられている。したがって,「負け犬」は市場シェアは低いものの,投資の必要性も低いので,事業を継続していくべきである。

5 この分類では,1つの事業は「問題児」→「花形製品」→「金のなる木」→「負け犬」というサイクルを持つという前提を置いている。したがって,成長期にある「問題児」や「花形製品」には投資をすべきであるが,衰退期にある「金のなる木」や「負け犬」への投資は得策ではない。

実戦問題の解説

No.1 の解説　PPMの構成（GEグリッドを含む）　　→問題はP.171　正答5

1 ✕ BCGのPPM → 市場成長率と相対的な市場占有率で構成される。

PPMの基準を「その事業の企業にとっての魅力度」と「その事業での競争力」の2次元で考えるという記述が誤り。BCGが考案したPPMでは，市場成長率と相対的な市場占有率という2つの基準によって，製品や事業が各セルに位置づけられる。

2 ✕ 事業のキャッシュフロー → ライフサイクルに応じて変化する。

ある事業のキャッシュフロー（一定期間における現金の流出と流入の差額）はその事業のライフサイクルの移り変わりによって変化する。この観点に基づいて，PPMでは各セルの特徴に応じて積極的な投資を行うか，資金源として活用するか，撤退させるかを判断する。

3 ✕ 将来性のない問題児や負け犬 → 適時に撤退を行うべき対象。

「問題児」は高成長率・低シェアのセルに位置する。そのため，将来有望な「問題児」は「花形」や「金のなる木」に育成するべく追加投資を行う必要があるが，将来性のない「問題児」は適時に撤退させるべきである。

4 ✕ 将来性のある問題児には，積極的に資源配分を行う。

低成長率・低シェアに位置する「負け犬」は事業が赤字に転落する前に撤退させるのが得策だが，**有望な「問題児」に対しては十分な資源配分を行う必要がある。**また，撤退を余儀なくされた事業の経営資源は，適時に他事業へ転換することが求められる。

5 ◎ GE社のビジネススクリーン → 9セルのマトリックス。

正しい。GE社が考案した改良版PPMであるビジネス・スクリーンは，**戦略的事業計画グリッド（GEグリッド）**とも呼ばれる。BCGのPPMは単純化されすぎているという観点から，GE社のPPMは事業強度と産業魅力度という2次元からなる9セルのマトリックスで構成される。

◆ステップアップ

＊戦略的事業計画グリッド（GEグリッド）＊

事業強度

		強い	平均	弱い
産業魅力度	高			
	中			
	低			

事業強度の要素：相対的マーケットシェア，価格競争力，製品の質，顧客・市場の知識，販売効率，地理的範囲
産業魅力度の要素：市場規模，市場成長率，利益マージン，競争度，循環的変動性，季節性，規模の経済性，経験曲線

No.2 の解説 各セルの特徴と戦略的事業単位　　　　　　→問題はP.171　**正答2**

1 ✕ BCGマトリックス　→ 既存事業に効率的な資源配分を行うための手法。
「新規事業の有効な資源配分を検討する」が誤り。BCGマトリックスは，既存の諸事業に対して効率的な資源配分を行うための手法である。

2 ◎ BCGマトリックスの分析単位 → 戦略的事業単位（SBU）。
正しい。BCGマトリックスで用いられる戦略的事業単位（**SBU**：Strategic Business　Unit）は，事業部単位や製品ライン単位，あるいは特定の製品やブランド単位でも構成される。その特性は，①単一事業であること，②明確に識別されるミッション（使命）を持つこと，③それ自体が独立した競合者を持つこと，④責任ある管理者を持つこと，⑤一定の資源をコントロールすること，⑥戦略計画から恩恵を受けること，⑦他事業から独立して計画できること，などにある。

3 ✕ 問題児 → 低シェア・高成長率の製品や事業。
「**負け犬**」の説明である。「**問題児**」が位置する市場は成長率が高く，その成長が鈍化しているわけではない。

4 ✕ 金のなる木 → 高シェア・低成長率の製品や事業。
「**花形**」の説明である。「**金のなる木**」は低成長率・高シェアに位置する成熟期の事業であり，他事業に対する資金源として機能する。

5 ✕ 「問題児や花形から金のなる木へ」が，製品や事業の望ましい軌道。
BCGマトリックスでは，「問題児」や「花形」から「金のなる木」へという順序が諸事業の望ましい移動の方向である。また，資金の移動は「金のなる木」から「花形」および将来性の見込める「問題児」へという方向が一般的である。

第3章

経営戦略論

No.3 の解説 PPMの構成と各セルの特徴 →問題はP.172 **正答 1**

1 ◎ **PPMの理論的基盤 → 製品ライフサイクルと経験曲線効果。**

正しい。経営コンサルティング会社のBCGが考案したPPMの理論的な基盤は，**製品ライフサイクルと経験曲線効果**である。経験曲線効果とは，ある製品の累積生産量が倍加するごとに，その製品のトータル・コスト（生産コストだけでなく，管理，物流，販売などのコストも含む）が約10～30％低下する現象である。

2 ✕ **シナジー効果 → 多角化の際に考慮すべき相乗効果。**

「シナジー効果を重視した」が誤り。BCGによるPPMの特徴は，市場成長率と相対的市場占有率（最大の競争相手に対する自社事業のシェア）という2つの基準によって，「問題児」，「花形」，「金のなる木」，「負け犬」と名づけられた4つのセルに各事業が位置づけられる点にある。

3 ✕ **金のなる木で得た資金を，将来性のある問題児に投資して花形に育成する。**

PPMによる分析の要点は，「金のなる木」を資金源として，将来性のある「問題児」や「花形」に投資すると同時に，見込みのない「問題児」と「負け犬」を適切な時期に撤退させることにある。**重要ポイント1**を参照。

4 ✕ **市場成長率と相対的市場占有率がともに低い → 負け犬。**

「**負け犬**」の説明である。市場成長率が高く，相対的市場占有率が低い「問題児」は導入されて間もない事業であり，経営者はその将来性を見定めて投資を継続するか，状況に応じて事業の縮小や撤退を決定しなければならない。

5 ✕ **市場成長率が高く，相対的市場占有率が低い → 問題児。**

「**問題児**」の説明である。「花形」は市場成長率も相対的市場占有率も高い成長期の事業であり，多くの資金流入をもたらすが，資金流出も多いために先行投資を続ける必要があり，資金源にはならない。

No.4 の解説 各セルの特徴と製品ライフサイクル →問題はP.173 **正答 3**

1 ✕ **金のなる木は成熟期の事業であり，他事業の資金源となる。**

プロダクトサイクル（製品ライフサイクル）理論によれば，ある事業や製品は導入期→成長期→成熟期→衰退期という段階をたどる。低い市場成長率と高い市場シェアに位置する**「金のなる木」は成熟期に属する事業や製品**であり，資金流出よりも資金流入が多いことから，他事業の資金源として機能する。したがって，成熟期にある「金のなる木」にさらなる投資を続け，成長率を高めようとすることは，資源配分の効率という点では得策ではない。

2 ✕ **経験効果 → 累積生産量の増加につれてコストが一定の範囲で減少する。**

「累積生産量が一定量を超えると逆に平均費用は上昇していく」が誤り。BCGのPPMの背景には「規模の経済」ではなく**経験効果（経験曲線）**がある。**重要ポイント2**を参照。

◆ステップアップ

＊各セルがとるべき戦略案＊

(1) **シェアの拡大**：長期的なシェアの拡大を図る「花形」に対して適切な代替案である。成長率の高い市場でシェアを拡大しなければならない「問題児」にも有効である。

(2) **シェアの維持**：安定した強い「金のなる木」に適切な代替案である。

(3) **資金の獲得**：短期的な資金の「収穫」を目的とする。基盤が安定せず，近い将来に衰退しそうな「金のなる木」に適切な代替案である。

(4) **市場からの撤退**：将来性のない「問題児」や「負け犬」に対して適用される。

3 ◎ 花形 → 資金流入が多いが資金流出も多いため，資金源にはならない。

正しい。「花形製品」は市場成長率も市場シェアも高いために資金流入が多い反面，資金流出も多く，資金源にはならない。次世代の「金のなる木」に成長するまで「花形製品」には追加投資を行う必要がある。

4 ✕ 負け犬 → 利益の向上が期待できないため，適時に撤退させる。

「負け犬」は本肢のような特徴を持つために**追加投資の必要性は低く，利益の向上も期待できない**。したがって，事業が赤字に転落する前に経営資源を他事業に転換し，適時に撤退する必要がある。

5 ✕ 将来性が見込めない問題児への投資は得策ではない。

「問題児」→「花形製品」→「金のなる木」→「負け犬」という順序は成功した事業のライフサイクルであり，**すべての事業が必ずこのような段階をたどるわけではない**。事業によっては「問題児」から「負け犬」に転落する場合や「花形製品」まで成長しても，競争に敗れて衰退するケースもある。また，成長期にある「問題児」であっても，投資すべき対象はあくまで有望な「問題児」であり，将来性のない「問題児」は「負け犬」と同様に適切な時期に撤退が求められる。

第3章

経営戦略論

ポーターの競争戦略論

必修問題

ポーターの競争戦略に関する記述として，妥当なのはどれか。

【地方上級（特別区）・平成24年度】

1 **差別化戦略**は，製品の価格，特性，デザイン，ブランド，サービスなどの面で競合他社の製品と差別化できる自社独自の得意な製品を市場に提供することにより，競争上の優位性を獲得しようとする戦略である。

2 業界の競争状態は，業者の敵対関係，新規参入の脅威，代替品・サービスの脅威，売り手の交渉力，買い手の交渉力により規定され，これら5つの要因に対処して競争上の優位性を獲得することが，競争戦略の課題である。

3 **コスト・リーダーシップ戦略**は，特定の市場セグメントをターゲットに，独自技術の開発，規模の経済性の活用などを通して，競合他社よりも低いコストを達成することにより，競争上の優位を獲得しようとする戦略である。

4 **集中化戦略**は，特定の市場セグメントをねらうのではなく，幅広く市場全体をターゲットにして，コスト低下と差別化の両方で競争上の優位性を獲得しようとする戦略である。

5 コスト・リーダーシップ戦略と差別化戦略は，おのおのの戦略を実施するために必要な経営資源や組織文化などの点で共通するものが多いので，両方の戦略は同時に追求するべきである。

難易度 ＊

頻出度 国家総合職 ★
国家一般職 ★
国税専門官 ★
地上全国型 ★

地上関東型 ★
地上特別区 ★★

⑬ ポーターの競争戦略論

必修問題の解説

「他社との競争で優位に立つためには何が重要か」が，競争戦略論の課題である。ポーターの競争戦略論は近年の頻出テーマであり，設問の一つとして盛り込まれる場合も含めると，各試験で頻繁に取り上げられる。

1 ✕ 差別化戦略 → 価格以外の属性を差別化する。

「製品の価格」が誤り。**差別化戦略**は，価格以外の製品の属性（**機能，品質，デザイン，ブランド・イメージ，アフターサービスなど**）を他社の競合製品から差別化することで競争上の優位性を獲得する戦略である。

2 ◎ 競争市場 → 5つの要因に規定される。

正しい。ポーターによれば，適切な競争戦略を選択するためには，問題文にある競争市場を規定する5つの要因を分析する必要がある。重要ポイント2を参照。

3 ✕ コスト・リーダーシップ戦略 → 市場全体を対象に低価格化を実現。

「特定の市場セグメントをターゲットに」が誤り。**コスト・リーダーシップ戦略**は，幅広く市場全体をターゲットにして，**競合他社よりも低いコストで製品やサービスを提供**することにより，競争上の優位性を獲得しようとする戦略である。

4 ✕ 集中化戦略 → 特定市場を対象に製品やサービスを供給。

「特定の市場セグメントをねらうのではなく，幅広く市場全体をターゲットにして」が誤り。集中化戦略（**集中戦略**）は，**特定の市場セグメントを対象に経営資源を集中的に投下**し，コスト低下や差別化を実施することによって競争上の優位性を獲得しようとする戦略である。

5 ✕ コスト・リーダーシップ戦略と差別化戦略は両立し難い。

ポーターによれば，**コストリーダーシップ戦略と差別化戦略は同時に追求する組合せには適さない**。その理由は，差別化戦略の実施が製品の仕様や生産工程の変更，広告・宣伝費の増加を伴い，コスト増につながるためである。重要ポイント3を参照。

正答 2

第3章 経営戦略論

FOCUS

ポーターの競争戦略論で扱われる主な対象は，競争市場を規定する5つの要因（重要ポイント2）と3種類の基本戦略（重要ポイント3）である。また，ポーターの学説と関連して，競争優位の源泉についての2つの考え方（重要ポイント4）も取り上げられる機会が増えつつある。

重要ポイント 1 ▶ 競争戦略論の背景

● 1980年代になると，アメリカ経済の飽和や既存産業の成熟に伴って，多角化やM&Aなどの全社レベルの戦略以外に**個別事業レベルの戦略の重要性**が増した。このような背景から，M.E.ポーターが示した競争戦略の体系が注目されるようになり，競争戦略に関する研究は経営戦略論の大きな潮流となった。

● ポーターは『競争の戦略』（1980年），『競争優位の戦略』（1985年）などの著書で，企業が競争上の優位を得るための理論的な枠組みを示した。

重要ポイント 2 ▶ 業界の構造分析（ファイブ・フォース・モデル）

● ポーターによれば，適切な競争戦略を選択するためには，まず競争市場を規定する5つの要因を分析し，その結果に応じて適切な戦略を選ぶ必要がある。

- ・ 既存企業間の敵対関係あるいは競争関係
- ・ 新規参入業者の脅威
- ・ 代替製品やサービスの脅威
- ・ 供給業者の交渉力
- ・ 製品の買い手による交渉力

● これらの要因によって競争市場の状況は異なり，その状況が企業の収益性を左右する。そのため，経営者は競争市場の分析に基づいて，自社が競争優位を発揮できる戦略案を選択しなければならない。

ファイブ・フォース・モデル

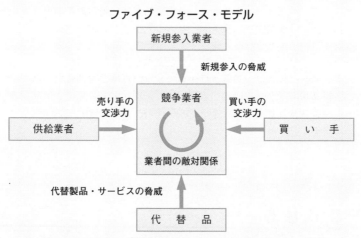

（出所：M. E. ポーター，『競争の戦略』ダイヤモンド社，1982年，P.18）

重要ポイント3　3種の基本戦略

- 競争市場の分析に基づいて，経営者は適切な戦略案を選択することになる。そのための基本戦略として，ポーターは次の3種類を挙げている。
- **(1) コスト・リーダーシップ戦略：コストを削減し，低価格を実現する**ことで他社に対する競争優位を獲得する戦略。
- **(2) 差別化戦略：**他社の競合製品に対して品質，機能，デザイン，アフターサービスなど**価格以外の属性で異なる特徴を打ち出す**戦略。
- **(3) 集中戦略：**特定の市場において，そのニーズに適した**製品やサービスを集中的に供給する**戦略。

コスト・リーダーシップ戦略	コストの削減と低価格化の実現
差別化戦略	競合製品と異なる特徴を打ち出す
集中戦略	特定市場で製品やサービスを集中的に供給

- これらの戦略は競争市場の動向に応じて単独でも実施されるが，コスト・リーダーシップ戦略と集中戦略，差別化戦略と集中戦略のように複数の戦略を組み合わせて実施する場合もある。
- その際，**コスト・リーダーシップ戦略と差別化戦略は組合せには適さない**。その理由は，差別化戦略の実施は生産ラインの変更や広告・宣伝の拡充などを伴い，コスト増につながるためである。このように同時に2つの戦略を実施して中途半端な状況に陥り，収益性の低下を招くことを**スタック・イン・ザ・ミドル**（Stuck in the Middle）と呼ぶ。

重要ポイント4　リソース・ベースト・ビューとポジショニング・ビュー

- 経営戦略論では，企業の競争優位の源泉について2つの考え方がある。
- **(1) ポジショニング・ビュー**（Positioning View：ポジショニング戦略論）
- 他社よりも優位な立場（ポジション）を獲得するために，競争市場を分析し，適切な戦略を選択することを重視する。ポーターの競争戦略論が代表的な学説。
- **(2) リソース・ベースト・ビュー**（Resource-based View：資源ベース戦略論）
- 持続的な競争優位を保つために，他社には容易に模倣されない技術，知識，経験などの総合的な組織能力を重視する。プラハラードとハメルが示した**コア・コンピタンス**とバーニーの**VRIO**フレームワークが代表的な学説である。両者の学説については，テーマ14・重要ポイント4と5を参照。

ポジショニング・ビュー	競争優位の源泉を**外部の市場**に求める考え方
リソース・ベースト・ビュー	競争優位の源泉を**内部の経営資源**に求める考え方

実 戦 問 題

No.1 競争戦略に関する次の記述のうち，妥当なものはどれか。

【国税専門官・平成10年度】

1 ポーターの見解によれば，競争市場では一般に，同業者の数が多ければ多いほど，また，業界の成長速度が大きければ大きいほど，企業間の競争は激しくなる。

2 競争市場を規定する要因として，既存企業間の競争の強さ，潜在的参入企業の脅威，供給業者および買い手の交渉力の強さなどが挙げられるが，代替製品による影響は特にない。

3 コスト・リーダーシップ戦略とは，同業者のライバル企業よりも，同種製品の低コストで生産・販売できるようにする戦略のことであり，生産上のスケール・メリットの確保とは無関係である。

4 差別化戦略とは，他社製品から差別化し独自性を打ち出す戦略であり，この差別化を生み出すものとして，技術，デザイン，ブランドイメージなどが挙げられるが，アフターサービス，支払条件等のサービス面は含まれない。

5 焦点戦略とは，幅広く市場一般を対象とするのではなく，市場を細分化し，自社の能力にマッチした一部のセグメントに焦点を当て，その市場でコスト面，差別化の面で優位に立とうとする戦略である。

No.2 ポーターの競争戦略に関するＡ～Ｄの記述のうち，妥当なものを選んだ組合せはどれか。

【地方上級（特別区）・平成21年度】

Ａ：業界の競争状態は，既存企業の間での敵対関係，潜在的な競争企業の参入の脅威，売り手の交渉力，買い手の交渉力および政府の規制の5つの要因によって規定される。

Ｂ：コスト・リーダーシップ戦略は，同一の製品やサービスを競争企業よりも低コストで生産・販売する戦略で，規模の経済性や経験効果の発揮を通して，より大きな利益の獲得やマーケットシェアの拡大が可能になる。

Ｃ：差別化戦略は，企業が現在供給しているものとは異なる新たな製品，サービスをもって新たな市場に進出する戦略で，メリットとして，未利用資源の活用，シナジー効果の発生およびリスクの分散による競争上の優位性がある。

Ｄ：集中化戦略は，業界全体ではなく，市場を細分化し，特定のセグメントに絞り込んで，その市場でコスト面，差別化の面で優位に立とうとする戦略である。

1 Ａ，Ｂ   **2** Ａ，Ｃ

3 Ａ，Ｄ   **4** Ｂ，Ｃ

5 Ｂ，Ｄ

No.3 ポーターの競争戦略に関する記述として，妥当なのはどれか。

1 ファイブ・フォース分析とは，企業が創出して提供する付加価値が，購買物流，製造，出荷物流，販売・マーケティング，サービスという5つの企業内の活動のどの活動から生み出されているかを分析することをいう。

2 競争の基本戦略とは，競争相手に対して優位を築くための戦略であり，競争優位性と戦略ターゲットという2つの観点から，コスト・リーダーシップ戦略，差別化戦略，集中戦略の3つの戦略に分けられる。

3 新規参入業者の脅威とは，その業界の生産している製品に対する代替製品出現の可能性が高いかどうかということであり，自社の製品よりも魅力的な代替製品が出現すると，業界全体の需要が減り，競争環境が厳しくなることをいう。

4 差別化戦略とは，製品特性，デザイン，用途の面で競合他社の製品と差別化できる自社独自の特異な製品を市場に提供し，競争上の優位性を獲得しようとする戦略であるが，顧客サービスの面での差別化は差別化戦略ではない。

5 集中戦略とは，市場を細分化して，特定のセグメントに対して経営資源を集中し，差別化戦略を実現していく戦略であるが，コスト・リーダーシップ戦略を実現していく戦略ではない。

実戦問題の解説

No.1 の解説　競争市場を規定する5要因と3種の基本戦略　→問題はP.182　正答5

1 ✕ **競争市場を規定する5要因 → 業界の成長速度は含まれない。**
　ポーターは「競争市場を規定する5つの要因」を示したが，業界の成長速度が競争を激化させる要因であるとは述べていない。

2 ✕ **代替製品やサービスの脅威 → 5要因に含まれる。**
　末尾の「代替製品による影響は特にない」が誤り。**重要ポイント2**を参照。

3 ✕ **コスト・リーダーシップ戦略 → スケール・メリットを重視。**
　末尾の「生産上のスケール・メリットの確保とは無関係である」が誤り。コスト削減とスケール・メリット（規模の経済，規模の経済性）は密接に関係する。一般にコスト・リーダーシップ（低価格化）を実現するための方法には，規模の経済と範囲の経済がある。**規模の経済**は，生産量の増大に伴って製品1単位当たりの平均生産コストが低下することである。**範囲の経済**は，個々の事業による製品生産を1社にまとめて展開することや，部品の共通化，流通・販売チャネルの共有化などにより，コストを削減することを意味する。現在では，産業構造の変化（市場の成熟化，ニーズの多様化など）や技術革新の進展により，規模の経済よりも範囲の経済の重要性が増している。

規模の経済	生産量が増すにつれて，製品1単位当たりの平均生産コストが低下する
範囲の経済	複数事業の統合や部品の共通化，販売チャネルの共有などによってコストが低下する

4 ✕ **アフターサービスと支払い条件等のサービス → 差別化戦略に含まれる。**
　「アフターサービス，支払条件等のサービスは含まれない」が誤り。差別化戦略は，は他社の競合製品に対して品質，機能，デザイン，アフターサービスなど**価格以外の属性で異なる特徴を打ち出す戦略**である。

5 ◎ **焦点戦略（集中戦略） → 特定の市場に応じた製品やサービスを供給。**
　正しい。焦点戦略（集中戦略）は，**他社とは競合しない市場に特化して，その市場の顧客のニーズを満たす製品やサービスを供給する**戦略である。

No.2 の解説　競争市場を規定する5要因と3種の基本戦略　→問題はP.182　正答5

A ✕ **5要因は競争業者，新規参入業者，代替品，供給業者，製品の買い手が対象。**
　5つの要因の中で「政府の規制」が誤り。**重要ポイント2**を参照。

B ◎ **コスト・リーダーシップ戦略 → 低価格を実現することで競争優位を得る。**
　正しい。**規模の経済性**とは，生産量の増加に伴って製品1単位当たりの平均生産コストが低下する現象である。**経験効果**はある製品の累積生産量が倍加するごとに，その製品のトータル・コストが約10～30%低減する現象のことである。**テーマ12・重要ポイント2**を参照。

C ✕ 差別化戦略の利点 → 業界平均以上の利益やブランド・ロイヤルティの向上。

差別化戦略が成功した際のメリットは，①業界の平均以上の利益を獲得できること，②顧客の**ブランド・ロイヤルティ**（特定のブランドを顧客が繰り返し購入する選好の度合い）が向上すること，③新規参入業者に対する参入障壁が高まること，などが挙げられる。ポーターによれば，**差別化戦略**は「自社の製品やサービスを差別化して，業界の中でも特異だと見られる何かを創造しようとする戦略」である。実際の差別化の対象には，製品設計，ブランド・イメージ，品質，機能，デザイン，顧客サービスなどが含まれる。

D ○ 集中化（集中）戦略 → 特定市場のニーズに適した製品・サービスを供給。

正しい。なお，ポーターが示した3種の戦略は，競争市場の動向に応じて単独でも実施されるが，コスト・リーダーシップ戦略と集中戦略，差別化戦略と集中戦略のように複数の戦略を組み合わせて実施する場合もある。

　以上の内容から**B**と**D**が正しいため，選択肢**5**が正答となる。

No.3 の解説　ポーターの競争戦略論　　　→問題はP.183　**正答2**

1 ✕ ファイブ・フォース分析 → 競争市場を規定する5要因。

問題文の内容は，ポーターが示したバリュー・チェーン（価値連鎖）の説明である。テーマ15の実戦問題No.6・選択肢**4**の図を参照。

2 ○ 基本戦略 → コスト・リーダーシップ戦略，差別化戦略，集中戦略。

正しい。ファイブ・フォース分析に基づいて，3つの基本戦略の中から自社が競争優位を発揮できる戦略案を選択することが，ポーターが示した競争戦略の策定手順である。重要ポイント3を参照。

3 ✕ 新規参入業者の脅威 → 他社の参入によって競争が激化し，収益性が低下。

代替製品やサービスの脅威に関する説明である。新規参入業者の脅威とは，ある業界に他社が新たに参入すると原材料の調達コストが上昇し，競争が激化するため，企業の収益性が低下する状況である。また，**新規参入業者の脅威の大きさは，業界における参入障壁（他社の新たな参入を妨げる要因）の高低に左右される**。業界内で規模の経済や製品差別化が強く作用し，巨額の投資の必要性や仕入れ先の変更に伴うコストが大きい場合，参入障壁が高くなり，新規参入業者の脅威は小さくなる。

4 ✕ 顧客サービス → 差別化の対象に含まれる。

差別化戦略では，製品特性（品質や機能），デザイン，用途，顧客サービスなどの点で，競合他社の製品と異なる特徴を打ち出す。

5 ✕ 集中戦略 → コスト・リーダーシップ戦略や差別化戦略と組み合わせて実施。

「コスト・リーダーシップ戦略を実現していく戦略ではない」が誤り。

その他の経営戦略

競争地位別の戦略に関する次の記述のうち，妥当なのはどれか。

【地方上級（東京都）・平成19年度】

1　競争地位は，市場におけるシェアの大きさや経営資源の質および量による企業の分類であるが，企業は，競争優位を獲得するため，自社の経営資源よりも競合他社の競争地位を考慮して，競争戦略を選択する必要があるとされる。

2　リーダーは，業界での市場シェアが第1位の企業であり，現在の市場の地位を維持することを目標として，常に市場の規模を拡大させるために低価格戦略をとるとされる。

3　チャレンジャーは，経営資源が質的にも量的にもリーダー企業に劣っている企業であるが，リーダー企業の市場のシェアを奪うことを目標として，上位企業の模倣による低価格戦略をとるとされる。

4　フォロワーは，業界での市場のシェアが第2位以下の企業であり，リーダー企業に対抗した市場のシェアの拡大を目標として，常にリーダー企業が追随できない差別化戦略をとるとされる。

5　ニッチャーは，経営資源がリーダー企業に対して質的には優れているが量的には劣っている企業であり，特定市場でのミニ・リーダーになることを目標として，特定市場に経営資源を集中させる戦略をとるとされる。

難易度　＊

必修問題の解説

　コトラーが示した競争地位別の戦略は，経営戦略論とマーケティングで扱われることが多い。4タイプの企業の特徴を把握することがポイントである。

1 ✕ **自社の競争上の地位や経営資源に応じて競争戦略を選択。**

「自社の経営資源よりも競合他社の競争地位を考慮して，競争戦略を選択する必要がある」が誤り。P.コトラーによれば，企業は市場における自社の競争上の地位によってリーダー，チャレンジャー，フォロワー，ニッチャーに分類され，それぞれの置かれた状況と保有する経営資源に応じて採用する戦略が異なる。自社の強み・弱みを分析したうえで経営資源の有効活用を図り，適切な戦略を選択して競争上の優位を獲得することが重要である。**重要ポイント2**を参照。

2 ✕ **リーダー → シェアの維持・拡大に向けてあらゆる戦略をとる。**

「常に市場の規模を拡大させるために低価格戦略をとる」が誤り。**リーダー**は市場占有率の首位を維持・拡大するために，単に低価格戦略だけでなく，**あらゆる戦略を駆使することが求められる**。

3 ✕ **チャレンジャー → リーダーと異なる戦略を実施。**

「上位企業の模倣による低価格戦略をとる」のはフォロワーである。**チャレンジャーはシェア首位の座を手に入れるために，リーダーとは異なる戦略を積極的に導入する**。その内容は製品差別化，サービスの質の向上，革新的な製品開発，流通チャネルの拡大，広告・宣伝の強化など多岐に及ぶ。

4 ✕ **フォロワー → リーダーの戦略に追従する。**

「常にリーダーが追随できない差別化戦略をとる」のはチャレンジャーである。**フォロワーはリーダーに追随して熾烈な競争に参入せず，一定のシェアの維持と利益の確保を重視する**。そのため，コスト削減による低価格化と品質向上の両立がフォロワーにとって重要な課題となる。

5 ◎ **ニッチャー → 特定市場での「ミニ・リーダー」をめざす。**

正しい。**ニッチャーは他社には容易に模倣できない経営資源（技術やノウハウ，流通チャネルなど）によって，大企業が進出しないすき間市場で独自の地位を確立するタイプの企業である**

正答 5

FOCUS

　本テーマで取り上げられている学説や概念は，総じて1980年代以降に提唱された内容であり，その対象は多岐にわたる。個々の出題は関連性がないように見えるが，いずれも「成熟市場での他社との競争で，いかに生き残るか」という問題意識の下で構成されている。

重要ポイント **1** 戦略的提携とクロス・ライセンシング

- 戦略的提携は，需要や技術革新の面で成熟期を迎えた産業で，競争関係にある企業どうしが**お互いの重要な経営資源を提供し合い，弱点を補強するために結ぶ提携関係**である。その目的は，無用な競争の回避や大企業どうしの生き残りにあり，「左手の拳を振り上げながら右手で握手する」関係と形容される。
- クロス・ライセンシング（クロス・ライセンス）は戦略的提携の手段であり，特許技術を保有する企業が，お互いに**技術を使用する権利を供与し合う契約**を意味する。

重要ポイント **2** コトラーの競争地位別の戦略

P.コトラーは，**市場における競争上の地位**によって企業を4タイプに分類し，採用する戦略が異なることを示した。

（1）リーダー（シェア首位の座を維持するためにあらゆる戦略を実施する企業）

- リーダーの目的は，自社の市場占有率の確保と市場規模の拡大，ブランド・イメージの維持にある。そのため，リーダーは市場におけるすべての顧客を対象に**全方位型の戦略**を導入する。

（2）チャレンジャー（市場占有率が2〜4位にあり，リーダーの座を狙う企業）

- チャレンジャーの目的は市場占有率の拡大にある。そのために製品計画や流通チャネル，販売促進などで**リーダーとの徹底した差別化**を実施する。

（3）フォロワー（リーダーを模倣し，低価格と高品質の両立を模索する企業）

- フォロワーは市場占有率をめぐる競争には参加せず，業界での生き残りをかけて**コストを抑えつつ，品質やサービスの内容を高水準に保つ**ことが焦点となる。

（4）ニッチャー（大企業との競争を避け，一定規模の市場で地位を確立する企業）

- ニッチャーの基本戦略は専門化にあり，対象となるすき間市場のニーズに特化することで「ミニ・リーダー」をめざす。

重要ポイント **3** SWOT分析

- SWOT分析は，自社事業の**強み**（Strength）と**弱み**（Weakness），外部環境の**機会**（Opportunity）と**脅威**（Threat）を比較・分析することから，適切な戦略案を導く手法である。
- 強みと弱みの分析は，研究開発能力，生産能力，販売力，財務体質など自社が**保有する経営資源の優劣**を競合他社と比較して検討することである。
- 機会と脅威の分析は，外部環境の**マクロ要因**（法規制，政治・経済・社会状況など）と**ミクロ要因**（市場規模や成長性，顧客のニーズ，競合他社の動向など）を検討し，自社にとってプラスとマイナスの要因を識別する。

StrengthとWeakness	自社事業の強みと弱み
OpportunityとThreat	外部環境の機会と脅威

重要ポイント 4 ▶ コア・コンピタンス

- コア・コンピタンスとは，G.ハメルとC.K.プラハラード（プラハラッド）が共著『コア・コンピタンス経営』（1994年）で示した概念であり，「顧客に対して，他社にはまねのできない自社ならではの価値を提供する，企業の中核的な力」を意味する。

コア・コンピタンス	顧客に利益をもたらす技術やスキル，知識，経験の集合体

- それまでの環境分析重視型の経営戦略論に対して，**競争力の源泉としての経営資源の重要性**を示唆した点で，コア・コンピタンスは1990年代に注目を集めた。
- 日本企業のコア・コンピタンスの例では，ソニーの小型化技術，ホンダのエンジン技術，シャープの薄型液晶画面ディスプレイの技術などが挙げられる。

重要ポイント 5 ▶ VRIOフレームワーク（VRIOモデル）

- J.B.バーニーが示したVRIOフレームワークは，企業の**経営資源や組織能力がどのように持続的な競争優位を生み出すか**を分析する枠組みである。
- VRIOフレームワークでは，ある経営資源が競争優位をもたらすか否かは，**経済価値**（Value），**希少性**（Rareness, Rarity），**模倣可能性**（Imitability，**模倣困難性**とも訳される），経営資源を活用する**組織**（Organization）で決まると考える。

Value（経済価値）
Rareness（希少性）
Imitability（模倣可能性）
Organization（組織）
企業がこの4要因を獲得し，実現することで，持続的な競争優位を生み出すことが可能となる

重要ポイント 6 ▶ 創発的戦略

- 経営戦略はトップ・マネジメントによって**事前にすべて計画されるものではなく，現場での取り組みや試行錯誤によって事後的に創り出される**という主張が，1970年代にH.ミンツバーグらによって行われた。この考え方に基づく戦略を**創発的戦略**（Emergent Strategy）と呼ぶ。
- ミンツバーグは，創発的戦略の考え方に基づくリーダーの役割は単に綿密な戦略計画を練ることではなく，戦略の実施過程で起こる予期せぬ結果を取り込みつつ，柔軟にマネジメントすることにあるとした。

**
No.1 組織の分化と統合に関する次の記述のうち，妥当なのはどれか。

【国家一般職・平成17年度】

1 取引コストの理論によれば，企業は財やサービスを調達するに当たって，市場を通じた取引のコストと内部組織を通じた取引のコストを比較して，安いほうを選択する。取引に必要な資産の特殊性が高いほど，内部組織を通じた取引の優位性が高まる傾向がある。

2 市場を通じた取引と内部組織を通じた取引の中間的な形態として，企業間のアライアンス（提携）や合弁がある。いずれも，参加企業が速やかに合併することを前提とした関係であり，各企業が積極的に優れた人材や先端技術を投入する傾向がある。

3 企業が成長するには，内部成長による方法とM＆A（合併と買収）による方法がある。買収の場合，買収元企業は買収先企業の株を現行株価の半値以下で買いたたくのが普通であり，買収計画が発表されると，ほとんどの買収元企業の株価は高騰する。

4 企業には生産，販売，経理，研究開発，法務などの職能がある。アウトソーシングとは，企業が一部の職能を外部に委託することである。工場を持たないメーカーはコングロマリットと呼ばれるが，機動的な生産の変更ができにくい傾向がある。

5 日本とアメリカ合衆国の自動車メーカーの組織を比較すると，日本のほうが比較的統合されており，アメリカ合衆国のほうが比較的分化しているという違いがある。すなわち，日本の完成車の部品は内製比率が比較的高く，アメリカ合衆国の完成車の部品は社外から購入する比率が比較的高い。

No.2 次のA～Eのうち，企業のコア・コンピタンスに該当するものの組合せ
として，妥当なのはどれか。　　　　　　　　【地方上級（東京都）・平成18年度】

A：競合他社と比較してわずかでも優れた能力であれば該当する。

B：顧客に特定の利益をもたらすことのできるものである。

C：個別のスキルや技術が対象となる。

D：事業や製品ごとに存在し，適用範囲は狭い。

E：長期間にわたり当該企業内部に蓄積されたものである。

1　A．C

2　A．D

3　B．D

4　B．E

5　C．E

実戦問題 **1** の 解説

→問題はP.190 **正答1**

No.1 の解説 組織の分化と統合

1 ◎ 取引コストの最小化を基準として，市場取引あるいは内製を選択する。
正しい。**取引コスト**の概念についてはテーマ7の重要ポイント2の（2）を
参照。

2 × 提携や合弁は合併を前提としておらず，メリットが無くなれば解消する。
企業間の合併は，双方の企業の資本面での統合を意味する。しかし，相互に
技術の供与や経営資源の補完を行う提携や，複数の企業が出資して共同事業
を行う合弁は，資本面での統合を前提としてはいない。

3 × M&Aの計画が発表されると，一般に買収先企業の株価が上昇する。
M&Aでは，買収対象となる企業の株式の取得価格は，一般に株式市場での
実勢価格よりも10～30%程度高く設定される（この上乗せ価格を**買収プレミ
アム**と称する）。そのため，ある企業の買収計画が発表されると，買収先企
業の株価が一時的に高騰する場合が多い。

4 × コングロマリット → 異業種の企業を買収して形成する非関連型多角化。
後半の記述が誤り。工場を持たず，製品生産を他企業に委託するメーカーの
ことを**ファブレス企業**と呼び，機動的な生産の変更が行える。

5 × 日本の自動車メーカーよりも，米国メーカーの内製比率が相対的に高い。
日米の自動車メーカーに関する説明が逆である。**日本の自動車メーカーは部
品生産の大半を系列の下請会社に委託**しており，その内製化率は低く，約
30%程度といわれている。これに対してアメリカの自動車メーカーは，自社
の傘下に多数の部品メーカーを統合しているため，部品の自社生産の比率が
比較的高く，その内製化率は約70～80%と推定されている。ただし，近年は
日米欧の自動車メーカー間の提携や合弁によって互いに部品供給を行ってお
り，欧米の自動車メーカーの内製化率も変化しつつある。

No.2 の解説 コア・コンピタンス

→問題はP.191 **正答4**

コア・コンピタンスとは，G.ハメルとC.K.プラハラードが共著『コア・
コンピタンス経営』（1994年）の中で提唱した概念である。その内容は，**他
社には真似のできない独自の価値を顧客に提供する企業の中核的な力**を意味
する。具体的には，製品単位あるいは事業単位の技術やスキルではなく，**長
年にわたって企業内に蓄積された知識や経験，組織能力などの複合体**であ
る。また，コア・コンピタンスは製品やサービス全体の競争力に影響を与
え，生き残りを賭けた他社との競争を左右する。この定義から判断して，
A，C，Dは該当しない。重要ポイント4を参照。
以上の内容から，正しい組合せは**B**と**E**であり，**4**が正答となる。

実戦問題 ❷ 応用レベル

No.3 企業の戦略に関する次の記述のうち，妥当なのはどれか。

【国家一般職・平成24年度】

1 競争優位をもたらす資源の分析枠組みであるVRIOモデルでは，資源の価値，希少性，模倣困難性，組織の4つの要素が判断基準となっている。企業が模倣困難性を備える資源を保有することで一時的な競争優位が獲得され，模倣困難性に加えて価値または希少性のいずれかを備える資源を保有することで持続的競争優位が獲得される。

2 価格戦略の重要な要因である価格弾力性は「価格の変化率÷需要の変化率」の絶対値として定義される。自社製品に代替財が存在すると価格弾力性は高くなるので，製造コストと期待する利益水準に基づくコスト・ベース・プライシングが妥当となり，代替財が存在しないと価格弾力性は低くなるので，競合製品との比較に基づくマーケット・ベース・プライシングが妥当となる。

3 規格競争におけるデファクト・スタンダードの獲得，維持には，顧客が他の規格に乗り換える際に発生するスイッチング・コストが重要となる。スイッチング・コストの代表的な構成要素には，買い直しのための金銭的コスト，使用方法を習得し直す手間，人間関係やイメージに対する心理的コスト，情報収集コスト，乗り換えたときに満足できるかどうかのリスクなどがある。

4 経営戦略は組織階層のレベルに応じて3つに大別され，戦略自体も階層構造をなしている。まず，企業全体にかかわる戦略である競争戦略には事業ドメインの定義と事業部間の資源配分が含まれ，部門間調整の機能を持つ。次に，競争戦略に応じて人事戦略や財務戦略などの事業戦略が策定されるが，事業戦略を実際の資源運用計画として事業部内の諸機能のレベルにブレークダウンしたものが機能別戦略である。

5 企業が新たな資源や能力を獲得する手段を戦略的提携といい，内部開発と外部からの獲得の2つの方法がある。内部開発には，共同投資によって独立法人を設立して協働するジョイント・ベンチャーがあり，外部からの獲得には，開発，製造，販売といった共同事業のための独立した組織を設置する業務提携と，共同事業のための組織を設置したうえで株式を持ち合う業務・資本提携とがある。

💎 No.4 企業の戦略に関する次の記述のうち，妥当なのはどれか。

【国家一般職・平成29年度】

1 1970年代から1980年代にかけて，日米企業の国際競争力が逆転した理由の一つとして，R.P.ルメルトは，コア・コンピタンスの活用の有無を挙げた。経営資源に乏しい日本企業は，事業を単位として戦略を考える手法であるコア・コンピタンスを活用して経営戦略を展開したことにより，米国企業に対して，国際競争力を向上させることができた。

2 製品ライフサイクルの導入期における代表的な戦略は，低価格化を追求する浸透価格戦略と利益最大化を追求する利益志向価格戦略である。しかし，競合他社との競争において，この2つの価格戦略を同時に追求しようとすると，中途半端な業績に陥るとされており，こうした状態をスタック・イン・ザ・ミドルと呼ぶ。

3 M.E.ポーターが提示したバリュー・チェーン（価格連鎖）は，事業活動の中から付加価値を生み出す個別活動を識別するための分析枠組みであり，同一業界の企業は同様の価値連鎖を有するとされる。バリュー・チェーンを構成する諸活動は，全般管理，人事労務管理，研究開発などの主活動と，購買物流，製造，販売・マーケティングなどの支援活動とに区別される。

4 競走優位の源泉を，企業の保有する資源ではなく活動に着目して分析するための手法がVRIOフレームワークである。企業はこの手法を用いて，自社の活動のうちで，経済価値（Value）を生み出すような，稀少性（Rarity）は高いが模倣可能性（Imitability）は低い活動を特定し，その活動が収益をあげられるような機会（Opportunity）を識別することができる。

5 H.I.アンゾフは，企業の成長を拡大化と多角化に分類し，さらに拡大化について，現在の製品・市場でのシェア拡大である「市場浸透」，新たな製品の開発である「製品開発」及び新たな市場に進出する「市場開拓」に分類した。また，多角化は，製品と市場についてどちらも新しいものに進出することであり，コングロマリット的多角化など幾つかのタイプのものがあるとした。

No.5 企業の戦略に関する次の記述のうち，妥当なのはどれか。

【国家一般職・令和２年度】

1 R.P.ルメルトは，米国企業の多角化戦略を分析し，非関連事業の分野に多角化した企業は，既存事業と関連する分野に多角化した企業より，業績が高い傾向にあるとした。これを受けて，H.I.アンゾフは，成長ベクトルのマトリックスを提唱し，新技術を活用した新製品を現在の市場に展開し新しい需要を喚起するものである非関連多角化を，４つの成長ベクトルのうち最上位に位置付けた。

2 ボストン・コンサルティング・グループが開発したPPMとは，経験効果と製品ライフサイクル仮説の２つの経験則を基礎とした分析ツールである。これは，例えば，相対的市場シェアが低く，市場成長率は高い「問題児」に属する事業には，その事業が有望か否かを分析するという課題を課すなど，各事業の状況に応じて異なる課題・役割を課すことで，多角化事業を管理しようとするものである。

3 コモディティ化とは，ある製品やサービス，規格について，国際的な業界標準とは異なるため国内でしか通用しない状態となることをいう。一旦コモディティ化すると，その製品やサービスに国内の人気が集中し，その結果，ますますコモディティ化が進展するため，国際的な業界標準に合わせることは難しいとされる。

4 SWOT分析とは，自社の強み（Strength）や弱み（Weakness）に応じて，自社の組織（Organization）や戦術（Tactic）が最適に設計されているかを判断するためのものである。企業固有のものである自社の強みや弱みに焦点を当てることができるものの，外部環境の変化は分析の対象になっていないという欠点が指摘されている。

5 J.B.バーニーは，企業の競争優位の源泉を人的資源や生産設備などの経営資源に求めるRBV（Resource Based View）の戦略論を唱えた。この戦略の欠点として，特許などの知財が考慮されていないことが挙げられ，これを補うものとして，C.K.プラハラッドとG.ハメルは，VRIOフレームワークを提唱した。

実戦問題 ❷ の 解説

→問題はP.193 **正答3**

No.3 の解説 競争優位を得るための諸手段

本問は高橋伸夫編，東京大学ものづくり経営研究センター著，『170の keywordによるものづくり経営講義』（日経BP社，2005年），高橋伸夫編，『超企業・組織論』（有斐閣，2000年）などに基づいて構成されている。

1 ✕ **経済価値があり，希少な資源を保有 → 一時的な競争優位が獲得できる。**
後半の説明が誤り。J.B.バーニーが提唱した**VRIOモデル**によれば，ある資源が競争優位をもたらすか否かは，資源の経済価値（Value），希少性（Rareness, Rarity），模倣可能性または模倣困難性(Imitability)，組織（Organization）によって決まる。すなわち，経済価値があると同時に希少な資源を保有することで一時的な競争優位を得ることができ，さらにその資源が競争相手にとって模倣し難いときに持続的な競争優位がもたらされる。そして，このような資源を活用する組織能力が必要とされる。**重要ポイント5**を参照。

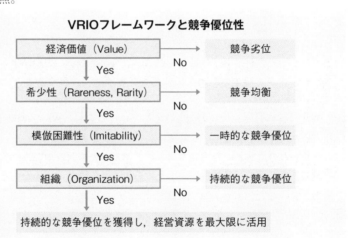

VRIOフレームワークと競争優位性

2 ✕ **価格弾力性＝需要の変化率÷価格の変化率。**
価格弾力性とは価格の変化に対する需要の増減の度合いであり，「需要の変化率÷価格の変化率」の絶対値で表される。また，**コスト・ベース・プライシング**とは，製造コストに企業が一定の利益を加えて価格を設定することであり，**マーケット・ベース・プライシング**は，競合する他社の製品（代替財）と比較して「売れる価格帯」を考え，それに見合うコストや利益率を算定し，価格を設定することである。したがって，代替財が存在し，価格弾力性が高い（価格変化に連動して需要が増減する）状況では，マーケット・ベース・プライシングが妥当であり，代替財が存在せず，価格弾力性が低い（価格変化によって需要はさほど増減しない）状況では，コスト・ベース・プライシングが妥当な手法となる。

3 ◎ スイッチング・コスト → 他社の製品や規格に乗り換える際に生じる費用。
正しい。規格競争における**デファクト・スタンダード**とは，市場における競争の結果，数多くの顧客の支持を得ることで「事実上の標準」となった規格のことである。テーマ23・重要ポイント7を参照。また，**スイッチング・コスト**については，テーマ18・重要ポイント6の（3）を参照。

4 ✕ 企業全体にかかわる戦略 ▸ 全社戦略。
経営戦略は組織階層に応じて全社戦略，事業戦略，機能別戦略に大別される。**全社戦略**は企業全体に関わる戦略であり，事業**ドメイン**（事業領域）の定義や各事業部への資源配分を決定する。**事業戦略**では事業レベルの目標が設定され，個別の事業計画が策定される。また，このレベルでは競争優位の獲得が重要な課題となるため，競争戦略が事業戦略の中核となる。そして，**機能別戦略**では，事業戦略を実際の資源運用計画として具体化し，事業部内の製造，販売，財務，人事などの機能（職能）部門別に実施することになる。

5 ✕ ジョイント・ベンチャー（合弁事業）→「外部からの獲得」に含まれる。
「企業が新たな資源や能力を獲得する手段」＝戦略的提携ではない。企業が資源や能力を獲得する手段には内部開発と外部からの獲得の2つの方法があり，さらに外部からの獲得にはM&A（企業の合併・買収），提携，市場取引という3つの選択肢が含まれる。この中の提携は独立した企業どうしが結ぶ協力関係であり，**ジョイント・ベンチャー**（合弁事業，共同企業体），**ライセンシング**（技術供与），**クロス・ライセンシング**（技術使用権の相互供与），**OEM**（相手先ブランドによる製品・部品の供給）などの手段がある。近年は，ライバル企業どうしが特定の事業では競争し，他の事業では協調して提携関係を結ぶことで無用な競争を避けつつ，互いの経営資源を補完し合うケースが増えつつある。このように競争と協調が並存する提携関係のことを**戦略的提携**と呼ぶ。重要ポイント1を参照。

第3章

経営戦略論

本問は，高橋伸夫編著，『よくわかる経営管理』（ミネルヴァ書房，2011年）などに基づいて構成されている。

1 × ルメルト → 企業の業績と多角化の関係を分析。

「R.P.ルメルト」と「日本企業は，事業を単位として戦略を考える」が誤り。G.ハメルとC.K.プラハラードは，他社に対して競争上の優位をもたらす，企業に蓄積された技術や知識の集合を**コア・コンピタンス**と呼んだ。**重要ポイント4**を参照。彼らは，欧米企業は個々の事業を単位として戦略を考え，コア・コンピタンスの蓄積・活用の度合いが低いのに対して，関連型多角化を展開する日本企業は，事業間で自社の経営資源を共有し，コア・コンピタンスを活用・強化するための戦略を採っていると指摘した。

2 × 導入期に高価格の製品を投入し，利益の最大化を追求 → 上層吸収価格戦略。

「利益志向価格戦略」と「スタック・イン・ザ・ミドル」の内容が誤り。製品ライフサイクルの導入期に，利益の最大化を目的として高価格の製品を投入する戦略を，**上層吸収価格戦略（上澄み吸収価格戦略）**と呼ぶ。**テーマ18・重要ポイント4**を参照。**利益志向価格戦略**は，成長期において競争がさほど激化していない状況下で，製品の価格をある程度の高さにとどめて最大限の利益獲得を目指す戦略である。**スタック・イン・ザ・ミドル**は，二律背反の関係にあるコスト・リーダーシップ戦略と差別化戦略を同時に追求し，中途半端な業績に陥る状態を指す。**テーマ13・重要ポイント3**を参照。

3 × 個別企業のバリュー・チェーンの内容は，同一業界であっても異なる。

同一業界の企業であっても，対象とする市場や保有する経営資源によって，**バリュー・チェーン（価値連鎖）**の実態は異なる。加えて，後半の主活動と支援活動の内容が逆である。バリュー・チェーンの主活動は，購買物流，製造，販売・マーケティングなどであり，支援活動には全般管理，人事労務管理，技術開発などが含まれる。**テーマ15・実践問題No.6・選択肢4の解説**の図を参照。

4 × VRIO → Value, Rareness (Rarity), Imitability, Organization。

「活動に着目して分析する」および「機会（Opportunity）」が誤り。J.B.バーニーが示した**VRIOフレームワーク**は，企業の保有する資源や組織能力がどのように持続的な競争優位を生み出すかを分析するための手法である。**重要ポイント5**を参照。

5 ◎ 成長ベクトル → 市場浸透，市場開発または市場開拓，製品開発，多角化。

正しい。アンゾフが示した企業の成長方向（成長ベクトル）については，**テーマ10・重要ポイント2の（2）**を参照。

No.5 の解説 企業の戦略（SWOT分析，VRIOフレームワークなど）→問題はP.195 **正答2**

1 ✗ **アンゾフが唱えた成長ベクトルは，ルメルトの分析より以前に提唱された。**
ルメルトの学説については，テーマ11・重要ポイント2を参照。また，アンゾフが唱えた成長ベクトルの中で，新製品を現在の市場に展開するのは製品開発であり，「非関連多角化」ではない。テーマ10・重要ポイント2の（2）を参照。さらに，「4つの成長ベクトルのうち最上位に位置付けた」も誤り。アンゾフは4種類の成長ベクトルに序列を設けてはいない。

2 ◎ **PPMの理論的基盤 → 経験効果と製品ライフサイクル。**
正しい。ボストン・コンサルティング・グループ（BCG）が考案した**プロダクト・ポートフォリオ・マネジメント**（PPM）は，既存の諸事業に経営資源を効率的に配分するための分析ツールである。テーマ12・重要ポイント1を参照。

3 ✗ **コモディティ化 → 製品やサービスが普及し，「日用品化」すること。**
ある製品やサービス，規格が「国際的な業界標準とは異なるため国内でしか通用しない状態」は，いわゆる「ガラパゴス化」である。**コモディティ化と**は，ある企業の**製品やブランドが広く普及することによって，ありふれた「日用品」となり，常に価格競争にさらされる**状態を意味する。製品がコモディティ化すると，他社に模倣され，価格競争が激化し，自社が築いた顧客基盤が奪われる危険性が高まる。そのため，ブランド構築を強化し，製品差別化を図ることで他社の模倣を防ぎ，安定した顧客基盤を確保する必要が生じる。

4 ✗ **SWOT → Strength, Weakness, Opportunity, Threatの略。**
「自社の組織（Organization）や戦術（Tactic）」および「外部環境の変化は分析の対象になっていない」が誤り。SWOT分析は，自社の**内部環境における強み（Strength）と弱み（Weakness）**，自社を取り巻く**外部環境における機会（Opportunity）と脅威（Threat）**を検討し，適切な戦略を策定する分析手法である。**重要ポイント3**を参照。

5 ✗ **VRIOフレームワークを提唱 → バーニー。**
特許などの知財（知的財産権）は競争優位を生み出す企業の経営資源であることから，RBV（資源ベース戦略論）の対象となる。RBVを含む競争優位の源泉については，テーマ13・重要ポイント4を参照。また，プラハラッドとハメルは**コア・コンピタンス**の概念を示した。重要ポイント4を参照。VRIOフレームワークとコア・コンピタンスは，RBVの代表的な学説である。

必修問題

経営戦略論に関する次の記述のうち，妥当なのはどれか。

【地方上級（特別区）・令和2年度】

1 「企業戦略論」を著したチャンドラーは，新規市場に新製品を投入する戦略を多角化戦略としたが，この戦略は，既存の市場や製品を利用できないため，**シナジー**効果が低く，リスクが高くなるとした。

2 PPMとは，複数の事業を営む企業が経営資源を最適に配分するため，市場成長率と相対的市場シェアという軸によって，花形，金のなる木，問題児，負け犬の4つの事業に分類し，企業戦略を明らかにする考え方である。

3 「競争の戦略」を著したポーターは，経済価値，希少性，模倣困難性，組織能力という4つの尺度によって評価分析する**VRIOフレームワーク**を提唱した。

4 バーニーは，競争業者，新規参入業者，買い手，供給業者，代替品という5つの要因によって，業界の競争構造や魅力度を分析する**ファイブ・フォース分析**を考案した。

5 ボストン・コンサルティング・グループが開発した**SWOT分析**とは，自社の内部環境における機会と脅威，自社を取り巻く外部環境における強みと弱みを検討し，戦略を策定する手法である。

難易度 ＊

頻出度
A
国家総合職 ★★★
国家一般職 ★★★
国税専門官 ★★★
地上全国型 ★

必修問題の解説

経営戦略全般の出題パターンは，各論者が示した学説や概念を幅広く問う設問が多い。出題頻度では，チャンドラー命題，アンゾフの戦略論（特に成長ベクトルとシナジー），PPM（その目的とマトリックスの構成，各セルの特徴），ポーターの競争戦略（競争市場を規定する5つの要因，3つの基本戦略），VRIOフレームワークが目立つ。

1 ✗ 『企業戦略論』の著者 → H.I. アンゾフ。

『企業戦略論』（1965年）を著したのはアンゾフである。また，すべての多角化戦略が「シナジー効果が低く，リスクが高くなる」とは限らない。アンゾフは，多角化戦略を①水平型多角化，②垂直型多角化，③集中型多角化，④集成型多角化に分類した。この中で，④は事業間の関連性が薄いためにシナジー効果はほとんど期待できないが，①〜③については，**事業間で技術やマーケティングに関連性がある場合にシナジー効果が期待できる**と説明している。また，A.D. チャンドラーは，主著『経営戦略と組織』（1962年）の中で，19世紀末から20世紀初頭にかけてのアメリカ大企業の成長過程を分析した。そして，これらの大企業が，事業の多角化に伴って組織編成を**事業部制組織**に変革する経緯をあとづけ，「**戦略は組織構造を従える**」という命題を示した。テーマ10・重要ポイント1を参照。

2 ◎ PPM → 既存事業に対して効率的に経営資源を配分するための分析手法。

正しい。**PPM**（プロダクト・ポートフォリオ・マネジメント）は，経営コンサルティング会社の**BCG**（ボストン・コンサルティング・グループ）が考案した。テーマ12・重要ポイント1を参照。

3 ✗ VRIOフレームワークを提唱 → J.B. バーニー。

VRIOフレームワークは，**企業の経営資源や組織能力がどのように持続的な競争優位を生み出すか**を分析する理論枠組みであり，ある経営資源が競争優位をもたらすか否かは，**経済価値**（Value），**希少性**（Rareness, Rarity），**模倣可能性**（Imitability，模倣困難性とも訳される），経営資源を活用する**組織**（Organization）の4つの要因で決まるとした。テーマ14・重要ポイント5を参照。

4 ✗ ファイブ・フォース分析を考案 → M.E. ポーター。

ポーターによれば，ある業界の競争構造は，①既存企業（競争業者）間の敵対関係，②新規参入業者の脅威，③買い手の交渉力，④供給業者（売り手）の交渉力，⑤代替品やサービスの脅威の5要因によって規定される。重要ポイント13・重要ポイント2を参照。

5 ✗ SWOT分析 → 外部環境の機会と脅威，内部環境の強みと弱みを比較分析。

ボストン・コンサルティング・グループはSWOT分析を開発していない。また，「機会と脅威」と「強みと弱み」の位置づけが逆である。SWOT分析

第3章

経営戦略論

は，自社の内部環境における強み（Strength）と弱み（Weakness），自社を取り巻く外部環境における機会（Opportunity）と脅威（Threat）を検討し，適切な戦略を策定する分析手法である。すなわち，SとWは自社が保有するの「ヒト，モノ，カネ，情報」といった経営資源や組織能力に関する要因であり，OとTは法規制や経済状況，顧客のニーズ，競争業者との関係，技術革新の動向など自社の経営に影響を与える多様な環境要因を意味する。テーマ14・重要ポイント3を参照。

正答 **2**

FOCUS

テーマ8の経営学説全般と同じく，経営戦略全般は経営戦略論の理解度を測る「まとめ」である。過去問では，テーマ10〜14の内容に加えてマーケティングやイノベーション・マネジメントを含めた折衷型の問題も見受けられる。この出題パターンは国家総合職と国家一般職に多い。

国家専門職と地方上級では，テーマ10〜14の内容を幅広く問う基本レベルの出題が中心である。

―POINT―

重要ポイント 1 経営戦略論の系譜（1960年代〜2000年代）

- 「戦略」という概念が明確に経営学に導入されたのは，チャンドラーの『経営戦略と組織』（1962年）においてである。その後，アンゾフが『企業戦略論』（1965年）において戦略策定の過程を初めて体系化した。また，1960年代の戦略論の中心課題は，企業の成長方向を決定し，「どのような事業を行うか」すなわち，**多角化の指針を提示する**ことにあった。この背景には，当時のM&Aによる経営多角化の進展があり，戦略論の理論構築に影響を与えた。

- 1970年代になると，多角化の決定よりも，**すでに多角化した事業をいかに管理するか**という問題が重視されるようになる。そのため，既存事業に対する経営資源の配分を決定するプロダクト・ポートフォリオ・マネジメント（PPM）が考案され，分析的な戦略策定の技法が数多く生み出された。また，1970年代後半には，単に戦略の策定だけではなく，それを遂行するための組織，管理手法，企業文化などを含めて戦略の立案から実施までを包括的に体系化しようとする**戦略的経営**の考え方が登場した。

- 1980年代には，全社的な戦略のほかに，事業レベルの戦略が重視されるようになる。とりわけ，ポーターの『競争の戦略』（1980年）は，事業分野における**競争戦略**の重要性を指摘し，戦略論における大きな潮流となった。1980年代後半になると，アメリカでは景気後退の影響のために，行き過ぎた多角化を整理・統合する動きが高まり，**リストラクチャリング**（事業の再構築）の技法が注目を集めた。

- 1990年代には，コンピュータおよび情報・通信技術の発展により，既存の資材調達，製造，流通，販売，財務などの各領域を**ネットワークによって再編成する経営システムの情報化**が急速に進展した。さらに2000年代以降は，IT技術を活用した事業開拓や戦略的提携の促進によって，さらなるコスト削減，成熟市場における需要の喚起，国際競争の中での生き残りに向けて模索が続いている。

＊経営戦略上の課題の変遷＊

年 代	中心課題
1960年代	・多角化の決定
1970年代	・多角化した既存事業への資源配分 ・『戦略的経営』
1980年代	・競争戦略 ・リストラクチャリング ・事業再編を目的としたM & A
1990年代	・経営の情報ネットワーク化 ・スピード重視の経営 ・経営資源の選択と集中
2000年代以降	・他企業との戦略的提携，国際分業の促進 ・IT技術やビッグデータを活用したビジネスの拡大 ・資金運用を目的とした財務戦略の重視

No.1 企業の戦略に関する次の記述のうち，妥当なのはどれか。

【国家一般職・平成16年度】

1　P.コトラーは，市場で競争するプレーヤーとしての企業を，リーダー，チャレンジャー，ニッチャー，フォロアーの4つに分類した。そのうち，ニッチャーは，高い流通支配力とブランド力を生かして市場占有率をさらに高めていこうとする戦略をとる。

2　企業ドメインとは，企業の存在領域などをさす概念であり，その広がりは空間の広がり，時間の広がりおよび意味の広がりの3つの次元で表現される。幅広い領域で活動し，かつ，その領域の発展性が高い場合，その企業の成長ポテンシャルは大きいとされる。

3　H.I.アンゾフは，「技術志向か市場志向か」および「成長市場に出るか成熟市場に出るか」という2つの次元から，企業の成長戦略を4つに分類した。そのうち，技術志向で成長市場に出ていく戦略は市場開発戦略と名づけられた。

4　19世紀のアメリカ鉄道産業と20世紀初頭のアメリカ自動車産業の歴史を研究したA.D.チャンドラーは，企業が組織構造を変更した数年後に主要な戦略変更が起こるという法則を見いだし，「戦略は組織に従う」と表現した。

5　製品ライフサイクルは，導入期，成長期，成熟期，衰退期の4つの段階に分けられる。時間を横軸に，売上高を縦軸にとって両者の関係をグラフで表すと，その曲線は左右対称の正規分布に従った「釣り鐘カーブ」を示す。

No.2 経営戦略に関する次の記述のうち，妥当なのはどれか。

【国家専門職・令和元年度】

1　プロダクト・ポートフォリオ・マネジメントは，相対的市場占有率と市場成長率の指標を用いたマトリックスで表される。低シェア低成長率の製品やサービスは「問題児」と呼ばれ，投資により売上高を伸ばすことで「金のなる木」へと成長させることが必要となる。

2　経験曲線とは，累積生産量が増加すると，製品一単位当たりの利益が一定の範囲で上昇することを示した右上がりの曲線である。別名，学習曲線とも呼ばれ，企業の製品およびサービスの価格設定時に影響を及ぼす。

3　M.E.ポーターは，企業間における戦略と業績の差異に注目し，企業の内的要因を分析することで自社の採るべき戦略を分析する，ファイブ・フォース分析を構築した。それによると，新規参入の脅威，顧客の交渉力，代替品の脅威，技術革新の脅威，業者間の敵対関係の5つが競争要因として挙げられる。

4　製品ライフサイクルの考え方に従うと，製品が市場に導入された後クリティカル・マスの達成によりデジュール・スタンダードが確立することで，成熟期へと

移行する。また，成熟期には製品の売上高や利益は大幅に増加する。

5 コア・コンピタンスとは，顧客に対して，他社には模倣困難な自社独自の価値を提供する，企業の中核的な力を意味する。しかし，ひとたびコア・コンピタンスを定め，これに固執した場合は，企業の成長の方向性を一方向に制約し，環境の変化に弱くなるおそれがある。

**
No.3 経営戦略に関する次の記述のうち，妥当なのはどれか。

【国家総合職・令和2年度】

1 ハーバード大学ビジネススクールを中心に展開されたPIMSプロジェクトでは，市場シェアが中程度の場合には，市場シェアが高い状況や低い状況と比べて，投資収益率（ROI）が低くなることが，データで示された。PIMSプロジェクトでは，このように市場シェアが中程度となる状況はスタック・イン・ザ・ミドル（Stuck in the Middle）と呼ばれ，できるだけ回避すべきだとされた。

2 規模の経済性とは，累積生産量が2倍になるごとに，単位当たり費用が一定の比率で低下する現象を指した概念であり，経験効果（経験曲線効果）とも呼ばれる。したがって，規模の経済性により競争優位を獲得するためには，ある時点で生産規模が大きいだけではなく，競合企業よりも多くの数量を生産・販売し続けて，より多くの経験を蓄積することが必須となる。

3 E.M.ロジャーズは，新製品の普及がたどる過程をモデル化し，新製品の採用者は，採用する時期によってイノベーター，チャレンジャー，リーダー，フォロワー，ニッチャーの5つのカテゴリーに分けられるとした。このモデルによれば，イノベーションの普及を進めるうえで最も重要となるのは，チャレンジャーである。

4 J.B.バーニーが提唱したVRIOフレームワークによると，①企業の経営資源に柔軟性があり（Variable），②その経営資源が稀少で（Rare），③革新的であり（Innovative），④企業内部の経営資源を利用するという意味で有機的な（Organic）成長を図る，という4つの条件がすべて満たされると，その経営資源に基づいた競争優位は持続可能で，高い収益性が見込めるとされる。

5 M.E.ポーターのファイブ・フォース分析の考え方に基づくと，ある業界において，参入障壁が高い状況では，新たな企業が参入しにくく，企業間での競争は抑制される可能性が高いと予想される。それに対して，退出（撤退）障壁が高い状況では，既存企業が撤退しにくく，企業間での競争は激化しやすいとされる。

【国家専門職・令和3年度】

1 SWOT分析とは，競合企業の強みと弱み，外部環境の機会と脅威を比較・分析することで適切な戦略を導く手法である。この分析は，従来のリソース・ベースド・ビュー（RBV）が，外部環境を分析の対象としていない点を補完するものとして提唱されたものである。

2 M.E.ポーターは，市場において優位なポジションを築くためには，コスト・リーダーシップ戦略，差別化戦略，情報戦略及び集中戦略の4つの戦略が重要であると主張した。なお，集中戦略は，特定顧客に他の顧客とは異なる特別な価値を提供することに集中する差別化集中戦略と，高いコストをかけ高付加価値を提供するコスト集中戦略に分類することができる。

3 R.P.ルメルトの主張した成長ベクトルとは，成長戦略を導き出すための分析手法であり，既存の製品を用いて既存の市場シェアの向上を目指す市場浸透，新規の製品を用いて新しい市場に進出する市場開拓，新規の製品を既存の市場に投入する製品開発および既存の製品を新しい市場に投入する多角化に分けることができる。

4 G.ハメルとC.K.プラハラードの主張したコア・コンピタンスとは，顧客に対して，他社には模倣のできない自社特有の価値を提供する企業の中核を担う力を意味する。具体的には，組織内に蓄積されてきた経営上あるいは技術上のノウハウや経験などが該当する。

5 H.I.アンゾフは，企業の経営資源がその企業にとっての強みとなっているか否かを判断する枠組みであるVRIOフレームワークを提唱した。このフレームワークにおいては，経営資源を経済価値，弾力性，模倣困難性および特異性の4つの側面から評価を行う。

実戦問題 **1** の解説

No.1 の解説 経営戦略（ドメインを含む）　　　　→問題はP.204 **正答2**

1 ✕ ニッチャー → 大企業が参入しないすき間市場での地位を確立。
ニッチャーは，独自の技術開発力や流通網を生かして，大企業が参入しないすき間市場で地位を確立するタイプの企業である。コトラーが示した4タイプの企業については，テーマ14の重要ポイント2を参照。

2 ◎ 企業ドメイン → 企業の事業活動の領域。
正しい。**ドメイン**（Domain）とは企業の事業活動の領域であり，ドメインを定義することは「**わが社の事業は何か**」を決定することにほかならない。問題文の説明以外にも，ドメインは①技術の奥行き（改善の余地，革新の可能性，関連技術の創造，ほかの技術との組合せなど），②市場の奥行き（規模，顧客層の特性，市場変化のスピードなど）に規定される。たとえば，D.F.エーベルは，顧客層（地域，性別，嗜好などによる顧客の分類），顧客機能（顧客のニーズ），技術（自社の製品やサービスを提供するための技術）という3次元による事業の定義を示している。また，T.レヴィットによれば，製品や技術はやがて陳腐化してしまうため，市場の基本的なニーズに関連させて，より長期的に持続するドメインを定義するほうがよいとされる。既存の製品や技術にこだわるあまり，新たな事業の機会を見逃してしまうドメインの失敗例を，レヴィットは「**マーケティング近視眼**」と呼んだ。

3 ✕ アンゾフの成長ベクトル → 製品の新旧と市場の新旧の2次元で構成。
冒頭で説明されている企業の成長戦略を分類する2つの次元が誤り。市場開発は，既存製品の新たな使命を探求する（既存製品を新市場で展開する）戦略である。テーマ10・重要ポイント2の（2）を参照。

4 ✕ チャンドラー命題 → 「組織は戦略に従う」。
チャンドラーが示したのは「戦略は組織を従える」あるいは「組織は戦略に従う」という命題である。テーマ10・重要ポイント1の（1）を参照。

5 ✕ 製品ライフサイクル → 右上がりのS字カーブを描く。
時間を横軸に，売上高を縦軸にとった場合，最も一般的な製品ライフサイクルの軌跡は，「釣り鐘カーブ」ではなく**右上がりのゆるやかなS字カーブ**を描く。製品の売上高は，導入期では知名度がないために低迷するが，成長期に急増する。売上高のピークは成長期の後期あるいは成熟期の初期に訪れ，その後は時間の経過とともに売上高は減少し，衰退期となる。テーマ18の重要ポイント3を参照。

1 ✕ 低シェア・低成長率に位置する製品やサービス → 「負け犬」。

ボストン・コンサルティング・グループ（BCG）が考案した**プロダクト・ポートフォリオ・マネジメント**（PPM）では，「**問題児**」は低シェア・高成長率の製品やサービスであり，将来性のある「問題児」に投資を続けることによって高シェア・高成長率の「**花形**」へと成長させる必要がある。テーマ12・重要ポイント1を参照。

2 ✕ 経験曲線 → 右下がりの曲線。

PPMの理論的根拠である**経験曲線**は，累積生産量が倍加するごとに，**製品1単位当たりのトータル・コストが約10〜30%低下する**ことを示した右下がりの曲線である。テーマ12・重要ポイント2を参照。なお，**学習曲線**は学習の進行過程を示し，ある課題を繰り返し実施するにつれて，**1回当たりの課題に要する作業時間が減少する**ことを意味し，生産量の増加とともに製品1単位当たりの生産コストが減少する経験則としても知られる。経験曲線は，学習曲線が見いだされた後に検証された効果であり，より広義の概念である。

3 ✕ ファイブ・フォース分析 → 競争市場を規定する5要因を分析。

企業間の戦略と業績の差異に注目し，企業の内的要因（保有する経営資源や技術，ノウハウなど）から自社が採るべき戦略を分析したのは，**資源ベース戦略論（リソース・ベース・ビュー）**である。ポーターが唱えた競争戦略論は，企業の外的要因である競争市場を分析することで，適切な戦略を設定する考え方であり，**ポジショニング戦略論（ポジショニング・ビュー）**に該当する。テーマ13・重要ポイント4を参照。また，5つの競争要因の中で「技術革新の脅威」が誤り。

4 ✕ クリティカル・マスの達成 → デファクト・スタンダードが確立。

「デジュール・スタンダードが確立することで」以降の記述が誤り。製品の導入期は市場規模が小さく，参入する企業数も少ないため，技術革新，生産ノウハウの蓄積，重要な経営資源の先取，ブランドの構築などによって**クリティカル・マス**（ある製品の普及に多大な影響を与えるユーザー数であり，その水準を超えると普及率が高まる。国内世帯普及率では2〜3％とされる）を達成し，**デファクト・スタンダード**（事実上の標準）を確立することが焦点となる。**デジュール（デジュリ）・スタンダード**は，公的な機関によって認証された規格であり，公的標準と呼ばれる。また，製品の売上高や利益が大幅に増加する段階は，成熟期ではなく成長期である。

5 ◎ コア・コンピタンス → 経営資源，技術，知識，ノウハウの集合体。

正しい。テーマ14・重要ポイント4を参照。

No.3 の解説　経営戦略全般

→問題はP.205　**正答5**

1 ✕ **PIMSプロジェクト → 市場シェアと投資収益率は正の相関関係にある。**

PIMS（Profit Impact of Market Strategies）プロジェクトは，企業の利益に影響を与える諸要因と収益性に関する調査研究である。その結果によれば，市場シェアが高まるほど，投資収益率（ROI）が高まることが明らかにされた。また，「**スタック・インザ・ミドル**」とは，二律背反の関係にあるコスト・リーダーシップ戦略と差別化戦略を同時に追求し，中途半端な業績に陥ることである。テーマ13・重要ポイント3を参照。

2 ✕ **規模の経済性と経験効果は同義ではない。**

本肢の説明は，経験効果（経験曲線効果）に該当する。テーマ12・重要ポイント2を参照。規模の経済性は，**生産量の増加とともに，製品1単位当たりの平均生産コストが減少する**ことである。

3 ✕ **ロジャーズの普及曲線 → イノベーター，ラガードなど5つに分類。**

「チャレンジャー，リーダー，フォロワー，ニッチャー」はP.コトラーが分類した競争地位別の企業タイプである。テーマ14・重要ポイント2を参照。E.M.ロジャーズ（ロジャース）は，製品の普及過程をモデル化し，製品の購入時期が早い順から，消費者を①イノベーター（革新的採用者，2.5％），②アーリー・アダプター（初期少数採用者，13.5％），③アーリー・マジョリティ（前期多数採用者，34％），④レイト・マジョリティ（後期多数採用者，34％），⑤ラガード（採用遅滞者，16％）の5つのカテゴリーに分類した（カッコ内の数字は消費者全体に占める各カテゴリーの比率）。その際，①と②を合わせた消費者層に普及した段階（16％を超えた時点）から，製品の普及率が一気に増加することを指摘した。テーマ23・重要ポイント2の(3)を参照。

4 ✕ **VRIO → Value, Rareness (Rarity), Imitability, Organization。**

VRIOフレームワークの構成要素が誤り。テーマ14の重要ポイント5を参照。

5 ◎ **参入障壁が高い → 新規参入企業の脅威は小さくなる。**

正しい。**参入障壁とは，ある業界への新規参入を妨げる要因**である。具体的には，規模の経済性，巨額な投資の必要性，製品差別化，流通チャネルの確保などがあり，既存企業がすでにこれらを実現している場合，他社の新規参入が難しくなる。また，**退出（撤退）障壁は，当該業界からの退出を妨げる要因**である。需要が低迷しても資産の転用や売却が難しく，コストがかさむ場合や，契約の履行義務が残っている場合，他事業や取引先との関係から容易に撤退できない場合などが挙げられる。

1 ✕ SWOT分析 → 自社事業の強みと弱み，外部環境の機会と脅威を分析。

「競合企業の強みと弱み」が誤り。また，**SWOT分析**は，1960年代のK.R.アンドリュースらによる経営政策論で用いられた経営計画の策定ツールが起源とされており，1980年代半ば以降に提唱された**リソース・ベースド・ビュー**（Resource Based View：RBV，資源ベース戦略論）を補完するために提唱された手法ではない。リソース・ベースド・ビューについては，**テーマ13・重要ポイント4**を参照。

2 ✕ ポーターの基本戦略 → コスト・リーダーシップ，差別化，集中。

「情報戦略」が誤り。ポーターが示した競争優位を得るための基本戦略は，コスト・リーダーシップ戦略，差別化戦略，集中戦略である。**テーマ13・重要ポイント3**を参照。また，後半の記述で，差別化集中戦略の説明は妥当だが，コスト集中戦略の説明が誤り。**コスト集中戦略**は，特定の顧客層や地域に対して低価格の製品やサービスを供給することに集中する戦略である。これに対して，**差別化集中戦略**は，特定の顧客層に対して品質，デザイン，機能，アフターサービスなどで他社製品にはない特徴を持つ製品やサービスを供給することに集中する戦略である。

3 ✕ 成長ベクトルの概念を提唱 → H.I.アンゾフ。

ルメルトは企業の多角化の程度と企業業績の関係を分析した。**テーマ11・重要ポイント2**を参照。また，市場開拓と多角化の説明が逆である。成長ベクトルは企業成長の方向性であり，その内容は製品の新旧と市場の新旧の組合せによって，**市場浸透**（既存製品・既存市場），**市場開拓**または**市場開発**（既存製品・新市場），**製品開発**（新製品・既存市場），**多角化**（新製品・新市場）に分けられる。**テーマ10・重要ポイント2**の（2）を参照。

4 ◎ コア・コンピタンス → 顧客に利益をもたらす知識や技術の集合体。

正しい。ハメルとプラハラードが唱えたコア・コンピタンスは，「顧客に対して，他社にはまねのできない自社ならではの価値を意味する，自社の中核的な力」である。**テーマ14・重要ポイント4**を参照。

5 ✕ VRIOフレームワークを提唱 → J.B.バーニー。

「H.I.アンゾフ」「弾力性」「特異性」が誤り。VRIOフレームワークは，**企業の経営資源や組織能力がどのように競争優位を生み出すかを分析する枠組み**であり，ある経営資源が持続的な競争優位をもたらすか否かは，**経済価値**（Value），**希少性**（Rareness，Rarity），**模倣可能性**（Imitability，**模倣困難性**とも訳される），経営資源を活用する**組織**（Organization）で決まると説明している。**テーマ14・重要ポイント5**を参照。

実戦問題❷　応用レベル

No.5 競争戦略に関する次の記述のうち，妥当なのはどれか。

【国家総合職・平成24年度】

1　戦略グループとは，相互に類似した競争戦略を採用する企業の集合である。一般的に異なる産業に属する企業は，異なる戦略グループに属することが多く，このことが高収益企業の多い産業と少ない産業の違いを生み出す原因と考えられている。また，同一産業内では，戦略グループは１つしか存在しないのが一般的であるため，同一産業内では企業間の収益性の差は持続的には観察されない。

2　セグメンテーションとは，自社製品・サービスが，他社が提供するものとは異なることを顧客に認識させ，高い価値があることを認めてもらえるように努力することを意味する。この実現のためには，自社製品・サービスの本質的内容ではなく，プロモーションや流通チャネル政策に注意を払うことが重要とされる。

3　範囲の経済とは，取り扱う製品範囲を特定領域に集中させることで，費用の削減がもたらされる効果のことである。この概念を用いれば，生産工程で主産物と副産物の双方が発生する場合，主産物と副産物を別個の企業が生産・販売するほうが，１つの企業で生産・販売するよりも費用の合計が小さくなることが説明できる。

4　産業の中で最も市場シェアの大きい「リーダー」の地位を確保し続けた企業は，提供する製品の累積生産量を他社よりも先に大きくすることができる。このため，経験効果によって，産業内で最も低コストを実現する企業としてのポジションを維持することができ，コスト・リーダーシップに基づく競争優位の実現が可能となる。

5　製品ライフサイクルが導入期を過ぎ，成長期に入ると，市場規模が急速に拡大する。この成長期の段階では，自社ブランドの確立よりも市場に製品そのものを認知させることが重要であり，マスコミを利用したプロモーションや流通チャネルの急速な拡大などは，望ましくないと考えられている。

No.6 企業の戦略に関する次の記述のうち，妥当なのはどれか。

【国家一般職・平成28年度】

1　1950～60年代の米国企業の多角化パターンについて，H.I.アンゾフは，専門比率や関連比率などの指標を用いて，類型化を行い，関連比率が0.7以上をコングロマリットに分類した。当時の米国では，機関投資家などによる合併・買収が減少する一方で，財閥の急成長により，コングロマリット的多角化が進んだとされている。

2　コスト・リーダーシップ戦略の成功には，規模の経済性，顧客価値の向上，模倣困難な差異性が必要であるとされる。このうち，模倣困難な差異性とは，原材料や部品などを安価に調達し大量生産を実現することで，顧客の便益が相対的に向上することに加え，できる限り早く市場に参入して，有利な立地や特許を取得することで先発の優位を生じさせることである。

3　後発の優位とは，後発企業が他社よりも遅い時期に投資を行うことで得られる正の超過利潤のことである。後発の優位が生じるのは，先発企業が開拓した市場にただ乗りできる場合や，市場や技術の不確実性が低下している場合などであり，前者の場合においては，後発企業は，市場の開拓に必要な宣伝費用やインフラ整備費用を抑制できる。

4　バリューチェーンとは，製品企画・開発，原材料の調達，生産，在庫，輸送，受発注業務など一連の供給連鎖プロセスのことである。また，自社の製品を市場に供給するバリューチェーンに沿って他企業を取り込んで事業活動領域を拡大することを水平結合といい，市場シェアの拡大を目指して自社と同様の事業活動を営む競合他社を吸収合併することを垂直統合という。

5　市場における競争に影響を与え，収益性を左右する要因には，新規参入者の脅威，競合他社の敵対度，代替品の脅威，供給業者の交渉力，購買者の交渉力の5つがある。このうち，新規参入者の脅威，代替品の脅威，購買者の交渉力の3つについては，その程度が大きいほど，業界における企業の収益性は高くなるが，競合他社の敵対度，供給業者の交渉力の2つについては，その程度が小さいほど，当該収益性は高くなる。

No.7 経営戦略に関する次の記述のうち，妥当なのはどれか。

【国家総合職・令和元年度】

1 M.ポーターの議論に基づく業界の構造分析では，製品市場の構造が当該業界の潜在的な収益性（利益率）に影響を与えるという関係が前提とされる。その業界の構造分析の枠組みでは，「既存企業間の対抗度」，「買い手の交渉力」，「代替品の脅威」，「補完品の脅威」，「政府による干渉」という，5つの競争要因（five forces）が想定されている。

2 ハーフィンダール・ハーシュマン指数（HHI）は，市場集中度を示す代表的な指標の1つである。例えば，A，B，C，Dの4社で構成される業界において，各社の市場シェアがA社：40%，B社：30%，C社：20%，D社：10%である場合のHHIは，一社による独占の場合を1とする方法で計算すると，0.3である。

3 業界の構造分析の考え方に従うと，他の要因を一定とした場合に，当該業界の成長率が低ければ，投資競争が緩和されるために，既存企業間の対抗度は低くなり，当該業界全体の収益性は上昇するとされる。また，固定費が大きい場合でも，既存企業間の価格競争は起こりにくくなり，収益性は上昇するとされる。

4 ネットワーク外部性とは，組織内のコミュニケーション・ネットワークの大きさに関する概念で，具体的には企業組織内部における各成員（メンバー）と他の成員とをつなぐコミュニケーション経路の数で示される。ネットワーク外部性が大きいと，各成員間のコミュニケーションが活発となるため，外部環境が大きく変動する状況に適合しやすい。

5 デファクト・スタンダード（de facto standard）は，製品規格間での競争が生じる状況で戦略的な意味を持つものであり，製品市場での競争とは独立して，国際標準化機構（ISO）などの公的な標準化機関によって認証された規格である。そのために，デファクト・スタンダードが決まるプロセスでは，公的な標準化機関が主導的な役割を果たす。

経営戦略に関する次の記述のうち，妥当なのはどれか。

【国家総合職・令和4年度】

1 多角化の程度と企業の業績との関係については，これまでに実証研究が展開されてきた。日本企業を対象とした吉原英樹らの研究によると，多角化の程度が高まるほど，収益性は高まる傾向があるとされる。その見解に従えば，収益性が最も高くなるのは，コングロマリットのような非関連多角化を進めた企業となる。

2 M.ポーターが挙げた，競争戦略における「基本戦略」は，コストリーダーシップ，フォーカス（集中），チャレンジャー，フォロワーの4つである。このうち，量的な拡大によるメリットを活用する戦略はコストリーダーシップであり，量的な拡大によるメリットを活用せずに，競合企業との差別化を強調する戦略はフォーカスである。

3 取引費用理論に基づくと，特定の取引にしか利用できない「取引特殊的資産」への投資が必要な状況では，取引相手の交渉力が高まり，不利な条件での取引を強いられる「ホールドアップ問題」が生じる可能性がある。このような状況では，問題となる取引を垂直統合によって内部化することなどにより，ホールドアップ問題の発生を回避して，取引相手の機会主義的行動によるリスクを軽減することが可能となる。

4 SWOT分析の枠組みに基づくと，成長性が高い業界は魅力度が高いために，多くの企業が参入して，事業を展開する可能性がある。したがって，SWOT分析では他の条件が同じであるとした場合，ファイブ・フォース分析と同様，分析対象の業界の市場成長率が高くなるほど競争の程度が強まり，当該業界の潜在的な収益性（業界全体の利益率）は低下すると考えられる。

5 C.A.バートレットとS.ゴシャールによると，国際経営の組織形態は，グローバル統合とローカル適応の2次元の高低により，マルチナショナル，グローバル，モジュラー，ドメスティックの4つに分類される。このうち，グローバル統合とローカル適応の双方が高いタイプは，マルチナショナルと呼ばれる。

実戦問題❷の解説

No.5 の解説　経営戦略全般

→問題はP.211　**正答4**

1 ✕ **同一産業内では，複数の戦略グループが存在し，企業間の収益性に差がある。**
M.E.ポーターによれば，一般に，ある産業の諸企業は異なる**戦略グループ**
に属することが多く，**グループ間で売上高や収益性の点で差がある**。その理
由は企業の能力や経営資源の差，企業目標とリスクに対する考え方の差，業
界の発展段階と各企業の参入時期の差といった移動障壁が，グループ間に存
在するためである。

2 ✕ **セグメンテーション → 市場細分化。**
いわゆる**ブランディング**（ブランド構築）の説明である。セグメンテーショ
ンとは，さまざまな属性によってターゲットとなる市場を細分化することで
ある。細分化の基準には，年齢，性別，居住地域，人口規模，所得，ライフ
スタイルなどがある。

3 ✕ **範囲の経済 → 個々の事業を1社でまとめて展開し，費用の削減を図る。**
範囲の経済は，別々の企業が個別の製品を生産するよりも，1つの企業が複
数の製品をまとめて生産するほうが費用を抑えられるという効果である。

4 ◎ **経験効果 → 累積生産量の増加に伴い，一定比率でトータル・コストが低下。**
正しい。**経験効果**についてはテーマ12・重要ポイント2を参照。

5 ✕ **成長期 → 市場の拡大に伴って広告の強化や流通チャネルの整備を実施。**
「自社ブランドの確立よりも市場に製品そのものを認知させることが重要」
なのは，**製品ライフサイクル**の成長期ではなく導入期である。テーマ18・重
要ポイント3を参照。

No.6 の解説　経営戦略全般

→問題はP.212　**正答3**

本問は，宮崎正也著，『コア・テキスト　事業戦略』（新世社，2011年），高
橋伸夫編，東京大学ものづくり経営研究センター著，『170のkeywordによる
ものづくり経営講義』（日経BP社，2005年）などに基づいている。

1 ✕ **企業業績と多角化の関係を分析 → ルメルト。**
1950〜60年代の米国企業の多角化パターンについて，専門比率や関連比率な
どの指標を用いて類型化を行ったのはR.P.ルメルトである。テーマ11・重
要ポイント2を参照。また，後半の記述も誤り。1960年代後半の米国では，
合併・買収ブームが過熱化し，コングロマリット的多角化が進んだ。

2 ✕ **顧客価値の向上と模倣困難な差異性 → 差別化戦略の成功に必要な要素。**
コスト・リーダーシップ戦略では，生産要素の安価な調達，規模の経済性，
範囲の経済性，作業の標準化，経験効果などが必要とされる。また，後半の
記述も誤り。模倣困難な差異性とは，他社には容易に真似できない独自の経
営資源や技術，ノウハウなどである。

3 ◎ **後発の優位 → 先発企業が開拓した市場に「ただ乗り」する。**

正しい。なお，**後発の優位**に対して，先発企業が他社よりも早期に投資を行うことで得られる正の超過利潤を**先発の優位**と呼ぶ。先発の優位を実現するためには，先進的技術の開発や特許の保有，希少な資源の確保，規模の経済性による低コスト化，スイッチング・コスト（顧客が他社製品へ乗り換えるために要する費用）の設定による顧客の「囲い込み」などが必要となる。

4 ✕ **バリューチェーンの過程に沿った事業拡大 → 垂直統合。**

後半の説明が逆である。「バリューチェーンに沿って他企業を取り込んで事業活動領域を拡大すること」は**垂直統合**，「市場シェアの拡大を目指して自社と同様の事業活動を営む競合他社を吸収合併すること」は**水平結合**（水平統合）である。**バリューチェーン**（価値連鎖）は，企業のさまざまな機能が価値を創り出す過程を，付加価値の連鎖として捉える分析枠組みであり，M.E.ポーターが示した（下図参照）。

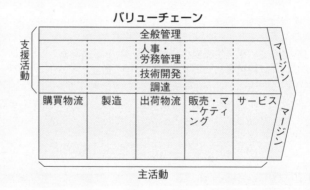

バリューチェーン

	全般管理				マージン
支援活動	人事・労務管理				
	技術開発				
	調達				
購買物流	製造	出荷物流	販売・マーケティング	サービス	マージン

主活動

5 ✕ **競争市場を規定する5要因 → 競争上の圧力として作用する。**

問題文の5要因は業界の競争構造を規定する項目であり，ポーターが示した。テーマ13・重要ポイント2を参照。これらの要因はどれも競争上の圧力として作用するため，その**脅威や交渉力が大きいほど，企業の収益性は低く**なる。

No.7 の解説 経営戦略全般（他テーマとの折衷型） →問題はP.213 **正答2**

1 ✕ **5要因 → 既存企業，製品の買い手，代替品，新規参入業者，供給業者。**

5つの競争要因に「補完品の脅威」と「政府による干渉」は含まれない。テーマ13・重要ポイント2を参照。

2 ◎ **ハーフィンダール・ハーシュマン指数 → 市場集中度を測る。**

正しい。ある業界の市場集中度（企業数と規模の分布）を測る最も簡便な指標は，上位企業の市場シェアを単純に合計した数値である。しかし，その場

合は企業規模の分布状況を明確に示すことができない。この問題に対処するために考案された指標の一つが**ハーフィンダール・ハーシュマン指数**（HHI；Herfindahl-Hirschman Index）であり，各企業のシェアの2乗を合計した数値で表される。具体的には，市場を1社が独占している場合を1（＝1^2）とするHHIの計算方法では，合計値が小さくなるほど市場集中度は低い（企業間の競争が激しい）ことを示す。この計算方法で選択肢の4社のHHIを計算すると，$0.4^2+0.3^2+0.2^2+0.1^2=0.16+0.09+0.04+0.01=0.3$となる。

3× 業界の成長率が低い → シェアの争奪になり，業界全体の収益性は低下。

ポーターが示した業界の構造分析では，他の要因を一定とした場合，**当該業界の成長率が低い状況では，個々の企業が売上高を伸ばし，成長するためにお互いのシェアを奪い合うことになる**。その結果，企業間の競争は激化し，当該業界全体の収益性は低下する。また，大規模な生産設備を必要とする製造業のように固定費が大きい業界では，各企業は生産量を増やし，製品1単位当りの原価を引き下げようとするため，供給過剰に陥って価格競争が起こりやすくなり，収益性は低下すると想定される。

4× ネットワーク外部性 → 利用者が増えるほど，享受するメリットも増加。

ネットワーク外部性は，**ある製品・サービスの利用者が増えるほど，その製品・サービスの利用者が受けるメリットが大きくなる性質**である。テーマ23・重要ポイント6を参照。

5× デファクト・スタンダード → 市場競争の結果，支持を得た「事実上の標準」。

公的な標準化機関が認証した規格は，**デジュール（デジュリ）・スタンダード**であり，公的標準と呼ばれる。テーマ23・重要ポイント7を参照。

No.8 の解説　経営戦略全般（他テーマとの折衷型）　→問題はP.214　正答3

1× 中程度の多角化を実施している企業の収益性が高い。

「多角化の程度が高まるほど，収益性は高まる傾向があるとされる」以降の記述が誤り。R.P.ルメルトが米国企業を対象に行った多角化の程度と企業の業績に関する実証研究に基づいて，吉原らは『日本企業の多角化戦略』（1981年）で，日本企業を対象に同様の研究を行った。分析の結果，各タイプの中では，**中程度の多角化を実施している企業（本業・集約型と関連・集約型）の収益性が高い**ことが示された。

2× 基本戦略 → コストリーダーシップ，差別化，フォーカス（集中）。

「チャレンジャー，フォロワー」が誤り。また，量的な拡大によるメリット（単位当りの生産コストの低下）を活用する戦略はコストリーダーシップだが，「量的な拡大によるメリットを活用せずに，競合企業との差別化を強調する戦略」は差別化に該当する。テーマ13・重要ポイント3を参照。

3◎ 取引特殊的資産を必要とする取引 → 機会主義的行動が生じやすい。

正しい。特定の取引にのみ有効な**取引特殊的資産**を必要とする取引では，資

産の転用が難しい弱みに付け込んで，取引相手に不利な条件を強いる**機会主義的行動**（相手に不利益を被らせて，一方的に自己利益を拡大しようとする行動）が生じやすい。その結果，受注側の企業が不利な条件を許容せざるを得なくなる状況を**ホールドアップ問題**と呼ぶ。テーマ7・重要ポイント2の(2)を参照。ホールドアップ問題の発生を回避するための手段としては，取引特殊的資産への投資を共同出資するケースや，問題となる取引を垂直統合によって内部化し，自社の事業とするケースなどがある。

4 ✕ SWOT分析 → 外部環境の機会と脅威，自社の強みと弱みを比較分析。

本肢はポーターが唱えたファイブ・フォース分析に関する説明であり，SWOT分析とは異なる。ファイブ・フォース分析によれば，他の条件（既存企業間の敵対関係や新規参入の脅威など）が一定である場合，業界の市場成長率が高くなるほど，各企業の市場シェアが拡大し，当該業界の潜在的な収益性は向上する可能性がある。しかし，**業界の市場成長率が鈍化すると，企業間の競争が激化し，市場シェアの奪い合いとなるため，当該業界の潜在的な収益性は低下する**と考えられる。

5 ✕ プラハラードとドーズ → I-Rグリッドを提唱。

バートレットとゴシャールが示した国際経営の組織形態は，マルチナショナル型，インターナショナル型，グローバル型，トランスナショナル型の4類型である。テーマ24・重要ポイント5の(6)を参照。また，国際経営の方向性を**グローバル統合**（Integration）と**ローカル適応**（Responsiveness）の2次元（I-Rグリッド）で示したのは，C.K.プラハラードとY.ドーズである。ここでのグローバル統合とは，海外展開を世界規模で標準化し，規模の利益を追求する「効率の論理」である。ローカル適応とは，進出先のニーズや政府の規制など現地特有の環境条件に対応しようとする「適応の論理」を意味する。プラハラードらは，この2つの次元に基づいて国際経営の戦略を，グローバル統合に向かう「統合された製品戦略」，ローカル適応に向かう「現地適応戦略」，そして双方の両立を目指す「マルチフォーカル戦略」に分類した。

経営学各論

第4章

試験別出題傾向と対策

試験名	国家総合職					国家一般職					国家専門職 (国税専門官)				
年度	21-23	24-26	27-29	30-2	3-5	21-23	24-26	27-29	30-2	3-5	21-23	24-26	27-29	30-2	3-5
出題数	3	1	1	1	0	3	2	4	1	1	5	3	3	4	3
B ⑯人事・労務管理	1		1							1				1	1
A ⑰生産と技術						3	1	3	1				1		1
A ⑱マーケティング	1	1					1	1			3	2	1	2	
B ⑲財務管理	1		1								2	1	1	1	1

　経営学各論の出題頻度は第１～３章ほどではないが，いずれも公務員試験の経営学で，当初から扱われてきた内容である。

　各テーマの頻出項目は，人事・労務管理では日本企業の賃金制度や労務管理の手法，生産と技術では各種の生産システム（特にフォード・システムとトヨタ生産方式）の特徴と生産管理の手法，財務管理では投資決定の手法と代表的な経営指標が挙げられる。

　また，マーケティングでは，学説を構成する概念やキーワードを入れ替えて正誤を問うパターンが多いので，内容を整理しながら理解しよう。

●国家総合職

　近年，本章の各テーマについて単独の出題はないが，生産と技術，マーケティング，財務管理のトピックは，設問の１つとして盛り込まれる状況にある。令和元年度以降では，製品アーキテクチャと製品ライフサイクル，経営指標などが出題されており，その大半は標準的な問題構成である。

　なお，出題傾向を考えると，各種の生産システムやマーケティング戦略に関する設問も予想される。

●国家一般職

　令和元年度以降，国家一般職の出題は経営学説，経営戦略論，イノベーション・マネジメント，国際経営で構成されており，本章では，生産と技術（生産システムの特徴や製品アーキテクチャ）が扱われる程度だった。しかし，５年度の出題内容は若干異なり，人事・労務管理が出題されている。現状では，この出題傾向の変化がどのように継続するかは未知数だが，頻出テーマ以外にも対象範囲は徐々に拡大しつつある。今後の出題に備えて各テーマのPOINTを確認しておこう。

	地方上級（全国型）					地方上級（関東型）					地方上級（特別区）					
	21-23	24-26	27-29	30-2	3-4	21-23	24-26	27-29	30-2	3-4	21-23	24-26	27-29	30-2	3-5	
	1	3	1	2	1	1	1	1	0	0	2	5	5	3	6	
	1												2	1	2	テーマ16
		1		1				1				2	1	1	1	テーマ17
		2	1	1		1		1				2	1	1	2	テーマ18
												2	1	1	1	テーマ19

●国家専門職

マーケティングと財務管理が頻出テーマである。特に財務管理では，これまでに投資決定の手法，財務レバレッジ，MM理論，損益分岐点，キャッシュフロー計算書，各種の経営指標（ROAとROEの違いなど）が扱われており，やや専門性が高く，年度によっては初出の設問が含まれる。

マーケティングは総論型の出題が多く，対象となる範囲はPOINT全般に及ぶ。また，経営戦略論やイノベーション・マネジメントのトピックが盛り込まれる折衷型のパターンも見受けられる。

生産と技術，人事・労務管理の出題頻度は比較的少ないが，数年おきに出題される状況にある。

●地方上級（全国型・関東型）

生産と技術およびマーケティングが，数年おきに出題されている。出題内容は，生産と技術では製品アーキテクチャ，マーケティングでは4P，製品ライフサイクル，競争地位別の戦略など各論型が多い。

本章の出題頻度は経営学説や経営戦略論に比べると少ないが，各テーマのPOINTと基本レベルの過去問は押さえておこう。

●地方上級（特別区）

各テーマが万遍なく取り上げられる。また，本章の出題も総論型と各論型に分かれる。人事・労務管理と生産と技術，マーケティングは総論型が主体であり，財務管理は投資決定の手法や各種の経営指標など各論型が多い。いずれの出題パターンも，基本知識を問う標準的な設問に加えて，初出の学説を扱った専門性の高い設問が含まれる構成である。

人事・労務管理

必修問題

人的資源管理に関する次の記述のうち,妥当なのはどれか。

【地方上級(特別区)・令和4年度】

1 **フレックスタイム制**とは,業務の性質上,その遂行方法等を労働者の裁量に委ねる必要がある場合に,実際に労働した時間とは関わりなく,労使協定等で定めた時間を働いたとみなす制度である。

2 **ジョブ・ローテーション**とは,労働者にいくつかの職務を定期的,計画的に経験させ,適性を把握する方法であり,経営管理者の育成を目的とすることはない。

3 **ワーク・シェアリング**とは,労働者間で仕事を分かち合うことによって,雇用の維持,拡大をする考え方であり,雇用維持型,雇用創出型,多様就業対応型などの類型がある。

4 **OJT**とは,従業員が個人の意思で能力開発に努めることであり,企業が費用負担等の支援をする場合もある。

5 **目標管理制度**とは,各従業員が自己の具体的な達成目標は設定せず,組織目標の達成度を評価する制度である。

難易度 ＊

必修問題の解説

　人事・労務管理は,「ヒト,モノ,カネ,情報」という組織を構成する経営資源の中で,「ヒト(人的資源)」に関する問題を取り扱う。公務員試験の経営学では,人事・労務管理のさまざまな手法が設問として盛り込まれる。

1 ✕ **フレックスタイム制には,コアタイムという一定の就業時間がある。**
　裁量労働制に関する説明である。一般に**フレックスタイム制**では,必ず就業しなければならない時間帯であるコアタイム以外の労働時間を,従業員が自由に設定できる。**裁量労働制では,実際の労働時間とは関係なく,従業員は労使間で定めた時間を働いたとみなされる。**裁量労働制が適用される業務の範囲は,労働基準法によって専門業務型(研究開発,情報処理,出版編集など)と企画業務型(本社での企画,立案,調査・分析など)分類され,その導入には労使間の合意と所轄の労働基準監督署長への届け出が必要となる。

2 ✕ **ジョブ・ローテーションの目的には,将来の経営管理者の育成も含まれる。**
　「経営管理者の育成を目的とすることはない」が誤り。ジョブ・ローテーシ

国家総合職 ★
国家一般職 ★
国税専門官 ★
地上全国型 ★
地上関東型 ―
地上特別区 ★★
16 人事・労務管理

ョンは，**従業員が数年単位で複数の部門を異動する配置転換制度**である。その目的は，各従業員の適性を把握することや，基幹業務を計画的に習得することで将来の経営管理者を育成することにある。重要ポイント3を参照。

3 ◎ ワークシェアリング → 仕事を分かち合うことで雇用の維持・拡大を図る。

正しい。一人当たりの仕事量や労働時間を削減するワークシェアリングには，①**雇用維持型**，②**雇用創出型**，③**多様就業対応型**がある。①は企業の業績が悪化した場合に，一般従業員の雇用を維持するための緊急避難型と，中高年層の雇用を維持するための中高年対策型に分けられる。②は新規雇用の機会を確保するために導入する。③は在宅勤務あるいは介護や育児と仕事の両立など多様な働き方に対応することを目的とする。

4 ✕ OJT → 日常業務を通じて知識や技能を習得する社内教育制度。

OJT（On the Job Training）は，日常の仕事を通じて部下が上司から必要な知識や技能を学ぶ社内教育制度である。また，仕事を離れて社外の施設などで集中的に研修を行う制度を**Off-JT**（Off the Job Training）と呼ぶ。

OJT	Off-JT
上司 → 部下	研修所やセミナーなどでの集団研修
日常の職務を通じて研修	日常の業務を離れて研修

5 ✕ 目標管理制度 → 組織目標と従業員の達成目標を結びつける。

目標管理制度は，**組織目標と各従業員の達成目標を結びつけて，各自の動機づけや主体性，問題解決能力を高める手法**である。具体的には，各従業員が上司と相談し，組織目標に基づいて自らが担当する業務の達成目標を設定する。そして，その目標を達成する過程も一任され，各自が自己統制によって管理する。重要ポイント6を参照。

正答 3

FOCUS

人事・労務管理の出題は，出題頻度では経営学説や経営戦略論ほど高くはないが，設問の一つとして盛り込まれることが多い。その中には作業の管理，組織における人間的側面と作業能率の関係，仕事に対する動機づけ，職務の再設計などの問題が含まれる。そのため，科学的管理法や人間関係論，動機づけ理論などの経営学説が取り上げられ，第1章と重複する項目も多い。また，近年は賃金制度や人事考課に関する出題が増えつつある。

第4章 経営学各論

重要ポイント 1 人事・労務管理の対象

● **人事管理と労務管理は，企業内の「ヒト（人的資源）」に関する管理活動である。**
当初，人事管理は管理職などのホワイトカラーを対象とし，労務管理は現場の作業者などのブルーカラーを対象とするものとして区別されていたが，現在では，両者はほぼ同義に用いられることが多い。

● 人事・労務管理には以下の対象が含まれる。

(1)**採用**：人材の募集，面接試験，選考など

(2)**能力開発**：教育訓練，昇進，配置転換など

(3)**組織の維持**：福利厚生，賃金管理，社員間のコミュニケーションなど

(4)**動機づけ**：職務充実・職務拡大，成功報酬制度，経営参加など

重要ポイント 2 職務拡大と職務充実

● 従業員の動機づけを目的とした職務の再設計の手法には，大別すると職務拡大と職務充実の２種がある。

● **職務拡大とは職務の量的・水平的拡大**を意味し，細分化された職務を一定の自己完結的な単位にまで拡大することである。

● **職務充実とは職務の質的・垂直的拡大**であり，職務の計画，結果の統制などの権限を従業員に委譲することを意味する。

● これらの方策はいずれも，**ハーズバーグの動機づけー衛生理論を理論的根拠にしている。**

職務の種類や範囲を拡大　　　　　　職務の責任・権限を拡大

重要ポイント 3 ジョブ・ローテーション

● 数年程度で複数の部門間を異動する配置転換制度をさす。ジョブ・ローテーションの意図は，企業内の基幹業務の基礎を習得することと，それによって各人の適性を把握することにある。したがって，**この制度は専門職であるスペシャリストではなく業務全般を管理するゼネラリストの養成を目的としている。**

重要ポイント 4 OJTとOff-JT

- OJT（On the Job Training）は，**日常業務を通じて，部下が上司から直接に職務に必要な知識や技能を習得する職場内研修制度**である。
- Off-JT（Off the Job Training）とは，**日常業務を離れて集中的に実施される研修**を意味する。

重要ポイント 5 主な賃金制度（職務給，職能給，役割給）

職務給	・**職務内容**に対して支払われる賃金 ・各職務の価値を分析・評価し，職務等級を作成して算定する ・日本企業では，普及していない 【長所】賃金を決める基準が明確で，「**同一労働，同一賃金**」の原則に基づいて客観的な賃金配分が可能 【短所】人事異動に柔軟に対応できず，能力が向上しても上位等級の仕事に就かないと賃金は上がらない
職能給	・**職務を遂行する能力**に対して支払われる賃金 ・各人の職務に関する知識や技術，経験を等級化して算定する ・**日本企業で広く導入されている** 【長所】**人事異動に柔軟に対応でき，担当職務にかかわらず，能力が向上すれば高い処遇が与えられる** 【短所】実際には能力の客観的な評価が難しく，年功的に運用されるために人件費の負担が大きくなりやすい
役割給	・企業側が**各人に期待する役割**に対して支払う賃金 ・各人が果たすべき役割や責任を等級化して算定する ・米国で考案され，近年は導入する日本企業が増えつつある 【長所】各人の役割を明確化することで，**担当職務と賃金の乖離を解消**でき，管理職に適している 【短所】役割や責任に対する評価が恣意的になりやすい

重要ポイント 6 目標管理制度

- 目標管理制度（Management by Objectives；目標管理，目標による管理とも呼ばれる）は，**組織の目標と各従業員の業務目標を結びつけて，各自の動機づけや主体性，問題解決能力を高めるための手法**である。P.F.ドラッカーが『現代の経営』（1954年）で述べた内容が基盤となっている。
- 具体的には，組織の目標に基づいて，各従業員が上司と相談し，自らが担当する業務の目標を設定する。そして，その業務目標を達成する過程も一任され，各自が「**自己統制（Self-control）**」によって管理する。
- 目標管理制度は，日本では1960年代に導入された。近年は成果主義と組み合せて実施する企業も増えつつある。
- 実際の運用は企業によって多種多様であり，業績至上主義に陥るケースや，過大な目標設定によって業務が中途で頓挫するケースなど，問題点も指摘されてい

る。そのため，**上司との密接なコミュニケーションや，各自の主体性を尊重した上での適切なサポートも必要とされる**。

重要ポイント 7　成果主義

- 成果主義とは，①従業員の仕事の成果をできる限り客観的に評価するとともに，②その評価に連動した賃金体系を設けることで，従業員の動機づけを図ろうとする制度全般をさす。
- 成果主義が用いられるようになったのは1990年代半ば以降である。成果主義の厳格な定義は存在せず，その実態は企業によって多様であるが，**仕事の達成度に基づいた人事評価制度ならびに賃金体系**である点は一致している。
- 成果主義に対しては，個人の業績を客観的に評価することの困難さや，職種によって向き不向きがあること，士気の低下や有能な人材の流出を招きやすいなどのデメリットが指摘された。そのため，評価の対象を個人単位から集団単位に変更する企業や，成果主義の導入を見直す企業も現れている。

重要ポイント 8　「働き方改革関連法」の主な内容

　「働き方改革関連法」は2019年から順次施行され，長時間労働の是正，多様で柔軟な働き方の実現，公正な待遇の確保に向けての規定や方策が盛り込まれた。

(1) 時間外労働の上限規制

- 時間外労働の上限は原則として月45時間，年360時間とする。ただし，労使協定に基づいて年720時間以内を上限とすることができる。

(2) 有給休暇取得の義務化

- 年10日以上の有給休暇が付与される労働者に対し，本人の希望を踏まえて，時季を指定して年5日間以上を取得させなければならない。

(3) 同一労働，同一賃金の推進

- 正規，非正規の雇用形態にかかわらず，職場内での同一の貢献に対して同じ給与・賃金を支給しなければならない。

(4) 高度プロフェッショナル制度の創設

- 金融工学やコンサルタント業務など高度な専門知識を持つ高額所得労働者を対象に，労働基準法に定める労働時間規制の対象から除外する仕組み。

(5) 勤務間インターバル制度の普及促進

- 勤務終了後から翌日の始業までに一定時間の休息を設けることで，労働者の生活時間や睡眠時間を確保し，ワーク・ライフ・バランスを維持する制度。

(6) 産業医・産業保健機能の強化

- 事業者から産業医への情報提供を充実させる。具体的には，時間外労働が月80時間を超える従業員については，その業務内容の情報を医師に提供し，面接指導を行う。

実戦問題

No.1 **インセンティブ・システムに関する次の記述のうち，妥当なのはどれか。**

【国家一般職・平成17年度】

1 衡平理論（equity theory）によれば，組織成員は，自分の労働と賃金の比率を他者のそれと比較して，賃金が衡平かどうかを判断する。成員の衡平感が高まるのは，他者と比較して，自分がした労働への対価を超えて余分に賃金を受け取っていると知覚したときである。

2 あるプロスポーツの大会では，優勝者と準優勝者の実力の差はわずかかもしれないのに，優勝と準優勝では賞金に格段の差がある。トーナメント理論によれば，このような格差は選手の不公平感を増大させ，優勝へのモティベーションを損なうものである。

3 日本企業の年功型賃金プロファイルでは，従業員は若年期には限界生産性よりも低い賃金を受ける代わりに，高年期には限界生産性を上回る賃金を受け取る。この賃金プロファイルには，従業員の怠業や他企業への転職を防ぐ効果がある。

4 1990年代以降，いくつかの日本企業が成果主義型賃金体系を導入した。日本では基本給の一部に成果給や業績給を導入することは労働基準法で禁止されているので，賞与において個人間の格差を大きくすることで賃金格差の拡大が実現される。

5 日本企業では，従業員の定年退職時に一時払い退職金を支給することがあるが，この制度は第二次世界大戦後にアメリカ合衆国から導入された。退職金の由来については，永年の勤続に対する企業からの慰労金であるとする説や，賃金の一部の後払いであるとする説などがある。

No.2 **賃金制度に関する記述として，妥当なのはどれか。**

【地方上級（特別区）・平成27年度】

1 職務給とは，労働者が担当する職務を基準に，その価値に応じて賃金が決まるとするものであり，欧米では採用されておらず，日本における一般的賃金決定基準である。

2 職能給とは，職務ではなく仕事を担当する労働者の能力に着目し，その職務遂行能力に応じて賃金が決まるとするものであり，すぐに賃金に響かないため，人事異動を行いやすい。

3 コンピテンシー給とは，企業への貢献度により支給されるものであり，年齢，勤続，経験年数，学歴のうち，いくつかの要素によって基本給を決定する賃金制度であり，成果主義評価によるものではない。

4 年俸制とは，成果主義に基づき，業績に応じて賃金を決定する方法であり，日本は，前年度の業績に基づいて本年度の年俸を確定する確定型年俸を採用してい

る企業が多く，専門職を対象とし，管理職に適用することはできない。

5 ストックオプションとは，自社株式を毎年従業員が購入し，退職時，その株式を受け取る権利を与えるもので，株価の上下にかかわらずその権利を行使しなければならず，株価が上昇した場合は臨時の報酬を得ることができる。

No.3 人的資源管理に関する次の記述のうち，妥当なのはどれか。

1 人事考課とは，従業員の現在の仕事ぶりを評価し，賃金の決定に役立てる手続のことであり，業績評価と情意評価から成る。一方，人事考課では，昇進や人材育成といった長期的な視点からの評価は行われないため，能力評価は基本的に行われない。また，日本企業では，一般的に，人事考課はホワイトカラーに対してのみ行われ，ブルーカラーに対しては行われない。

2 職能資格制度は，職務等級制度の欠点を改善した制度であり，職務の価値の大きさに応じて基本給を決めるという賃金体系である。そのため，勤続年数が増すにつれて基本給が上昇する，いわゆる年功カーブはみられない。また，個人間の職務遂行能力の違いは，考慮されないのが普通である。したがって，同じ職務を遂行している人の間では，基本給の水準は同一となるのが一般的である。

3 OJT（On the Job Training）とは，上司や先輩の指導の下，仕事を通じて行う実践型教育であり，特別な費用をほとんど必要としないことや内容の具体性に優れているなどの特徴がある。他方，Off-JT（Off the Job Training）は，研修施設などで行われる集合研修などの，仕事を離れて行われる研修であり，組織的，計画的な教育訓練が可能となる。

4 経営幹部候補生をキャリアの早い段階で選別し，特別のキャリア開発プログラムを実施することは，マイスター制度と呼ばれている。これに対し，他社で経験を積んだ人材を経営幹部として中途採用する制度は，ファスト・トラックと呼ばれている。厳しい国際競争に直面した日本企業の中には，前者の制度を廃止して，後者に切り替えるところも現れてきた。

5 J.C.アベグレンらは，日本の労働組合について，産業別や職種別に企業横断的に労働者を組織した労働組合が一般的であり，個々の企業を単位とした企業別労働組合の数や影響力が小さいことを指摘した。そのため現在においても，わが国の操業経験の長い大企業においては，雇用されている自社の従業員に組合員であることを求めるユニオン・ショップを採用しているところは非常に少ない。

No.4 人的資源管理に関する次の記述のうち，妥当なのはどれか。

【国家専門職・令和元年度】

1 Off-JT（Off the Job Training）とは，職場の上司や先輩から，仕事に直結した内容について，日々の仕事を通じて指導を受けることをいう。また，自己啓発は，これを補完する形で，仕事に直結した内容について同僚と意見交換を行う勉強会を設けることをいう。

2 計画された偶発性（planned happenstance）とは，実際のキャリアはまれに予期しない偶然の出来事で形成されることがあるが，望まないキャリアパスを提示された場合であっても，それを明確に拒否し，天職信仰を継続して持ち続けることが大切だとする考え方である。

3 社内公募制度は，担当者を広く社内から公募し，従業員がそれに主体的に応募するシステムである。この制度の実施に当たっては，異動に関して事前に特定の人物とほぼ約束ができているなど選考プロセスがオープンでない場合には，制度への不信感を招くこととなるため注意が必要であるとの指摘がある。

4 場所の制約を受けない働き方として，在宅勤務やテレワーク，フリーアドレス制を推進する企業が増えており，いずれも職場以外の場所での勤務を可能とする。このような働き方では自律的な働き方が可能であるため，長時間労働や孤立感に伴う健康障害は生じ得ない。

5 従業員の日々の勤務状態や仕事ぶり，実績等の実態把握のために行われる人事考課の結果は，異動や人材育成に用いられ，基本的に報酬には反映されない。また，多面的な評価を行うための手法である360度評価は，直属の部下からの評価を含まないことによって評価エラーを抑え，評価結果に対する従業員の納得性向上を目指すものである。

◆ No.5 *賃金制度に関する記述として，妥当なのはどれか。*

【地方上級（特別区）・令和3年度】

1　賃金とは，労働者が提供する労働の対償であり，使用者からその労働の対価として労働者に支払う給料や賞与をいうが，労働基準法における賃金に手当は含まれない。

2　職務給とは，労働者が担当する職務を基準として，その価値に応じて賃金が決まるものであり，職務分析と職務評価を実施し，職務等級ごとに決定され，同一の職務であれば同一の賃金となる。

3　職能給とは，労働者の職務遂行能力を基準として決定される賃金をいうが，この能力は，顕在的な能力に限られるものであり，潜在的な能力は含まれず，労働者の異動の妨げになる。

4　年功給とは，企業が従業員の前年度の仕事の業績を基準として，1年単位で賃金を決定するものであり，目標管理制度に基づいて期初に業績目標が設定され，期末にその業績の評価が行われる。

5　コンピテンシー給とは，従業員があらかじめ決められた価格で一定期間内に自社株を購入し，株価が上昇すれば利益を得ることができるものであり，優秀な人材確保の手段や従業員の業績向上に向けた動機づけとなる。

実戦問題の解説

No.1 の解説　インセンティブ・システム

→問題はP.227　正答3

1 ✕ 衡平（公平）理論 → 他者より自分の賃金が多すぎる場合も不公平感を持つ。

後半の内容が誤り。J.S.アダムズらが提唱した**衡平理論（公平理論）**によれば，人間は自分の働き（インプット）とそれによって得た報酬（アウトプット）の比率を，他者のそれと比較して自分の得た報酬が適正であったかどうかを判断する。この場合のインプットには業績，努力，熟練度，年齢，地位，学歴などが含まれ，アウトプットには金銭的報酬，地位，ステイタス・シンボルなどがある。衡平理論では，**他者と比べて自分の報酬が少ない場合だけではなく，他者と比較して自分の報酬が多すぎる場合も不公平感を持つ**と説明される。

2 ✕ トーナメント理論 → 動機づけを高めるために給料の格差を大きくする。

「選手の不公平感を増大させ，優勝へのモティベーションを損なう」という記述が誤り。プロスポーツのトーナメントでは，選手のモティベーションを高め卓越したプレーを引き出すために，優勝者と準優勝者の賞金格差を大きくする。この**トーナメント理論**は，企業のトップ・マネジメントと下位の管理層との給料格差を説明する際にも用いられる。企業では職位が上昇すれば所得や地位などの点で従業員の満足度が高まり，職務への意欲が低下する可能性がある。そのため，職務への動機づけをさらに刺激するために，地位の向上とともに給料の上昇幅を大きくする場合がある。

3 ◎ 年功型賃金プロファイル → 若年期に抑えられ，50代半ばでピークとなる。

正しい。**賃金プロファイル**とは，**新規採用から退職までの賃金カーブの形状（傾き）**をさす。年功型賃金プロファイルの特徴は，50代半ばでピークを迎える右肩上がりのカーブを描く点にある。年功型賃金は勤続年数に応じて賃金が上昇することから，本肢にあるとおり，若年期は低めに抑えられるが，高年期に賃金の上昇率が増すことになる。近年は従来の年功型賃金を維持する日本企業が減少し，成果給や業績給，年俸制などを導入する企業が増えたため，以前と比べて賃金カーブの傾きは緩やかになっている。

4 ✕ 成果給や業績給は労働基準法の禁止対象ではない。

「基本給の一部に成果給や業績給を導入することは労働基準法で禁止されている」という事実はない。近年は目標の達成度に応じて賃金配分を行う成果主義型賃金体系を導入する日本企業が増えつつある。**成果主義**を巡っては，業績の客観的評価の難しさや職種によって向き不向きがあること，金銭による動機づけを強調するあまり，従業員の士気の低下や人材の流出を招くなどの問題点が指摘されている。重要ポイント7を参照。

5 ✕ 退職金制度 → 江戸時代の「のれん分け」に源流があるとされる。

「この制度は第二次世界大戦後にアメリカ合衆国から導入された」という記述が誤り。日本の退職金制度は江戸時代の「のれん分け」に源流があるとされ，現在では**大半の日本企業がなんらかの形で退職金制度を導入している**。

第二次世界大戦前は，退職金は企業側の自由裁量による一種の恩恵的な給付であったが，戦後は企業別労働組合の急速な拡大につれて退職金制度も拡充され，中途退職者も給付対象に含まれるようになった。なお，退職金の由来については①功労報奨説，②賃金後払い説，③生活保障説などの諸説がある。

No.2 の解説　人事・労務管理
→問題はP.227 **正答2**

1 × 職務給 → 日本企業では普及しなかった。

後半の記述が誤り。**職務給**は欧米企業で一般的な給与制度だが，**年功賃金を導入し，ジョブ・ローテーションを実施する多くの日本企業では，これまで普及してこなかった**。重要ポイント5を参照。職務給は職務の難易度や相対的価値を算定して職務等級を作成し，その内容に基づいて賃金を決定する。また，**同一労働，同一賃金**の原則によって，仕事に対して賃金が支払われることから，算定基準が公平で客観的という長所がある。しかし，人事異動に伴う職務内容の変更に柔軟に対応できないことや，能力が向上しても上位等級の仕事に就かない限り，賃金が上がらないなどの問題点もある。

2 ◎ 職能給 → 従業員の職務遂行能力に応じて賃金を算定。

正しい。**職能給**は従業員の職務遂行能力に基づいて算定される。しかし，各人の能力を客観的に評価することは難しいため，日本企業では学歴や実務経験，勤続年数などの属人的要素を加味した**「年齢給」や「勤続給」と組み合わせて基本給を算定するケースが一般的**である。なお，「すぐに賃金に響かない」とは，職能給は原則として「仕事を達成する能力に支払われる」ため，担当職務が変わっても賃金水準はただちに変化しないことを指す。

3 × コンピテンシー給 → 成果主義に基づく賃金制度。

いわゆる**コンピテンシー給**は，1990年代以降にアメリカのコンサルティング会社などが提唱している賃金制度である。「コンピテンシー」とは，特定の職務で高い業績を上げるための知識やスキル，行動などの特性を意味する。そのため，コンピテンシー給は成果主義に基づく賃金制度と位置づけられる。

4 × 日本の大企業では，変動型年俸のほうが一般的。

年俸制は専門職だけではなく管理職にも適用される。また，年俸制は①確定型年俸制と②変動型（調整型，業績連動型）年俸制に分類される。①は「前年度の業績に基づいて本年度の年俸を確定する」制度，②は前年度の業績に基づいて確定した年棒（基本年俸）に加えて，当該年度の業績に応じて賞与（業績年俸）を支払う制度である。現在，**日本の大企業で導入されているのは確定型年俸制よりも変動型年俸制が多い**。

5 × ストック・オプション → 自社株を毎年購入する制度ではない。

ストック・オプション（自社株購入権）は，管理職や一般従業員に一定価格で自社株の購入権を与える**業績連動型の報酬制度**である。その際，「自社株式

232

を毎年従業員が購入し，退職時，その株式を受け取る権利を与える」，「株価の上下にかかわらずその権利を行使」しなければならないという規定はない。

No.3 の解説 　人的資源管理

→問題はP.228　**正答3**

1 ✕ **人事考課は，業績評価，能力評価，情意評価からなる。**
　　人事考課では，従業員の業績を評価し，賃金の決定に反映させるだけでなく，昇進や人材育成などの長期的な視点からの評価も行われる。一般に人事考課には，**業績評価**（仕事の成果を評価する），**能力評価**（職務を遂行するために必要な知識や能力を評価する），**情意評価**（勤務態度や規律の順守，協調性などを評価する）などが含まれる。また，日本企業では，ホワイトカラーだけではなくブルーカラーも人事考課の対象に含まれる。

2 ✕ **職能資格制度 → 個人の職務遂行能力に基づく職能給の算定基準。**
　　「職務の価値の大きさに応じて」以降の記述は，職務等級制度の説明である。**職務等級制度**は**職務給**の算定基準であり，**職能資格制度**は**職能給**の算定基準である。職務給と職能給については**重要ポイント5**を参照。

3 ◎ **OJT → 職場内訓練，Off-JT → 職場を離れて行う集団研修。**
　　正しい。**重要ポイント4**を参照。

4 ✕ **ファスト・トラック → 次世代の中核人材を早期に選抜・育成する制度。**
　　「経営幹部候補生をキャリアの早い段階で選別し，特別のキャリア開発プログラムを実施すること」は**ファスト・トラック**と呼ばれ，中核人材の早期選抜・育成を目的とした制度を意味する。**マイスター制度**はドイツ発祥の資格制度であり，卓越した職人の技能の習得・継承を目的とした職業教育制度を指す。なお，「他社で経験を積んだ人材を経営幹部として中途採用する制度」を**エグゼクティブ・サーチ**または**ヘッドハンティング**と呼ぶ。

5 ✕ **日本企業では，産業別・職種別ではなく企業別労働組合が主体。**
　　欧米では企業横断的に労働者を組織した産業別労働組合や職種別労働組合が一般的だが，**日本では個々の企業を単位とした企業別労働組合が主体**である。また，「わが国の操業経験の長い大企業においては」以降の記述も誤り。**ユニオン・ショップ**は，企業に雇用された労働者は労働組合に加入することを義務づけ，労働者が組合を脱退あるいは除名された場合は解雇する制度である。日本では，大企業を中心にユニオン・ショップを導入しているケースが多い。

1✕ 日々の仕事を通じ行う職場内研修制度 → OJT。

Off-JTは，職場を離れて研修施設などで行う集団研修を指す。**重要ポイント４**を参照。また，ここでの**自己啓発**は「同僚と意見交換を行う勉強会」ではなく，勤務時間外に従業員が能動的に行う学習であり，資格取得を目的とした通信教育や専門学校への通学などが該当する。

2✕ 「計画された偶発性」理論 → 偶然の出来事を前向きにとらえる。

「それを明確に拒否し」以降の記述が誤り。J.D.クランボルツが示した**「計画された偶発性」理論**では，組織における実際のキャリアの80％は，予期しない偶然の出来事で形成されると指摘する。そのうえで，職務内容が当初の希望とは異なる場合でも，やる気を失ってすぐ退職を考えるのではなく，**偶然の出来事を前向きにとらえ，計画的にキャリア形成を行うためのステップアップの機会として活用**すべきである，としている。

3◎ 社内公募制度 → ある部署が社内の従業員から必要な人材を公募する。

社内公募制度を実施する際に注意すべき点は，制度の不信感を招かぬよう正確な情報発信に努めること，選考プロセスがオープンであること，不合格者に対するケアを怠らぬこと，などが挙げられる。

4✕ 在宅勤務やテレワークは，孤立感や健康障害をまねく場合がある。

場所の制約を受けない働き方の導入は，通勤や移動に要する時間の削減，**ワーク・ライフ・バランス**（仕事と生活の調和）の改善などの効果がある反面，上司や同僚とのコミュニケーション不足，長時間労働による健康障害や孤立感が増すなどのケースも指摘されている。なお，**テレワーク**はIT技術を活用し，時間や場所の制約を受けずに柔軟に働く形態であり，**フリーアドレス制**は職場で従業員が各自専用の机を持たず，空席で仕事を行う仕組みである。

5✕ 人事考課の結果は，異動や人材育成のほか，報酬にも反映される。

「報酬には反映されない」および「直属の部下からの評価を含まない」が誤り。**360度評価**は，上司だけでなく顧客や部下，同僚，関連部門などによる**多面的な考課を行うことで評価の偏りを抑える**制度である。ただし，360度評価については，評価された人物に対する周囲の好悪の感情が反映されるといった懸念や，予想外に不本意な評価を多面的に指摘されることで人間不信に陥りやすくなる，などの短所も指摘されている。

No.5 の解説 賃金制度
→問題はP.230 **正答2**

1✕ **労働基準法における賃金 → 給料，賞与，手当などを含む。**
「手当は含まれない」が誤り。労働基準法第11条では，「この法律で賃金とは，賃金，給料，手当，賞与その他名称の如何を問わず，労働の対償として使用者が労働者に支払うすべてのものをいう」と規定されている。**手当は，基本給とあわせて支払われる賃金**であり，時間外手当，休日手当，深夜手当などの割増賃金や役職手当，家族手当，住宅手当などがある。

2◎ **職務給 → 職務内容に対して支払われる賃金。**
正しい。重要ポイント5を参照。職務給は算定基準が明確だが，担当職務が変わると賃金水準も変動し，算定の変更手続きが煩雑になることや，本人の業績に関係なく賃金の低下を招く場合があり，人事異動に柔軟に対応できないことから，**日本企業では普及していない。**

3✕ **職能給 → 顕在的な能力だけでなく潜在的な能力も考慮して算定。**
「顕在的な能力に限られるものであり，潜在的な能力は含まれず，労働者の異動の妨げになる」が誤り。職能給は労働者の職務遂行能力に対して支払われる賃金であり，各人の顕在的な職務遂行能力（一定期間に達成した仕事の成果）だけでなく，職務に関する知識や経験，技能，資格などの潜在的な職務遂行能力も評価の対象に含まれる。**職能給は人事異動に柔軟に対応できることから，日本企業で広く普及している。**重要ポイント5を参照。

4✕ **年功給 → 勤続年数，年齢，学歴などの属人的要素に基づいて賃金を算定。**
年俸制に関する説明である。年功給（年功賃金）は終身雇用，企業別労働組合とともに，いわゆる「日本的経営」を支える中核的な要素であった。現在では，能力主義的な賃金制度の導入や非正規雇用労働者の増大に伴って，**基本給に占める年功給の割合は減少している。**

5✕ **コンピテンシー給 → 業績を上げる優れた能力を評価して算定する。**
業績連動型の報酬制度である**ストック・オプション**（自社株購入権）の説明である。コンピテンシー（Competency）は「特定の職務で高業績を上げるための知識やスキル，行動などの特性」を意味し，**業務遂行やコミュニケーション，リーダーシップ，問題解決，顧客対応などに関する能力や行動が評価対象**となる。コンピテンシーに基づいた賃金制度や人事考課，採用面接は1990年代にアメリカ企業で導入され，近年は同様の制度を取り入れる日本企業も現れている。ただし，コンピテンシーの評価対象は業種や職種によって異なり，運用の実態は企業によって多様である。

必修問題

生産管理に関する記述として，妥当なのはどれか。

【地方上級（特別区）・平成27年度】

1 **フォード・システム**とは，自動車の大量生産方式のことであり，製品，部品や生産工程の標準化を徹底し，車台に固定された自動車に作業者が部品を取付けに移動する移動組立方式を取り入れた。

2 **トヨタ生産方式**とは，徹底した無駄の排除をめざした生産方式で，在庫が少ないために**リーン生産方式**ともいわれており，事前に計画されたスケジュールに従い，前工程から後工程へ向けて順次加工や組立てを行っていく押し出し方式の生産が採用された。

3 **モジュール生産方式**とは，製品の標準化と部品の規格化による少品種大量生産方式のことであり，製品の種類を単純化し，各種部品を一定の規格に統一することによって，部品の互換が容易になり，修理作業も著しく簡素化され，生産性を向上させた。

4 **セル生産方式**とは，1人ないし数人の作業者が製品の組立てや加工を行い，1つの製品を作り上げていく方式で，ライン生産方式と比較して，多品種生産に適している。

5 ISOとは，国際標準化機構の略称のことで，マネジメントシステムの国際化を進めており，ISO規格には，環境管理のための規格を定めた**ISO9000シリーズ**と品質管理のための共通規格を定めた**ISO14000シリーズ**がある。

難易度　＊

必修問題の**解説**

　生産と技術では，企業のモノづくりに関するトピックが取り上げられる。主な出題対象は，各種の生産方式の特徴および生産管理の手法である。

1 ✕ フォード・システム → ベルトコンベアによる移動組立方式を導入。
　移動組立方式（移動組立法）はベルトコンベアを用いた流れ作業による組立ラインであり，人が仕事（部品）の所に向かって行くのではなく仕事が人の所に向かって動く。重要ポイント1を参照。

2 ✕ トヨタ生産方式 → 後工程が前工程から部品を調達する引っ張り方式。

後半の記述が誤り。**トヨタ生産方式**では，後工程（最終的な組立工場や関連工場）から前工程（下請けの部品メーカー）に向けて，必要な部品の数量，種類，納入期限などを明記した**カンバン**と呼ばれる指示伝票を送ることで，必要なものを必要なときに必要なだけ調達する**引っ張り方式**による生産システムである。重要ポイント3を参照。

3 ✕ モジュール生産方式 → 多品種少量生産に導入。

モジュール生産方式は，**モジュール**と呼ばれる主要な構成部品（ひとかたまりの部品群）を組み合わせることで製品を生産・加工する**多品種少量生産方式**である。重要ポイント2を参照。

4 ◎ セル生産方式 → 多能工による作業チームが生産・加工を担当。

正しい。セル生産方式はトヨタ生産方式に基づいて考案された手法であり，ソニーの工場で採用された事例が最初とされる。**セル生産方式**は，ベルトコンベアを使わずに「セル」と呼ばれるU字型やL字型のコンパクトな作業台で，**少人数の多能工からなる作業チームが製品の組立てから加工，検査まで担当する**手法である。この方式は，①多品種少量生産に適しており，②生産調整が容易なので在庫が圧縮でき，③従業員の士気が高められるメリットがある。

5 ✕ ISO9000シリーズ → 品質管理の国際規格。

後半の説明が逆。ISO9000シリーズは製品の品質規格，製造工程，品質管理体制などに関する品質管理の国際規格であり，1987年に制定された。ISO14000シリーズは環境管理，監査，評価などに関する環境マネジメントシステムの国際規格であり，1996年から発行されている。

ISO9000シリーズ	品質管理の国際規格
ISO14000シリーズ	環境マネジメントシステムの国際規格
ISO26000	社会的責任に関する国際規格

正答 4

第4章 経営学各論

FOCUS

本テーマの出題内容は，①各種の生産方式の特徴，②個々の生産管理の技法に大別される。

①では，大量生産方式とトヨタ生産方式，セル生産方式の出題が主体である。

②では，製品アーキテクチャに関する設問が多く，近年はイノベーション・マネジメントを含む出題が増えつつある。

POINT

重要ポイント 1 大量生産方式

- 20世紀初頭に自動車の大量生産方式を考案し，生産システムとして確立したのは H.フォードであり，**フォード・システム**とも呼ばれる。フォードの大量生産方式の核となるのは，**生産の標準化と移動組立法**である。生産の標準化とは，部品や工具などを標準化し互換性を持たせることであり，**規模の経済**を実現し，生産性の向上を実現できる。また，移動組立法とはベルトコンベアによる流れ作業であり，各作業者の作業に要する時間を自動的に管理することが可能になる。

- 大量生産方式はあらかじめ決定された生産計画に従って，大規模な生産設備を稼動させる**見込み生産**体制を導入する。そのため，標準化された少品種の製品生産による規模の経済は実現できるが，製品需要が変化した場合，柔軟な対応が困難であり，大量のロスを発生させる。こうした特徴から，**大量生産方式は安定した環境下で少品種の標準化された製品の加工・組立てに適した生産方式である。**

重要ポイント 2 多品種少量生産方式

- 市場の成熟化，ニーズの多様化によって，従来の大量生産方式による規模の経済の追求が困難となり，1970年代後半以降は多品種少量生産方式の導入が進展した。
- **多品種少量生産は，基本的に市場における製品需要に応じて生産を行う受注生産の形態をとる。**したがって，複雑で変更の多い生産工程をいかに効率的に管理し，生産性を向上させるかが課題となる。そのための方策がグループ・テクノロジーの導入や多能工の養成，段取替えの効率化である。
- これらの手法の中で，特に**グループテクノロジー**とは，材質や形状，デザインなどによって多様な部品を共通化あるいは規格化し，まとまりを持った**モジュール**にして，生産工程の短縮を図るための手法である。

重要ポイント 3 トヨタ生産方式

- トヨタ生産方式を構成する基本的な発想は「ジャスト・イン・タイム」と「自働化」である。「ジャスト・イン・タイム」とは，市場の需要を起点としたカンバンの授受によって「必要なものを，必要なときに，必要なだけ」調達することを意味する。また，「自働化」とは，**異常が発生したときに自動的に作業を停止すると同時に，その原因究明を行う仕組み**であり，生産工程の効率化のみに特化した「自動化」とは異なる。なお，トヨタ生産方式はジャスト・イン・タイム方式，**リーン**生産方式（マサチューセッツ工科大学の研究チームがトヨタ生産方式に付けた名称。リーン〔Lean〕とは「ぜい肉のない」という意味であり，徹底して無駄を排除したトヨタ生産方式を形容してこのように名付けた）などと呼ば

れる場合もある。

- **カンバン方式**は，「カンバン」と呼ばれる指示伝票を**後工程**（本社の最終組み立て工場や関連工場）から**前工程**（下請けの部品メーカー）に送ることで中間在庫を極力圧縮する手法である。「カンバン」には，引取りカンバンと仕掛けカンバンの2種類があり，これらによって部品の納入と生産の指示を行う。

重要ポイント 4 製品アーキテクチャ

- 製品アーキテクチャとは，ある製品を構成する部品の組合せについての設計構想のことである。具体的には，製品全体の機能を各部品にどのように振り分けるか，部品間の接合規格（インターフェイス）をどのように設定するか，が対象となる。
- 部品と機能の対応関係に着目した場合，製品アーキテクチャは**モジュラー型**と**インテグラル型**の2種類に大別される。

モジュラー型 （組み合わせ型）	・接合規格が**事前に標準化**されている ・各部品にほぼ1つの機能が配分され，**部品間の対応関係が1対1**になるよう仕分けられている ・事例→パソコン，家電製品など
インテグラル型 （擦り合わせ型）	・接合規格を**製品ごとに細かく調整**する ・製品の機能が**複数の部品にわたって複雑に配分**されている ・事例→日本のメーカーが製造する自動車やオートバイなど

重要ポイント 5 その他（OEMとアウトソーシング）

- **OEM（Original Equipment Manufacturing）**とは，**相手先のブランドによる部品あるいは製品の供給**である。OEMを利用する場合，部品や製品を供給する企業（**OEMの受託側**）にとっては安定した需要による規模の経済が実現できると同時に，知識や経験の蓄積も可能となる。また，供給を受ける企業（**OEMの委託側**）にとっては自社で内製するよりもコストの削減につながり，設備投資を節約できる。
- **アウトソーシング**とは，1980年代以降に使われ始めた用語であり，もともとは**情報システムの構築および保守の外部委託**をさしていた。しかし，**近年では総務，経理，広告・宣伝などほかの管理部門の外注化を含めて用いる傾向にある。**

No.1 企業間の関係に関する次の記述のうち，妥当なのはどれか。

【国家一般職・平成9年度】

1 企業間の提携には，技術導入などの生産提携，クロス・ライセンスなどの技術提携，出向などの人材提携，販売チャネル共有などの販売提携，製品供給などの資本提携があるが，いずれの提携も自社の強みを増強することが目的とされる。

2 アウトソーシングは，自社の中核的な業務の一部を他社に委託することであり，以前は総務や経理，研修などの委託に限って呼ばれていたが，最近ではコンピュータ関連業務の委託についても，アウトソーシングと呼ばれるようになっている。

3 OEMは，自社で生産した製品に相手方製造業者の商標を付けて，相手に供給するという一種の委託生産であり，受託側企業にとっては，生産技術の学習や量産化による規模の経済性の確保といったメリットがある。

4 合弁会社は，複数の企業のM＆A（合併と買収）によって設立された会社であり，主な設立理由として，事業の規模拡大や危険負担の軽減・分散化などが挙げられる。

5 ファブレス企業は，メーカーでありながら製造のみを担当して，設計を他社にゆだねている企業のことであるが，製造こそが付加価値を生み出す源泉であるという考えに立って，究極の労働集約型企業と見る者もいる。

No.2 生産管理，品質管理に関する次の記述のうち，妥当なのはどれか。

【国家一般職・平成26年度】

1 米国で20世紀初頭に誕生した総合品質経営（TQM）は，連合国軍総司令部（GHQ）によって日本へ伝えられたが，日本では全員参加型の全社的品質管理（TQC）として普及，発展していくことになった。その後，日本企業は品質作り込みと作業内全数検査を重視して，統計的手法を作業現場で活用する検査システムを米国流のTQMに組み込んだので，1990年代以降，日本企業のTQCは統計的品質管理（SQC）と呼ばれることになる。

2 トヨタ生産方式でジャスト・イン・タイムを実現するための重要なシステムが，カンバンとアンドンである。カンバンは生産ライン脇の通路上に設置される電光掲示板で，各工程のその日の累積計画台数と累積実績台数を表示することで，生産計画の進捗管理に用いられる。アンドンは部品箱に貼られたカードで，各部品の納入指示票として機能することで，後補充の在庫システムが可能になる。

3 自動車メーカーなどの工場では，工場内のすべての作業工程を担当可能な多能工と呼ばれるベテラン作業員が育成される。欧米では1970年代末までの時期に，生産性の向上と，生産量の変動に対する労働力のフレキシビリティの確保を目的として多能工化が完了したが，日本では20世紀前半に，従業員満足の観点から職務充実運動が展開されて多能工化が進められた。

4 顧客からの注文を受けてから生産を開始し，指定された期日に納入する生産方法を注文生産という。注文生産では，メーカーの生産期間と顧客が発注してから入手するまでの納入期間とが物流期間の長短によらず，常に完全に一致する。このためメーカーは，工程内在庫となる仕掛品を持つ必要がなくなり，在庫コストはゼロになる。また，累積生産量と累積納品量の差である受注残をゼロにすることで，需要の変動に対応することが容易となる。

5 　工場内における生産工程の流れに応じて機械設備や作業員の配置方法は異なる。機能別レイアウトでは，同じ機能を持つ機械設備が一つの工程内にまとめて配置され，仕掛品が工程間を交錯して移動する。製品別レイアウトでは，製品の種類ごとに，作業の進む順序に従って機械設備が並べられて生産ラインを形成し，仕掛品がラインを一方向的に移動する。

***
No.3 **製品開発，生産管理に関する次の記述のうち，妥当なのはどれか。**

【国家一般職・平成27年度】

1 　開発効率の高い組織には，プロジェクト・マネジャーが存在することが特徴であり，特にプロジェクトに関するあらゆる事項の決定権限を持つプロジェクト・マネジャーはリエゾンと呼ばれる。また，重量級プロジェクト・マネジャー型組織とは，プロジェクト・マネジャーが主要技術の選択や設計に関して権限を持ち，それ以外については各機能部門長が権限を持つ組織である。

2 　期間中の製造あるいは発注のコストと在庫費用の合計を最小化するように求められたロットサイズを最適経済ロットという。期間中の予定生産（発注）量を D，ロット当たり製造（発注）コストを S，期間中の単位当たり在庫費用を C，ロットサイズを Q とすると，期間中の平均在庫量は $\frac{Q}{2}$ として把握されるので，費用の合計 $\frac{DS}{Q}+\frac{QC}{2}$ を Q について微分すれば，最適経済ロットとして $Q=\sqrt{\frac{2DS}{C}}$ が得られる。

3 　製品アーキテクチャは，部品の汎用性の程度によってオープン型とクローズド型に，部品間の依存関係の強さによってインテグラル型とモジュラー型に類型化される。オープンとインテグラル，クローズドとモジュラーの組合せの相性がよく，前者の代表的製品が自動車，後者がパソコンである。また，オープンとモジュラーの組合せの代表的製品には積み木やブロックがある。

4 　産業発展の初期段階である流動期には，製品コンセプト自体が定まっていないため，製品イノベーションも工程イノベーションも発生頻度は高い。ドミナント・デザインが登場して移行期に入ると工程イノベーションによって生産性は向

上するが，顧客の要求が収斂しているので製品イノベーションは発生しなくなる。生産性向上によって製品イノベーションが抑制される現象をイノベーターのジレンマという。

5 代表的な生産管理システムとして，資材所要量計画とカンバン方式がある。資材所要量計画は1950年代にトヨタで考案され，その後，米国で発達したもので，基本生産計画に基づき部品展開して算出した資材の所要量を，最下流の組立工程にのみ指示する仕組みである。カンバン方式は同時期に同国のゼネラル・エレクトリック社が導入したもので，基本生産計画に基づいて上流工程の各段階に資材の所要量を指示する仕組みである。

No.4 **生産管理に関する記述として，妥当なのはどれか。**

【地方上級（特別区）・平成30年度】

1 生産管理とは，製品の生産を効率的に遂行するために，その生産にかかわる企業活動について，生産計画，生産組織，生産統制の機能からなる体系として管理することであり，QCDと呼ばれる品質・原価・需要は，生産活動にとって重要な管理目標である。

2 グループテクノロジーとは，資材供給から生産，流通，販売に至る物またはサービスの供給連鎖をネットワークで結び，販売情報，需要情報などを部門間または企業間でリアルタイムに共有することによって，経営業務全体のスピードおよび効率を高めながら顧客満足を実現する経営コンセプトである。

3 ジャスト・イン・タイムとは，必要なものを，必要な時に，必要な量だけ生産することであり，後工程が加工に必要な部品を，必要な時に，必要な量だけ，前工程から引き取り，前工程は引き取られた数量だけ生産し，作りすぎの無駄や在庫の無駄をなくそうとする仕組みである。

4 テイラー・システムとは，労働者が遂行すべき毎日の作業量である課業を明確に設定し，標準的な条件の提供と賃金による刺激により，労働者に課業を遂行させる課業管理を中心としており，テイラーは課業管理を遂行するにあたり，標準的な労働者の作業を要素作業に分解し，時間研究および動作研究を行った。

5 フォード・システムとは，製品・部品・生産工程の標準化，作業の細分化・単純化および移動組立方式の導入による自動車の生産システムであり，製品・部品の効率的な生産，部品の互換性，安定した製品品質，原価の削減を実現するとともに，顧客の多様なニーズに対応した多品種少量生産を可能とした。

No.5 製品開発および生産管理に関するア～オの記述のうち，妥当なもののみ
をすべて挙げているのはどれか。

【国家専門職・令和3年度】

ア：「生産性のジレンマ」とは，業界のリーダー企業が，既存の顧客を重視し，積
極的に技術，製品，設備に投資しているにもかかわらず，ある種のイノベーシ
ョンに直面すると急速に市場での優位性を失うことがあるという現象のことで
ある。

イ：ジョブ・ショップ生産方式とは，機械設備等を機能中心に配置し，異なる工程
順を持つ製品を生産する方式のことであり，新製品の開発等に柔軟に対応でき
る反面，分業による生産性の向上を十分にいかしていないというデメリットが
ある。

ウ：カンバン方式とは，「必要なときに必要なだけ生産する」ことを目指す生産方
式のことである。この方式は，中間在庫を極力減らすことができる一方で，一
部の生産プロセスの故障がシステム全体の停止を引き起こすというリスクも抱
えている。

エ：ある製品についての部品の構成や部品間の結合に関する在り方のことを製品ア
ーキテクチャという。このうち，自由に組み合わせられる特性を持った製品を
インテグラル型の製品と呼び，量的変動に対応しやすいだけでなく，ライバル
企業に対する差別化も容易である。

オ：フォード生産方式とは，設計，材料，作業方法等の標準化と単純化を進め，コ
ストの切下げと品質の安定化を図った自動車の大量生産方式のことである。そ
の作業方法は，作業者のグループが，作業工程に応じて移動しながら部品を取
り付けていく移動組立方式である。

1 ア，エ
2 ア，オ
3 イ，ウ
4 イ，エ
5 ウ，オ

実戦問題の解説

No.1 の解説　企業間の関係

1✕ **企業の提携 → 自社の弱点を補強することが主な目的。**

ある企業が他社と提携する目的は、自社の強みの増強というよりも、自社の弱みを補完することに求められる。一般に、企業が戦略上の重要課題に直面した際に、自社が保有する経営資源（ヒト、モノ、カネ、情報）のみでは課題が達成できない場合に他社との提携が選択される。現在の電子機器産業や自動車産業の世界的な提携関係が典型的な例である。なお、**クロス・ライセンス（相互使用特許権）** とは、独自の特許権を保有する企業どうしが相互に特許や技術を使用する許可を与えることである。

2✕ **アウトソーシング → 生産、販売などの主要業務の委託も含まれる。**

本肢の内容は逆である。**アウトソーシング**という言葉は、もともと情報システムの開発、運用、保守を外部企業に委託する意味で用いられてきたが、最近では総務、経理、研修などの管理部門の業務委託を含めて用いるようになってきている。

3◎ **OEM → 相手先ブランドによる部品や製品の供給。**

正しい。問題文の受託企業にとってのメリットに加えて、**OEM**は生産を委託する企業側にとって、研究開発費の節約や余分な生産設備の軽減といったメリットがある。

4✕ **合弁会社 → 複数企業の共同出資によって設立。**

一般に**合弁会社（ジョイント・ベンチャー）** はM＆Aによって設立される企業ではなく、企業が海外進出を実施する際に進出先の政府や現地企業と共同で出資し、設立する海外事業会社や、単に複数企業が共同で設立する会社を意味する。

5✕ **ファブレス企業 → 設計やデザインに専念し、製造は他社に委託。**

ファブレス企業とは製品開発や設計・デザイン、あるいは流通・販売などの分野に特化し、自社の生産設備を持たず、他社に生産を委託し、自らは特許やライセンス収入などによって収益を得る企業である。このタイプはコンピュータのソフトウェアや情報技術関連のベンチャー企業に多く見受けられる形態である。

No.2 の解説　生産管理・品質管理

→問題はP.240　**正答5**

1 ✕ 米国で考案されたSQCが日本でTQCとして発展し、後にTQMと改称。

　総合品質経営（TQM；Total Quality Management, 総合的品質管理）と**統計的品質管理**（SQC；Statistical Quality Control）の内容が誤り。米国で考案されたSQCは不良品の発生を予防するために統計理論を応用した品質管理の手法である。SQCはGHQを通じて日本に伝えられたが、1951年に日本科学技術連盟がデミング賞を創設して以来、米国流のSQCに小集団活動（QCサークル）などが組み込まれることにより、全員参加型の**全社的品質管理**（TQC；Total Quality Control）として普及していった。その後、1996年に日本科学技術連盟はTQCをTQMと呼称を変更した。TQMは米国のマルコム・ボルドリッジ賞を参考に、従来のTQCに「経営の質」という視点を加えた手法であり、経営戦略との連携や顧客満足の向上を重視している。

2 ✕ カンバン → 各部品の生産と納入のために用いられる指示伝票。

　カンバンとアンドンの説明が誤り。**カンバン方式**は後補充（後工程が必要な部品を前工程に発注し、補充する）の在庫システムであり、部品箱に張られたカード（カンバン）を各部品の納入指示伝票と生産指示伝票として用いることで、中間在庫を可能な限り圧縮することができる。**アンドン**は生産ライン脇の通路上に設置される電光掲示板（ランプ）であり、生産ラインに何らかの異常が発生した際に作業者がアンドンを点灯し、他の作業工程に異常を知らせることで、不良品の発生を防ぐことができる。

3 ✕ 日本の工場では1980年代までに多能工の導入が進展した。

　多能工は、複数の作業工程を担当可能な作業者だが、「工場内のすべての作業工程を担当可能」とは限らない。日本では1980年代までに生産性の向上とフレキシビリティの確保を目的として多能工化が進められた。欧米では単能工が主流だったが、従業員満足の観点から職務拡大・職務充実運動が展開され、近年は多能工を導入するケースが徐々に増えている。

4 ✕ 注文生産では物流期間があるため、納入までの期間は生産期間より長くなる。

　「物流期間の長短によらず、常に完全に一致する」が誤り。物流期間があるため、**注文生産**では発注から納入するまでの期間が生産期間よりも長くなる。また、実際の注文生産では、原材料や部品をある程度まで加工し、「工程内在庫となる仕掛品を持つ」ことが多い。さらに、**受注残**とは累積受注量と累積納品量の差であり、注文を受けてから顧客に納品を待ってもらっている数量を意味する。受注側の工場は、受注残をある程度抱えておくことで、需要の変動に対応することが容易となる。

5 ◎ 機能別レイアウト → 仕掛品が工程間を交錯して移動。

　正しい。大規模な工場での生産工程では、既存の設備を使いながらも、適切な工程レイアウトを選択することによって生産性が大幅に向上するケースがある。

　本問は藤本隆宏著，『生産マネジメント入門Ⅰ・Ⅱ』（日本経済新聞社，2001年）に基づいて構成されている。イノベーション・マネジメントとの折衷型の問題。選択肢**2**は初出であり，難易度が高い。

1✕　**「リエゾン」は部門間の調整役であり，プロジェクト・マネジャーではない。**
ここでの**リエゾン**とは，部門間の連絡調整役であり，自らの所属部門の要求を他部門に知らせるとともに，必要な情報を所属部門に持ち帰ることを任務とすることから，プロジェクト・マネジャーと同義ではない。また，「重量級プロジェクト・マネジャー」の表記は，前掲書では重量級プロダクト・マネジャーであり，後半の説明も誤り。**重量級プロダクト・マネジャー**は，製品開発だけでなく製造や販売を含む幅広い分野の調整責任を持ち，諸部門の担当者と緊密にコミュニケーションをとりつつ，強力なリーダーシップを発揮して製品コンセプトの推進を図る。藤本の調査・分析では，重量級プロダクト・マネジャーを導入している組織は開発効率や生産性の点で高い業績を上げていることが示された。なお，**一部の文献では，重量級プロジェクト・マネジャーと重量級プロダクト・マネジャーを同じ意味で用いている**ので注意を要する。

2◎　**最適経済ロット → 発注費用と在庫費用を最小化するためのロットサイズ。**
正しい。ロットサイズは一回当たりの発注量（または生産量）を意味する。発注費用（輸送費，発注作業に要する事務費など）と在庫費用（倉庫代，保険料など）を最小化して最も経済的なロットサイズを求めることは，定量発注を行う際の重要な課題である。たとえば，一回の発注量を大きくすれば発注回数は減り，単位当たりの発注費用は下がるが，平均在庫量が増すために在庫費用は上昇する。逆に一回の発注量を小さくすれば在庫費用は減るが，発注回数が増えるため，単位当たりの発注費用は上昇する。**最適経済ロット**は，発注費用（$DS／Q$）と在庫費用（$QC／2$）の合計が最小となる点であり，EOQ（Economic Order Quantities）とも呼ばれる。EOQはR.H.ウィルソンらによって研究され，目的に応じて多様な計算式がある。

3✕　**オープンとモジュラー，クローズドとインテグラルの相性が良い。**
後半の説明が誤り。**製品アーキテクチャ**（製品の設計構想）の**オープン型**とは，部品間の接合規格を業界レベルで標準化・単純化し，企業間で部品の組合せが可能なタイプであり，**クローズド型**は基本設計や接合規格が社外に公開されず，部品の組合せが1企業内でのみ成立するタイプである。また，**インテグラル型**は部品間の接合規格を製品ごとに調整するタイプ，**モジュラー型**は接合規格が事前に標準化されているタイプである。**重要ポイント4**を参照。この中では，**オープンとモジュラー，クローズドとインテグラルの相性が良く，前者の代表例がパソコン，後者の代表例が自動車である**。また，クローズドとモジュラーの組合せの代表例には積み木やブロックがある（次頁

の図を参照)。

アーキテクチャの分類

	インテグラル型	モジュラー型
クローズド型	自動車 オートバイ 小型家電	汎用コンピュータ 工作機械 レゴ（おもちゃ）
オープン型		パソコン パッケージソフト 自転車

4 ✕ 流動期 → **工程イノベーションよりも製品イノベーションの頻度が高い。**

W.J.アバナシーと J.M.アッターバックによれば，産業発展の初期段階である流動期は製品コンセプトが定まっていないため，**製品イノベーション**の発生頻度が高い。そして，**ドミナント・デザイン**（その後の技術的基準となる標準化された製品）が登場して移行期に入ると，**工程イノベーション**によって生産性が上昇するが，技術進歩の余地が少なくなるため，製品イノベーションの頻度は低下する。テーマ23・重要ポイント2の（2）を参照。また，**イノベーターのジレンマ**とは，ある業界をリードしてきた企業が，主要な顧客のニーズに対応し，積極的に技術，製品，生産設備などに投資した結果，新たな技術を過小評価し，新規参入企業によって，その地位を奪われる現象である。なお，イノベーターのジレンマはイノベーションのジレンマと表記される場合もある。

5 ✕ 資材所要量計画 → **米国で発展した生産管理の手法。**

資材所要量計画とカンバン方式の説明が誤り。**資材所要量計画**は，1950年代半ばにゼネラル・エレクトリック（GE）社に導入されて以来，米国で発展した生産管理の手法である。具体的には，部品の品目と数量，生産完了予定時期を1日〜1週間単位で示した基本（基準）生産計画に基づいて，上流工程の各段階で必要な資材の所要量を割り出し，現場に指示を与える仕組みである。その意味で，資材所要量計画は**「押し出し方式」**を導入していることになる。トヨタ自動車で考案されたカンバン方式においても，基本生産計画に基づいて指示が行われるが，その指示は最下流の組立工程（最終的な組立工場）にのみ送られる。そして，部品の種類，数量，納入期限などが記載された**「カンバン」を後工程（下流工程）から前工程（上流工程）に送ること**で，**必要な部品を必要なだけ前工程に取りに行く「引っ張り方式」**を導入する。

1✗ QCD → 品質，原価，納期。

前半の説明は正しいが，**QCD**の中の「需要」が誤り。QCDは生産管理を行う上での重要な課題であり，**品質**（Quality），**原価**（Cost），**納期**（Delivery）の3要素から構成される。

2✗ グループテクノロジー → 個別の部品をグループ分けし，まとめて加工。

問題文は，**サプライチェーン・マネジメント**の説明である。テーマ18・重要ポイント6の（2）を参照。**グループテクノロジー**は，多種類の部品をいくつかの要素（形状や寸法，素材，加工方法など）をもとにグループ分けして，まとめて加工・組立を行う手法である。この手法によって，作業工程や生産ラインの段取替え，工程間の運搬時間が短縮され，生産性が向上する。

3◎ ジャスト・イン・タイム → 徹底して無駄を省く生産手法。

正しい。**ジャスト・イン・タイム**は，トヨタ自動車が考案・発展させた生産システムの呼称である。その中核となる仕組みは，部品の種類，数量，納期などを記した「カンバン」と呼ばれる指示伝票を，**後工程**（本社の最終組立工場や関連工場）から**前工程**（下請けの部品メーカー）に送ることで，中間在庫を極力圧縮するカンバン方式である。**重要ポイント3**を参照。

4✗ 課業 → 一流の労働者の作業手順に基づいて設定。

「標準的な労働者の作業」が誤り。F.W.テイラーが唱えた**科学的管理法**（テイラー・システム）では，一流の労働者の作業を要素ごとに分解し，**時間研究**（各作業に要する時間を測定し，標準時間を決定する）や**動作研究**（作業の手順を分析し，効率的な作業方法を導き出す）によって標準的な作業条件である課業を設定する。テーマ1・重要ポイント2を参照。

5✗ フォード・システム → フォード社が考案した自動車の大量生産方式。

「顧客の多様なニーズに対応した多品種少量生産を可能とした」が誤り。H.フォードが考案したフォード・システムは，単一車種であるT型フォードの大量生産方式であった。**重要ポイント1**を参照。

No.5 の解説　製品開発および生産管理

→問題はP.243　**正答3**

ア✕ リーダー企業が新技術を軽視し，優位性を失う → **イノベーターのジレンマ**。
イノベーターのジレンマの説明である。ここでの「ある種のイノベーション」とは，**分断的（破壊的）イノベーション**のことであり，当初はリーダー企業から過小評価されるが，顧客の支持を得て既存の主流技術を陳腐化させてしまう新規の技術によるイノベーションを指す。また，**生産性のジレンマ**とは，イノベーションが進展すると生産性が向上する反面，生産工程や設備を固定化することになるため，新たなイノベーションに柔軟に対応できなくなる状況である。テーマ23・重要ポイント3と4を参照。

イ○ ジョブ・ショップ生産方式 → **機能別レイアウトによる生産方法**。
正しい。ジョブ・ショップ生産方式とは，**ある工程の加工や組立てを行う機械設備を機能別に配置する生産手法**である。この方式は，部品の構成や加工の順序が異なる製品生産に対応できるため，**多品種少量生産**に適している。ただし，機械設備を製品別に配置する場合とは異なり，機能別レイアウトでは部品の流れが工程間でランダムに交錯し，工程の段取り替えも頻繁に行われるため，生産計画の綿密な調整を伴わない場合は生産性が低下しやすい。

ウ○ カンバン方式の目的 → **中間在庫を可能な限り圧縮する**。
正しい。カンバン方式はトヨタ生産方式の中核となる仕組みであり，部品の種類，数量，納期，納入場所を明記した「カンバン」と呼ばれる指示伝票を**後工程**（本社の最終的な組立工場）から**前工程**（部品を生産する下請メーカー）に順次送る手法である。重要ポイント3を参照。これによって余分な中間在庫を持たずに，需要の変化に迅速に対処することが可能となる。

エ✕ インテグラル型 → **製品の接合規格を細かく調整する製品アーキテクチャ**。
製品アーキテクチャはインテグラル型とモジュラー型に大別される。重要ポイント4を参照。**インテグラル型**は，部品の接合規格を製品ごとに細かく調整し，**機能を複数の部品にわたって複雑に配分する**タイプの製品であり，部品間のすり合わせを綿密に行うため，製品の完成度は高まるが，需要の量的変動には柔軟に対応できない。**モジュラー型**は，接合規格を事前に標準化し，各部品にほぼ一つの機能を配分することで部品間の対応関係が一対一になるよう設計される製品であり，**自己完結的な構成部品を組み合わせることで完成する**ため，需要の量的変動に対応しやすいが，他社製品に対する差別化は困難となる。

オ✕ 移動組立方式 → **ベルトコンベアで移動する部品を作業者が加工する**。
「作業者のグループが，作業工程に応じて移動しながら部品を取り付けていく」が誤り。フォード生産方式の特徴は，**生産の標準化**と**移動組立方式**にある。重要ポイント1を参照。

　以上の内容から，**イ**と**ウ**が正しいため，選択肢**3**が正答である。

テーマ

18 マーケティング

必修問題

マーケティングに関する次の記述として，妥当なのはどれか。

【地方上級（特別区）・平成24年度】

1　**上層吸収価格戦略**は，市場価格が決まっていない導入期の製品について高い価格設定をして，早急に利益の確保を図る戦略である。

2　プロモーション戦略はプル戦略とプッシュ戦略に分けることができ，**プッシュ戦略**とは，メーカーが広告により直接消費者に働きかけて，消費者の指名買いを促す戦略である。

3　**製品ライフサイクル**の衰退期には，売上げ増加率が鈍化し，価格競争が激化するので，製品のブランドやモデルの多様化が行われる。

4　**マーケティング・ミックス**は，標的市場に対して最適なマーケティング手段を組み合わせることであり，マッカーシーは，その重要な要素を，Product，Price，Performance，Placeの4つに集約し，4Pとした。

5　**マーケティング・チャネル**とは，企業のマーケティング目標を達成するために，特定の商品やサービスを適正な場所，時期，数量，価格で市場に提供するための計画や管理をいう。

難易度　＊

必修問題の解説

　マーケティングの対象範囲は幅広い。その出題パターンは，①マーケティング全般からアトランダムに5つのトピックを取り上げるタイプ，②製品ライフサイクルやマーケティング・ミックスなど特定の学説や概念を詳細に問うタイプに大別される。本問は①のタイプに該当する。

1 ◎ 上層吸収価格戦略 → 導入期に高価格の製品を投入。

　正しい。なお，上層吸収価格戦略とは対照的に，導入期の製品について低い価格設定を行うことで，市場占有率を一気に拡大する手法を**浸透価格戦略**と呼ぶ。重要ポイント4を参照。

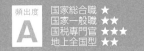

2✕ **プッシュ戦略 → 販売員のセールスで製品をアピール。**
　　 プル戦略の説明である。**プッシュ戦略**は，メーカーが流通・小売業者と協力して販売員によるセールスや対面販売を活用することで，製品を顧客に「押し出そう」とする戦略であり，認知度の低い新製品，機能や使用法に説明を要する製品などに用いられる。これに対して，**プル戦略**は，積極的な広告・宣伝によって顧客の関心を「引き出そう」とする戦略であり，最寄り品や購買頻度の高い食品・飲料の販売などに数多く見受けられる。重要ポイント2の (2) を参照。

3✕ **衰退期 → 売上高が低下するため，適切な時期に撤退。**
　　 製品ライフサイクルの衰退期は市場の縮小傾向に歯止めがかからず，売上高が低下する。そのため，事業が赤字になる前に在庫の圧縮や経営資源の他事業への転換を進め，適切な時期に事業からの撤退を行う必要がある。重要ポイント3を参照。

4✕ **マーケティングの4P → Product，Price，Place，Promotion。**
　　 「Performance」が誤り。E.J.マッカーシーが示した**マーケティングの4P**は，Product（製品），Price（価格），Place（立地，販売チャネル，物流），Promotion（販売促進）である。重要ポイント1の (2) を参照。

5✕ **マーケティング・チャネル→製品・サービスを供給するネットワーク。**
　　 マーチャンダイジングの説明である。**マーケティング・チャネル**は，製品やサービスを顧客に供給するための流通経路ないしはネットワークの総称であり，流通・小売業者，広告・通信媒体（テレビ，雑誌，新聞，電話，インターネット），輸送業者などが含まれる。**マーチャンダイジング**は，本肢にあるとおり，顧客のニーズを満たすために仕入れから流通，販売，在庫調整にいたる業務を適切に計画・管理することである。現在のマーチャンダイジングは，主に流通業者の商品化計画を意味する。

正答 1

第4章

経営学各論

FOCUS

　　近年のマーケティングの頻出項目はマーケティング・ミックス（マーケティングの4P），製品ライフサイクルの各段階の特徴，価格戦略，マーケティング戦略などである。
　　マーケティングでは，各概念を個々に理解するというよりも，重要ポイントに掲げた項目を，製品差別化戦略と市場細分化戦略，プッシュ戦略とプル戦略，製品ライフサイクルの各段階と適切な戦略案，のように対比させながら把握することが理解の早道である。

重要ポイント 1 マーケティングの基本概念

(1) マーケティング・コンセプト

● マーケティング・コンセプトとは**マーケティング上の理念**であり，適正利潤を維持しつつ，顧客満足を向上させるために組織全体を市場のニーズに適合させること（**顧客志向**）を意味する。近年ではこれらの要素に加えて，環境対策，製造物責任など企業の社会的責任を考慮した社会志向も含まれる。

(2) マーケティング・ミックス

● **マーケティング・ミックスとは，対象とする市場のニーズを満たし，マーケティング戦略の目標を達成するために効果的に組み合わせたマーケティングの諸手段**である。E.J.マッカーシーは，その中心となる要素を，Product（製品），Price（価格），Place（場所＝立地，販売チャネル，物流），Promotion（販売促進），の４つに要約し，頭文字を取って**マーケティングの４P**と名づけた。

(3) マーチャンダイジング

● **マーチャンダイジング**とは，顧客のニーズを満足させるために仕入れから販売，在庫に至るすべての業務を適切に計画・管理することである。したがって，マーチャンダイジングは**製造業者の場合は製品計画を，流通業者の場合は仕入れ活動や商品化計画**をさし，現在では主に後者の流通業者のマーケティングを意味する。

(4) プロダクト・ミックス

● プロダクト・ミックスは，企業が生産・販売する諸製品を市場の特性に合わせて組み合わせたものをさす。**製造業者の場合は自社が生産する製品の組合せであり，流通業者の場合は取り扱う製品の品ぞろえ**に相当する。

重要ポイント 2 マーケティング戦略

(1) 製品差別化戦略と市場細分化戦略

● **製品差別化戦略**は価格以外の製品の属性（機能，品質，デザイン，アフターサービスなど）を他社の競合製品から差別化することでシェアの拡大を図る戦略である。一方，**市場細分化戦略**は市場をいくつかの特性（年齢，性別，地域，所得，顧客の嗜好など）によって細分化し，個々の市場特性に適した手段を実施する戦略である。

● 両者の違いは，製品差別化戦略が**生産者側の論理**によって需要をコントロールするのに対して，市場細分化戦略は市場のニーズに合わせた**消費者側の論理**によって実施される点にある。なお，両者は主に成熟期を迎えた市場において効果的な手段である。

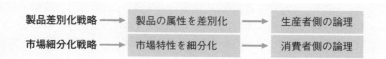

（2）プッシュ戦略とプル戦略

● **プッシュ戦略**は，流通・小売業者と協力して**販売員などの対面販売を活用**することによって製品を顧客に「押し出そう」とする戦略であり，認知度の低い新製品や化粧品販売などに典型的な手段である。

● **プル戦略**は，**広告・宣伝**によって顧客に対して直接に働きかけ，製品に対する顧客の選好を「引き出そう」とする戦略であり，耐久消費財や食品の販売などに多く見受けられる手段である。

| プッシュ戦略 | ⟶ | 人的販売中心の戦略 |
| プル戦略 | ⟶ | 広告・宣伝中心の戦略 |

重要ポイント **3** 製品ライフサイクル

● 製品を市場に投入してから成熟し，衰退するまでのライフサイクルは，一般に導入期，成長期，成熟期，衰退期の4段階に区別される。

製品ライフサイクル

| 導入期 | 成長期 | 成熟期 | 衰退期 |

↑販売量　時　間→

（1）導入期

売上高が小さく，流通や販売促進に要する費用がかさむために**製品の知名度を上げ，販売体制の整備が必要**となる。また，製品の特性に応じて上層吸収価格戦略や浸透価格戦略（重要ポイント4を参照）が実施される。

（2）成長期

需要が急速に拡大し，競争企業の参入が相次ぐ。この段階では，**価格競争が激化**すると同時に，シェアを拡大するための**販売チャネルの拡張や販売促進を積極的に展開する必要**がある。

（3）成熟期

市場における**製品需要が飽和**し，価格競争が緩和すると同時に製品の買替え需要が増える。この段階では，**製品差別化戦略や市場細分化戦略**によって新たな製品需要の開拓が求められる。

（4）衰退期

製品需要が低い水準に低迷する。この段階では，在庫増や赤字転落を迎える前に経営資源を他事業に転換し，適切な時期に撤退する必要がある。

重要ポイント 4 価格戦略

上層吸収価格戦略と浸透価格戦略

- 上層吸収価格戦略（上澄み吸収価格戦略）とは高所得層を対象として，製品の市場投入時に高い価格設定を行い，短期的に利益の獲得を図る価格戦略である。これに対して，**浸透価格戦略**は，上層吸収価格戦略とは逆に，製品の投入時に低い価格設定を行うことで，一気にシェアの拡大を図るための価格戦略である。

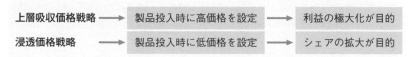

重要ポイント 5 商品分類と適切な販売チャネル

（1）最寄り品

- 消費者が**日常的に頻繁に購入する商品**。単価の低い日用品や雑貨，食料品などが該当する。
- 最寄り品は大量の商品を広範に流通させる必要から，可能なチャネルをすべて利用する**開放的チャネル戦略**を採用する。

（2）買回り品

- 価格や品質，デザインなどを比較するために**複数の店舗を見回って購入する商品**。家電製品などの耐久消費財，衣料品，家具などが含まれる。
- 買回り品はその特性から，利用可能なチャネルは最寄り品に比べてある程度制限されるため，**選択的チャネル戦略**を採用する。

（3）専門品

- 購入の際に消費者が**特別の価値を認める商品**。高級ブランドや高度な専門知識を必要とする商品などが該当する。
- 専門品は厳しい商品管理，販売員の商品知識の充実，アフターサービスの整備などが要求されるため，特定の条件を満たす代理店などに供給を限定する**専売（排他）的チャネル戦略**を実施する。

最寄り品 ⟶	開放的チャネル戦略
買回り品 ⟶	選択的チャネル戦略
専門品 ⟶	専売的チャネル戦略

重要ポイント 6 その他

（1）ブランドの種類とブランド・ロイヤルティ

- ブランドはその主体によって区別され，**製造業者が展開するブランドをナショナル・ブランド，流通・小売業者が展開するブランドをプライベート・ブランド**と称する。
- ブランド・ロイヤルティとは，あるブランドを顧客が繰り返して購入する選好の

度合い（忠誠度）を意味する。一度確立されたブランド・ロイヤルティは企業にとっての重要な資源となる。なお，ある店舗の品ぞろえ，サービス内容，雰囲気などを気に入り，**顧客が繰り返し来店する選好度をストア・ロイヤルティ**と呼ぶ。

（2）サプライチェーン・マネジメント

● サプライチェーン・マネジメントとは**原材料の調達から，生産，販売までを情報・通信技術を駆使して総合的に管理する手法**である。基本となる仕組みは**カンバン方式がモデル**であり，一企業の枠を越えて情報通信網を構築することで，複数の企業が独立性を維持したまま情報を共有する生産・流通システムを編成できる。近年では，取引企業と連携してサプライチェーンを構築する企業が増えつつある。

（3）スイッチング・コスト

● 顧客がある製品・サービスから他社の製品・サービスに乗り換える際に必要となる**物理的・精神的費用をスイッチング・コスト**と呼ぶ。契約変更に伴う費用（入会金や違約金），パソコンのOSやソフトの変更・更新に要する費用，ポイントやマイレージの残高，特定のブランドへの愛着などが該当する。

● 既存企業がスイッチング・コストを高く設定し，顧客を「囲い込む」ことは，**他社への乗り換えを阻止する参入障壁**となる。特に既存企業が提供する技術や品質，サービスの内容などに代替品がない場合，スイッチング・コストは大きくなる。

（4）AIDMAモデル

● AIDMAモデルとは，**消費者がある製品に注目し，購買に至るまでの心理的な過程を5つの要素で表したもの**であり，1920年代にS.R.ホールが示した。

● AIDMAは，Attention（注意，注目），Interest（関心，興味），Desire（欲求，欲望），Memory（記憶），Action（行動）の頭文字の略である。

（5）CRM（Consumer Relationship Management：顧客関係管理）

● CRMとは，**企業が個々の顧客の満足度を高め，長期的な取引関係を築くための手法ないしは管理システム**である。

● CRMの目的は，顧客の属性や嗜好，過去の購買履歴などを集計したデータベースを活用し，個別の顧客のニーズや利便性に焦点を当てることで，**顧客生涯価値**（Life Time Value：企業がある顧客と継続的に取引をすることで得られる利益）を最大化することにある。

＊＊ 製品ライフサイクルに関する次の記述のうち，妥当なのはどれか。

【国家一般職・平成20年度】

1 導入期には，競争者が多数存在するうえに，売上高も少ないが，平均より所得水準の高い「イノベーター」が主要な顧客となるため，多くの場合に利益を確保できる。この段階では，企業は市場シェアの最大化を目的として，浸透価格戦略をとる。

2 成長期には，デファクト・スタンダードの獲得をめざした激しい規格競争が行われるため，売上高が急成長するものの，利益は導入期より減少する。この段階では，企業はブランド・ロイヤルティの確立を目的として，コストに基づいた価格戦略をとる。

3 成熟期におけるリーダー企業は，他の成功企業の戦略を模倣することを基本方針とする。早期に模倣を完了するため，市場ターゲットを特定市場セグメントに限定したうえで，顧客のブランド・スイッチを促すため，モデルチェンジなどの計画的陳腐化により需要を刺激する戦略をとる。

4 成熟期におけるニッチャー企業は，他企業の取りこぼした市場内のすべての需要に対応することを基本方針とする。すべての顧客を市場ターゲットとし，リーダー企業やチャレンジャー企業との差別化を図るため，ニッチ市場における規模の経済効果を生かした低価格化戦略をとる。

5 衰退期には競争者数，売上高，利益が減少する。この段階では，企業は支出削減とブランド収穫を目的として，製品の種類を削減して価格を切り下げるとともに，販売促進費を可能な限り削減する戦略をとる。

＊ マーケティングに関する記述として，妥当なのはどれか。

【地方上級（特別区）・平成22年度】

1 市場細分化戦略は，顧客を年齢，性別，所得，家族数，職業や生活形態などの基準によって分け，それらの細分化した市場に製品開発や広告などを行う戦略であり，大量生産や大量販売という生産者側の理論に支配されている。

2 消費者に働きかけるプロモーション方法としてのプッシュ戦略は，広告を通じて最終消費者に自社製品の差別的優位性とブランドを積極的に訴え，消費者の指名購買を誘引しようとする戦略である。

3 市場価格が定まっていない導入期の製品について，初期に高い価格設定をして，高級感を維持しつつ単価当たりの利益を確保し，一定の時間が経過した後に価格を下げる価格戦略を浸透価格戦略という。

4 製品ライフサイクルとは，製品における売上げと利益の時間的推移を表したものであり，製品が市場に投入された成長期には，製品が普及し，売上高が最大に

なる。

5 マーケティング・ミックスとは，マーケティング目標を効果的に達成するために，マーケティング活動で使う諸ツールを全体としてまとまりのあるように組み合わせることである。

♦ **No.3** ＊＊ **マーケティング論に関する次の記述のうち，妥当なのはどれか**
【国家専門職・平成27年度】

1 マーケティング・ミックスとは，企業がターゲットに対して影響力を行使するために用いる，統制可能な変数の集合体のことであり，E.J.マッカーシーは，統制できる変数を製品（Product），流通経路（Place），パフォーマンス（Performance），価格（Price），取引相手（Partner）の5つに分類し，5Pとした。

2 市場セグメントに対する働きかけの基本パターンは，無差別マーケティング，分化型マーケティング，集中マーケティングの3つに分類され，このうち集中マーケティングは，市場を単一の同質的なものと捉え，単一の製品，同じマーケティング・ミックスを提供している。

3 AIDMAプロセスモデルによれば，消費者が購買に至るプロセスは，特定の製品・サービスに対して「注意（Attention）」を引きつけられ，「関心（Interest）」を寄せ，「欲求（Desire）」を持ち，「記憶（Memory）」され，実際の購買の「行動（Action）」に至るとされる。

4 プロモーション・ミックス戦略には，プッシュ戦略とプル戦略の2つがある。プッシュ戦略とは，消費者への広告やプロモーションを行う戦略であり，プル戦略とは，販売部隊や流通業者へのプロモーションを利用する戦略である。

5 浸透価格戦略とは，製品ライフサイクルの初期段階で，コストリーダーとなるために有効な戦略である。これは，新製品の導入時に高い価格を設定し，価格にそれほど敏感でない消費者に販売しようとする戦略で，短期間に大きな利益を上げ，開発に要したコストを迅速に賄うことができる。

実戦問題 **1** の解説

No.1 の解説 **製品ライフサイクル**　　　　　　　　→問題はP.256　**正答5**

1 ☒　**導入期 → 市場規模が小さく，利益を確保できない。**
　　　導入期は市場規模が小さく，競争他社も少ない。また，研究開発費や広告・宣伝費を十分賄うだけの利益を確保できないため，導入期は赤字となる場合が多い。なお，**イノベーター**（革新的採用者）は好奇心が強く，新しいアイデアや行動様式を最初に採用する顧客層であり，導入期の対象となる。

2 ☒　**成長期 → 利益は導入期よりも増加する。**
　　　「利益は導入期より減少する」が誤り。成長期は市場規模が急速に拡大して利益も増すが，他社の参入によって価格競争が激化する。**ブランド・ロイヤルティ**は，あるブランドを顧客が繰り返し購入する選好度（忠誠度）であり，その確立は成長期におけるマーケティングの目的の一つといえる。

3 ☒　**成功企業の戦略を模倣 → フォロワー。**
　　　「他の成功企業の戦略を模倣することを基本方針とする」のは，**フォロワー**である。また，**リーダー**は市場におけるすべての顧客のニーズに対応する全方位型の戦略を導入することから，「市場ターゲットを特定市場セグメントに限定」という記述も誤り。**テーマ14・重要ポイント2**を参照。なお，**ブランド・スイッチ**とは，顧客が購入してきたブランドを他社のブランドに変更することである。

4 ☒　**ニッチャー → 特定市場のニーズに特化した戦略を採用。**
　　　「すべての顧客を市場ターゲットとし」「規模の経済効果を生かした低価格化戦略をとる」が誤り。**ニッチャー**は，大企業が参入しないニッチ（すき間）市場で地位を確立するタイプの企業であり，その基本戦略は，特定市場に経営資源を集中し，高品質・高価格の製品を投入することが多い。

5 ◎　**衰退期 → 利益の減少に対応してブランド収穫を行う。**
　　　正しい。なお，**ブランド収穫**とは，陳腐化した既存のブランドにこれ以上の投資をせずに，売上げの回収のみに専念する戦略である。

No.2 の解説 **マーケティング全般**　　　　　　　　→問題はP.256　**正答5**

1 ☒　**市場細分化戦略 → 消費者側の論理に基づいて実施。**
　　　「生産者側の理論に支配されている」という記述が誤り。**市場細分化戦略**の目的は，問題文にある諸基準によって細分化した市場のニーズに適した製品やサービスを供給することにある。その意味では「作ったモノをどう売るか」という生産者側の視点ではなく，「売れるモノをどう作るか」という消費者側の視点に基づいた戦略である。**重要ポイント2**の（1）を参照。

2 ☒　**広告・宣伝によって消費者に訴求 → プル戦略。**
　　　広告・宣伝によって消費者の関心を「引き出そう」とする戦略は**プル戦略**である。**重要ポイント2**の（2）を参照。

3 ✕ 導入期に高価格の製品を投入 → 上層吸収価格戦略。

上層吸収価格戦略（上澄み吸収価格戦略）の説明である。**浸透価格戦略**は，製品の導入期に低い価格設定を行うことで，一気に市場占有率の拡大を図る価格戦略である。**重要ポイント4**を参照。

4 ✕ 製品が市場に投入される段階 → 導入期。

「製品が市場に投入された成長期」という記述が誤り。製品が投入される段階は導入期である。**重要ポイント3**を参照。

5 ◎ マーケティング・ミックス → 市場ニーズを満たすために組み合わされたマーケティングの諸手段。

正しい。**マーケティング・ミックス**とは，市場の需要に適合するように効果的に組み合わせたマーケティングの諸手段である。**重要ポイント1の（2）**を参照。

No.3 の解説 マーケティング全般　　　　　　　→問題はP.257　**正答3**

　本問は，網倉久永・新宅純二郎著，『経営戦略入門』（日本経済新聞社，2011年）に基づいて構成されている。

1 ✕ マーケティングの4P → Product, Price, Place, Promotion。

前半の説明は正しいが，「パフォーマンス」と「取引相手」が誤り。**マーケティング・ミックス**については，**重要ポイント1の（2）**を参照。

2 ✕ 集中マーケティング → 特定市場にマーケティングの諸手段を投入。

「市場を単一の同質的なものと捉え，単一の製品，同じマーケティング・ミックスを提供」するのは，**無差別マーケティング**である。**分化型マーケティング**は，市場全体が複数の異なるセグメントから構成されていると捉え，各セグメントにそれぞれ異なるマーケティング・ミックスを投入する。**集中マーケティング**は，ニッチと呼ばれる比較的小規模なセグメントに特化して，マーケティング・ミックスを投入する。

3 ◎ AIDMA → Attention, Interest, Desire, Memory, Action。

正しい。なお，消費者が購買に至るプロセスには，**AIDMA**から「記憶（Memory）」を抜いたAIDAプロセスや，「欲求」と「行動」の間に「確信（Conviction）」を加えたAIDCAプロセスなどのモデルも提唱されている。**重要ポイント6の（4）**を参照。

4 ✕ プッシュ戦略 → 販売員による対面販売が中心。

プッシュ戦略とプル戦略の説明が逆である。**プッシュ戦略**は，流通・小売業者と協力して販売員による対面販売などを活用し，製品を顧客に「押し出そう」とする戦略である。**重要ポイント2の（2）**を参照。

5 ✕ 導入期に高価格の製品を投入 → 上層吸収価格戦略。

「これは」以降の記述は，**上層吸収価格戦略**（上澄み吸収価格戦略）の説明である。**重要ポイント4**を参照。

No.4 マーケティングに関する次の記述のうち，妥当なのはどれか。

【国税専門官・平成13年度】

1　マーケティング・コンセプトという用語は，デュポン社が1946年に初めて用いたといわれている。デュポン社の定義では，「企業の特定分野の活動に対する具体的活動計画」を意味するとされている。

2　生産志向のマーケティング・コンセプトとは，生産の向上や流通の効率化を経営の主要課題とする理念である。このコンセプトは，顧客ニーズから出発してそれに見合う製品を提供するというものである。

3　販売志向のマーケティング・コンセプトとは，マーケティング革命とも呼ばれており，「売れるものをいかにして作るか」という発想に立って，市場のニーズを発見し，それに見合った商品を提供していこうという「市場→製品」の見方に基づく理念である。

4　顧客志向のマーケティング・コンセプトとは，買い手の関心や購買意欲を高めることを目的とする理念であり，広告・販売促進・販売員活動などの刺激策が手段に選ばれる。

5　社会志向のマーケティング・コンセプトとは，顧客の利益と社会全体の利益を推し量ったうえで，顧客のみならず社会の福祉を保護し向上させることを重視し，長期的な観点から社会全体の利益を優先していく理念である。

No.5 マーケティングに関するA～Dの記述のうち，妥当なもののみをすべて挙げているのはどれか。

【国税専門官・平成22年度】

A：製品ライフサイクルの成長期においては，生成期と比較して，売上げは拡大するものの利益は縮小し，顧客は追随型採用者と呼ばれる人々が中心となる。したがって，マーケティングの目標は，事業の再定義になる。

B：製品ライフサイクルの成熟期においては，成長期と比較して，売上げや利益は拡大し，顧客は革新的採用者と呼ばれる人々が中心となる。競合他社が増加するので，マーケティングの目標は，売上げの拡大や市場シェアの拡大になる。

C：生成した産業が成長に向けて離陸するための条件の一つは，競合する企業間で事実上の標準となる製品技術規格を形成することであり，この規格をデファクト・スタンダードと呼ぶ。デファクト・スタンダードが確立されれば，企業は特定の製品技術規格に基づいた製品開発や生産設備への投資がしやすくなる。

D：現在購入している財・サービスから他の財・サービスへ乗り換えるために顧客が負担する手間やリスクをスイッチング・コストというが，サービスには，在庫が発生しないという無形性のほか，いつでも提供可能という即時性などの特

徴があり，一般消費財と比較した場合，事前の品質評価が容易であるため，スイッチング・コストは小さくなる。

1　B
2　C
3　D
4　A，D
5　B，C

No.6 ＊＊ **マーケティングに関する次の記述のうち，妥当なのはどれか。**

【国家専門職・令和元年度】

1　企業がより大きな顧客価値を創出するツールの一種として，価値連鎖（バリューチェーン）の分析がある。一般的な価値連鎖は，人的資源の管理など4つの基本活動およびマーケティングと販売など5つの支援活動から構成されるとされている。

2　企業は，製品を販売する際に用いる戦略として，プッシュ戦略とプル戦略のどちらか一方のみを選択しなければならない。このうち，プル戦略とは，流通チャネルを通じて消費者に流通プロモーションを行い，チャネルに働きかける戦略である。

3　スイッチング・コストとは，消費者が一度ある製品を選択した後に，他の製品に切り替える際に発生する金銭的費用を指し，心理的費用は含まれない。これは消費者にとって選択の幅を狭めるものであり，発生が逃れられない費用である。

4　マーケティング戦略の目標を達成するために利用される統制可能な要素の組合せをプロモーション・ミックスという。代表的な構成要素としては，性能，支払方法，価格，包装が挙げられ，マッカーシーの4Pと呼ばれている。

5　シナジー効果とは，一般的に，技術，ノウハウ，知識などの経営資源間の相互関連効果ないし相乗効果のことを指し，単一の企業が複数の事業活動を行うことによって発生するため，経営の多角化を行う際のメリットとして挙げられる。

マーケティングに関する記述として，妥当なのはどれか。

【地方上級（特別区）・令和3年度】

1 AIDMAモデルとは，消費者が購買に至るまでの，注意，関心，欲求，確信，行動という心理的過程を表したものである。

2 CRMとは，顧客との関係管理のことであり，それが重視されてきた背景には，新規顧客の開拓にかかるコストが既存顧客を維持するコストよりも低いことがある。

3 RFM分析は，最新購買日，購買頻度，購買金額の3点から優良顧客を判別する手法であり，潜在的な顧客の購買力が判定できる。

4 ワン・トゥ・ワン・マーケティングは，個々の消費者の嗜好等に合わせて一人ひとりの顧客に個別に行われるマーケティングのことであり，ペパーズとロジャーズによって提唱された。

5 マーケティング・ミックスとは，企業による標的市場での様々なマーケティング活動を効果的に組み合わせたものであり，顧客側の視点から，顧客価値，対価，利便性，コミュニケーションの4Cがマッカーシーによって提唱された。

実戦問題 ❷ の解説

→問題はP.260 **正答5**

No.4 の解説 マーケティングコンセプトの変遷

本問は井原久光著『テキスト経営学〔第3版〕』（ミネルヴァ書房，2008年）の第17章に基づいて作成されている。

1 ☒ マーケティング・コンセプト → GE社が最初に用いた概念。
「デュポン社が1946年に初めて用いた」という記述が誤り。マーケティング・コンセプトは1946年にゼネラル・エレクトリック（GE）社が最初に用いた概念であり，「企業の全体的な活動に対する考え方あるいは理念」と定義されている。

マーケティング・コンセプトの変遷

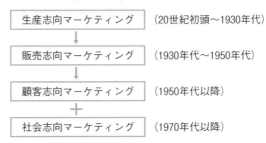

生産志向マーケティング	（20世紀初頭～1930年代）
販売志向マーケティング	（1930年代～1950年代）
顧客志向マーケティング	（1950年代以降）
社会志向マーケティング	（1970年代以降）

2 ☒ 顧客ニーズに見合う製品を供給 → 顧客志向マーケティング。
生産志向のマーケティング・コンセプトは大量生産体制が確立された20世紀初頭から1930年代までの考え方であり，売り手主体の発想である。ここでの主眼は「価格と供給量」にあり，「よいものをより安く」に重点が置かれる。

3 ☒ 「売れるものをいかにして作るか」 → 顧客志向マーケティング。
「マーケティング革命」とは，販売志向から顧客志向へのマーケティング・コンセプトへの移行を，コペルニクス的転回という意味でR.J.ケイスが名づけたものである。

4 ☒ 買い手の購買意欲を刺激する → 販売志向マーケティング。
販売志向のマーケティング・コンセプトは1930年代以降1950年代頃までの考え方であり，セールスマンの増加，割賦販売の普及，商業デザインの活用など多様な手法が導入された。その一方で，顧客に対する高圧的な販売が横行するなどの問題も発生した。

5 ◎ 顧客の利益と社会全体の利益の調和 → 社会志向マーケティング。
正しい。1960年代後半にはラルフ・ネーダーなどによる消費者運動が活発化し，コンシューマリズムの高揚によって製造物責任や消費者に対する情報の開示が求められた。また，1970年代以降には公害による環境問題も注目され，単なる顧客志向から顧客の利益と社会全体の利益の調和を重視した社会志向のマーケティング・コンセプトが提唱された。

本問は石井淳蔵他著『ゼミナール　マーケティング入門』（日本経済新聞社，2004年）に基づいて構成されている。

A✕ 成長期 → 急速に市場が拡大し，価格競争が激化する。
本肢の記述は，**製品ライフサイクル**の成熟期に当てはまる。なお，前掲書では製品ライフサイクルを，生成期，成長期，成熟期，衰退期の4段階に分類しているが，一般に生成期は導入期と表記される場合が多い。

B✕ 成熟期 → 市場が飽和し，買換え需要や新市場の開拓が必要となる。
本肢の記述は成長期に該当する。なお，一般に革新的採用者は導入期の顧客とされる。購入時期による顧客の分類についてはテーマ23の重要ポイント2の（3）を参照。

C◯ デファクト・スタンダードの確立により，生産設備の拡充が可能となる。
正しい。

D✕ サービスの乗り換え費用は，一般消費財に比べて大きくなりやすい。
サービスには**無形性**や**即時性**という特徴があることから，一般消費財のように事前に実物を確認して品質を評価することが難しく，顧客が負担する**スイッチング・コスト**は大きくなりやすい。

以上の説明から，正しいのは**C**であり，選択肢**2**が正答となる。

1✕ 価値連鎖の基本活動 → 購買物流，製造，販売・マーケティングなど。
「人的資源の管理など」以降の記述が誤り。M.E.ポーターが示した価値連鎖（**バリューチェーン**）は，企業の機能を製造，流通，販売などの個別の活動に分割し，**どの領域で価値が生み出されているかを分析するためのツール**である。価値連鎖では，企業の主活動（基本活動）を，購買物流，製造，出荷物流，販売・マーケティング，サービスの5つに分類し，主活動を運営するために不可欠な4つの支援活動として，全般管理，人事・労務管理，技術開発，調達を挙げている。テーマ15・実戦問題No.6・選択肢**4**の図を参照。

2✕ プル戦略 → 積極的な広告・宣伝によって顧客の関心を「引き出す」戦略。
後半の記述は，プッシュ戦略の説明である。重要ポイント2の（2）を参照。

3✕ スイッチング・コスト → 金銭的費用と心理的費用を含む。
スイッチング・コストとは，顧客が現在利用している製品やサービスから，他社の製品・サービスに乗り換えるときに発生する金銭的（物理的）・心理的（精神的）費用である。重要ポイント6の（3）を参照。

4✕ マッカーシー（マーケティング）の4P → マーケティング・ミックスの中核。
「マーケティング戦略の目標を達成するために利用される統制可能な要素の組み合わせ」は**マーケティング・ミックス**である。**プロモーション・ミック**

スとは，企業が**消費者に製品やサービスを認知してもらい，購入に向けて働きかけるための手段**であり，広告，人的販売，販売促進，パブリシティ（PR活動）などの組み合わせを意味する。

5 ◎ シナジー → 事業間の経営資源の共有から生じる相乗効果。
正しい。テーマ10・重要ポイント2の（3）を参照。

No.7 の解説 マーケティング全般　　　　　　　　→問題はP.262　**正答4**

1 ✕ AIDMAモデル → 注意，関心，欲求，記憶，行動。
「確信」が誤り。重要ポイント6の（4）を参照。

2 ✕ CRM → 個々の顧客の満足度を高め，長期的な取引関係を築くための手法。
「新規顧客の開拓にかかるコストが既存顧客を維持するコストよりも低い」が誤り。**CRM**（Consumer Relationship Management）は，企業が顧客の購買履歴などを集計したデータベースを活用し，個別の顧客の利便性や満足度を高め，**顧客生涯価値を最大化する**ことを目的とする。重要ポイント6の（5）を参照。CRMが重視されるようになった一因には，**新規顧客の開拓コストが既存顧客の維持コストよりも高い**ことが挙げられる。

3 ✕ RFM分析 → 既存の顧客が対象。潜在的な顧客の購買力は判定できない。
RFM分析の目的は，**企業の主要な収益源となる優良顧客を囲い込み，取引関係を維持する**ことにある。具体的には，最新購買日（Recency），購買頻度（Frequency），購買金額（Monetary）の3つの指標を活用することで，主にCRMにおける顧客データの分析に用いられる。

4 ◎ ワン・トゥ・ワン・マーケティング → 個々の顧客のニーズを満たす。
正しい。D.ペパーズと M.ロジャーズは，広範な顧客層を対象とする従来のマス・マーケティングに対して，**個別の顧客の嗜好や属性に基づいて一人一人のニーズを満たす**ワン・トゥ・ワン・マーケティングを提唱した。

5 ✕ マーケティングの4C → ローターボーンが提唱。
顧客側の視点からマーケティング・ミックスの中心となる要素を，Customer Value（顧客価値），Cost（対価，顧客が支払う費用），Convenience（利便性），Communication（コミュニケーション）の4Cと定義したのは，R.F.ローターボーン（ラウターボーン）である。これに対して，E.J.マッカーシーが示した**マーケティングの4P**は，企業側の視点からマーケティング・ミックスの中心となる要素を要約したものである。**重要ポイント1の（2）を参照。

第4章

経営学各論

必修問題

企業の財務管理に関する記述として, 妥当なのはどれか。

【地方上級 (特別区)・平成29年度】

1 **貸借対照表**は, ある時点における企業の財政状態を示すストックの概念で, 資産と負債の残高を表しており, 貸借対照表の**資産の部**は, 流動資産, 固定資産及び純資産に分けられる。

2 **損益計算書**は, 一定期間における企業の経営成績を示すフローの概念で, 損益計算書における**経常利益**は, 売上総利益から販売費および一般管理費を控除したものに, 営業外収益を加え, 営業外費用を控除したものである。

3 **キャッシュフロー計算書**は, 一会計期間における現金収支を一定の活動区分別に表示する計算書であり, **営業活動によるキャッシュフロー**は, 間接法では当期純利益から運転資本の増加量と減価償却費を差し引いたものである。

4 **内部利益率法**は, 投資価値を判断するための指標であり, 投資による現金流入額の現在価値の合計と, 投資の現在価値の合計が等しくなる割引率を求め, これが資本コストを上回るならば, その投資案は却下される。

5 **自己資本利益率**は, 投資家が投資する価値があるかどうかを分析するため, 自己資本に出資する投資家の収益性を測定する指標であり, 当期純利益を総資産で割った比率で表される。

難易度　＊＊

必修問題の解説

　財務管理の出題は, ほかのテーマと重複する部分がほとんどないので, まずPOINTの内容を十分把握しておこう。本問の内容は, いずれも財務管理の基本知識であり, 典型的な出題パターンである。

1 ✕ 貸借対照表の区分 → 資産の部, 負債の部, 純資産の部。

　　純資産は資産の部に含まれない。貸借対照表は, **資産の部** (流動資産, 固定資産, 繰延資産), **負債の部** (流動負債, 固定負債), **純資産の部** (株主資本, 評価・換算差額等, 新株予約権) に区分される。

2◎ 経常利益 → 営業利益に営業外収益を加え，営業外費用を差し引いた額。

正しい。損益計算書では，売上高から売上原価を差し引いた額が**売上総利益**であり，売上総利益から販売費および一般管理費を差し引いた額が**営業利益**，営業利益に営業外収益を加え，営業外費用を差し引いた額が**経常利益**，経常利益に特別利益を加え，特別費用を差し引いた額が**税引前当期純利益**となる。

3✕ 営業活動によるキャッシュフロー → 本業から得た現金収入および支出。

前半は正しいが，後半の説明が誤り。キャッシュフロー計算書は**営業活動**，**投資活動**，**財務活動**に区分して表示される。**ステップアップ**（→P.275）を参照。営業活動によるキャッシュフローは，会社が本業から得た現金収入と支出を表す。その内容は，間接法では税引前当期純利益に買掛金の増加額と減価償却費を加え，その値から運転資本（売掛金，棚卸資産）の増加額と法人税等の支払額を差し引いたものである。なお，キャッシュフロー計算書の算定方法には，直接法と間接法の2種類がある。**直接法**は現金の流出入を取引ごとに加減して算定する方法であり，**間接法**は損益計算書の税引前当期純利益を起点に，損益項目を加減して算定する方法である。実際には，間接法を採用している企業が大半を占める。

4✕ 内部利益率法 → 内部利益率＞資本コストとなる投資案を採用する。

「資本コストを上回るならば，その投資案は却下される」が誤り。本肢のとおり，内部利益率は**投資による現金流入額（将来期待されるキャッシュフロー）の現在価値の合計と，投資の現在価値の合計が等しくなる割引率**である。内部利益率法では，この内部利益率が資本コスト（企業が資金調達を行う際に要する費用であり，必要とされる利回りを意味する）を上回れば投資する価値のある案件と判断し，下回れば却下する。重要ポイント2の（4）を参照。

5✕ 自己資本利益率 → 当期純利益÷自己資本×100。

「当期純利益を総資産で割った比率」は**総資産利益率**（Return on Assets：ROA）である。**自己資本利益率**（Return on Equity：ROE）は，当期純利益を自己資本で割った比率である。重要ポイント7を参照。

正答 2

FOCUS

財務管理は国家専門職と地方上級・特別区の頻出テーマであり，他試験では，国家総合職で設問の1つとして取り上げられる状況にある。

近年の主な出題対象は，投資決定の手法，貸借対照表と損益計算書の構成，各種の経営指標（ROA, ROE, ROI），財務レバレッジなどである。

第4章 経営学各論

重要ポイント 1 ▶ 財務管理とは

● 財務管理は「ヒト，モノ，カネ，情報」といった経営資源の中の「カネ」，すなわち**資金を管理する職能**であり，その内容は**資金調達**と**資金運用**に大別される。この2点に加えて，近年は「**いかなる財務上の意思決定を行えば，企業価値を高められるか**（環境変化に対応して資金を効率的に調達・運用し，どのように利益の最大化を図るか）」という戦略的な視点が重視されている。

資金調達	企業の創業時やその後の事業活動に必要な資金を，株式や社債の発行，金融機関からの借入金などによって調達する
資金運用	自社の事業活動への資金配分，金融市場を利用した投資活動など

重要ポイント 2 ▶ 投資決定の手法

● 企業が将来の投資計画を練る際に複数の案件がある場合，その中から**投資効率が最もよい案を選ぶための基準**が必要となる。投資決定の代表的な手法には，次の4種類がある。

(1) 回収期間法（Payback Period）

● 投資した資金が完全に回収されるまでの期間を算定する手法であり，その期間が最も短い投資案を採択する。

● 回収期間法は**計算が簡単**であり，多くの企業で採用されている。しかし，回収期間を決める明確な基準がないこと，**貨幣の時間的価値（現在と将来のある時点の間で利子によって生じる貨幣価値の差）**や回収期間後に発生するキャッシュ・フローを無視していること，などの短所がある。

(2) 会計的利益率法（Accounting Rate of Return：ARR）

● 企業の**会計数値を用いて投資案を決定する手法**である。一般には，ある投資が行われる期間の**平均的な税引後利益を投資額で割った数値を用いる**。この数値が最も大きい投資案を採択する。

● この手法は，**会計数値を用いるためにデータを得やすい**が，市場価値を厳密に反映していない点や，回収期間法と同じく投資案を判断する基準が明らかではないこと，**貨幣の時間的価値が考慮されていないこと**，などの短所が指摘されている。

(3) 正味現在価値法（Net Present Value：NPV）

● ある投資案の下で**将来発生するキャッシュ・フローを適切な割引率で割り引いて現在価値を算定し，そこから初期投資額を差し引いて正味現在価値（純現在価値）を求める手法**である。計算の結果，**正味現在価値の最も大きい投資案を採択する**。なお，正味現在価値を算定する際の割引率には，各投資案の期待収益率（＝資本コスト）が用いられる。

| 正味現在価値＞0 | ⟶ | ○投資する価値あり |
| 正味現在価値＜0 | ⟶ | ×投資する価値なし |

- **貨幣の時間的価値を考慮している**点で，回収期間法や会計的利益率法よりも理論的に優れている。しかし，投資案ごとに将来のキャッシュ・フローを予測し，リスクに応じた割引率を設定することは難しい場合がある。

(4) 内部利益率法（Internal Rate of Return : IRR）

- 内部利益率とは，**将来期待されるキャッシュ・フローの現在価値と投資額が等しくなる割引率**のことである。内部利益率法では，この**内部利益率が資本コスト（＝最低限必要とされる期待収益率）を上回る投資案を採択し，下回れば却下する。**また，複数の投資案がある場合は，内部利益率が最も高い案が選ばれる。

| 内部利益率＞資本コスト | ⟶ | ○投資する価値あり |
| 内部利益率＜資本コスト | ⟶ | ×投資する価値なし |

- 正味現在価値法と同様に，内部利益率法も**貨幣の時間的価値が考慮されている**が，将来期待されるキャッシュ・フローが不規則な場合，複数の内部利益率が算定されることになる。

回収期間法	計算方法が容易だが，貨幣の時間的価値が考慮されておらず，
会計的利益率法	投資決定の基準が恣意的になりやすい
正味現在価値法	貨幣の時間的価値を考慮しており，投資決定の基準も明確だ
内部利益率法	が，条件によっては計算が難しい場合がある

重要ポイント 3 財務レバレッジ

- 財務レバレッジは，**負債（他人資本）の利用の程度が自己資本利益率に与える影響**のことであり，総資本÷自己資本で表される。レバレッジ（Leverage）とは「てこ」のことであり，負債が自己資本利益率に対して「てこ」の作用をもたらすことから，このように呼ばれる。
- 負債の利子率（支払利子率）が総資本利益率（Return on Assets : ROA）よりも低い場合，**株式よりも負債によって資本調達したほうが有利**となり，負債比率を増やすと自己資本利益率（Return on Equity : ROE）を押し上げる作用をもたらす。しかし，この状況が進むと自己資本利益率の高さが負債に大きく依存することになるため，業績が悪化して負債の利子率が上昇した場合，逆に倒産に追い込まれる可能性が高まる。

| 負債の利子率＜総資本利益率 | → | 負債比率の増加が自己資本利益率を押し上げる
（株式よりも負債による資金調達が有利） |
| 負債の利子率＞総資本利益率 | → | 負債比率の増加は自己資本利益率を引き下げる
（負債による資金調達は不利） |

重要ポイント **4** 資本コスト

● 資本コストとは，**企業が資金調達を行う際に要する費用**をさす。資本コストの構成は以下のとおりである。

$$
資本コスト
\begin{cases}
負債資本コスト―支払利子 \\
株主資本コスト
\begin{cases}
配当（インカム・ゲイン） \\
株式の値上がり益（キャピタル・ゲイン）
\end{cases}
\end{cases}
$$

● 財務理論における資本コストの概念は，資金の提供者（株主や金融機関）から見れば，**出資に対して求める見返り（期待収益率，要求利回り）**である。したがって，株主資本コストには配当に加えて，株式の値上がり益を含む点に注意を要する。

重要ポイント **5** MM理論

● 財務理論では，**資本コストを最小化し，企業価値を最大化するような負債と自己資本の組合せ**，すなわち**最適資本構成**は存在するのか，存在するならばどのような構成によって実現できるのか，という問題が論議されてきた。伝統的な財務理論の論者（J.F.ウエストンなど）は，一定の負債と自己資本の組合せによって最適な資本構成は実現可能であると主張した。

● しかし，1958年に F.モジリアーニと M.H.ミラーは，**完全資本市場の下では企業価値は資本構成の影響を受けない**とする命題を発表した。ここでの完全資本市場とは，合理的行動をとる投資家に情報が一様に行き渡り，取引コストや税金が存在せず，商品の流動性が十分に高い状態を想定している。

● また，**配当政策**（税引後の純利益を配当と内部留保にどのように振り分けるか）に関しても，伝統的な財務理論は配当政策と企業価値に関係があると考えてきた。しかし，モジリアーニとミラーは，**完全資本市場の下では配当政策と企業価値は関係がない**とする命題を示した。

重要ポイント **6** 損益分岐点分析

- 損益分岐点（損益分岐点売上高）とは，**売上高と費用が一致する点，すなわち利益も損失も生じない操業度**のことである。損益分岐点は，目標利益を実現するためにはどの程度の売上高を必要とするか，そのためには**固定費**（ある一定期間，操業度に応じて変動しない費用：地代家賃，減価償却費，固定資産税，保険料など）と**変動費**（操業度に応じて変動する費用：原材料費，外注加工費，運送費など）をどれくらい抑える必要があるかを知るうえで便利である。

- 損益分岐点 x は，固定費を f，変動費を v，一定期間の売上高を s とすれば，次の公式によって求められる。

$$x = \frac{f}{1 - \dfrac{v}{s}}$$

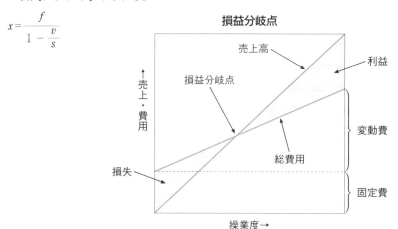

損益分岐点

重要ポイント **7** 資本効率に関する経営指標（ROA, ROE, ROI）

(1) ROA（Return on Assets：総資本利益率，総資産利益率）

- 基本的に**当期純利益÷総資本（総資産）×100**で表される。総資本（自己資本＋負債）が，利益を生み出すためにどの程度効率的に活用されたかを示す。なお，ROAの分子には営業利益や経常利益を用いる場合もある。

(2) ROE（Return on Equity：自己資本利益率）

- 一般に**当期純利益÷自己資本×100**で表される。株主から調達した資金が，利益を生み出すためにどの程度効率的に活用されたかを示す。ただし，数値は財務レバレッジの効果によっても変化する。重要ポイント3を参照。

(3) ROI（Return on Investment：投資利益率，投資収益率）

- **当期純利益÷投下資本×100**で表される。文字通り，投下した資本がどれだけ利益を生み出したかを測る指標である。なお，ROIの分子には経常利益＋支払利子を用いる場合もあり，目的に応じていくつかのバリエーションがある。

✧ **No.1** 企業財務に関するA～Dの記述のうち，妥当なもののみをすべて挙げて いるのはどれか。 【国税専門官・平成19年度】

A：資本コストとは，企業が資金提供者に対して支払わなければならない必要最低 限のリターンのことである。企業は売上高から売上原価，人件費，減価償却費 等の会計的費用，さらには税金を差し引いた会計的利益をプラスすることによ り，資本コストをカバーするリターンが確保される。

B：企業の投資評価の方法として正味現在価値法がある。正味現在価値とは，投資 が毎期生み出すキャッシュ・フローの現在価値から初期投資額を差し引いた金 額をいう。正味現在価値法では，正味現在価値がプラスであれば投資は有利と 判断される。

C：総資産利益率（ROA）とは，株主が拠出した資金のみを用いて経営者がどれ だけ効果的に利益を生み出したかを示しており，株主の利益を特に重視するア メリカ合衆国で経営者の能力を表す重要な指標とされている。

D：投資家が保有する証券や資産のポートフォリオ投資のリスク（投資が生み出す キャッシュ・フローや収益率の変動性）は，ポートフォリオに含まれる証券や 資産の種類が増えるほどに拡大していくため，さまざまな証券や資産を組み合 わせたポートフォリオ投資は，よりハイリスク・ハイリターンとなる。

1 A **2** B **3** A，D
4 B，C **5** C，D

No.2 ある会社の損益計算書と各費用の変動費，固定費の内訳が次のように示 されているとき，この会社の損益分岐点売上高として正しいのはどれか。

【国家総合職・平成20年度】

1 1000
2 1100
3 1200
4 1300
5 1400

科目		変動費	固定費
売上高	1500		
売上原価	900	600	300
〈売上総利益〉	600		
販売費および一般管理費	400	150	250
〈営業利益〉	200		
営業外費用	100	0	100
〈経常利益〉	100		

No.3 [*] 次の文は，財務レバレッジの効果に関する記述であるが，文中の空所A
〜Dに該当する語の組合せとして，妥当なのはどれか。

【地方上級（特別区）・平成25年度】

　財務レバレッジの効果とは，企業の負債比率に応じて，「てこの原理」により，
企業の自己資本利益率が変わることである。

　総資本利益率が負債の利子率よりも大きいときには，負債比率が　**A**　企業ほ
ど，自己資本利益率の大きな向上がみられる。これに対して，総資本利益率が負
債の利子率よりも小さいときには，負債比率が　**B**　企業ほど，自己資本利益
率の下落が著しい。

　したがって，負債比率の　**C**　企業は，自己資本利益率の変化の幅が大き
く，財務リスクは　**D**　なる。

	A	B	C	D
1	高い	低い	高い	大きく
2	低い	低い	低い	小さく
3	高い	低い	高い	小さく
4	低い	高い	低い	大きく
5	高い	高い	高い	大きく

No.4 ^{**} 財務管理に関するA〜Dの記述のうち，妥当なもののみをすべて挙げて
いるのはどれか。　【国家専門職・平成29年度】

A：総資本利益率（ROA）とは，自己資本と他人資本を合計した総資本を利用し
　てどれだけ効率的に利益をあげたかを表す指標である。この指標は，自己資本
　と他人資本の構成比率が変化した場合であっても変化しない。

B：F.モディリアーニとM.H.ミラーが主張したMM理論によると，市場において
　商品の流動性さえ十分に確保されていれば，企業価値は資本構成の影響を受け
　ないとされている。その一方で，配当政策は企業価値に影響を及ぼすものとさ
　れた。

C：現在価値法（DCF法）は，将来のキャッシュ・フローを現在価値に割り引い
　て投資プロジェクトあるいは資産価値を評価する方法である。キャッシュ・フ
　ローの現在価値から投資額を差し引いた額を正味現在価値といい，これが大き
　いほど投資として採算が良いことになる。

D：リスクを負担しなくても得られる収益率をリスク・フリー・レートという。一
　方で，リスクを負うことで得られる収益率をリスク・レートといい，この両者
　を合計したものはリスク・プレミアムと呼ばれる。

1 A，C　　**2** A，D　　**3** B，C　　**4** B，D　　**5** C，D

どれか。　　　　　　　　　　　　　　　　　　　　　　【地方上級（特別区）・令和5年度】

A：投資利益率（ROI）とは，特定の投資案件に対して，どの程度の利益が生み出
　　されているのかを示す指標であり，数値が低いほど投資効率が良く，有利な投
　　資である。

B：ポートフォリオ理論によると，危険回避的投資家は，ある収益率の期待値をも
　　たらす有価証券の組合せの中から，最小のリスクのものを選択して，分散投資
　　行動をとる。

C：正味現在価値法とは，資本コストを用いて割引計算される一定期間内の将来の
　　収益の現在価値を足し合わせ，そこから投資額を差し引くことで正味現在価値
　　を算定し，これがプラスになる場合に，投資案を採用する方法である。

D：回収期間法とは，投資した資金が何年で回収できるかを示す回収期間を計算
　　し，回収期間の短い投資案を優先して採用する方法であるが，貨幣の時間価値
　　を考慮しないため，日本企業では普及していない。

1　A，B

2　A，C

3　A，D

4　B，C

5　B，D

実戦問題の解説

No.1 の解説 財務管理 →問題はP.272 **正答2**

A✕ **資本コスト → 負債資本コスト＋株主資本コスト。**
企業は，株式や社債の発行，金融機関からの借入金など多様な源泉から資金を調達しており，そのために要する費用が**資本コスト**を構成する。重要ポイント4を参照。本肢にある会計の費用をカバーし，会計的利益をプラスすることは負債の支払利子が支払われたことを意味するが，株主に対するリターン（配当や株式の値上がり益）が十分もたらされたかは明らかではない。なお，企業全体の資本コストを求めるには，資金調達の源泉ごとに個々の資本コストを算定し，それぞれの構成比に応じて加重平均を求める必要がある。

B◯ **正味現在価値法 → 将来のキャッシュ・フローを割り引いて現在価値を算定。**
正しい。重要ポイント2を参照。

◆ステップアップ

＊キャッシュ・フローとは何か＊

キャッシュ・フローとは現金および現金同等物のことであり，具体的には現金，預金，公社債投資信託などが含まれる。
損益計算書や貸借対照表などの財務諸表上の利益は，実際の現金残高と必ずしも一致しない。しかし，キャッシュ・フローを算定すれば，現金収支の実態を把握することができる。また，近年の金融の自由化，国際会計基準との調和なども，経営においてキャッシュ・フローが重視される背景となっており，2000年3月期の決算報告書から株式公開企業はキャッシュ・フロー計算書を作成することが義務づけられている。
なお，キャッシュ・フローはその源泉に応じて，以下の3種に区別される。

営業キャッシュ・フロー ⟶ 生産，流通，販売などの事業活動による資金の増減額

投資キャッシュ・フロー ⟶ 設備投資や有価証券への投資といった投資活動による資金の増減額

財務キャッシュ・フロー ⟶ 資金調達や負債の返済，配当の支払いなど財務活動による資金の増減額

C✕ **ROA → 企業の総資産に対する当期純利益の比率。**
「株主が拠出した資金のみを用いて」どれだけ効果的に利益を生み出したかを示す指標は，ROAではなくROEである。総資産利益率または総資本利益率を示す**ROA**（Return on Assets）は当期純利益÷総資産（総資本）×100で表され，総資産は自己資本と負債（他人資本）で構成される。なお，**ROE**（Return on Equity）は自己資本利益率と呼ばれ，当期純利益÷自己資本×100で表される。重要ポイント7を参照。

証券や資産を組み合わせたポートフォリオ投資 → リスク分散の手段。

ポートフォリオとは，将来利益を生み出すと期待される有価証券や資産を組み合わせたものである。**一般にポートフォリオに含まれる証券や資産の種類が増えるほど，投資対象が分散されることからリスクは低下する。**したがって，「さまざまな証券や資産を組み合わせたポートフォリオ投資は」リスク分散の手段として有効である。

以上の内容から正しいのは**B**のみであり，選択肢**2**が正答となる。

No.2 の解説 損益分岐点の算定 →問題はP.272 **正答4**

損益分岐点売上高（単に**損益分岐点**とも呼ばれる）とは，売上高と費用が一致する点，すなわち利益も損失も生じない操業度のことである。**重要ポイント6**に示したとおり，損益分岐点売上高を x，固定費を f，変動費を v，一定期間の売上高を s とすれば，次の公式が成り立つ。

$$x = \frac{f}{1 - \dfrac{v}{s}}$$

問題文の損益計算書から，売上高 $s = 1500$，固定費 $f = 650$（$= 300 + 250 + 100$），変動費 $v = 750$（$= 600 + 150$）となり，公式に当てはめると以下のようになる。

$$x = \frac{650}{1 - \dfrac{750}{1500}}$$

$$x = 650 \div (1 - 0.5) = 650 \div 0.5 = 1300$$

よって，損益分岐点売上高は1300となり，選択肢**4**が正答となる。

No.3 の解説 財務レバレッジ →問題はP.273 **正答5**

財務レバレッジとは，**負債の利用の程度が自己資本利益率に与える影響**であり，総資本÷自己資本で表される。問題文にあるとおり，レバレッジ（Leverage）は「てこ」のことであり，負債が自己資本比率に対して与える「てこ」の作用を意味する。その際，総資本利益率が負債の利子率（支払利子率）より高い場合，株式よりも負債によって資本調達したほうが有利となるため，負債比率を増やすと自己資本利益率を押し上げる作用をもたらす。しかし，この状況が進むと自己資本利益率の高さが負債に大きく依存することになり，業績が悪化して総資本利益率が負債の利子率よりも低くなった場合は，自己資本利益率が一気に低下するリスクが高まる。**重要ポイント3**を参照。

以上の内容から，選択肢**5**が正答である。

No.4 の解説　財務管理

→問題はP.273　**正答 1**

A○ 総資本利益率（ROA）→ 当期純利益÷総資本×100。

正しい。**総資本利益率**（ROA：Return on Assets）は**総資産利益率**とも呼ばれ，一般に当期純利益を総資本で割った比率が用いられる（分子には，当期純利益のほかに営業利益や経常利益が用いられる場合もある）。重要ポイント7を参照。

B× MM理論 → 完全資本市場の下では，配当政策は企業価値に影響を与えない。

「配当政策は企業価値に及ぼす」が誤り。モディリアーニとミラーは，**①完全資本市場の下では，企業価値は資本構成（自己資本と他人資本の比率）の影響を受けない，②完全資本市場の下では，配当政策（税引後の純利益を，配当と内部留保にどのように振り分けるか）は企業価値に影響を与えない**，とする命題を示した。なお，完全資本市場とは，合理的行動をとる投資家に一様に情報が行き渡り，取引コストや税金が存在せず，市場において商品の流動性が十分に確保されている状況である。重要ポイント5を参照。

C○ DCF法における正味現在価値法では，正味現在価値＞0の案に投資を行う。

正しい。現在価値（DCF：Discount Cash Flow）法に分類される代表的な手法には，**①正味現在価値法**（NPV：Net Present Value），**②内部利益率法**（IRR：Internal Rate of Return）がある。①は，投資によって将来発生するキャッシュ・フローの現在価値から投資額を差し引いた値（正味現在価値）を算定し，その値が正（＞0）となる投資案を採択する手法である。②は，将来発生するキャッシュ・フローの現在価値と投資額が等しくなる割引率（内部利益率）を算定し，この割引率が**資本コスト**（企業が資本を調達する際に要する費用）を上回る投資案を採択し，下回れば却下する手法である。重要ポイント2の（3）と（4）を参照。

D× リスク・プレミアム → 投資リスクを負うことで得られる報酬。

「一方で」以降の記述が誤り。リスクが無く，元本が保証された金融商品（預貯金や国債など）の利回りを**リスク・フリー・レート**，投資に伴うリスクを負うことで得られる報酬（株式の配当や値上がり益）を**リスク・プレミアム**と呼ぶ。そして，リスク・フリー・レートとリスク・プレミアムの合計を**ディスカウント・レート**と称する。ディスカウント・レートは，将来価値を現在価値に換算する際に用いる割引率を意味する。

　以上の内容から，**A**と**C**が正しいため，選択肢**1**が正答である。

第4章 経営学各論

A ✕ **投資利益率 → 当期純利益÷投下資本×100で表される。**

投資利益率（ROI：Return on Investment）の説明は妥当だが，「数値が低いほど投資効率が良く，有利な投資である」が誤り。投資利益率は，**投下した資本に対してどの程度の利益が得られたかを示す指標**である。重要ポイント7の（3）を参照。したがって，数値が高いほど投資効率が良いことを示す。

B ◯ **ポートフォリオ理論 → 分散投資でリスクの最小化と利益の最大化を図る。**

正しい。**ポートフォリオ理論**では，複数の有価証券をどのように選択し，組み合わせれば，リスクを最小化し，利益を最大化できるかを分析する。その際，危険回避的な投資家は，**期待される利益が同じであれば，リスクのより少ない有価証券を選択する**と仮定される。

C ◯ **正味現在価値法 → 正味現在価値＞０となる投資案を採用。**

正しい。**正味現在価値法**とは，ある投資案において将来に期待される収益から，割引計算によって現在価値を算定し，その金額から初期投資額を差し引いて正味現在価値を求める投資決定の手法である。**重要ポイント2の（3）**を参照。その際，現在価値の算定には，一般に**資本コスト**が用いられる。重要ポイント4を参照。資本コストは，企業の資金調達に要する費用（借入金に対する支払利子や株式の配当など）であり，**投資決定では，資本コストを上回る収益をもたらす投資案が求められる。**

D ✕ **回収期間法 → 投資した資金が回収されるまでの期間を算定する。**

「日本では普及していない」が誤り。回収期間法とは，投資した資金が回収されるまでの期間を算定する投資決定の手法であり，その期間が最も短い投資案を採用する。**重要ポイント2の（1）**を参照。**回収期間法は計算が容易であるため，日本企業で広く普及している。**しかし，貨幣の時間価値を考慮していないなどの問題点がある。

以上の内容から，**B**と**C**が正しいため，正答は**4**である。

現代企業の経営

第5章

試験別出題傾向と対策

頻出度	試験名 / テーマ	国家総合職					国家一般職					国家専門職（国税専門官）				
	年度	21-23	24-26	27-29	30-2	3-5	21-23	24-26	27-29	30-2	3-5	21-23	24-26	27-29	30-2	3-5
	出題数	6	4	2	3	3	3	5	2	5	6	5	4	4	5	7
B	20 企業形態と企業集中											2		1	1	2
A	21 株式会社制度	1	1		1	1	1					1		1		1
B	22 日本の企業と経営	1					1				1	1	2	2	1	
B	23 イノベーション・マネジメント	3	1	1	1	1	1	3	1	2	3				1	1
B	24 国際経営		1					2	1	3	2	1			1	
B	25 経営史・経営事情	1	1	1	1	1							1		1	1

　各試験の出題傾向は若干異なっている。国家総合職では株式会社制度とイノベーション・マネジメント，経営事情が中心である。国家一般職ではイノベーション・マネジメントと国際経営が多く，国家専門職では各テーマが偏りなく取り上げられる。地方上級では，一部を除いて各テーマが数年おきに出題される状況にある。

●国家総合職（経済）
　イノベーション・マネジメントと経営事情が頻出テーマであり，株式会社制度と国際経営も設問の1つとして取り上げられることが多い。株式会社制度では企業統治（コーポレート・ガバナンス）に関するトピックを中心に，2006年施行の会社法の規定も扱われる。イノベーション・マネジメントと国際経営はPIONTと過去問の内容全般が対象となる。

●国家一般職
　イノベーション・マネジメントと国際経営が頻出テーマであり，ほぼ毎年出題されている。これらは数多くのキーワードを含むため，誤りを判別するポイントが紛らわしい。定義を混同せぬようPOINTの内容を詳細に確認しておこう。両テーマのさらなる学習に向けては，各年度版の『国家一般職［大卒］専門試験　過去問500』などで，これまでの出題パターンをチェックしておくことも有効だ。
　また，5年度に日本の企業と経営が出題されたが，その内容は他試験の過去問と同じく，標準的な構成だった。

●国家専門職
　全テーマが出題対象であり，その中では企業形態と企業集中，日本の企業と経

地方上級 （全国型）					地方上級 （関東型）					地方上級 （特別区）					
21 | 23	24 | 26	27 | 29	30 | 2	3 | 4	21 | 23	24 | 26	27 | 29	30 | 2	3 | 4	21 | 23	24 | 26	27 | 29	30 | 2	3 | 5	
0	1	2	0	3	2	2	1	1	1	4	1	2	4	2	
										2			1		テーマ⑳
	1		1		1					2		1		1	テーマ㉑
												1		1	テーマ㉒
		1							1						テーマ㉓
	1	1		1		1		1				1		1	テーマ㉔
					1	1	1						2		テーマ㉕

営の頻度が比較的高い。近年は，イノベーション・マネジメントも取り上げられる機会が増えつつある。

企業集中では，カルテルやトラスト，コンツェルンなどの形態，株式会社制度では会社法の規定や「所有と経営の分離」，日本の企業と経営では，従来の「日本的経営」の特徴が扱われる。国際経営では，多国籍企業の組織形態や海外進出のプロセスが主体である。経営史・経営事情では，戦後の日本企業の発展過程や法改正の内容，企業の社会的責任に関する出題が多い。イノベーション・マネジメントの出題対象は，POINTの諸学説である。

●地方上級（全国型・関東型）

これまでに株式会社制度，イノベーション・マネジメント，国際経営，経営事情が取り上げられている。いずれも数年おきに出題されており，中でも国際経営の頻度が比較的高い。総じて各問の内容は専門性が高く，標準的な経営学のテキストでは扱われていないトピックも盛り込まれている。

●地方上級（特別区）

本章の各テーマは数年おきに出題されており，近年は株式会社制度，日本の企業と経営が扱われている。総論型の標準的な問題構成が大半だが，経営事情では元年度に環境経営，２年度に企業の社会的責任が取り上げられ，やや専門性の高い内容だった。

なお，現状ではイノベーション・マネジメントは見受けられないが，今後の出題に備えてPOINTの内容は押さえておくことを勧める。

第5章
現代企業の経営

企業形態と企業集中

必修問題

わが国の企業形態に関する記述として，妥当なのはどれか。

【地方上級（特別区）・令和元年度】

1　会社法は，会社を株式会社，合名会社，合資会社，合同会社または相互会社と定義し，これらのうち合名会社，合資会社または合同会社を**持分会社**と総称する。

2　**合資会社**は，有限責任社員と無限責任社員によって構成されているが，合資会社の有限責任社員が退社したことにより，当該合資会社の社員が無限責任社員のみになった場合には，当該合資会社は解散する。

3　**合同会社**は，出資者全員が無限責任社員によって構成されており，その社員は，定款に別段の定めがある場合を除き，他の社員全員の承諾がなければ，その持分の全部または一部を他人に譲渡することができない。

4　**合名会社**は，出資者全員が有限責任社員によって構成されているが，株式会社と異なり，取締役や監査役等の設置は義務づけられていない。

5　**相互会社**は，保険会社だけに認められた企業形態であり，相互会社の最高意思決定機関は社員総会であるが，社員総会に代わって，社員の代表者によって構成される社員総代会を設置することが認められている。

難易度　＊

必修問題の解説

　企業形態の出題では，各形態についての法規定を問うパターンが大半を占める。本問では，選択肢**2**が合資会社の細かな規定を問う初出の設問である。

頻出度 B
国家総合職 ★
国家　般職 ―
国税専門官 ★★★
地上全国型 ★
地上関東型 ★
地上特別区 ★

20 企業形態と企業集中

1✕ 「会社」→ 株式会社，合名会社，合資会社，合同会社の4形態。

会社法では，「会社」を株式会社，合名会社，合資会社，合同会社の4形態と定義し，この中で合名会社，合資会社，合同会社は**持分会社**に分類される。持分会社は少人数の者が出資し，共同で事業を営むことを想定した形態である。

2✕ 無限責任社員のみになった合資会社は，合名会社に定款を変更したとみなす。

会社法第639条の規定では，有限責任社員が退社したことにより，当該合資会社の社員が無限責任社員のみとなった場合，当該合資会社は**合名会社**となる定款の変更をしたものとみなされる。また，無限責任社員が退社したことにより，当該合資会社の社員が有限責任社員のみとなった場合，当該合資会社は**合同会社**となる定款の変更をしたものとみなされる。

3✕ 合同会社 → 出資者全員が有限責任社員で構成。

合同会社は2006年施行の会社法で新たに設けられた企業形態であり，出資者全員が有限責任社員で構成される。重要ポイント5を参照。また，合同会社は，基本的に他の社員全員の承諾がなければ，**持分（出資に伴う社員権）**の全部または一部を他人に譲渡することはできない。

4✕ 合名会社 → 出資者全員が無限責任社員から構成。

合名会社は，家族や知人など近親者によって経営されるケースが多い。重要ポイント1を参照。なお，2006年施行の会社法では，社員1人のみの合名会社の設立も認められた。

5◎ 相互会社 → 保険業法によって規定される企業形態。

正しい。重要ポイント6の（2）を参照。**相互会社**の最高意思決定機関は社員総会であり，株式会社の株主総会に相当する。しかし，相互会社の社員（＝保険加入者）は相当数に上るため，社員総会に代わる機関として，社員の代表者によって構成される**社員総代会**を設けることが認められている。

正答 **5**

第5章
現代企業の経営

FOCUS

　基本的な企業の類型が本テーマの対象であり，各類型の特徴と規制法の内容が問われる。ただし，出題傾向は試験ごとに若干異なる。国家総合職では広範な企業形態が取り上げられ，経営組織論と重複する設問が見受けられる。また，国家専門職と地方上級では従来の企業形態の設問に加えて，カルテルやトラスト，コンツェルンなど企業集中の形態も含まれる。

　なお，2006年以前の問題では，必要に応じて会社法の改正点も併記してある。

重要ポイント **1** 　合名会社

- **全員が無限責任社員**であるとともに，原則として会社の業務執行権と代表権を持つ。持分（出資に基づく社員権）の譲渡には全員の承認が必要となる。
- 合名会社では出資と経営は一体化している。また，親族や知人など近親者によって構成されることが多いため，典型的な**人的会社**といえる。
- なお，2006年施行の会社法では，**社員1人のみの合名会社**の設立も認められた。

重要ポイント **2** 　合資会社

- **無限責任社員と有限責任社員**によって構成される。従来の商法では，無限責任社員は出資と同時に代表権と業務執行権を持つが，有限責任社員は出資のみにとどまり，代表権と業務執行権はなかった。
- しかし，2006年施行の会社法の規定では，**無限責任社員と同様に有限責任社員も代表権と業務執行権を持てるようになった**。ただし，会社法施行前に設立された合資会社については，定款を変更しない限り，有限責任社員に業務執行権はない。

重要ポイント **3** 　有限会社

- **株式会社の制度を中小企業向けに簡素化した企業形態**である。有限会社は商法ではなく**有限会社法**によって規定されていた。
- **2006年施行の会社法によって有限会社は株式会社に統合**され，それに伴って**有限会社法も廃止**された。なお，既存の有限会社は株式会社に組織変更が可能だが，**特例有限会社**として存続することも認められている。

重要ポイント **4** 　株式会社

- 資本の証券化によって，広範な資金調達が可能であり，株主は**有限責任**を負う。株式会社は，典型的な**物的会社**あるいは**資本会社**と呼ばれる。

＊株式会社の主な機関＊

株主総会	会社の**基本的な方針や重要な決定**を行う権限を持つ。
取締役	会社の**意思決定および業務執行**を担当する。
監査役	取締役の業務執行を監査（会計監査と業務監査）する。
会計監査人	会社の**会計監査**を行う。公認会計士または監査法人が就任できる。

※株式会社制度の詳細はテーマ21のPOINTを参照。

重要ポイント 5 　合同会社

- 合同会社（いわゆる日本版LLC：Limited Liability Company）は2006年施行の会社法で新たに設置された企業形態である。合同会社では，株式会社のように取締役会や監査役を置く必要がなく，小規模な企業向けの企業形態として新設された。なお，会社法では合名会社，合資会社，合同会社は**持分会社**に分類される。
- 合同会社は民法上の組合と同様に，**組織の制度や社員の権利内容については定款による自治が可能**であり，社員の全員一致によって定款の変更や会社の意思決定が実施でき，社員が会社の業務執行に携わることができる。また，出資者（＝社員）は全員が**有限責任**を負う。

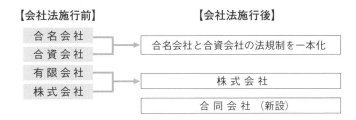

重要ポイント 6 　その他（持株会社，相互会社）

（1）持株会社

- 生産や販売などの機能を持たず，他企業の株式所有や経営支配のみを行う企業を**純粋持株会社**と呼ぶ。
- わが国では，第二次世界大戦後に財閥解体と同時に**純粋持株会社**も禁止されていたが，産業の活性化や金融機関の救済のために解禁を求める声が高まり，**1997年に独占禁止法の改正によって解禁**された。
- 持株会社のメリットとデメリットには以下の点がある。

○長所

① 経営戦略の選択肢が広がる
② 傘下にある各事業会社の独自性を維持しつつ，経営責任を明確化できる
③ リストラクチャリング（事業の再構築）が容易となる
④ 子会社間で異なる管理手法や賃金体系が採用できる
⑤ 安定株主が確保できる

○短所

① 企業全体の求心力が低下しやすい
② 子会社間の連携が取りにくい
③ 類似部門の重複や経営資源のロスが発生しやすい

（2）相互会社

- **相互会社**は**保険業法**によって規定され，保険会社に見受けられる企業形態（社団法人）であり，**法律上は非営利法人**に分類される。
- 相互会社では，**保険加入者が出資者であると同時に社員も構成し**，出資に基づく有限責任を負う。

重要ポイント 7 企業集中（カルテル，トラスト，コンツェルン）

　企業集中とは，2社以上の企業が何らかの形で結合することである。その目的は市場支配や規模の経済，多角化の利益の追求にある。この中で競争を制限し，市場の独占をもたらす企業集中の形態は，独占禁止法の規制対象となる。

（1）カルテル（企業連合）

- カルテルは，**同一業種の複数の企業が，市場の支配を目的として結ぶ協定**である。カルテルに参加する企業は協定に基づいて共同行為をとるが，法的にはそれぞれ独立している。
- 代表的なカルテルには，各社が販売量を制限する**販売カルテル**，生産量を制限する**生産カルテル**，企業間で価格を協定する**価格カルテル**がある。
- カルテルは，**経済効率や消費者の利益を損なうため，独占禁止法によって禁止されている**。かつて，不況カルテルと合理化カルテルは独占禁止法の適用から除外されていたが，現在は規制対象となっている。

（2）トラスト（企業合同）

- トラストは，**市場支配を目的として参加企業が資本面で結合する形態であり，最終的には各企業の独立性が失われ，合併に至る**。そのため，市場の支配力はカルテルよりも強い。
- アメリカでは，1882年に形成されたスタンダード石油トラストを始めとして，タバコや砂糖などの業種でトラストが現れた。しかし，これらのトラストは独占による弊害をもたらしたため，1890年に制定された**シャーマン反トラスト法**によって違法となり，トラストの形成は禁止された。
- 日本では，独占禁止法における「企業結合の規制」によって，トラストは禁止されている。

（3）コンツェルン

- コンツェルンは，**数多くの企業が法的な独立性を保ちつつ，株式所有や金融関係の強化を通じて形成する巨大な「企業グループ」**である。コンツェルンの直接の目的は，市場支配ではなく傘下企業の統括にあるが，その範囲は幅広い産業分野に及ぶため，経済全般に与える影響は大きい。また，企業間の結合の度合いはカルテルやトラストに比べると弱い。
- 典型的なコンツェルンは，持株会社が株式所有によって，多数の企業をピラミッド状に統括する形態である。具体的には，戦前の日本の財閥や，現在の4大金融グループ（三井住友，みずほ，三菱UFJ，りそな）などが該当する。

実戦問題

No.1 ＊＊ 企業の形態に関する次の記述のうち，妥当なのはどれか。

【国家専門職・平成28年度】

1 株式会社は，出資者全員が有限責任であり，出資者は見返りとして所有する株式数と関係なく議決権，利益配当請求権，残余財産分配請求権を有する。出資者は，会社の最高意思決定機関である株主総会に出席して会社の経営方針や重要問題について決議する。株式会社設立時の出資下限額は，1,000万円である。

2 株式会社の株主総会で選任された取締役は，取締役会を構成する。取締役会は，法人としての会社を代表する代表取締役を選任し，取締役会で決定した業務を代表取締役に執行させる。取締役は，代表取締役の職務執行について会計監査及び業務監査をする。代表取締役は1名のみであり，複数が代表権を持つことはできない。

3 合資会社は，複数の無限責任社員によって構成される。合資会社の社員（自己資本の出資者としての企業者）は，企業活動から得られる利益をその出資の割合に応じて受け取ることができるが，同時に，事業活動が生み出した損失を負担しなければならない。その責任の割合は出資比率によるが，限度は無限である。

4 合同会社は，有限責任制の組織であり，出資した社員全員で経営を行う。定款に定めることで，出資のみの社員も認められる。内部自治の原則が重視されているため，経営意思決定のルール等に関する社員の裁量範囲が広く，経営の効率化が図られる。事業が成長し，多くの資本や従業員を雇用する必要が生じた場合には株式会社への変更も可能である。

5 合名会社は，無限責任社員と有限責任社員の2つのタイプの出資者をあらかじめ区別して設立される。企業の経営は無限責任社員によって行われ，有限責任社員は，業務執行や代表権を持たないが，監督権は有している。出資した資本は簡単には回収できないため，有限責任の出資であっても，資金に余裕のある投資家でないと難しいとされている。

No.2 ＊ 企業形態に関する次の記述のうち，妥当なのはどれか。

【国家専門職・平成30年度】

1 特例有限会社とは，中世イタリアの沿岸都市において発達した「コメンダ」を起源としており，会社法施行前から存在する企業形態の1つである。出資者全員が無限責任社員であり，重要な意思決定は社員の多数決により行われる。

2 合同会社とは，株式会社の一種であるが，重要事項の決定を株主総会における全会一致で行う点が通常の株式会社と異なる点である。そのため，株主が少なく，規模の小さい会社が適しており，定款自治の範囲が広いことが特徴である。

3 相互会社とは，保険業にのみ認められている企業形態であり，保険加入者が事

実上の出資者となり，保険料を限度として有限責任を負うこととされている。会社法ではなく，保険業法において規定された企業形態である。

4 合名会社とは，会社法施行後に新たに設けられた企業形態で，無限責任社員と有限責任社員によって構成されている。重要な意思決定については，有限責任社員が多数決で決定を行った後，無限責任社員により承認される必要がある。

5 合資会社とは，会社法に基づいて設置される企業形態であり，出資者全員が有限責任社員である。これは，中世ヨーロッパの商業都市において発達した「ソキエタス」を起源としている。

No.3 ** 企業の集中または結合に関する記述として，妥当なのはどれか。

【地方上級（東京都）・平成19年度】

1 欧州において企業の集中や結合が行われた当初の目的は，複数の企業が連携して経営の合理化を図ることであり，現在と異なり，競争の制限を含まなかったとされている。

2 カルテルは，企業合同とも呼ばれ，主にドイツにおいて成立した企業集中の形態であり，カルテルに参加する企業が独立性を失うもので，わが国では，独占禁止法によりすべてのカルテルが禁止されている。

3 トラストは，企業連合とも呼ばれ，主にアメリカにおいて発達した企業集中の形態であり，トラストに参加する企業が独立性を維持しながら，協定により価格や生産量を制限するものである。

4 コンツェルンは，企業連携とも呼ばれ，同種または異種の産業部門における複数の企業が株式の所有などによって結合する形態であるが，コンツェルンを構成する企業は，法律的には相互に独立性を維持している。

5 わが国では，第二次世界大戦前には銀行を中核とした相互に株式を持ち合う企業グループが存在したが，独占禁止法による持株会社の禁止やバブル経済崩壊後の銀行の再編により，現在では株式の相互の持合いは解消されている。

❖ No.4 企業の結合等に関するA～Dの記述のうち，妥当なもののみをすべて挙げているのはどれか。

【国家専門職・令和4年度】

A：事業者が他の事業者と共同して相互にその事業活動を拘束することにより，公共の利益に反して市場における競争を実質的に制限する行為を「カルテル」という。具体的には，価格カルテルや入札談合，数量制限カルテルなどがある。

B：企業が市場支配を目的に，資本的に統合する企業結合形態を「コンツェルン」という。これには，同一業種で生産過程も同一な複数企業が結合する「垂直的合同」と，同一業種で生産過程の異なる複数企業が結合する「水平的合同」の2つの形態がある。

C：「トラスト」とは，異業種で生産過程も関連のない複数企業が株式取得によって結合して多角化する混合型合併の企業結合形態であり，複合企業とも呼ばれる。「トラスト」の例としては，戦前にわが国において存在した財閥が挙げられる。

D：「コンビナート」とは，複数企業が原料・燃料等の総合的利用や輸送費の節約など生産の効率化・合理化を目的に，資本的関係よりも技術的関係を重視し，工程・地域面で結合した企業集団のことをいう。

1 A

2 A，D

3 B，C

4 C，D

5 D

実戦問題の解説

No.1 の解説　企業形態
→問題はP.287　**正答4**

1 ✕　**2006年施行の会社法で，最低資本金制度は廃止された。**

「株式数と関係なく」および「出資下限額は，1,000万円である」が誤り。原則として，株主は自らが保有する株式数に比例して，議決権，利益配当請求権，残余財産分配請求権などの権利を行使できる。また，従来の商法では，株式会社の出資下限額は1,000万円だったが，**2006年施行の会社法では最低資本金制度が廃止された。**

2 ✕　**会計監査と業務監査　→　監査役が行う。**

「会計監査及び業務監査をする」機関は**監査役**であり，代表取締役を含む取締役の業務執行を監査する。加えて，**代表取締役の員数に制限はなく，複数の取締役が代表権を持つことも可能**である。

3 ✕　**無限責任社員で構成　→　合名会社。**

合資会社は無限責任社員と有限責任社員で構成される。従来の商法では，出資と同時に会社の代表権と業務執行権を持つのは無限責任社員であり，有限責任社員は出資のみにとどまり，業務執行権はなかった。しかし，**2006年施行の会社法では，有限責任社員も代表権と業務執行権が持てるようになった。** 重要ポイント2を参照。

4 ◎　**合同会社　→　社員が業務執行に参画できる。**

正しい。**合同会社**は2006年施行の会社法で設置された企業形態である。合同会社では，社員の全員一致によって定款の変更や会社の意思決定が実施でき，社員が会社の業務執行に携わることができる。また，出資者は全員が有限責任を負う。重要ポイント5を参照。

5 ✕　**無限責任社員と有限責任社員で構成　→　合資会社。**

合名会社は全員が無限責任社員から構成される。重要ポイント1を参照。合名会社は，会社の債務に対して全社員が無限責任を負うため，会社の資産で債務を完済できない場合は，社員が個人財産で弁済しなければならない。また，従来の商法では，合名会社の設立には社員が2名以上必要とされたが，**2006年施行の会社法の規定で，社員が1名でも設立できるようになった。**

No.2 の解説　企業形態
→問題はP.287　**正答3**

1 ✕　**コメンダを起源とするのは合資会社。**

株式会社の仕組みを中小企業向けに簡素化した企業形態である**有限会社**は，**2006年施行の会社法によって株式会社に統合された。** その際，既存の有限会社は株式会社への組織変更が可能だが，特例有限会社として存続することも認められている。**会社法では，特例有限会社も「株式会社」と規定されるが，商号の中では「有限会社」の文字を使用しなければならない。** また，特例有限会社では，役員（取締役，監査役）の任期に関する制限はなく，決算

の公告義務もないなど，有限会社の制度の一部が引き続き適用される。

2✕ 合同会社 → 持分会社に分類される。

合同会社は「株式会社の一種」ではない。ここでの**「持分」とは，出資に伴う社員権**を意味する。重要ポイント5を参照。

3◎ 相互会社 → 保険業法によって保険会社にのみ認められている企業形態。

正しい。重要ポイント6の（2）を参照。

4✕ 合名会社 → 全員が無限責任社員によって構成される。

合名会社は，中世ヨーロッパの商業都市で発達した家族を基盤とする事業形態の**ソキエタス**を起源とする。重要ポイント1を参照。

5✕ 合資会社 → 無限責任社員と有限責任社員で構成。

合資会社は，中世イタリアで発達した委託契約関係の一種である**コメンダ**を起源とする。重要ポイント2を参照。

No.3 の解説　企業集中

→問題はP.288　**正答4**

1✕ 欧州企業の集中や結合は，競争の制限を含む市場の支配力強化が目的だった。

末尾の「競争の制限を含まなかったとされている」が誤り。1870年代以降，イギリスやドイツなどの欧州諸国やアメリカでは，工業化の発展に伴って大企業による生産の集中ならびに資本の集積が進行した。**これらの大企業は自由競争を排除し，競争を制限して市場における支配力の強化を図った**。それがカルテル，トラスト，コンツェルンなどの企業集中の形態である。特にドイツでは19世紀末の不況期に，鉄鋼や石炭などの産業で競争を制限するためのカルテルやシンジケート（共同販売機構）が形成された。また，化学産業ではカルテルよりも強力な「利益共同体」が結成され，電機・機械産業では企業合同や合併による合理化が進展した。

2✕ 企業合同 → トラスト。

「カルテルは，企業合同とも呼ばれ」および「カルテルに参加する企業が独立性を失う」が誤り。**カルテル（企業連合）**は，ある産業に属する複数の企業が資本面での独立性を維持したまま，製品の価格や生産量，販売量などを制限することで市場を支配する共同行為である。重要ポイント7を参照。

3✕ 企業連合 → カルテル。

本肢はカルテルに関する説明である。**トラスト（企業合同）**は，複数の企業が資本面で結合することによって市場における支配力を強化し，最終的には合併に至る企業集中の形態である。もともとトラストは加盟企業による株式の信託制度であり，自社の株式を共同受託者（トラスティー）に信託することと引き換えに，資産評価に相当する「トラスト証券」を受け取る仕組みであった。

4◎ 企業連携 → コンツェルン。

正しい。カルテルやトラストに比べると**コンツェルン**における企業間の結合

は弱いが，広範な産業部門に属する数多くの企業を傘下に収めることから，市場全体に及ぼす影響は大きい。

5 ✕ **銀行を中核とし，株式を相互に持ち合う企業グループは戦後に形成された。**
旧財閥系の「銀行を中核とした相互に株式を持ち合う企業グループ」は，戦後の財閥解体を経た後の1950年代に編成されていった。また，事業活動を行わずに他社の株式所有のみに専念する持株会社（**純粋持株会社**）の設立は戦後に禁止されてきたが，1997年の独占禁止法改正によって解禁された。なお，1990年代初頭のバブル経済の崩壊後に資本効率を重視する傾向が強まったことから，企業グループ（企業集団）における株式の相互持合いの比率は総じて減少しつつある。ただし，敵対的買収の防衛策として株式の相互持合いを復活させる日本企業も一部に存在する。

◆ステップアップ

＊純粋持株会社と事業持株会社＊

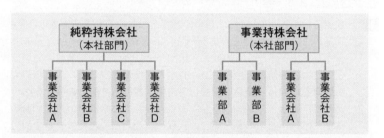

持株会社には純粋持株会社と事業持株会社があり，前者は1997年の独占禁止法改正まで，戦後の財閥解体以降，禁止されてきた。

純粋持株会社は傘下の事業会社の株式所有に専念し，自社は生産，流通，販売などの事業活動を行わない。

事業持株会社は自社も生産，流通，販売などの事業活動を行いながら，ほかの会社の株式も保有する。国内の大企業の大半は，社内の事業部とともに子会社や関連会社を所有する事業持株会社に相当する。

No.4 の解説 企業の結合 →問題はP.289 **正答2**

A〇 事業者が他の事業者と共同して協定を結ぶ行為 → カルテル。

正しい。カルテル（企業連合）は，**市場の支配を目的として同一業種の複数の企業が協定を結ぶ行為**であり，独占禁止法の「不当な取引制限」に該当するため，同法よって禁止されている。**重要ポイント7の（1）**を参照。代表的なカルテルには，価格カルテル，数量制限カルテル，入札談合などがある。**入札談合**は，官公庁や地方公共団体が競争入札によって公共工事の発注や物品の調達を行う際，受注価格の下落を避けるために，参加企業が結託して事前に入札価格を申し合わせる行為である。

B✕ 企業が市場支配を目的として資本面で結合する → トラスト。

トラスト（企業合同）の説明である。トラストは，市場支配を目的として参加企業が資本面で結合する形態であり，最終的には各企業の独立性が失われ，合併に至る。そのため，市場の支配力はカルテルよりも強い。**重要ポイント7の（2）**を参照。また，「垂直的合同」と「水平的合同」の記述が逆である。トラストの形態には，同一業種で生産過程も同一の複数企業が結合する**水平的合同**，同一業種において製造，流通，販売など生産過程の異なる複数企業が結合する**垂直的合同**，相互に関連のない異業種の企業が結合する**多角的合同**がある。米国では，トラストによる取引制限や市場の独占，不公正な競争を規制する**反トラスト法**（シャーマン法，クレイトン法，連邦取引委員会法で構成される）が制定されている。

C✕ 複数企業が株式所有，株式の相互持合い，融資などで結合 → コンツェルン。

コンツェルンの説明である。コンツェルンの直接の目的は市場支配ではなく傘下企業の統括にある。典型的なコンツェルンは，持株会社が株式所有によって傘下企業をピラミッド状に統括する形態であり，第二次世界大戦前のわが国の**財閥**が該当する。**重要ポイント7の（3）**を参照。

D〇 複数企業が技術的な関係によって結合する → コンビナート。

正しい。コンビナートは，もともと旧ソビエト連邦で発展した企業集団である。その実態は，**資本よりも技術的な関連性に基づく企業間の結合であり，諸企業が特定の立地に集積する**点に特徴がある。20世紀に進展した工業化に伴い，主に鉄鋼や石油化学などの重化学工業でコンビナートは形成された。

以上の内容から，**A**と**D**の組合せが正しいため，選択肢**2**が正答である。

株式会社制度

必修問題

　株式会社に関するＡ～Ｄの記述のうち，妥当なもののみをすべて挙げているのはどれか。

【国税専門官・平成19年度】

Ａ：取締役会設置会社の経営は代表権を持つ**代表取締役**を中心として行われる。このため，会社法は，取締役会の上部機関としての代表取締役を3人以上置くことを求めるとともに，その選任・解任は株主総会で決議すべき事項としている。

Ｂ：会社法上，すべての株式会社で委員会設置会社の組織形態を採用することが可能である。委員会設置会社では，取締役会の中に指名委員会，監査委員会，参与委員会の3つの委員会が設置される。監査委員会は全委員が社外取締役であり，会計監査人の選任・解任等を任務としている。

Ｃ：**コーポレート・ガバナンス**とは，企業そのものをだれがどのように統治するかという問題であり，その中心的課題は経営者のチェックである。企業を取り巻く重要な利害関係者としては，株主，従業員，顧客，取引先，地域社会等が挙げられる。

Ｄ：Ａ.Ａ.バーリとG.C.ミーンズは，企業が証券市場からの資金調達を活性化させるに従って株式所有の分散が進展し，それが乗っ取り（テイクオーバー）の脅威を高めるため，株主の意向をより重視した企業経営が必要となる時代の到来を指摘し，これを**「所有と支配の分離」**と名づけた。

1　C

2　D

3　A，B

4　A，C

5　B，D

難易度 ＊＊

必修問題の解説

　標準的な構成の出題である。AやBのように，株式会社の機関に関する設問は細かな規定を取り上げることが多いので，重要ポイント1～3の内容をよくチェックしておこう。

A✕ 代表取締役の選任・解任の権限は取締役会にある。

　会社法では「取締役会の上部機関としての代表取締役を3人以上置くこと」を規定していない。また，代表取締役の選任・解任の権限は株主総会ではなく取締役会にある。**代表取締役**は株主総会や取締役会の決議に基づいて，**会社を代表して契約や業務を執行する権限を持つ取締役**である。取締役会を設置する会社では，取締役の中から代表取締役を1人以上選出しなければならない。取締役会を設置しない株式会社では，代表取締役を必ず選出する義務はないが，定款によって代表取締役を置くことができる。

B✕ 指名委員会，報酬委員会，監査委員会の3委員会で構成。

　委員会設置会社（現在の呼称は**指名委員会等設置会社**）では，取締役会のほかに**指名委員会**（取締役の選任と解任に関する議事内容を決定する），**報酬委員会**（取締役と執行役の報酬を決定する），**監査委員会**（取締役と執行役の職務内容の監査を行う）の3委員会を設置する。これらは取締役3名以上で構成され，その過半数は社外取締役でなければならない。従来，委員会設置会社は大会社のみに設置が認められていたが，2006年施行の会社法によって**すべての株式会社で設置可能**となった。その目的は，①各種委員会の設置による**経営の監視・監督機能の強化**，②全社的な意思決定を担当する取締役と業務執行を専門に担当する執行役を分離することによる**経営の機動性の向上**にある。

C○ コーポレート・ガバナンス → 企業統治をめぐる問題。

　正しい。**コーポレート・ガバナンス**（企業統治）とは，1980年代にアメリカで活発化した「企業はだれのものか」に関する議論に端を発した問題である。本肢の説明のとおり，コーポレート・ガバナンスの課題は効率的かつ公正な経営の実現に向けて，企業を取り巻く**ステークホルダー**（株主，取締役会，従業員，取引先，地域社会などの利害者集団）間で権限・責任や利益をどのように配分するかという点にある。日本では，これまで欧米企業ほど株主利益や配当政策を重視してこなかったため，株主への妥当な利益還元や情報公開，取締役会の制度改革などがコーポレート・ガバナンスの主な論点となっている。重要ポイント5を参照。

D✕ 所有と経営（支配）の分離 → 専門経営者が実質的に企業経営を統括。

　バーリとミーンズは共著『近代株式会社と私有財産』（1932年）において，1929年当時のアメリカにおける所有と経営の分離の実態を調査・分析した。彼らによれば，株式会社の大規模化に伴って株式が高度に分散するととも

第5章 現代企業の経営

に，経営の複雑化によって専門経営者が登場し，実質的に経営の実権が株主から経営者に移行する現象を**所有と経営（支配）の分離**と呼ぶ。重要ポイント4を参照。

以上の内容から，正しいのは**C**のみであり，選択肢**1**が正答である。

正答 1

指名委員会等設置会社の仕組み

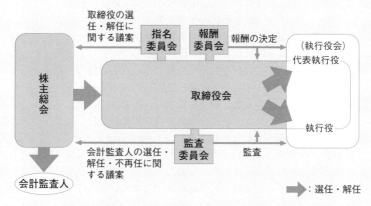

（出所：高橋伸夫,『経営の再生〔第3版〕』, 有斐閣, 2006年, P.96）

FOCUS

本テーマの頻出項目は，株式会社を構成する各種の機関，法規制の内容，所有と経営の分離，日米企業の所有構造，コーポレート・ガバナンス（企業統治）を巡る論点などである。

なお，2006年施行の会社法では，株式会社の機関設計の柔軟化や有限会社の株式会社への統合，最低資本金制度の撤廃などが実施された。

─ POINT ─

重要ポイント 1 　取締役会

- **株式会社の基本方針を決定するための合議機関**である。取締役会は，株主総会で選出される3人以上の取締役から構成され，株主総会の招集，代表取締役の選任および解任，業務執行の決定などの権限を持つと同時に，事業計画，予算と決算，重要財産の処分，会社の合併，重要な組織改正，営業の一部譲渡などを決定する。

- 取締役会は，**社長**（代表取締役）のほか，**専務取締役**（社長の補佐および全社的な経営計画の責任者），**常務取締役**（主要部門の責任者）などによって構成され，場合によっては会長，社外取締役，相談役などが含まれる。

- 代表権（株式会社を代表する権限）を持つ取締役を**代表取締役**と呼ぶ。取締役会を設置する会社では，取締役の中から代表取締役を選ばなければならない。その際，複数の代表取締役を選ぶこともできる。

- 日米の取締役会を比較すると，アメリカ企業では経営方針の決定を行うのは取締役で，業務執行を担当するのは経営執行役員と区別されているが，**日本企業では，取締役は経営方針の決定と業務執行の両方を担当し，未分化である場合が多い**。なお，近年は日本でも執行役員を設置し，意思決定と業務執行を分ける**執行役員制度**を導入する企業も増えつつある。

重要ポイント 2 　株主総会

- 株主総会は，**法律上に規定されている株式会社の最高意思決定機関**である。したがって，株主総会で選出された取締役は，株主の利益代表として株主総会の決定に沿って業務執行を行う権限がある。

- 株主総会の法律上の権限は，定款の変更，会社の解散・合併・譲渡，会社分割，取締役の選任および解任，決算と利益配当の承認，などである。

- しかし，**所有と経営の分離によって，株主総会は無機能化している企業が多く，その場合，実質的な経営は取締役会が管理・統制**する。

重要ポイント 3 　会社法における株式会社制度の主な改正点

(1) 会社の分類

- 株式会社にかかわる主な機関には株主総会，取締役会，監査役などがある。2006年施行の会社法では，**公開会社**（全部または一部の株式の譲渡が自由）と**株式譲渡制限会社**（株式の譲渡に際して会社の承認を必要とする，非公開会社とも呼ばれる），**大会社**（資本金5億円以上または負債総額200億円以上の株式会社）とそれ以外の**中小会社**によって異なる機関設計が可能になった。具体的な機関設計のパターンについては，次頁の表を参照。

【株式会社における機関設計の選択パターン】

① 取締役
② 取締役＋監査役
③ 取締役＋監査役＋会計監査人
④ 取締役会＋会計参与
⑤ 取締役会＋監査役

⑥ 取締役会＋監査役会
⑦ 取締役会＋監査役＋会計監査人
⑧ 取締役会＋監査役会＋会計監査人
⑨ 取締役会＋委員会＋会計監査人

● 公開会社　　　　　　　　・大会社　　　　⑧⑨
　　　　　　　　　　　　　・中小会社　　　⑤⑥⑦⑧⑨

● 株式譲渡制限会社　　　　・大会社　　　　③⑦⑧⑨
　（非公開会社）　　　　　・中小会社　　　①〜⑨のいずれか

（2）会計参与

- 上記の選択パターンの中で④の**会計参与**とは，会社法で新たに設置された役職であり，公認会計士あるいは税理士の資格を持つ者が**取締役と共同して企業の計算書類を作成する**。なお，会計参与は**すべての株式会社で任意に設置できる**（④以外の①〜⑨でも設置することが可能）。

	会社法施行前	会社法施行後
取締役	3人以上	取締役会を置く場合 → 3人以上 取締役会を置かない場合 → 1人以上
取締役会	必ず設置	公開会社 → 必ず設置 株式譲渡制限会社 → 任意に設置できる
監査役	必ず設置	公開会社 → 監査役か委員会のいずれかを設置 株式譲渡制限会社 → 任意に設置できる
株主の責任	有限責任	有限責任（変更なし）
会計監査人	大会社では必ず設置 中会社*では任意に設置	大会社では必ず設置 大会社以外の中小会社では任意に設置できる
最低資本金制度	あり（1,000万円）	なし（1円でも起業可能）

*従来の商法における中会社は，資本金1億円以上5億円未満かつ負債総額200億円未満の株式会社を意味した。

（3）指名委員会等設置会社と監査等委員会設置会社

- ⑨は経営のチェック機能の強化を目的とした機関設計であり，指名委員会等設置会社と監査等委員会設置会社の2種類がある。両社で設置される各種の委員会は，**取締役3名以上で構成され，その過半数は社外取締役でなければならない**。なお，監査等委員会設置会社は2015年施行の改正会社法で新設された。それに伴い，従来の委員会設置会社の呼称は，**指名委員会等設置会社**に変更された。

指名委員会等設置会社	指名委員会（取締役の選任と解任に関する議事内容を決定）
	報酬委員会（取締役と執行役の報酬を決定）
	監査委員会（取締役と執行役の業務を監査）
監査等委員会設置会社	監査等委員会（取締役の業務を監査）

（4）最低資本金制度の廃止

- 従来の商法では，株式会社の最低資本金は1,000万円であったが，**会社法では最低資本金制度が撤廃**され，資本金が1円でも起業できることになった。

重要ポイント 4 所有と経営（支配）の分離

- 株式会社の大規模化に伴って（1）**株式が高度に分散**すると同時に，（2）経営の複雑化によって**専門経営者が登場**し，実質的に経営を掌握するようになる現象が，所有と経営（支配）の分離である。

- バーリとミーンズの共著『**近代株式会社と私有財産**』（1932年）における所有と経営の分離に関する調査では，1929年当時のアメリカ大企業200社の44％が**経営者支配**（最大株主の持株比率が20％未満であり，実質的に専門経営者が経営を支配している状態）にあることが明らかになった。

重要ポイント 5 コーポレート・ガバナンス

- **コーポレート・ガバナンス**（企業統治）は1980年代のアメリカにおける「**企業はだれのものか**」に関する議論を契機として注目されるようになった。広義にはコーポレート・ガバナンスの課題は，企業を効率的かつ公正に運営するために，**ステークホルダー**（株主，取締役会，従業員，顧客，取引業者など企業を取り巻く利害者集団）間で利益や責任・権限をどのように配分するかという点にある。
- わが国では，金融庁と東京証券取引所が中心となって作成した行動指針である**コーポレート・ガバナンス・コード**が2015年に公表された。その内容は，①株主の権利・平等性の確保，②株主以外のステークホルダーとの適切な協働，③適切な情報開示と透明性の確保，④取締役会等の責務，⑤株主との対話，に関する基本5原則などで構成される。本コードは**東京証券取引所のプライム市場とスタンダード市場の上場会社には全原則の遵守を，グロース市場の上場会社には基本原則の遵守を求めるが，法的拘束力はない**。なお，2018年には，経営トップの選任・解任手続きの透明性の向上など，2021年には取締役会の機能発揮，企業の中核人材における多様性の確保，サステナビリティを巡る課題への取組みなどの原則を新たに加えた改訂版が公表された。

実 戦 問 題 **1** 　 基本レベル

No.1 バーリ＝ミーンズに関する記述として，妥当なのはどれか。

【地方上級（特別区）・平成22年度】

1 バーリ＝ミーンズは，「新しい産業国家」において，技術進歩により企業経営の計画性が高まってくると，テクノストラクチュアという専門家集団の助言や意思決定への参画が必要になるとした。

2 バーリ＝ミーンズは，「ビジネス・リーダーシップ論」において，大企業における経営者職能の遂行に注目して，経営の意思決定と調整をビジネス・リーダーシップとしてとらえた。

3 バーリ＝ミーンズは，「経営者革命論」において，所有と経営の状態を4つのタイプに分類し，経営者とは，生産過程を管理する人々であり，生産過程の技術的な指揮と調整の仕事を行うとした。

4 バーリ＝ミーンズは，「現代の経営」において，経営者の3つの職能として，事業経営，経営管理者の管理，働く人間と仕事の管理を挙げ，事業経営における事業目的は顧客の創造であるとした。

5 バーリ＝ミーンズは，「近代株式会社と私有財産」において，会社支配の形態を5つに分類し，アメリカの企業200社を調査した結果，株式所有の分散化により，経営者支配が進んでいるとした。

No.2 会社法に規定する株式会社に関する記述として，妥当なのはどれか。

【地方上級（特別区）・平成28年度】

1 株式会社は，設立に際して出資される財産の価額またはその最低額を定款に定めなければならないが，債権者保護のため資本金を1,000万円以上とする最低資本金制度が導入されている。

2 株式会社は，定款の定めによって，会計参与を置くことができ，会計参与は取締役と共同して，計算書類およびその付属明細書，臨時計算書類並びに連結計算書類を作成することを職務とし，取締役会の決議によって選任される。

3 株式会社は，定款の定めによって，会計監査人を置くことができるが，会計監査人は，公認会計士若しくは監査法人または税理士もしくは税理士法人でなければならない。

4 監査等委員会設置会社とは，監査等委員会を置く株式会社をいい，当該委員会が取締役の職務の執行の監査および監査報告の作成を行うため，監査等委員会設置会社は会計監査人を置いてはならない。

5 指名委員会等設置会社とは，指名委員会，監査委員会および報酬委員会を置く株式会社をいい，各委員会は委員3人以上で組織され，各委員会の委員の過半数は社外取締役でなければならない。

No.3 株式会社に関するア～エの記述のうち，妥当なもののみをすべて挙げているのはどれか。　　　　　　　　　　　　　　　【国家専門職・令和3年度】

ア：出資者である株主は，会社の事業によって得た利益を配当として得る権利を有する一方，会社債務について無限責任を負う。株式会社では，一般的に株主のみがステイクホルダーとされ，取引先や顧客などはステイクホルダーには含まれない。

イ：2015年施行の改正会社法において，監査役会設置会社が新たに制度化された。これは，近年，コーポレート・ガバナンス強化の流れの中で，取締役を構成メンバーとする監査役会を設置することで，取締役会からの独立性を確保するとともに，取締役会の監視を強化するものである。

ウ：株式会社の役員や従業員が自社株をあらかじめ定められた価格で取得することができる権利はストック・オプションと呼ばれる。一般に，ストック・オプションには，自社の株価に対する意識を高め，業績向上への意欲を高める効果があるとされる。

エ：A.A.バーリとG.C.ミーンズは，1920年代における米国の大企業の株式所有状況を調査したところ，いわゆる株式の集約が進み，株主数が減少するにつれて，株主が会社に対する実質的な支配権を失っている状況を発見した。このように所有と支配が分離している状況を「経営者支配」と呼んだ。

1 ア
2 ウ
3 イ，ウ
4 イ，エ
5 ウ，エ

1 エージェンシー理論に基づいて企業統治を考える場合，経営者は従業員の代理人（エージェント）としてみなされる。このエージェンシー理論の見方に基づくと，経済的な搾取やパワーハラスメントといった従業員に対する経営者の不当な行為を，いかにして監視するのかということが，企業統治における重要な課題となる。

2 企業統治の基本的な考え方の一つであるステークホルダー理論は，「会社は株主のもの」という考え方を前提としている。したがって，ステークホルダー理論では，株式会社の主たる目的は，会社の所有者である株主の利益の最大化にあるとされる。このようなステークホルダー理論の考え方に対しては，従業員の権利保護に重点を置いた会社法の基本的な考え方に反するとして，厳しい批判がある。

3 わが国の株式会社における最高意思決定機関は取締役会であり，すべての株式会社は取締役会を設置しなければならない。定款変更や合併，会社分割，解散などの会社の基礎的変更に関する事項といった，会社に関わる重要な事項は，取締役会の決議が必要であることが，会社法で規定されている。ただし，取締役の選任・解任については，取締役会を監督する機関である監査役会で決定される。

4 ストックオプションとは，あらかじめ決められた価格で自社の株式を購入できる権利である。ストックオプションを経営者に付与すると，自社の株価が権利行使価格を超えて上昇した場合に金銭的な利益を獲得できるために，株価を上げようとする経営者の意欲が高まる。この点から，ストックオプションは株主と経営者の利害を一致させる手段になるとされる。

5 わが国の株式会社のうち，監査等委員会設置会社は，委員会等設置会社として指名委員会等設置会社に先んじて導入され，指名委員会等設置会社の導入後に，監査等委員会設置会社という名称に変更された。監査等委員会設置会社では，3人以上の監査役から構成される監査等委員会が設置され，監査役の過半数は社外監査役でなければならない。

実戦問題 **1** の 解説

No.1 の解説　株式会社の所有と経営に関する学説
→問題はP.300　**正答5**

1 ✕ テクノストラクチュア → ガルブレイスが提唱。
　テクノストラクチュアは，J.K.ガルブレイスが『新しい産業国家』（1967年）で示した概念であり，**経営者，上級役員，技術者などの専門家集団**をさす。

2 ✕ ビジネス・リーダーシップ → ゴードンが提唱。
　R.A.ゴードンが『ビジネス・リーダーシップ』（1945年）で展開した所説である。**ビジネス・リーダーシップ**とは経営の諸活動の進路を決定する職能であり，意思決定（発案，承認）と調整という2つの要素から構成される。

3 ✕ 経営者革命論 → バーナムが提唱。
　J.バーナムの所説である。バーナムは『経営者革命』（1941年）において，企業の支配にかかわるグループを経営者，経営担当者（財務担当重役），金融資本家，株主の4つに分類した。そして，生産過程の技術的な指揮と調整を担当する**経営者が，生産と分配の両面で支配階級になり，経営者支配による社会が到来する**と予測した。

4 ✕ 『現代の経営』における経営者の3つの職能 → ドラッカーが提唱。
　『現代の経営』（1954年）において問題文の内容を述べたのはP.F.ドラッカーである。ドラッカーによれば，事業の目的は利潤の極大化ではなく，**顧客の創造**にあり，利潤は事業および事業活動の規定要因に過ぎないとされる。

5 ◎ 所有と経営の分離の実態を調査・分析 → バーリとミーンズ。
　正しい。A.A.バーリとG.C.ミーンズは共著『近代株式会社と私有財産』（1932年）において，会社支配の形態を①完全所有支配（最大株主の持株比率が80%以上），②過半数所有支配（50%以上80%未満），③少数所有支配（20%以上50%未満），④経営者支配（20%未満），⑤法的手段による支配（持株会社による支配）の5種類に分類し，1929年当時の金融業を除くアメリカ大企業200社を調査した。**重要ポイント4**を参照。

No.2 の解説　会社法の規定
→問題はP.300　**正答5**

1 ✕ 2006年施行の会社法で，最低資本金制度は撤廃された。
　2006年施行の会社法では最低資本金制度は撤廃され，原則的に資本金1円でも株式会社を設立することが可能となった。

2 ✕ 会計参与 → 株主総会の決議で選出。
　「取締役会の決議によって選任される」が誤り。**会計参与は株主総会の決議で選任され，取締役と共同して計算書類等を作成する**。会計参与は，主に中小企業の計算書類の信頼度を高める目的で2006年施行の会社法で新設された機関であり，公認会計士（もしくは監査法人）あるいは税理士（もしくは税理士法人）であることを要件とする。

3 ✕ 税理士と税理士法人 → 会計監査人に就任できない。

会計監査人は**公認会計士もしくは監査法人**が就任でき，会社の計算書類等の監査とその報告を行う。会計監査人は原則として任意の設置機関だが，大会社および監査等委員会設置会社と指名委員会等設置会社では，設置が義務づけられている。

4 ✕ **監査等委員会設置会社 → 監査等委員会と会計監査人を設置。**
「会計監査人を置いてはならない」が誤り。**監査等委員会設置会社**は，2015年施行の改正会社法で新設された。この形態では，**監査等委員会と会計監査人の設置が義務づけられている。**

5 ◎ **指名委員会等設置会社 → 従来の委員会設置会社から呼称を変更。**
正しい。**重要ポイント3の（3）を参照。**

No.3 の解説 株式会社制度全般   →問題はP.301 **正答2**

ア ✕ **株式会社では，株主は会社債務に対して有限責任を負う。**
「会社債務について無限責任を負う」が誤り。**株式会社では，株主は出資額を限度とする有限責任を負う。**重要ポイント3の（2）の表を参照。また，今日では企業の社会的責任（Corporate Social Responsibility：CSR）やコーポレート・ガバナンス（企業統治）の観点から，株式会社のステイクホルダー（利害者集団）は，株主だけでなく取引先，顧客，従業員，地域社会などを含むとする認識が一般的である。

イ ✕ **2015年に施行された改正会社法で新設 → 監査等委員会設置会社。**
コーポレート・ガバナンスの強化を目的として，過半数の委員が社外取締役からなる委員会を置く株式会社の形態には，指名委員会等設置会社と監査等委員会設置会社がある。重要ポイント3の（3）を参照。監査等委員会設置会社は，**取締役の業務を監査する監査等委員会を設置する形態であり，監査役会は置かれない。**

ウ ◎ **ストック・オプション → 自社株購入権。**
正しい。ストック・オプションは，**役員や従業員に一定価格で自社株の購入権を与える業績連動型の報酬制度**であり，定められた期間で株価が上昇した際に権利を行使すると，値上がり益を得ることができる。ストック・オプションは，元来アメリカ企業で普及した制度であり，その目的は企業価値の向上と従業員の動機づけを結び付けることにある。わが国では，1997年の商法改正によって日本企業への導入が解禁された。

エ ✕ **経営者支配 → 株式が高度に分散し，経営者が企業経営を統轄する状況。**
「株式の集約化が進み，株主数が減少する」が誤り。株式会社の大規模化に伴って株式が高度に分散し，株主の影響力が低下するとともに，経営の複雑化によって専門経営者が登場することで，経営を統括する実質的な権限が株主から経営者に移る状況を，**所有と経営（支配）の分離**と呼ぶ。重要ポイント4を参照。

以上の内容から，**ウ**のみが正しいため，選択肢**2**が正答である。

No.4 の解説 コーポレート・ガバナンス　　　　→問題はP.302　**正答4**

1 ✕ エージェンシー理論では，経営者は株主の代理人とみなされる。

エージェンシー理論では，依頼人（プリンシパル）が代理人（エージェント）に職務遂行を委託する契約関係を分析する。この理論に基づいて企業統治を考える場合，**依頼人である株主が，その代理人である経営者に株主利益の追求を委託する**関係とみなされる。したがって，「経済的な搾取やパワーハラスメント」以降の記述も誤りである。

2 ✕ ステークホルダー理論　→　多様な利害者集団の調整が課題。

ステークホルダー理論に基づいて企業統治を考える場合，**株主のみならず従業員，顧客，取引企業，地域社会，政府などのステークホルダーの利害をどのように調整するかが課題**となる。この理論に対しては，株主の権利保護に重点を置いた会社法の基本的な考え方に反するとの批判もあるが，**コーポレート・ガバナンス・コード**の基本原則には「株主以外のステークホルダーとの適切な協働」という項目が盛り込まれている。**重要ポイント5**を参照。

3 ✕ 株式会社の最高意思決定機関　→　株主総会。

会社法の規定では，わが国の株式会社における最高意思決定機関は株主総会である。**重要ポイント1と2**を参照。また，「すべての株式会社は取締役会を設置しなければならない」も誤り。**重要ポイント3の（2）の表**を参照。全部または一部の株式の譲渡が自由である**公開会社**では，取締役会を設置しなければならないが，株式の譲渡に会社の承認を必要とする**株式譲渡制限会社**（非公開会社）では，取締役会を設置しない機関設計も選択できる。さらに「定款変更や合併，会社分割，解散などの会社の基礎的変更」は株主総会の決議事項であり，「取締役会の選任・解任」についても株主総会で決定される。

4 ◎ ストックオプション　→　自社株購入権。

正しい。ストックオプションは，経営者や従業員に一定価格で自社株の購入権を与える業績連動型の報酬制度である。**実戦問題No.3・選択肢ウ**を参照。

5 ✕ 監査等委員会設置会社の「監査等委員会」は，3人以上の取締役からなる。

現在の**指名委員会等設置会社**に相当する制度は，最初に2003年の商法特例法改正で「委員会等設置会社」として導入され，2006年施行の会社法では，その名称が「委員会設置会社」に変更された。その後，2015年施行の改正会社法で**監査等委員会設置会社**が新設されたため，「委員会設置会社」の呼称は，指名委員会等設置会社に変更された。**重要ポイント3の（3）**を参照。また，指名委員会等設置会社と監査等委員会設置会社における各種の委員会は，いずれも3人以上の取締役で構成され，その過半数は社外取締役でなければならない。

No.5 日本企業のコーポレート・ガバナンスに関する次の記述のうち、妥当なのはどれか。 【国家一般職・平成14年度】

1 日本企業の取締役会は社内の事情に疎い社外取締役が大半を占めていることが意思決定の遅れをもたらしているとして、社内の事情に通じた社内取締役の割合を増やすことが多くの日本企業の課題になっている。

2 第二次世界大戦後のわが国の金融制度では、直接金融よりも間接金融が優遇されていたことから、メーカーなど事業会社の経営に対する銀行の発言力が高まった。融資残高が特に多く、当該企業と密接な関係を持つ銀行はメインバンクと呼ばれる。

3 欧米と比較すると、日本企業の労働組合は企業別に組織されているのが特徴とされるが、高度経済成長期における労働交渉は、連合など労働組合の全国組織と「財界労務部」と称された経団連が対決する春闘方式が主流であった。

4 第二次世界大戦後の日本企業は、旧財閥など同じ企業グループに属する企業が互いに株式を持ち合う株式持合いによって結合を保ってきた。バブル経済の崩壊後も持合い株の解消売りが見られないのは、外資による買収を防ぐためである。

5 第二次世界大戦後のわが国の株主の分布を見ると、個人株主の比率はほぼ一貫して上昇傾向にあり、市場価格で見た比率は平成12年度で約40%である。一方で、政府財政投融資に代表される機関投資家の比率は低下してきた。

No.6 コーポレート・ガバナンスに関する次のA～Dの記述のうち、妥当なものみをすべて挙げているのはどれか。 【国家一般職・平成16年度】

A：ストック・オプションとは、株式会社の役員や従業員が自社株を一定期間後にあらかじめ定められた価格で買い入れることができる権利のことである。一般に、ストック・オプションには、株価に対する意識を強め、勤労意欲を高める効果があるとされる。

B：米国のコーポレート・ガバナンスの特徴は、外部の会計法人による監査を厳格に行い、かつ、取締役会には社外取締役を置かず、企業内部出身の取締役で固めることによって、高い倫理および忠誠心の維持を図るところにある。

C：わが国で近年導入されつつある執行役員制は、一般には、多くの取締役に事業部長や工場長などの部門長を兼務させることで経営の監視と執行を一元化し、迅速な意思決定を図るものである。

D：ドイツのコーポレート・ガバナンスの特徴は、企業には監査役会を置かず、最高意思決定機関である取締役会の過半数を労働者と消費者の代表が占めることを義務づけることで、経営監視の仕組みとされているところにある。

1 A **2** D **3** A，C **4** B，C **5** B，D

No.7 企業統治（コーポレート・ガバナンス）に関する次の記述のうち，妥当なのはどれか。　　　　　　　　　　　　　　　　　【国家総合職・令和２年度】

1　A.A.バーリとG.C.ミーンズは，20世紀前半の英国における企業の持株状況を分析して，貴族を中心とする少数の支配層が大企業の株式を集中的に所有していることを明らかにした。また，当時の英国の支配層は企業を自ら経営するのではなく，能力を有する専門経営者に企業経営を委任していた。このように，特定の支配層が企業の株式を集中的に所有するにつれて，専門経営者が実際の企業経営を担う現象は，所有と経営の分離と呼ばれる。

2　株式会社は，企業の債務返済に対して無限責任を負う社員（出資者）と，出資額の範囲内のみで責任を負う有限責任の社員（出資者）が併存できることから，わが国で最も多く設立される会社の形態である。株式会社のうち，会社法における公開会社とは，わが国の証券取引所に株式が上場されている会社のことであり，証券取引所に株式が上場されていない会社とは区別されている。

3　株式会社では，事業活動に必要な資金である株主資本を提供する株主だけが，ステイクホルダーとなり，取引先や顧客などは，ステイクホルダーには含まれない。そのため，不祥事などによって株式会社の経営に重大な問題が生じた場合，経営者は，唯一のステイクホルダーである株主の利益保護に限定して対応することになる。

4　監査等委員会設置会社では，監査役会設置会社における監査役会に代わって，監査等委員会が設置される。監査等委員会は，３名以上の取締役から構成され，その過半数は社外取締役としなければならない。2015年の改正会社法施行から2019年８月時点まで，東京証券取引所第１部上場企業のうち，監査等委員会設置会社が占める割合は上昇傾向にある。

5　指名委員会等設置会社では，指名委員会，監査委員会，報酬委員会の３つの委員会が監査役会に設置される。指名委員会等設置会社は，わが国の実情に合わせて導入された株式会社の機関設計であり，社外取締役を必要としないことから，2019年８月時点で，東京証券取引所第１部上場企業の過半数が当該形態を採用している。

実戦問題 **2** の 解説

No.5 の解説 日本企業のコーポレート・ガバナンス →問題はP.306 **正答2**

1 ✕ 日本企業の取締役会 → 社内取締役が大半を占める。

日本企業の取締役は社内の従業員が昇格によって就任するケースが大半であり, 内部出身者の占める比率が高い。また, 意思決定方式も稟議制度によるボトム・アップ型であり, 関連諸部門の合意の形成を重視するため, トップ・ダウン型のアメリカ企業に比べると意思決定に時間を要する場合が多い。近年では, 意思決定のスピード・アップを図るために, 取締役会の人数削減, 情報・通信技術の活用による意思決定階層のスリム化, 戦略の決定を行う取締役と実際の業務執行を担当する執行役員を分離する**執行役員制度**を導入する企業が増えつつある。

2 ◎ 戦後の日本企業の資金調達 → 間接金融が主体。

正しい。銀行からの借入金による企業の資金調達は第二次世界大戦後に活発化し, 高度経済成長期にその傾向は特に顕著であった。その結果, **日本の大企業の自己資本比率は欧米企業に比べて相対的に低い傾向にある。**また, このように間接金融主体の資金調達を行う企業にとって**メインバンク**の役割は大きい。企業側にとってのメインバンクを持つメリットは長期的な資金供給源の確保であり, 対外的な信用力の向上という効果もある。メインバンク側にとっては大口融資先の確保, 審査業務の集中によるコストの削減, 精度の高い審査の実現という利点がある。なお, 近年は資本調達の手段を間接金融から直接金融にシフトする日本企業も増加している。

3 ✕ 戦後の労働交渉 → 春闘のガイドラインに基づいて各企業が交渉。

後半の記述が誤り。**春闘**(春季賃金引き上げ闘争)は1955年前後から始まった賃金の定期的なベースアップに関する労使間の団体交渉である。高度経済成長期の春闘では, 最初に総評や同盟などの**ナショナル・センター**(労働組合の全国組織)が賃上げ目標を掲げ, それに対して経営者側の全国組織である日経連(日本経営者団体連盟)が賃上げガイドラインを提示し, **両者の内容に基づいて各企業の経営陣と組合が交渉を行ってきた。**なお, 現在の春闘は, 1987年にいくつかのナショナル・センターが統一して編成された**連合**(日本労働組合総連合会, 1989年には官公労組とも合併した)と日経連と経団連が合併した**日本経団連**との間で継続されているが, 従来型の賃上げ交渉からの変化も求められている。

4 ✕ バブル経済崩壊後 → 企業集団での持合い株の解消売りが進んだ。

「バブル経済の崩壊後も持合い株の解消売りが見られない」という記述が誤りである。問題文にあるとおり, 1950年代以降に旧財閥系の銀行を中心として徐々に形成された企業集団は, 株式の相互持合いや相互取引を行うことで安定株主を確保し, 集団内の企業が緩やかに連携してきた。しかし, 1990年代初頭のバブル経済崩壊後は, 長引く不況や不良債権化した持合い株の負担増のために各企業の**持合い株の解消売り**が進展した。

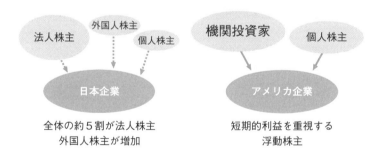

5 ✕ **戦後の株主分布 → 個人株主の比率が減少し，外国人株主の比率が上昇。**
　個人株主の持株比率は1960年代を境に減少傾向に転じている。日本取引所グ
ループ（JPX）が毎年発表している株主分布状況調査（金額ベース）によれ
ば，近年の個人株主の比率は20％を下回っており，バブル経済崩壊後の持合
い株の放出によって事業法人や金融機関の持株比率は低下しつつある。これ
に対して，外国人株主の比率は上昇傾向にある。

　◆ステップアップ

＊日米企業の所有構造＊

　日本企業の所有構造は約5割を**法人株主**が占める。その主な内訳は，**メイ
ンバンク，企業集団内の他企業，系列企業**などである。これらの法人株主は
株式を相互に持ち合い，**基本的に安定株主**として機能してきたが，近年では，
資本効率を向上させるために**株式の持合いを解消**する日本企業が増えつつあ
る。また，外国人株主の比率も増加した。
　これに対して，アメリカ企業の所有構造は，**機関投資家と個人株主**が約
6：4の割合で，最近では機関投資家の比率が増加しつつある。これらは短
期的な株価の値上がり益を求めて頻繁に株式を売買するため，アメリカ企業
の経営者は**短期的な株主利益を強く意識した経営**を要求される。なお，機関
投資家は，**年金基金，投資信託，生命保険会社**などによって構成される。

全体の約5割が法人株主　　　　短期的利益を重視する
外国人株主が増加　　　　　　　浮動株主

No.6 の解説　コーポレート・ガバナンス　　　→問題はP.306　**正答1**

A ○ **ストックオプション → 自社の株価と連動した報酬制度。**
　正しい。日本におけるストック・オプション制度は1997年の商法改正によっ
てその導入が認可され，2002年の商法改正において制限項目が全面的に廃止
された。具体的には，付与できる株式数の上限や権利行使期間の制限が撤廃
された。また，ストック・オプションの権利が付与される対象者も従来は自
社の取締役と従業員に限られたが，その制限もなくなった。

第5章
現代企業の経営

B ✕ **アメリカ企業の社外取締役の比率は，日本企業に比べて高い。**

アメリカ企業の取締役会は**社外取締役**を積極的に導入しており，取締役会に対する決定権限も付与されている。これに対して，日本企業の取締役会での社外取締役の占める比率は相対的に低く，その実態も関連会社の重役などによって構成され，実質的な権限が付与されていない場合が多い。

C ✕ **執行役員 → 業務執行を専門に担当する役職。**

伝統的に日本企業では，取締役が意思決定と業務執行を兼務することが一般的であり，両者は未分化であった。最近は取締役の権限・責任の明確化，取締役会のスリム化，意思決定の迅速化に向けて，執行役員制度を導入する日本企業も増えつつある。

◆ステップアップ

＊社外取締役と執行役員制度＊

社外取締役と執行役員制度は，日本企業の取締役会の改革やコーポレート・ガバナンスの関連で，近年注目されている。

社外取締役は従来から日本企業でも導入されていたが，有識者や関連企業の重役などが就任し，実質的な権限が与えられていないために有効に機能していないケースが多く，人選の中立性や必要な権限の付与，チェック機能の強化が求められている。一方，**執行役員制度**は意思決定を担当する取締役と業務執行を担当する執行役員を明確に区別する制度であり，日本企業では両者は未分化であることが多い。これらの制度が注目される背景には**取締役会の透明性や説明責任の強化，意思決定のスピード・アップ**が求められている点にあるが，その実態は企業によって多種多様である。

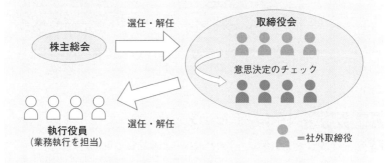

D ✕ **ドイツ企業では，監査役会が経営を監視する機関。**

「企業には監査役会を置かず」という記述が誤り。ドイツのコーポレート・ガバナンスの特徴は，1976年に制定された**共同決定法**によって，従業員2,000人以上の株式会社では，**監査役会の半数を従業員代表から，残り半数を株主代表から構成しなければならない**点にある。ドイツでは監査役会が経

営を監督する機関であり，業務執行を担当する取締役は，株主総会ではなく監査役会で選任される。したがって，株主総会は監査役会を通して間接的に経営の監督機能を果たすことになる。

以上の内容から，正しいのは**A**のみであり，選択肢**1**が正答である。

No.7 の解説 コーポレート・ガバナンス　　　→問題はP.307 **正答4**

1 ✗ **バーリとミーンズは米国大企業の所有と経営の分離の実態を調査・分析した。**
バーリとミーンズは，1929年当時の金融業を除く米国大企業200社の所有構造を調査・分析した。その結果，44%の企業が**経営者支配**の状態にあることを示し，**所有と経営（支配）の分離**の実態を明らかにした。重要ポイント4を参照。

2 ✗ **無限責任社員と有限責任社員で構成 → 合資会社。**
株式会社では，すべての株主が**有限責任**を負う。また，会社法で規定される**公開会社**は，**全部あるいは一部の株式の譲渡が自由である株式会社**であり，「わが国の証券取引所に株式が上場されている会社」ではない。重要ポイント3の（1）を参照。

3 ✗ **ステイクホルダーには，株主，従業員，取引先や顧客などが含まれる。**
「株主だけが，ステイクホルダーとなり」が誤り。広義には，株主，従業員，取引先や顧客，地域社会など**直接的・間接的に企業と利害関係にある主体が**ステイクホルダーに含まれる。

4 ◎ **監査等委員会設置会社 → 2015年の会社法改正によって新設。**
正しい。監査等委員会設置会社は，3つの委員会を置く**指名委員会等設置会社に比べて簡素な形態であり**，経営のチェック体制の強化を促進するために，2015年の会社法改正によって新たに設けられた。また，東京証券取引所が公表した「東証上場会社における独立社外取締役の選任状況及び指名委員会・報酬委員会の設置状況」によれば，2019年8月時点で，当時の東証1部上場企業のうち，監査等委員会設置会社が占める割合は26.8%であり，前年度比2.4%増の状況だった。

5 ✗ **指名委員会等設置会社では，監査役会は設置されない。**
指名委員会等設置会社では，指名委員会，監査委員会，報酬委員会が設置されるが，監査役会は設けられない。重要ポイント3の（3）を参照。また，「社外取締役を必要としない」および「東京証券取引所第1部上場企業の過半数が当該形態を採用している」も誤り。指名委員会等設置会社の各委員会は，**取締役3名以上で構成され，その過半数は社外取締役でなければならない**。加えて，選択肢4で示した東京証券取引所の調査によれば，2019年8月時点で，当時の東証1部上場企業のうち，指名委員会等設置会社が占める割合は2.9%であった。

必修問題

伝統的な日本的経営に関する記述として，妥当なのはどれか。

【国家専門職・平成28年度】

1　**年功序列**とは，年齢に応じて，賃金や地位が上がっていく人事慣行である。年功序列的な賃金の支払体系は，組織内の中高年層の数が巨大に膨れ上がるという組織の高齢化が進んできた1990年代以降，もはや経済的にもたなくなってきており，今では米国の企業のほうが年功序列を重んじる傾向が強い。

2　**稟議制度**は，組織の上から順次起案文書に押印し，決裁する意思決定の方法である。これは，構成員の情報共有に役立ち，最終的に組織の下の決裁時点では，組織全体で行動できる利点がある。しかし，稟議制度による決裁は，組織が大きくなれば，押印書類を次の組織メンバーに回覧するのに時間がかかるため，意思決定に時間が掛かる。

3　**企業別労働組合**では，仕事の種類に関係なく企業を単位として，基本的には一つの組合で組織される。職種に違いがあるブルーカラーとホワイトカラーも同じ組合に属し，その組合が労使交渉をする主体となっており，一つの組合の中で賃金格差を大きくするのに抵抗感が強いため，日本企業の組織内の職種間賃金格差は米国に比べて小さい。

4　**終身雇用**とは，正規の従業員として採用された場合に，たとえ経営上の大きな困難や従業員の不手際があったとしても，定年まで雇用されるという暗黙の契約である。このため，景気変動に応じて雇用調整を一時的な**レイオフ**という形で頻繁に実施するという特徴は，日本特有のものになっている。

5　戦後の高度経済成長期の日本企業の資金調達の方法は，メインバンクと呼ばれる銀行から資金を調達する**間接金融**が中心であった。これは，資本市場を通じて直線的に資金調達する**直接金融**と異なり，銀行が助言役となっていたため，日本企業の負債比率は，欧米企業に比べてかなり低かった。

難易度　＊

頻出度

B

国家総合職　★★
国家一般職　★
国税専門官　★★★
地上全国型　★

地上関東型　—
地上特別区　★★

22 日本の企業と経営

必修問題の <u>解説</u>

　日本的経営に関する出題は，主に高度経済成長期から1980年代までの日本企業の経営上の特徴を問うもので，いずれも過去問から大きく逸脱する設問はなく，パターン化している。しかし，その内容は近年の日本企業の実態と異なる点が多い。従来の特徴がどのように変化しつつあるか，確認しておこう。

1 ✕　年功序列 → 米国企業で普及していない。
　「今では米国の企業のほうが年功序列を重んじる傾向が強い」という事実はない。本肢の説明の通り，1990年代初頭のバブル経済崩壊後，従来の年功序列的な賃金の支払体系を維持する日本企業は大幅に減少した。**重要ポイント4の（3）**を参照。

2 ✕　稟議制度 → 合意形成は中間管理層が行い，決裁は最高経営層が行う。
　「組織の上から順次起案文書に押印し，決裁する意思決定の方法」が誤り。稟議制度は，中間管理層が起案した文書（稟議書）を回覧のうえ押印し，最終的にトップ・マネジメントが決裁する**ボトム・アップ型の意思決定の方法**である。稟議制度の長所は，部門間の合意を形成し，トップ・マネジメントの決裁後は迅速に案件を実行できることにある。その反面，合意形成に時間を要し，責任・権限の所在が不明瞭になりやすいなどの短所もある。

ボトム・アップ型の意思決定方式

3 ◎　日本 → 企業別労働組合が主流　欧米 → 産業別・職種別組合が主流。
　正しい。欧米では，産業別や職業別に編成された労働組合が中心であるのに対して，**日本では企業別労働組合が主流**である。**重要ポイント4の（4）**を参照。

4 ✕　終身雇用 → 長期的な雇用慣行　レイオフ → 米国企業の雇用調整策。
　日本企業で普及した**終身雇用は，正社員を対象とした長期的な雇用慣行**だが，「経営上の大きな困難や従業員の不手際」があった際は，早期退職の勧告や解雇する場合がある。**重要ポイント4の（1）**を参照。また，**レイオフ**は「日本特有のもの」ではなく，**米国企業で一般的な雇用調整策**であり，再雇用を条件とした一時解雇を意味する。具体的には，景気後退時に勤続年数の短い従業員から一時的に解雇し，景気が戻った際には勤続年数の長い従業員から再雇用する制度である。

第5章

現代企業の経営

313

5 ✕ 日本企業の資金調達 → 伝統的に間接金融が主体。

「日本企業の負債比率は，欧米企業に比べてかなり低かった」が誤り。伝統的に日本企業の資金調達は，メインバンク（主要取引銀行）からの融資（借入金）による間接金融が主体であり，その傾向は第二次世界大戦後の高度経済成長期に最も顕著であった。そのため，**欧米企業と比較すると日本企業の負債比率は相対的に高い水準にあった。**重要ポイント2を参照。

正答 3

◆経営学の出題パターン　その2

　経営学の出題パターン　その1（p.42）では，①語句の定義，論者と学説の組合せの正誤，法規制や指針の内容を問うパターン，②論旨や文脈の矛盾を問うパターンがあると述べた。

　理論問題が中心となる第1～3章では①が大半を占めるが，第4章以降では②に該当する設問も見受けられる。

　本テーマの必修問題は①と②を組み合わせた構成となっている。たとえば，選択肢**1**では「年功序列」の説明は妥当だが，「今では米国の企業の方が年功序列を重んじる傾向が強い」という実状が問われる。選択肢**5**では「間接金融」の説明をふまえた上で，「日本企業の負債比率は，欧米企業に比べてかなり低かった」という記述を判断することになる。

　こうした設問では，選択肢**1**のように常識に照らして誤りとわかる場合もあるが，その多くは「説明の矛盾を見つけ出すこと」が焦点となる。

　いわば，①のパターンは基本知識の理解度を問う「間違い探し」であり，②のパターンは基本知識に加えて読解力が試される「矛盾探し」といえる。多様な出題パターンに取り組みつつ，問題文の内容を注意深く読み解こう。

FOCUS

　これまでの日本の企業と経営に関する出題は，従来の「日本的経営」の特徴に関する設問が大半であったが，近年は日本企業を取り巻く環境変化に呼応した新しい設問が増えつつある。具体的には，人事・労務管理の変化，企業集団の変容，コーポレート・ガバナンスを巡る問題，企業間の合併・買収，戦略的提携，分社化，スタートアップ（ベンチャー）企業の育成，IT技術の導入による経営革新，などに関する問題が想定される。

─POINT─

重要ポイント 1 　日本的経営論の系譜

- いわゆる日本的経営論は，J.C.アベグレンの『**日本の経営**』（1958年）において終身雇用（終身コミットメント）などが日本企業の経営上の特徴として指摘されて以来，さまざまなアプローチから研究が行われてきた。当初の日本的経営論では，日本企業の集団主義や人事・労務慣行は前近代的との評価が強かったが，1970年代以降，日本企業の生産性の高さが海外の研究者に注目されるようになり，日本的経営を巡る議論が活発化した。

- 1970年代は，OECDの報告書（1972年）が**終身雇用，年功序列，企業別労働組合を日本的雇用制度**と総称し，同報告書の序文では，これらを「**日本的経営の三種の神器**」と指摘するなど主に日本企業の人事・労務慣行に関する研究が主流であった。また，集団的な経営手法の海外への移転に関する分析も行われ，QCサークルを導入する海外企業も現れた。

- 1980年代には，W.G.オオウチの『**セオリーＺ**』（1981年）において，当時のアメリカの優良企業には日本企業の経営と同じ特徴を持つ企業が多いことが指摘され，組織文化や日本的経営の特殊性と普遍性に関する議論が行われた。また，トヨタ生産方式の品質と生産性の高さが注目される反面，1980年代後半には，**日本企業の系列取引，株式の持合い，複雑な流通構造による「市場の閉鎖性」**が批判の対象となった。

- その後，多様な分析視角から研究が続くが，日本経済の構造的な変化や企業における制度・慣行の見直しに伴って，日本企業の経営に関する研究内容にも再検討が加えられ，新たな視点からの分析が求められている。

重要ポイント 2 　日本企業の行動上の特徴

- 日本企業の競争上の特徴は，伝統的に**市場占有率の確保**を重視する点にある。これに対して，アメリカ企業は投資利益率（ROI）などに示される短期的な収益性を重視する。しかし，近年ではシェア至上主義から投資利益率を意識した経営へと重点を移す日本企業が増加している。

- 日本企業の資金調達の方法は**銀行からの融資による間接金融が主体**であり，そのため自己資本比率も欧米企業と比べると相対的に低い。この傾向は高度経済成長期に最も顕著であったが，近年では，株式や社債発行による**直接金融にシフトする企業**も増えつつある。

- 日本企業の多角化は，**本業を中心とした関連型多角化が主流**であり，異業種企業をM&Aによって取得し成長するコングロマリット的多角化は相対的に少ない。

- 日本企業の意思決定方式は，中間管理職が起案した議案書を関連諸部門に回覧し，合意を形成した後，最終的にトップ・マネジメントが決裁する**ボトム・アップ型**が多く，いわゆる「根回し」「稟議制度」の形態をとる。

第5章
現代企業の経営

重要ポイント 3 **日本の企業集団**

- 第二次世界大戦後の財閥解体以降，1950年代に他企業による乗っ取りや買収を予防するために旧財閥系の企業が中心となり，関連企業の株式の相互持合いが徐々に進展し，企業集団が形成されていった。
- 企業集団の特徴は，銀行や商社が核となる**集団内企業間の相互取引や資金の融資に加えて，社長会の存在，株式の相互持合い**，などによって緩やかに連携している点にある。
- 企業集団は，戦後の経済成長において経済合理性を発揮したが，バブル経済崩壊以降は，資本効率の改善を求めて**株式の相互持合いを解消する企業が増加した。**
- **企業集団が企業どうしのヨコの連携であるのに対して，企業系列は大企業と下請の中小企業によるタテの取引関係である。**系列企業の間では単に取引だけではなく，資金援助や人材の派遣，技術供与などが実施される場合もある。

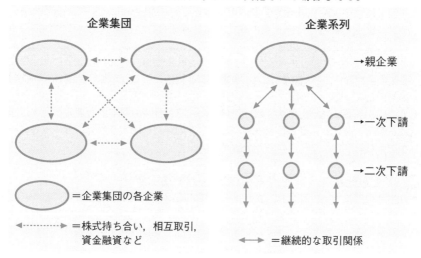

重要ポイント 4 **その他**

(1) QCサークル

- QC（Quality Control）は元来，アメリカで発達した品質管理を意味し，専門のエンジニアが担当する統計的な手法であったが，QCが日本企業に導入される過程でQCサークルが加わり，各工場に定着していった。
- QCサークルは**職場の従業員による集団的な品質向上運動**であり，職場で発生するさまざまな問題の発見，究明，改善策の考案，実践を現場の従業員が行う。今日ではQCサークルは工場のみならず，事務処理部門にも応用されている。

（2）終身雇用

- 終身雇用が日本の大企業に定着しはじめたのは，第二次世界大戦後の1950年代半ば以降である。その後，1960年代になると終身雇用は中堅企業にも導入され，1970年代後半には中小企業にも波及し，広く日本企業に普及した。なお，終身雇用は明確に規定された「制度」ではなく，実態に即していえば「長期的な雇用慣行」である。
- このように1950年代以降に終身雇用が定着した背景には，当時高まっていた**労働組合運動を沈静化**し，従業員の「共同体」として労使が協力しながら企業を発展させるという理念が支持された点にあるといわれている。
- 1990年代初頭に起こったバブル経済崩壊以降，パートタイマーや派遣労働者の積極的な登用，正規従業員の採用抑制などにより，**従来のように終身雇用を維持している日本企業は減少した**。

（3）年功序列

- **年功序列は，勤続年数や年齢に応じて従業員の賃金や昇進を決定する制度である**。しかし，実際に年功序列が実施されている企業においても，昇進や昇給に際しては勤務成績などほかの要素が加味される場合が多い。
- これまで多くの日本企業において，年功序列は終身雇用と組み合わされて実施されてきた。**そのメリットは，企業側にとっては人材の配置転換が容易であること，系統的な熟練の形成が可能であること，長期にわたる選抜によって従業員の適性や資質を把握できること，などが挙げられる。また，従業員側にとっては経済的な安定が長期にわたって保証される点がある**。しかし，これまでと同様に年功序列を継続している企業はかなり少なくなりつつある。

（4）企業別労働組合

- 欧米の労働組合が産業別，職種別に編成されているのに対して，**日本企業の労働組合は企業別に編成されており，労使間の団体交渉も企業別に実施される**。
- 欧米の労働組合と比較すると，日本の企業別労働組合は**労使協調**を基本とし，ストライキの発生率も少ない。また，ブルーカラーとホワイトカラーの区別がなく，両者が同じ組合を組織することになる。
- 厚生労働省が毎年発表している労働組合基礎調査によれば，日本における**近年の労働組合の推定組織率は17%前後の水準**にある。このような現状から，賃上げ交渉を中心にした従来型の活動の見直しやパートタイマーの組織化など，新たな課題への取り組みが求められている。

No.1 日本企業の雇用に関する次の記述のうち，最も妥当なのはどれか。

【国家一般職・平成15年度】

1 　年功序列的賃金体系とは，勤続年数が長くなるにつれて，自動的に賃金が上昇する仕組みである。労働組合員については，賃金査定は行われず，年齢と勤続年数が同じであれば賃金も等しくなる。賃金査定が行われるのは，管理職についてのみである。

2 　終身雇用とは，一般には定年までの長期的，安定的な雇用をさす。しかし，GHQの占領政策により，昭和22年から29年までは，雇用安定法により大企業については定年制度は禁止されており，文字どおり終身の雇用が義務づけられていた。

3 　退職時にまとまった退職金を支払うわが国の退職金制度は，「のれん分け」に源流があるといわれる。退職金については，労働者の長年の勤続や功労に対する報奨金であるとする説と，賃金の一部の後払いであるとする説がある。

4 　企業内組合とは，1つの企業の従業員が職種を問わず当該企業の労働組合に加入するものである。第二次世界大戦後のわが国では，同一産業に属する企業の組合が産業別に連合することはなく，直接，全国組織（ナショナル・センター）に加盟するのが一般的であった。

5 　いわゆる日本的経営の「三種の神器」は，かつて集団主義的な日本文化の反映であるとか，第二次世界大戦を遂行するための戦時経済体制の延長であると見られていたが，近年，むしろアメリカ合衆国を中心とした占領軍がその確立を直接的に主導したことが明らかになりつつある。

No.2 日本的経営に関する次の記述のうち，妥当なのはどれか。

【国税専門官・平成21年度】

1 　終身雇用は，企業に採用されると定年退職になるまで1つの企業に勤務することを前提とする雇用制度である。これは，新卒者として入社した正社員に限らず，中途採用の正社員やアルバイトなどの非正規雇用にも一般的に適用される。

2 　年功序列は，年功昇進制および年功賃金制を含むもので，勤続年数に応じて年長者を高く評価する人事考課および給与算定のシステムあるいは慣行のことである。このうち年功賃金制は，勤続年数などの属人的要素によって決まる属人給などにより説明される。

3 　企業内労働組合は，企業の中で職種によって複数の組合を設けたものであり，一般的に職員と工員は別々の組合に参加することになる。このような労働組合の形態はユニオン・ショップ制と呼ばれる。

4 　稟議制度は，上位の経営層が決定した事項について，経営層自らが稟議書の形

で作成し，それを関連部署とその所属長に回覧することにより，組織全体に周知徹底するものである。これにより，組織全体の活動は統一のとれたものになる。

5 OJT（オン・ザ・ジョブ・トレーニング）は，日常業務を離れて研修所で他の人々と学ぶ集合研修である。その目的は，一般的な知識の習得にとどまらず，チームワークの育成，リーダーシップの開発，問題解決能力の向上などにある。

No.3 日本的経営に関する次の記述のうち，妥当なのはどれか。

【国家専門職・平成24年度】

1 日本では，1950年代に米国から招いた品質管理の専門家による統計的品質管理の指導が行われ，マルコム・ボルドリッジ賞の授賞が始まった。一方，米国では，1980年代にマルコム・ボルドリッジ賞を意識したデミング賞が創設されたが，工場での品質管理ではなく，顧客の品質認識を評価の中心に据えたものであった。

2 TQC（Total Quality Control）は，全社的品質管理とも呼ばれ，設計，製造，販売，アフターサービスまでを含めた全社レベルでの品質管理を指している。日本ではQCサークル活動として多くの企業で実施された。

3 1970年代になると，石油危機の影響を受けた日本経済の低迷に伴い，日本的経営が否定的に見られるようになった。しかし1980年代後半になると，一転してドラッカーらによって日本的経営が積極的に評価されるようになり，終身雇用，年功賃金，稟議制度が，日本的労使関係の「三種の神器」と呼ばれるようになった。

4 オオウチは，日本企業の組織の理念型をタイプJ，米国企業の組織の理念型をタイプAとし，日本企業の中で，タイプAと類似した特徴を持つ企業をタイプZとした。オオウチは，その管理モデルを米国企業の経営に求め，日本的経営を米国型に近づけることを主張した。

5 ジャスト・イン・タイム生産システムとは，メーカーが示す基本的な仕様に基づいて，サプライヤーが部品の詳細設計・試作・製造を行うシステムであり，工程の一部として，既存製品の製造期間に工程改善を通じて原価低減を図るVE（Value Engineering）が採用される。

No.4 日本的経営論に関するA，B，Cの記述のうち，妥当なもののみをすべて挙げているのはどれか。　【国家専門職・平成27年度】

A：J.C.アベグレンは，日本の工場を訪問調査し，1968年に『日本の経営』を著した。その中で，日本の工場は生産方式および組織的制度が家族的であり，米国の工場に比べて労働コストが低く，生産性に優れているとした。

B：かんばん方式とは，何が・いつ・どれだけ必要であるかの情報を前工程から後

工程へ的確に流すための情報伝達に使われるツールであり，中央集権的に作った生産工程を全工程に一斉に伝達・指示する押し出し方式を採る。

C：1972年に出版された『OECD対日労働報告書』では，日本における生涯雇用，年功賃金，企業別労働組合という雇用賃金慣行を総称して「日本的雇用制度」（Japanese Employment System）と呼んだ。

1 C

2 A，B

3 A，C

4 B，C

5 A，B，C

No.5 わが国の企業経営などに関する次の記述のうち，妥当なのはどれか。

【国家専門職・令和2年度】

1 J.C.アベグレンは，『日本の経営』の中で日本企業の人事労務慣行の特徴である終身雇用・年功序列・企業別労働組合を「三種の神器」と呼び，高度経済成長を支えたと指摘した。また，P.F.ドラッカーは，日本の稟議制度に代表される全体の総意による意思決定は，決定に時間がかかるうえ，制約が多く実行も遅くなると指摘した。

2 W.G.オオウチは，日本企業の組織の特徴として，終身雇用，非専門的なキャリアパス，個人による意思決定を挙げ，その理念型をタイプJとし，日本企業の組織とは逆の特徴を持つ米国企業の組織の理念型をタイプAとした。また，日本企業の中で，タイプAと類似した特徴を持つ企業をタイプZと呼んだ。

3 戦後の高度経済成長期の日本企業の資金調達は，株式市場・債券市場が未発達・不完全であり，旺盛な資金需要を満たすうえでより効率的な直接金融が中心であった。そのため，日本企業の自己資本比率は，高度経済成長期が20％程度であったのに対し，現在は70％を上回っている。

4 わが国の一部の企業で従業員に付与されているコールオプションとは，従業員が自社株を毎年一定価格で購入することができる権利のことである。権利を行使できるのは退職時に限られており，自社の利益が向上するほど株価が上昇し，退職時の自身の利益も大きくなるため，仕事に対する意欲を喚起する効果が見込める。

5 同一労働同一賃金の原則とは，質と量が同じ労働に対しては，同額の賃金を支払うべきとする考え方である。わが国では，2020年4月施行のいわゆる「パートタイム・有期雇用労働法」において，同一企業内の正規雇用労働者と非正規雇用労働者との間の基本給や賞与などについて不合理な待遇差を設けることが禁止されている。

実戦問題の解説

No.1 の解説 日本企業の雇用 →問題はP.318 **正答3**

1 ☒ 年功序列的賃金体系 → 勤続年数に各人の職務遂行能力も加味される。

年功序列的賃金体系では基本的に勤続年数の長さによって賃金が算定されるが，それはすべて機械的・自動的に決められるわけではない。通常は勤続年数や学歴などによって決定される属人給を基盤としつつ，各企業の人事考課に応じて賃金査定が行われ，各人の職務遂行能力や企業への貢献度などが加味されて賃金が決定されることが多い。その際，管理職にのみ賃金査定を行い，労働組合員の賃金査定を実施しないということはない。なお，近年では年俸制の導入など，従業員の仕事の達成度に応じた賃金体系を導入する企業も増えつつあり，**従来の年功序列的賃金体系を維持している日本企業はかなり減少した**。

2 ☒ 終身雇用 → 明確に規定された雇用制度ではなく「長期的な雇用慣行」。

第二次世界大戦後にGHQ（連合軍総司令本部）の政策によって大企業の**定年制度**が禁止されていたという事実はない。また，日本企業における終身雇用は明確に規定された制度ではなく，実質的には「長期的な雇用慣行」であり，その対象は正規従業員のみでパートタイマーなどは含まれない。なお，戦前にも終身雇用を導入する企業はあったが，日本の大企業に普及したのは1950年代半ば以降である。その後，1960年代には中堅企業にも拡大した。現在，日本企業の雇用形態は，パートタイマーや契約社員，派遣労働者の導入によってかなり多様化している。

3 ◎ 退職金制度 → 源流は江戸時代の「のれん分け」にある。

正しい。現在では大半の企業がなんらかの形で退職金制度を導入している。また，退職金の位置づけには功労報奨説や賃金後払い説のほかに，生活保障説がある。テーマ16・実戦問題No.1の選択肢**5**も同種の設問である。

4 ☒ 日本の産業別労働組合 → 同一産業における企業内組合が連合して形成。

後半の記述が誤り。日本の**産業別労働組合**は，個人加入の単一組織として結成される欧米のそれとは異なり，同じ産業に属する企業内組合（**企業別労働組合**）が結集して連合体を作るケースが多い。

5 ☒ 終身雇用と年功序列が日本企業に普及したのは，1950年代半ば以降。

後半の「占領軍がその確立を直接的に主導した」という記述が誤りである。**日本的経営の「三種の神器」**は終身雇用，年功序列，企業別労働組合を意味し，OECD（経済協力開発機構）が1972年に刊行した対日労働報告書の中で日本的経営の特徴として指摘した。「三種の神器」の中で，企業別労働組合が戦後急速に拡大した背景には，GHQが労働組合の結成と活動を奨励し，1945年12月に労働組合法を制定したことが大きく作用している。しかし，終身雇用と年功序列の確立にGHQが直接に関与した経緯はない。この2つの慣行を導入していた企業は明治期から存在するが，実質的に日本の大企業に普及したのは1950年代以降の高度経済成長期であった。

第5章 現代企業の経営

　本問の大半は，井原久光著，『テキスト経営学〔第3版〕』（ミネルヴァ書房，2008年）の第20章に基づいて構成されている。

1 ✕　日本企業の終身雇用 → 正社員が対象。

「中途採用の正社員やアルバイトなどの非正規雇用にも一般的に適用される」が誤り。日本企業における**終身雇用**の対象は新卒採用の正社員であり，中途採用やパートタイマー，アルバイトなどには適用されない。終身雇用については**重要ポイント4**の（2）を参照。

2 ◎　日本企業の年功賃金 → 属人給の色彩が強い。

正しい。給与には，勤続年数や年齢，学歴などによって決まる**属人給**と，仕事の内容によって決まる**仕事給**があるが，日本企業の年功賃金制は属人給の割合が高い。年功序列については**重要ポイント4**の（3）を参照。

3 ✕　企業内労働組合 → 職員と工員は一つの組合に所属。

企業内労働組合（**企業別労働組合**）とは，職種や，職員・工員の区別なく，従業員が一つの組合に所属する形態である。欧米では，業種や職種によって複数の組合が存在し，職員と工員が異なる組合に所属する傾向が強い。**重要ポイント4**の（4）を参照。また，**ユニオンショップ制**とは，ある企業の正社員となった時点で，自動的に組合員となる組合保障制度のことである。

4 ✕　稟議制度 → 中間管理層で合意を形成した後，最高経営層が決裁。

日本企業で普及している**稟議制度**は，中間管理層が起案した稟議書を関連諸部門で回覧して合意を形成し，最終的にトップ・マネジメントが決裁するボトム・アップ型の意思決定方式である。

5 ✕　OJT → 日常業務を通じて知識や技能を習得する職場内研修制度。

職場外研修を意味する**Off-JT**の内容である。**OJT**は，日常の業務を通じて部下が上司から必要な知識や技能を学ぶ社内研修制度（職場内訓練）のことである。テーマ16の重要ポイント4を参照。

＊日本企業の経営・特徴の変化＊

	従　　来	現在の傾向
雇　　用	終身雇用制	⟶ 雇用の流動化
昇　　進	年功序列	⟶ 成果主義の導入
資金調達	間接金融主体	⟶ 直接金融の比率増
競争行動	シェア至上主義	⟶ 資本効率の重視
多角化のタイプ	本業中心の多角化	⟶ より積極的な多角化
所有構造	株式の相互持合い	⟶ 持合いの解消
取引形態	系列・集団内の継続的取引	⟶ 効率重視による取引先の拡大

No.3 の解説 日本的経営の特徴

→問題はP.319 **正答2**

1 ✗ **1980年代の米国で，デミング賞を意識したマルコム・ボルドリッジ賞が創設。**
マルコム・ボルドリッジ賞とデミング賞の位置づけが逆である。日本では，1950年に日本科学技術連盟が品質管理の専門家であるW.E.デミングを招いて品質管理の手法を紹介し，翌51年には高度な品質管理を実践している日本企業を表彰する**デミング賞**を創設した。以来，品質管理の技法にQCサークルが加えられ，日本全国の工場に普及した。その後，80年代にデミング賞を意識した**マルコム・ボルドリッジ賞**が米国で創設された。この賞の目的は工場での品質管理ではなく，顧客満足に向けて「経営の質」を創造的かつ継続的に改善し，優れた経営システムを実現した企業を表彰することにあった。

2 ◎ **TQC → 全社的品質管理または総合的品質管理。**
正しい。**QCサークル**は，職場で従業員が集団的に行う品質向上運動である。具体的には，10人程度で構成された小集団が，職場の生産性を向上させるためにさまざまな改善案を提案し，全員参加で作業の効率化を図る。なお，**TQC**を提唱した日本科学技術連盟は，その後にTQCを**TQM**（Total Quality Management）と呼称変更した。その内容は，経営戦略との関連性を強化し，顧客満足を重視した広範な経営改善運動と位置づけられている。

3 ✗ **ドラッカーらの論文によって，1970年代に日本的経営の評価が好転した。**
日本企業の経営に対する論調は1960年代までは前近代的という評価が主流だった。しかし，1971年にP.F.ドラッカーが効率的な意思決定，雇用保障と生産性等の調和，若手管理者の育成などの点を日本企業の長所と論文で指摘したことを契機に，肯定的な評価に変わっていった。

4 ✗ **タイプZ → 米国企業の中でタイプJに似た特徴を持っている企業。**
W.G.オオウチは主著『セオリーZ』（1981年）において，当時の日本企業の特徴（終身雇用，遅い人事考課と昇進，非専門的なキャリアパス，集団責任）を示す理念型を**タイプJ**，一般的な米国企業の特徴（短期的雇用，早い人事考課と昇進，専門的なキャリアパス，個人責任）を示す理念型を**タイプA**とした。そして，**米国企業の中でタイプJと似た特徴を持つ企業をタイプZと呼んだ**。その上で，オオウチは，米国企業が業績の改善に向けて模範とすべき管理モデルを当時の日本企業の経営に求め，タイプZによる経営が一般の米国企業にも可能であると主張した。

5 ✗ **ジャスト・イン・タイム生産 → 中間在庫を極力圧縮する生産手法。**
ジャスト・イン・タイム生産システムはトヨタ自動車が開発した生産方式である。その特徴は中間在庫を可能な限り圧縮し，「必要なものを必要なときに必要なだけ」調達することを目的とする。テーマ17・重要ポイント3を参照。また，**VE**（Value Engineering；価値工学）は，製品の価値を落とさずにコストダウンを図るという**VA**（Value Analysis；価値分析）の考え方を製品開発，工程管理，物流管理などに応用し，社内外の関連部門や業者と協力し

第5章
現代企業の経営

つつ組織的に取り組む手法である。

No.4 の解説　日本的経営の特徴

→問題はP.319　**正答1**

　本問は，塩次喜代明・高橋伸夫・小林俊男著，『経営管理（新版）』（有斐閣，2009年）に基づいて構成されている。

A×　**『日本の経営』では，「米国に比べて日本の工場の生産性は低い」と指摘。**
アベグレンの著書『日本の経営』は1958年に出版された。また，「米国の工場に比べて労働コストが低く，生産性に優れているとした」も誤り。同著でアベグレンは，当時の「日本の工場の生産性は，それと同等のアメリカの工場の50％もなく，多くは20％程度しかない」と指摘している。また。日本企業は**終身コミットメント（長期的な雇用慣行）**と年功賃金を導入しているため，「規模と費用の点で固定した大きな労働力を維持しなければならない」と述べている。このように，**同著での日本企業の特徴に対するアベグレンの評価は否定的であり，それらは低い生産性をもたらす一因であるとしている**。その後，『日本の経営』の新版である『日本の経営から何を学ぶか』（1973年）では，アベグレンの評価は変わり，上述の特徴に対して肯定的な評価を与えている。

B×　**「かんばん方式」では，後工程から前工程に情報が伝達される。**
「前工程から後工程へ」および後半の記述が誤り。**かんばん方式**は，必要な部品の数量，種類，納入期限などを明記した「かんばん」と呼ばれる指示伝票を後工程（最終的な組立工場や関連工場）から前工程（下請けの部品メーカー）に送ることで，必要なものを必要なときに必要なだけ調達し，中間在庫を可能な限り圧縮することができる。**テーマ17・重要ポイント3**を参照。その意味では，後工程が必要な部品を前工程に取りに行く**引っ張り方式**を導入していることになる。

C〇　**生涯雇用，年功賃金，企業別労働組合 → 日本的雇用制度（三種の神器）。**
正しい。生涯雇用（終身雇用），年功賃金，企業別労働組合は，**日本的雇用制度または日本的経営の三種の神器**とも呼ばれる。現在は，パートタイマーや派遣労働者などの雇用比率が増加し，成果主義に基づく賃金制度の導入などによって，従来の生涯雇用や年功賃金を採用している日本企業は大幅に減少した。**重要ポイント4**を参照。

　以上の内容から，正しいのは**C**であり，選択肢**1**が正答である。

No.5 の解説 　わが国の企業経営

→問題はP.320　**正答5**

1 ✕ 　日本的経営の「三種の神器」→ OECDが指摘。

「終身雇用・年功序列・企業別労働組合」を**三種の神器**と指摘したのは，OECD（経済協力開発機構）が1972年に刊行した対日労働報告書である。また，ドラッカーは，稟議制度を，決定に至るまでに時間を要するが，合意を形成した後は実行が迅速であると評価した。

2 ✕ 　タイプZ → 米国企業の中でタイプJに類似した特徴を持つ企業。

タイプJの「個人による意思決定」が誤り。タイプJは，終身雇用，非専門的なキャリアパス（キャリアパス＝職務経験や昇進の道筋），集団による意思決定（集団責任）などの特徴を持つ。また，タイプZの説明も誤り。**実戦問題No.3・選択肢4**の解説を参照。

3 ✕ 　高度経済成長期の日本企業の資金調達 → 間接金融が主体。

高度経済成長期の日本企業の資金調達は，金融機関からの融資による**間接金融**が中心であった。その後，1980年代以降は，株式や債券の発行による**直接金融**に資金調達の比重をシフトする日本企業が増加した。また，財務省が公表している法人企業統計調査によれば，日本企業の自己資本比率（全産業の平均値）は，1960年では約20％であったが，近年は約40％の水準にある。

4 ✕ 　コールオプションはオプション取引の用語であり，「通貨や株式，商品などを，ある期日にあらかじめ定めた価格で一定量買う権利」を意味する。

本肢はストックオプション（自社株購入権）に関する説明だが，「毎年一定価格で購入することができる権利」という記述は誤りであり，「権利を行使できるのは退職時に限られて」いるわけではない。ストックオプションは，**従業員が自社の株式を一定の期間に一定価格で購入できる権利**であり，株価が上昇した場合に売却すれば，利益を得ることができる。この制度では，**権利を行使できる期間や購入できる株式数などの条件は企業側が定める**。たとえば，「権利の行使時に従業員であること」が規定されている場合，ストックオプションの権利は退職後に無効となる。その一方で，役員に対する退職時報酬型のストックオプション（退職時慰労金）として，権利行使期間を退職日から一定期間に限定した新株予約権を発行する企業もある。

5 ◎ 　「パートタイム・有期雇用労働法」では，同一労働同一賃金の原則を規定。

正しい。2020年4月に施行されたいわゆる「パートタイム・有期雇用労働法」において，①正規雇用労働者と非正規雇用労働者（パートタイム労働者，有期雇用労働者，派遣労働者）の間の不合理な待遇差の禁止，②正規雇用労働者と非正規雇用労働者の待遇差に関する説明義務の強化，③行政による事業主への助言・指導等や裁判外紛争解決手続（事業主と労働者の間の紛争を，裁判をせずに解決する手続）の整備が規定された。

必修問題

技術経営に関する次の記述のうち，妥当なのはどれか。

【国家総合職・令和3年度】

1 **ネットワーク外部性**とは，製品やサービスのユーザー数が増加するほど，その製品やサービスから得られる便益が増大する性質のことである。ネットワーク外部性には，直接的効果と間接的効果があり，このうち間接的効果とは，ユーザー数の増加に伴って，当該製品・サービスに対応した**補完財**の数が増えることなどによって，当該製品・サービスの便益が増大する効果である。

2 W.J.アバナシーとJ.M.アターバックによると，流動期と呼ばれるイノベーション（技術革新）の初期段階では，製品イノベーションと工程イノベーションの双方が活発に生じるが，**ドミナントデザイン**が成立した後は，まず工程イノベーションの発生頻度が低下して，続いて製品イノベーションの発生頻度が低下し，最終的にはいずれのイノベーションの発生頻度も相対的に低い水準に至る。

3 C.M.クリステンセンは，初期段階から既存の評価軸上で既存技術の性能を上回り，既存企業の事業体制に多大な影響を与える新規技術を，**破壊的技術**（disruptive technology）と呼んだ。クリステンセンによれば，既存企業が破壊的技術に対応できない理由は，軽量級プロジェクトマネジャーを中心とするプロジェクトで破壊的技術を開発するために，その技術を応用した製品が特定の機能に偏ってしまい，市場で受け入れられないことにある。

4 H.W.チェスブロウは，自社技術を広く普及させるために自社で開発した技術を競合他社に開放する概念である「**オープンイノベーション**」の重要性を主張した。チェスブロウによれば，オープンイノベーションを推進する主たる目的は，多くの競合企業に自社技術を採用してもらうことによって，デファクトスタンダード（事実上の標準）の地位を確立することにある。

5 製品を構成する要素や部品の間のつなぎ方である**製品アーキテクチャ**は，インテグラル型とモジュラー型の2つに大別される。このうち，インテグラル型は，事前に構成要素の組合せ方のルールを決めて，開発時にはそのルールを順守することで，構成要素間の独立性を高める設計方法である。インテグラル型アーキテクチャを採用する典型的な製品としては，デスクトップ型のパーソナルコンピュータが挙げられる。　　難易度　＊＊

B 頻出度

国家総合職 ★★★　　地上関東型 ★
国家一般職 ★★★　　地上特別区 —
国税専門官 ★★★
地上全国型 ★

23 イノベーション・マネジメント

必修問題の 解説

　イノベーションは取り上げられる機会が増えつつあるテーマである。①イノベーションをもたらす要因は何か，②イノベーションはどのように進展するか，③イノベーションに伴って何が生じるか，という点に着目しよう。

1 ◎　ネットワーク外部性 → 利用者が増えるほど，得られる便益も増す性質。

　正しい。問題文の前半は**ネットワーク外部性**の直接的効果の説明であり，「Facebook」や「LINE」などのSNS，オンライン・ゲーム，携帯電話などの通信機器のように，**ユーザー数の増加によって当該製品やサービスから得られる便益が増す効果**を意味する。重要ポイント6を参照。なお，**補完財**とは，ある製品やサービスと組み合わせて使用することで，ユーザーの便益を高める製品・サービスである。具体的には，ハードウェアに対するソフトウェア，さまざまな機器に用いられる消耗品などが挙げられる。

2 ✕　イノベーションの初期段階では，製品イノベーションが活発化する。

　イノベーションの各段階における製品イノベーションおよび工程イノベーションの発生頻度が誤り。アバナシーとアターバック（アッターバック）は，イノベーションを**製品イノベーション**と**工程イノベーション**に大別し，これらが流動期，移行期，固定期でどのように発生するかを示した。重要ポイント2の（2）を参照。流動期は製品コンセプトが固まっていないため，技術開発の努力は製品イノベーションに向けられる。その後，ある時点で**ドミナントデザイン**（その後の技術的基準となる標準化された製品）が登場することで製品コンセプトが固まり，移行期が始まる。移行期では，確立されたドミナントデザインの下で特定の機能を向上することに開発努力が向けられるため，製品イノベーションの発生頻度が低下し，効率的な生産を実現する工程イノベーションの頻度が高くなる。固定期では，製品の品質向上やコスト削減に努力が向けられるため，生産性は上昇するが，技術進歩の余地は少なくなり，製品イノベーションと工程イノベーションの頻度は低下する。

3 ✕　破壊的技術（分断的技術）→ 初期段階では既存技術の性能を下回る。

　クリステンセンによれば，破壊的技術は，当初は既存の評価軸上で既存技術の性能を下回るが，**「低価格，単純，小型，使い勝手が良い」などの特性によって数多くの顧客の支持を得ることで，既存企業の事業体制に多大な影響を与える新規技術**である。重要ポイント4を参照。また，既存企業が破壊的技術の台頭にうまく対応できない理由は，**既存のリーダー企業は自社の主要な顧客層のニーズを満たそうとし，既存技術の改善や品質向上に注力するため，新規技術の価値を過小評価し，市場変化への適応が遅れる**ことに起因する。クリステンセンは，この現象を**イノベーターのジレンマ**（イノベーションのジレンマと表記される場合もある）と呼んだ。なお，藤本隆宏らによれば，**軽量級プロジェクトマネジャー**（軽量級プロダクトマネジャー）とは，

製品開発の過程で関連部門の連絡および調整を担当する管理者であり，製品開発全体に強い影響力を持つわけではないため「軽量級」と形容される。したがって，「軽量級プロジェクトマネジャーを中心とするプロジェクトで破壊的技術を開発する」という記述も誤りである。

4 × オープンイノベーション → 社内外のアイデアを結合し，新たな価値を創造。
オープンイノベーションは，単に自社の技術を競合他社に「開放する」ことではない。チェスブロウは，オープンイノベーションを「組織内部のイノベーションを促進するために，意図的かつ積極的に内部と外部の技術やアイデアなどの資源の流出入を活用し，その結果，組織内で創出したイノベーションを組織外に展開する市場機会を増やすこと」と定義している。**オープンイノベーションを推進する主な目的は，社内外を問わず必要な知識を必要な時に獲得し，いち早く商品化することにある。**そのためには，①社内外の知識を発見・選別する，②社外の知識に欠けている領域を社内で開発する，③社内外の知識を統合するシステムを構築する，④自社の研究開発の成果を他社に販売して利益を得る，などの取り組みが重視される。

5 × 構成要素間の独立性を高める設計方法 → モジュラー型。
「事前に構成要素の組合せ方のルールを決めて，開発時にはそのルールを順守することで，構成要素間の独立性を高める設計方法」は**モジュラー型アーキテクチャ**であり，その典型的な製品は「デスクトップ型のパーソナルコンピュータ」である。**インテグラル型アーキテクチャ**は構成要素間のつなぎ方（接合規格）を製品ごとに細かく調整する設計方法であり，日本のメーカーが製造する自動車やオートバイが典型例である。テーマ17・重要ポイント4を参照。

正答 **1**

FOCUS

　イノベーション・マネジメントは国家総合職と国家一般職の頻出テーマである。地方上級・特別区では，単独の問題としては今のところ出題されていないが，取り上げられる可能性はある。
　主な出題対象は，アバナシーの学説（A−Uモデル，生産性のジレンマなど），普及曲線，製品アーキテクチャ，分断的（破壊的）イノベーション，イノベーターのジレンマ，デファクト・スタンダードなどである。

━ POINT ━

重要ポイント 1 イノベーションとは

(1) イノベーションの定義

- 元来，イノベーション（Innovation）は「何かを新しくすること」を意味し，その対象は政治，経済，教育，芸術など多岐に及ぶ。経営学では，技術や製品，生産工程，流通・販売チャネルなどの革新がその対象となる。言い換えれば，**イノベーションは新技術，新しい製品やサービス，新たな生産・流通・販売の手法などを組み合わせることで需要を創出し，顧客に価値をもたらす行為およびその成果**を意味する。

- イノベーションについて体系的に分析した最初の論者は，経済学者の J. A. シュンペーターである。シュンペーターは，主著『経済発展の理論』（1934年）で**イノベーションを新しい財（製品）の開発，新しい生産方法の開発，新しい販路（市場）の開拓，原材料（資源）の新たな供給源の獲得，新しい組織の実現**と定義し，この5項目の新たな組合せもイノベーションに含まれるとした。

(2) イノベーションのプロセス

- 一般にイノベーションの過程は，**①研究・技術開発，②製品開発，③事業化**という3段階を経る。①は新製品を創り出す基礎となる技術を研究する過程，②は①を応用して新製品を具体化する過程，③は新製品を市場に投入し，安定した利益を確保できるように市場を開拓・拡大する過程である。

- また，イノベーションを生み出す要因には，**テクノロジー・プッシュ**と**ディマンド・プル**の2種類がある。

テクノロジー・プッシュ	**技術の進歩**が新たな製品開発を刺激し，その結果としてイノベーションが生じる
ディマンド・プル	**市場のニーズ**を契機として企業の研究開発が刺激され，その結果としてイノベーションが生じる

重要ポイント 2 イノベーションのパターン

イノベーションが生成，発展，成熟するパターンにはいくつかの特徴がある。ここでは代表的な3つのモデルを取り上げる。

(1) 技術進歩のS字カーブ

- R. N. フォスターは，タテ軸に**技術成果**（製品の処理スピード，信頼性，耐久性）を，ヨコ軸に**開発努力**（技術開発に向けての資源の累積投入量）をとると，ある製品の技術が改善・進歩するパターンは**右肩上がりのS字カーブを描く**

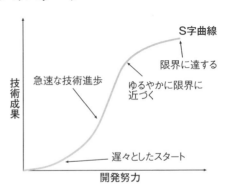

S字曲線

限界に達する

急速な技術進歩

ゆるやかに限界に近づく

技術成果

遅々としたスタート

開発努力

第5章 現代企業の経営

ことを示した。技術進歩のパターンは，当初は緩やかに進むが，ある時点から急速に加速し，やがて限界に達した後，徐々に鈍化してゆく。

(2) A-Uモデル

- W.J.アバナシーと J.M.アッターバックは，時間の経過の中で，性質の異なるイノベーションがどのような頻度で生じるかを分析した。

- 彼らは，イノベーションを**製品イノベーション**（製品技術とその要素技術の進歩をもたらす）と**工程イノベーション**（生産工程とその要素技術の進歩をもたらす）に大別し，これらが**流動期，移行期，固定期**という各段階でどのように発生するかを示した。この過程は彼らの名前にちなんでA-Uモデルと呼ばれる。

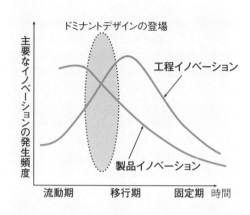

流動期	製品の導入期。 まだ製品コンセプトが固まっていないため，技術開発の努力は**製品イノベーション**に向けられる。その後，ある時点でドミナント・デザイン（その後の技術的基準となる標準化された製品）が登場することで製品コンセプトが固まり，移行期が始まる。
移行期	製品の成長期。 確立されたドミナント・デザインの下で特定の機能を向上することに開発努力が向けられる。そのため，製品イノベーションの発生頻度が低下し，効率的な生産を実現するための**工程イノベーション**の頻度が高くなる。
固定期	製品の成熟期と衰退期。 この段階では製品の品質向上やコスト削減に努力が向けられる。そのため，生産性は上昇するが，さらなる技術進歩の余地は少なくなり，**製品イノベーションと工程イノベーションの頻度は低下する。**

（3）普及曲線

- E.M.ロジャース（ロジャーズ）は『イノベーション普及学』（1983年）で，ヨコ軸に時間，タテ軸に製品の普及率（売上の累積度数）をとると，ある製品の普及過程はS字型のカーブを描くことを示した。

- また，ロジャースは製品の購入時期が早い順から消費者を，①**革新的採用者**（2.5%），②**初期少数採用者**（13.5%），③**前期多数採用者**（34%），④**後期多数採用者**（34%）、⑤**採用遅滞者**（16%）の5つのカテゴリーに分類している（カッコ内の数字は消費者全体に占める各カテゴリーの比率）。その際，①と②を合わせた消費者層に普及した段階（16%を超えた時点）から，**製品の普及率が一気に拡大**することを指摘した。

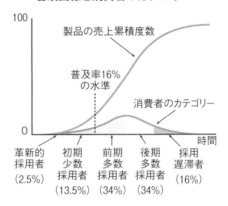

普及曲線と消費者のカテゴリー

重要ポイント **3** 　**生産性のジレンマと脱成熟化**

- アバナシーによれば，**イノベーションが進むと生産性が向上するが，同時に生産工程や設備を固定化することにもなるため，結果的に新しいイノベーションへの柔軟な対応を阻害する**ことになる。この現象を**生産性のジレンマ**と呼んだ。

- また，アバナシーは，製品ライフサイクルの**成熟期に状況を一新する技術革新を生み出し，新たな需要を創造することでライフサイクルを再び成長期に移行させる**ことを**脱成熟化**と呼んだ。時計産業における機械式からクオーツ式への転換，フィルム式カメラからデジタルカメラへの転換などが代表的な事例である。

重要ポイント **4** 　**分断的技術と分断的イノベーション**

- C.M.クリステンセンによれば，**分断的技術**とは，当初は機能面で既存技術よりも劣り，生み出す利益も少なく，リーダー企業から「おもちゃ」扱いされるような技術である場合が多い。

- しかし，この技術が持続的に進歩し，顧客の支持を得ると，低価格，単純，小型，使い勝手がよいなどの特性から既存の価値ネットワークを覆し，リーダー企業の地位を奪う存在となり，**分断的（破壊的）イノベーション**をもたらす。

- なお，**価値ネットワーク**とは，原材料から最終製品へと取引を通じて価値が付与されていく間に形成されるネットワークのことであり，具体的には**当該企業と取引企業，顧客との関係**をさす。

第5章
現代企業の経営

重要ポイント 5 　ユーザー・イノベーション

● 通常のイノベーションは，企業の研究開発部門を主体に展開されるが，製品のニーズを識別し，そのための技術的な改良案を示し，試作品を制作・テストするという**イノベーションのプロセスを製品のユーザーが担うこと**を E. フォン・ヒッペルは**ユーザー・イノベーション**と呼んだ。

● ユーザー・イノベーションは，ソフトウエアの開発や科学機器，電子製品の製造装置などの分野で見受けられる。その担い手は，新製品をいち早く購入し，高い要求水準のもとで使用する**リード・ユーザー**と呼ばれる顧客であることが多い。

重要ポイント 6 　ネットワーク外部性とデファクト・スタンダード

● **ネットワーク外部性**とは，**ある製品・サービスを使うユーザーの数が増えるにつれて，その製品・サービスから個々のユーザーが得る便益が高まっていく性質**である。

● 携帯電話などの通信機器産業のようにネットワーク外部性が強く作用する事業領域では，ある製品の規格が市場のニーズを満たし，数多くのユーザーの支持を得た場合，**デファクト・スタンダード（事実上の標準）**になる。その結果，参入障壁が形成されるため，他社の異なる製品規格が，すでに確立されたデファクト・スタンダードを覆すことは難しくなる。

重要ポイント 7 　業界標準の形成

● 「ある産業においてどのように業界標準が形成されるか」については，次の3種類に大別される。

デファクト・スタンダード	市場における競争の結果，数多くの顧客の支持を得た製品やその規格。**事実上の標準。**
デジュール・スタンダード	国際機関や認証機関が定めた製品やその規格。**公的標準。**
コンソーシアム型スタンダード	発売前に複数の企業が協議し，標準とすることが定められた製品やその規格。

※　本テーマのPOINTの内容は，近能善範・高井文子著『コア・テキスト　イノベーション・マネジメント』，一橋大学イノベーション研究センター編，『イノベーション・マネジメント入門』，高橋伸夫編，東京大学ものづくり経営研究センター著，『170のkeywordによるものづくり経営講義』に基づいている。

実戦問題

No.1 企業のイノベーション・マネジメントに関する次の記述のうち，妥当なのはどれか。　【国家総合職・平成21年度】

1　フォン・ヒッペルは，企業の技術者集団において外部から技術情報を収集する役割を持つ「ゲートキーパー」と呼ばれる人々が存在することを明らかにした。また，経営者・管理者は，研究開発組織を作る際には，綿密な能力調査に基づいて技術者の中から「ゲートキーパー」を決定し，その存在を組織全体に周知する必要があるとした。

2　アレンは，産業発展とイノベーションの生成パターンをモデル化し，産業発展の初期には様々な製品実験を試みる製品イノベーションが活発だが，標準的製品としてのドミナント・ロジックが確立した後は，それを効率的に生産するための工程イノベーションへと焦点が移っていくとした。

3　アバナシーらは，既存の有力企業は，主要な顧客が変わるようなイノベーションへの取組が遅れて失敗することが多いことを，ハードディスクドライブ産業などの事例で明らかにした。新規の顧客の出現で，早い段階から大きい市場が出現することが多いことから，このようなタイプのイノベーションは「破壊的イノベーション」と名づけられた。

4　クリステンセンは，画期的なイノベーションをもたらしたアイデアをユーザーが生み出した事例が広い産業でみられることを発見し，これを「ユーザー・イノベーション」と名づけたが，ユーザーの貢献はあくまでもアイデアを生み出す段階に限定され，実際に「ユーザー・イノベーション」を商品化し細部の技術的な問題を解決するのは，専門技術を持ったメーカーであるとした。

5　クラークらは，自動車の新製品開発プロジェクトに関する調査を通じて，製品エンジニアリングと生産エンジニアリングとの重複の程度が高いほど全体の開発リードタイムが短くなっており，そのことが欧米企業と比べたわが国の企業の優位性に結び付いているとした。

No.2 企業のイノベーション・マネジメントに関する次の記述のうち，妥当なのはどれか。　【国家総合職・平成22年度】

1　ロジャースは，イノベーションの普及過程の理念モデルを提唱した。それは，新しい製品やサービスの普及のパターンはS字型曲線を描くというモデルであり，イノベーションの普及のプロセスは革新的なものを受け入れる少数の買い手から始まり，次第に多くの追随者が受け入れ，やがて普及率は上限に近づいていくというものである。

2　ティースは，所属する産業のライフサイクルが後期に達し，大きなイノベーションが起こりにくくなった企業でも，本業以外のまったく新たな事業領域に進出

することによって，再度活発にイノベーションを行うようになる現象を見いだ
し，これを「脱成熟化」と名づけた。この現象は，装置産業か，組立産業かを問
わず，製造業の多くの分野で見られる。

3 アバナシーは，新しく開発した技術を補完する機能を持つ，生産設備や機械，
販売網，アフターサービス網などを「補完資産」と名づけた。彼は，企業が新し
く開発した技術が利益に結び付くか否かは補完資産の専有度には左右されないた
め，イノベーションを起こす新技術の開発に全力を投入すべきとした。

4 クラークらは，ネットワーク外部性が作用する製品では，市場の過半数の人々
に受け入れられ，優勢のように見える規格であっても，他の規格に急激にユーザ
ーを獲得されて市場地位の逆転を許すという現象が頻繁に起こることを示した。
このような事業領域では，競合他社と提携をして規格の統一を図ることは避ける
べきであると考えられる。

5 山田英夫らは，日米の自動車メーカーの新製品開発を比較し，日本の部品メー
カーは自動車メーカーから与えられた設計図どおりに部品を設計するだけのとこ
ろが多いのに対し，米国の部品メーカーは，開発の早い段階から参画して，自動
車メーカーから与えられた基本スペックに基づいて，部品の詳細設計も担当する
ところが多いことを見いだした。

No.3 技術経営に関する次の記述のうち，妥当なのはどれか。

【国家一般職・平成24年度】

1 分断的技術とは，機能面で既存技術に劣り，しかも既存技術と異なる価値によ
って新しい用途や市場を開拓するような新技術のことである。新技術の市場は，
立ち上がり当初は規模も小さく価格も利益率も低いため，新技術を発明した新興
企業にとってむしろ参入が困難で，新技術の事業化をあきらめてしまうことが多
い。これをイノベーターのジレンマという。

2 企業の研究開発組織の中で，大学など外部コミュニティからもたらされる情報
を媒介し，他のメンバーに伝達する役割を持つ研究者を重量級プロダクト・マネ
ジャーという。重量級プロダクト・マネジャーは，他のメンバーが理解可能な情
報を取捨選択するので研究開発組織の混乱を防止するが，有用な情報を捨象する
ことで研究成果に関するパフォーマンスを低下させることが実証されている。

3 製品の設計方式は，部品の接続方式であるインターフェイスの標準化によって
類型化される。インテグラル型は事前に標準化しないので，部品間の相互依存性
は低くなり，部品ごとの最適設計は可能だが製品機能は最適化されないこともあ
る。モジュラー型は事前に標準化するので，部品間調整が可能となり製品機能は
最適化されるが，部品間の相互依存性は高くなる。

4 イノベーション・プロセスは研究・技術開発活動，製品開発活動，事業化活動という3つの段階を踏んで進むと理解されている。また，研究・技術開発活動において，優れた技術を生み出せない等の困難を「魔の川」といい，製品開発活動において，新技術を応用した新製品を開発することができない，開発した新製品が顧客に受け入れられない等の困難を「死の谷」という。

5 製品開発プロセスを構成する複数の機能部門の間で，業務を並行させて開発活動を進める手法をフロント・ローディングという。フロント・ローディングを採用すると，部門をまたいでコア技術が移転されることで開発パフォーマンスは向上し，コア技術を複数製品で共通利用する横展開のスピードが上がり，新製品導入率は上昇する。

＊＊
No.4 イノベーション・マネジメントに関する次の記述のうち，妥当なのはどれか。 【国家一般職・平成26年度】

1 イノベーション研究の第一人者であるT.J.アレンが発見した重量級プロダクト・マネジャーは，企業外部の研究者コミュニティなどから得られる情報を，取捨選択しわかりやすく翻訳して技術者に伝達する役割を果たす。藤本隆宏は，重量級プロダクト・マネジャーの概念を発展させ，部門間調整と製品コンセプト推進の両方の機能を兼ね備えた，研究開発組織の強力なリーダーをゲートキーパーと定義した。

2 イノベーションの源泉には技術機会と市場機会という2つのとらえ方がある。前者は，企業内で開発された新技術が製品化されることでイノベーションが生じるという考え方で，ディマンド・プルと呼ばれる。後者は，製品の使用者であるユーザーが新製品のアイデアを出し，場合によっては試作品の開発まで行い，それをもとに企業が製品化することでイノベーションが生じるという考え方で，テクノロジー・プッシュと呼ばれる。

3 W.J.アバナシーとJ.M.アッターバックは，産業の発展段階とイノベーションの発生頻度の関係を明らかにした。流動期は製品コンセプト自体の流動性が高いので，製品イノベーションと工程イノベーションの発生頻度が共に高いが，支配的な製品デザインであるデファクト・スタンダードが確立される移行期には，製品イノベーションの発生頻度が下がり，工程イノベーションの発生頻度のほうが高くなる。しかし固定期には，企業間で生産方法が共通化するので，製品イノベーションの発生頻度が上がり，工程イノベーションの発生頻度よりも再び高くなる。

4 製品アーキテクチャは，インターフェースの設計方法によって大きく2つに類型化される。一つはモジュラー型と呼ばれるもので，部品間で信号や動力をやり取りする連結部分であるインターフェースを標準化することで，機能と部品がほ

ほ 1 対 1 の対応関係を持つアーキテクチャである。他方，機能と部品が多対多の対応関係を持つアーキテクチャはインテグラル型と呼ばれ，部品間の相互依存問題が頻発するので製品全体を調整する必要が生じる。

5 業界標準を巡る規格間競争のアプローチは，クローズド・ポリシーとオープン・ポリシーに大別される。両者を比較すると，一般的には，クローズド・ポリシーは自社規格の仕様を公開しないので標準を早期に獲得しやすいが，補完財の供給にも経営資源を割くので標準獲得後の利潤確保が難しくなるのに対し，オープン・ポリシーでは自社規格の仕様を公開するので互換製品が乱立して標準を獲得しにくいものの，補完財が安価に大量供給されるので排他的に大きな利潤を確保しやすい。

💠 **No.5** 技術経営に関する次の記述のうち，妥当なのはどれか。

【国家一般職・令和元年度】

1 モジュラー型アーキテクチャの製品においては，部品間のインターフェースが事前に標準化されておらず開発活動の過程で各部品の最適設計を行えるが，部品間の相互依存性が高いため，1990年代に T.J. アレンが存在を明らかにしたゲート・キーパーによる社内調整活動が不可欠となる。

2 W.J. アバナシーと J.M. アッターバックは，イノベーションを製品イノベーションと工程イノベーションの 2 つに分類し，両者の発生頻度の組合せに応じて産業の発展段階を流動期，移行期，固定期の 3 つに分けた。彼らは，ドミナント・デザインの登場によって産業の発展段階が移行期から固定期へと推移し，また，固定期では工程イノベーションの発生頻度が増大していくとした。

3 ある製品がその利用者に与える満足の程度を表す「総合品質」を規定する二種類の品質のうち，「設計品質」は設計図面に定められている機能や外観，性能のとおりに製品が作られているかどうかの程度を表し，「適合品質」は製品の設計図面が法令や規制に準拠しているかどうかの程度を表している。

4 米国フォード社は，1920年代までに確立されたフォード・システムと呼ばれる自動車の大量生産方式において，セル生産方式と汎用性のある工作機械の導入によって生産性を向上させた。このため需要量や品種の変動に柔軟に対応できなくなるという生産性のジレンマに陥ることなく，米国ゼネラル・モーターズ社のフルライン戦略に直面した後も市場シェアを長期間維持できた。

5 H.W. チェスブロウは，自社内と社外のアイデアや技術・知識を有機的に結合させ，新たな価値を創造する活動をオープン・イノベーションと呼んだ。オープン・イノベーションにより，社外のアイデアや技術を見つけて活用することや，自社で有効に活用できない研究成果については他社に譲渡して利益を得ることな

ども可能となる。

No.6 ＊＊ **技術経営に関する次の記述のうち，妥当なのはどれか。**

【国家一般職・令和4年度】

1 W.J.アバナシーとJ.M.アッターバックは，ドミナント・デザインが初めて登場する固定期においては，開発すべき製品機能が明確になるので，製品イノベーションの発生頻度が最も高くなるが，その影響を受けて，生産工程で用いられる設備の汎用化が進むため工程イノベーションの発生頻度が最も低くなるとした。

2 インテグラル型アーキテクチャの製品においては，構成部品間の独立度合いが高く，部品間のインターフェースが標準化されているため，各部品を設計している部署間での緊密な相互調整が不要となる。そのため，開発活動で生じる問題を開発プロセスの最後に一括で解決する方式であるフロント・ローディングにより開発コストを大幅に削減できる。

3 H.W.チェスブロウは，イノベーションのタイプとして，技術を積極的に開示する方法であるテクノロジー・プッシュにより生じるものをオープン・イノベーション，顧客ニーズに密着する方法であるディマンド・プルにより生じるものをクローズド・イノベーションと呼んだ。彼は，オープン・イノベーションは他社による技術の模倣リスクが高いという限界を指摘し，クローズド・イノベーションへの転換を図ることが必要であるとした。

4 野中郁次郎らは，組織における知識創造活動を暗黙知と形式知の変換過程として概念的に記述したSECIモデルを提唱した。このモデルでは4つの知識変換モードが想定されており，それらのうち「表出化」においては，暗黙知が，個人の思考や人々との対話を通じてメタファー，アナロジー，仮説など様々な形をとりながら，明示的な形式知へと変換される。

5 E.ゴールドラットは，制約条件の理論（TOC）において，ある生産システムにおける最も生産能力が高い工程をボトルネックと呼び，この工程がフル稼働できるようにするために，ボトルネックの工程の生産ペースに他の工程がタイミングを合わせ生産ペースを上げたり，ボトルネックの工程に対して生産能力が最も低い工程から人員を移動させたりすることが必要であるとした。

実戦問題の解説

No.1 の解説 **イノベーション全般**　　　　　　　　　　　　→問題はP.333 **正答5**

1 ✕ ゲートキーパー → アレンが提唱。

「ゲートキーパー」という概念を示したのは T.J. アレンである。**ゲートキーパーは，部門や組織の境界を超えて内部と外部を情報面からつなぎ合わせる役割を果たす**人間をさす。アレンは，経営者が綿密な能力調査に基づいてゲートキーパーを選定する必要はなく，組織内のコミュニケーションを少し注意して観察すれば，だれがゲートキーパーかを判別することができるとした。

2 ✕ A‐Uモデル → アバナシーとアッターバックが提唱。

W.J. アバナシーと J.M. アッターバックが唱えたA‐Uモデルの説明であり，ここでの「標準的製品」は**ドミナント・デザイン**と呼ばれる。**ドミナント・ロジック**は，C.K. プラハラードと R.A. ベティスが提唱した「組織行動や事業活動を成功へと導くロジック（物の見方や考え方）」のことである。プラハラードとベティスによれば，ある組織の行動や事業の運営は無数のロジックによって成り立っている。これらを経験的に取捨選択し，優れた成果を生み出すもので構成したのがドミナント・ロジックである。

3 ✕ 分断的（破壊的）イノベーション → クリステンセンが提唱。

C.M. クリステンセンが主張したイノベーションに関する学説である。クリステンセンが示した**分断的（破壊的）イノベーション**とは，顧客が求める製品属性そのものを変えてしまう力を持ち，それまでに確立されていた**価値ネットワーク**を分断してしまう技術革新のことである。一般に破壊的イノベーションは「新規の顧客の出現で，早い時期から大きい市場が出現すること」はまれで，当初は小さな市場規模の中で生成することが多い。**重要ポイント4**を参照。

4 ✕ ユーザー・イノベーション → フォン・ヒッペルが提唱。

ユーザー・イノベーションの存在を指摘したのはE. フォン・ヒッペルである。**重要ポイント5**を参照。一般に製品開発は①顧客のニーズの識別，②そのニーズを満たすうえで必要となる技術的な問題解決，③プロトタイプ（試作品）の制作・テスト，④製品化，という過程を経る。フォン・ヒッペルは，ユーザーの貢献は単にアイデアを提供するだけではなく，技術協力やプロトタイプの制作まで担うケースがあることを示した。

5 ◎ 日本の自動車の製品開発・生産に関する調査 → クラークと藤本が実施。

正しい。なお，藤本隆宏と K.B. クラークの研究によれば，自動車の製品開発での**製品エンジニアリング**は詳細な設計・試作・実験を行う過程であり，当初の製品計画で示された目標が達成されるまでこの過程が繰り返される。**生産エンジニアリング**（工程エンジニアリング）とは，製品生産のための機械設備，工具，金型，工場レイアウト，作業マニュアルを準備・作成する段階であり，部品メーカーなどと連携しながら進められる。**開発リードタイム**は，製品開発が開始されてから製品が生産・販売されるまでの期間をさす。

No.2 の解説 イノベーション全般　　　　　　→問題はP.333　**正答1**

1 ◎　ロジャースの普及曲線 → ある製品の普及率は右上がりのS字型曲線を描く。
正しい。重要ポイント2の (3) を参照。

2 ✕　脱成熟化 → アバナシーが提唱。
脱成熟化という概念は W. J.アバナシーが示した。また,「本業以外のまった
く新たな事業領域に進出する」ことは非関連型の多角化であり,それ自体が
脱成熟化を意味するものではない。重要ポイント3を参照。

3 ✕　補完資産 → ティースが提唱。
補完資産という概念を示したのは D. J.ティースである。ティースは『競争
への挑戦』(1987年) において,企業がイノベーションを事業化し,利益を
得るためには,①**専有性**(特許保護に関する法的な規制,技術的な模倣の難
しさ) の程度,②**支配的デザイン**(多くの顧客に支持される標準的な製品)
の確立,③**補完資産**(生産設備,マーケティング,アフターサービスといっ
た技術を補完する要素) が重要であると指摘した。したがって,「企業が新
しく開発した技術が (中略) イノベーションを起こす新技術の開発に全力を
投入すべきとした」という後半の記述も誤りである。

4 ✕　ネットワーク外部性が作用し,顧客に支持された製品は事実上の標準となる。
山田英夫らが調査・分析した企業間の規格競争に関する説明である。山田は
『デファクト・スタンダードの競争戦略』(2004年) などの著書で数多くの事
例研究を示している。**ネットワーク外部性とは,ある製品やサービスを使う
利用者の数が増えるにつれて,個々の利用者がその製品やサービスから得る
便益が高まる性質**である。ネットワーク外部性が作用する状況では,ある製
品の規格が市場の数多くの人々に支持され,事実上の標準(**デファクト・ス
タンダード**) になると,他社の規格が市場での地位を逆転することが難しく
なる。このような事業領域で,競合他社と提携して規格の統一を図ること
は,デファクト・スタンダードを確立するうえで有益な戦略となる。重要ポ
イント6を参照。

5 ✕　日本の部品メーカーと自動車メーカーは共同で製品開発を行う。
K.B.クラークと藤本隆宏の共著『製品開発力』(1991年) によれば,米国の
部品メーカーの大半は製品開発力が低く,自動車メーカーと短期契約ベース
で取引を持つ。これに対して,日本の部品メーカーの製品開発力は総じて高
く,自動車メーカーとの長期的な関係を重視する。そのため,ほとんどの米
国の部品メーカーは,自動車メーカーから与えられた設計図どおりに部品を
設計するだけだが,**日本の部品メーカーは開発の初期段階から参画し,自動
車メーカーと共同で部品の詳細設計を行う企業が多い。**

　本問は近能善範・高井文子著『コア・テキスト　イノベーション・マネジメント』（新世社，2010年）などに基づいて構成されている。

1 ✕ **イノベーターのジレンマ → 先発企業の地位が後発企業に奪われる。**

　分断的技術は，機能面で従来の技術に劣り，当初はおもちゃ扱いされる技術だが，市場のニーズを満たすレベルまで持続的に進歩すると，既存製品からの乗り換えが起こり，最終的に価値ネットワークを覆すような技術である。**重要ポイント4**を参照。また，**イノベーターのジレンマ**とは，ある業界をリードしてきた企業が，主要な顧客のニーズに対応し，積極的に技術，製品，生産設備などに投資してきた結果，新たな技術を過小評価し，その地位を新規参入企業に奪われる現象である。この現象は，分断的技術を持った新規参入企業によってもたらされる場合が多い。したがって，「新技術を発明した新興企業にとってむしろ参入が困難で，新技術の事業化をあきらめてしまうことが多い」という記述も誤りである。

2 ✕ **重量級プロダクト・マネジャー → 製品開発を強力に推進する。**

　重量級プロダクト・マネジャーとは，製品開発を実現するために関係諸部門の調整と製品計画の推進という2つの機能を兼ね備えたリーダーのことである。重量級プロダクト・マネジャーは製品開発の責任者であると同時に，設計現場や生産，営業などへ大きな影響力も持つことから，**単なる調整役ではなく製品全体を強力にまとめ上げる存在**である。

3 ✕ **インテグラル型 → 部品間の相互依存性が高く，製品機能を最適化。**

　モジュラー型は部品間の相互依存性が低いため，部品の最適設計は可能だが，製品機能は最適化されないこともある。**テーマ17・重要ポイント4**を参照。

4 ◎ **イノベーション・プロセス → 研究・技術開発，製品開発，事業化。**

　正しい。**重要ポイント1**の（2）を参照。なお，事業化活動で新製品を市場に導入しても，他社との競争から安定的に収益を確保できないなどの困難を，熾烈な生存競争になぞらえて「ダーウィンの海」と呼ぶ。

5 ✕ **フロント・ローディング → 問題解決の前倒し。**

　コンカレント・エンジニアリングの説明である。フロント・ローディングとは「問題解決の前倒し」を意味する。具体的には，製品開発の過程において，開発の初期工程（フロント）で集中的に資源や労力を投入し，後の製造工程で発生しやすい不良や品質の不備，仕様の変更などを前倒ししてチェックすることで，コスト削減や品質の向上，納期の短縮を図る手法である。フロント・ローディングの手法をコンカレント・エンジニアリングに取り入れることによって，製品開発の効率や成果の向上が期待できる。

No.4 の解説　イノベーション全般

→問題はP.335　**正答4**

1 ✕ 外部情報を取捨選択し，技術者に伝達する　→　ゲートキーパーの役割。

実戦問題No.3・選択肢**2**と同種の設問。重量級プロダクト・マネジャーとゲートキーパーの説明が逆である。藤本隆宏が示した**重量級プロダクト・マネジャー**は，「部門間調整と製品コンセプト推進の両方の機能を兼ね備えた，研究開発組織の強力なリーダー」である。アレンは「企業外部の研究者コミュニティなどから得られる情報を，取捨選択しわかりやすく翻訳して技術者に伝達する役割を果たす」人物を**ゲートキーパー**と呼んだ。

2 ✕ ディマンド・プル　→　市場のニーズによって研究開発が促進される。

ディマンド・プルとテクノロジー・プッシュの内容が誤り。**ディマンド・プル**は，市場のニーズを契機として企業の研究開発が刺激され，その結果としてイノベーションが生じるという考え方である。**テクノロジー・プッシュ**は，「企業内で開発された新技術が製品化されることでイノベーションが生じるという考え方」を意味する。**重要ポイント1**の（2）を参照。なお，「製品の使用者であるユーザーが新製品のアイデアを出し，場合によっては試作品の開発まで行い，それを基に企業が製品化すること」を，E.フォン・ヒッペルは**ユーザー・イノベーション**と呼んだ。**重要ポイント5**を参照。

3 ✕ 支配的な製品デザイン　→　ドミナント・デザイン。

産業の発展段階とイノベーションの発生頻度の関係が誤り。**重要ポイント2**の（2）を参照。

4 ◎ モジュラー型アーキテクチャ　→　部品間の接合規格を事前に標準化する。

正しい。テーマ17・重要ポイント4を参照。

5 ✕ オープン・ポリシー　→　業界標準を得やすいが，利潤の確保は難しい。

クローズド・ポリシーとオープン・ポリシーの内容が誤り。**クローズド・ポリシー**（クローズド戦略）は自社規格の仕様を公開しないため，当初は業界標準が定まらず，互換性のない製品が市場に併存することになる。しかし，自社規格のシェアが拡大し，業界標準を獲得した場合，補完財が安価に大量供給されるので排他的に大きな利潤を確保しやすい。これに対して，**オープン・ポリシー**（オープン戦略）は自社規格の仕様を公開するため，他社と連携して業界標準を早期に獲得しやすい。しかし，技術的な参入障壁が低くなり，互換製品を供給する企業が増えるため，標準獲得後の利潤確保が難しくなる。なお，**補完財**とは，製品Aと組み合わせることで相互の機能を発揮し，消費者の便益を高めるような製品Bのことであり，ハードウェアに対するソフトウェア，メディアに対するコンテンツ，特定の機材に用いられる消耗品などが該当する。

1 ✕ モジュラー型アーキテクチャ → 部品間の接合規格を事前に標準化する。

インテグラル型アーキテクチャとモジュラー型アーキテクチャについては，**テーマ17・重要ポイント4**を参照。また，インテグラル型アーキテクチャの製品は，部品間の相互依存性が高いため，社内での調整活動が不可欠だが，その役割をゲートキーパーが担うわけではない。

2 ✕ ドミナント・デザインの登場によって，流動期から移行期に推移する。

「産業の発展段階が移行期から固定期へ」以降の記述が誤り。アバナシーとアッターバックによれば，流動期は製品コンセプトが固まっていないため，技術開発の努力は**製品イノベーション**（製品技術の革新）に向けられる。その後，ある時点で**ドミナント・デザイン**（その後の技術的基準となる標準化された製品）が登場することで製品コンセプトが固まり，移行期が始まる。**重要ポイント2**の（2）を参照。

3 ✕ 設計品質 → 設計段階で意図された品質。

適合品質 → 設計通りに作られているかを示す品質。

「『設計品質』は」以降の記述が誤り。**設計品質**は，製品の設計段階で意図された品質であり，設計図面に記載された材質，機能，性能，特性などの要件を指す。**適合品質**は，設計図面で定められている要件の通りに製品が作られているかを示す品質であり，具体的には製品の仕上がりや信頼性，耐久性などが挙げられる。

4 ✕ フォード・システム → 生産の標準化，移動組立ラインなどで構成される。

フォード社は，**フォード・システム**と呼ばれる大量生産方式において，生産の標準化（部品や工具を標準化し，互換性を持たせる）とベルトコンベアによる移動組立ライン，特定の部品を作るための専用工作機械の導入によって生産性を向上させた。**テーマ17・重要ポイント1**を参照。しかし，その後にフォード・システムは消費者の嗜好の変化に対応できなくなって**生産性のジレンマ**に陥り，1920年代後半には汎用性のある工作機械を導入し，複数の車種を供給するゼネラル・モーターズ社のフルライン戦略に直面してフォード社の市場シェアは低下した。なお，**セル生産方式**は，ベルトコンベアを使わずにコンパクトな作業台で，少人数の多能工からなる作業チームが製品の組立てから加工，検査まで担当する手法である。

5 ◎ オープン・イノベーション → 社内外のアイデアを有機的に結合する。

正しい。**オープン・イノベーション**については，**必修問題・選択肢4**の解説を参照。

No.6 の解説 技術経営（生産と技術のトピックを含む）　→問題はP.337　**正答4**

1 ✕ ドミナント・デザイン → 流動期に登場する。

アバナシーとアッターバックによれば，技術的基準となる標準化された製品である**ドミナント・デザイン**は流動期に登場する。また，固定期になると，製品の品質向上やコスト削減に努力が向けられるため，技術進歩の余地は減り，製品イノベーションと工程イノベーションの頻度は低下する。**重要ポイント2の（2）**を参照。

2 ✕ インテグラル型 → 製品ごとにインターフェイスを細かく調整する。

構成部品の独立性が高く，部品間のインターフェイス（接合規格）が標準化されている製品アーキテクチャ（製品の設計構想）は**モジュラー型**である。**インテグラル型**は，製品の機能が部品間に複雑に配分されており，インターフェイスを製品ごとに細かく調整する必要がある。**テーマ17・重要ポイント4**を参照。また，**フロント・ローディング**とは，製品開発の過程で生じる諸問題を早い段階に前倒しして解決する手法である。開発過程での部品間の調整や仕様の変更を伴う**インテグラル型の製品では，フロント・ローディングを導入することでコストの削減や開発期間の短縮が期待できる**。

3 ✕ オープン・イノベーション → 社内外のアイデアを活用する価値創造。

チェスブロウによれば，**オープン・イノベーション**は自社内の開発だけではなく社外のアイデアを積極的に活用して新たな価値を創造することである。これに対して，**クローズド・イノベーション**は基礎研究から製品開発に至るまで一社内で行う価値創造である。チェスブロウは，開発期間が長く，多額の投資を要するクローズド・イノベーションでは，新たな技術を創造しても他社による模倣リスクが高いと指摘し，社内外のアイデアを活用して早期に商品化を行うとともに，研究成果を他社に販売し，追加利益を得るオープン・イノベーションへの転換を図る必要があるとした。なお，**テクノロジー・プッシュ**と**ディマンド・プル**については，**重要ポイント1の（2）**を参照。

4 ◎ SECIモデル → 暗黙知を形式知に変換する知識創造のモデル。

正しい。野中らが提唱したSECIモデルでは，組織における知識創造の過程を，**共同化**（Socialization），**表出化**（Externalization），**連結化**（Combination），**内面化**（Internalization）の4要素で示した。

5 ✕ 制約条件の理論における「ボトルネック」 → 最も生産能力が低い工程。

ゴールドラットが唱えた**制約条件の理論**（Theory of Constraints）では，ある生産システムで生産能力が最も低い工程を**ボトルネック**と呼んだ。ゴールドラットは，生産システム全体を最適化するためには，ボトルネック以外の工程の生産能力の向上ではなく，他の工程に合わせてボトルネックの生産ペースを上げることや，生産能力が最も高い工程からボトルネックに人員を投入する必要があるとした。

第5章

現代企業の経営

必修問題

国際経営に関する次の記述のうち，妥当なのはどれか。

【国家一般職・令和3年度】

1 S.ハイマーが提唱した海外子会社の4つの類型のうち，「**実行者**」とは，戦略的に重要なロケーションに位置しておらず，現地でのオペレーションに必要な資源や能力もない海外子会社であり，「**戦略的リーダー**」などの他の類型と比べて効率面で大きく劣位にあるため，本社としてはできる限り早く撤退すべき対象である。

2 C.A.バートレットとS.ゴシャールは，多国籍企業の組織形態を「**マルチナショナル型**」と「**グローバル型**」という2つに分類した。前者は，資源や能力の多くを本社に集中し，海外子会社は本社の戦略を実行するだけの存在になる形態であり，後者は，中核的な能力は本社に集中させるが，その他は海外子会社に分散させる形態である。

3 J.H.ダニングが提唱した折衷理論によれば，多国籍企業が直接投資を行うためには，「**所有優位性**」「**内部化優位性**」「**立地優位性**」という3つの条件が満たされることが必要である。また，その後の研究者たちによって，事前に所有優位性を持っていなくても海外に進出し，それにより新たな優位性を得ようとする企業に注目する研究が行われた。

4 V.ゴビンダラジャンらは，国の文化の違いが，「**権力格差**」「**経済格差**」「**個人主義**」「**男性らしさ**」「**不確実性の回避**」「**長期志向**」という6つの次元から把握されることを提唱し，これらのうち経済格差が国の文化の違いを生み出す最も大きな要因であることを明らかにした。

5 1970年代前半にJ.C.アベグレンは，日本企業の強みを支える経営慣行として，終身雇用，年功賃金および集団的意思決定を「**三種の神器**」と呼び高く評価したが，同時期にP.F.ドラッカーは，終身雇用により従業員が訓練を怠り生産性の低下を引き起こすとともに，集団的意思決定により社内の合意を得ることに時間がかかり実行も遅くなるため，日本企業の成長が妨げられていると指摘した。

難易度 　＊＊

必修問題の 解説

　国際経営では，多国籍企業のモデル（企業の海外進出のパターンと組織形態）が取り上げられる。各モデルで用いられる名称が紛らわしいのでよく確認しておこう。

1 ✕ 海外子会社の4類型を提示 → バートレットとゴシャール。

バートレットらは，多国籍企業における海外子会社の役割を，現地環境の戦略的重要性と保有する能力・リソース（経営資源）によって，①ブラックホール，②戦略的リーダー，③実行者，④貢献者に類型化した。実戦問題No.3・選択肢**5**の解説を参照。この中で，「実行者」は本社から見て優先順位が低い海外子会社だが，効率面では「戦略的リーダー」に劣らないため，「できる限り早く撤退すべき対象」ではない。なお，ハイマーは多国籍企業論の基礎を築いた論者の一人であり，企業は海外直接投資を行うことで自社の優位性を海外市場で活用し，現地企業に対して競争上の優位を獲得できると指摘した。

2 ✕ バートレットとゴシャール → 多国籍企業の組織形態を4種類に分類。

バートレットらは，多国籍企業の組織形態を①マルチナショナル型，②グローバル型，③インターナショナル型，④トランスナショナル型に分類した。前半の説明はグローバル型の，後半の説明はマルチナショナル型またはインターナショナル型に該当する。重要ポイント4の（6）を参照。

3 ◎ 所有優位性，立地優位性，内部化優位性 → OLIパラダイム。

正しい。ダニングは，企業が海外直接投資を行う場合，これらの3条件を満たす必要があると主張した。重要ポイント4の（3）を参照。

4 ✕ 国の文化の測定尺度を提示 → G.H.ホフステッド。

6つの次元に「経済格差」は含まれない。ホフステッドが示した国の文化の測定尺度については，テーマ7・実戦問題No.3・選択肢**1**の解説を参照。ゴビンダラジャンらはリバース・イノベーションの概念を唱えた。リバース・イノベーションとは，新興国で展開したイノベーションが先進国に「逆流する」ケースである。先進国企業が新興国で導入する製品は，現地のニーズに合わせて品質や機能を簡素化し，低価格で供給する場合が多く，安価で使いやすいなどの利点があることから，後に先進国でも販売する場合がある。

5 ✕ 日本的経営の「三種の神器」 → OECDの対日労働報告書が指摘した。

「J.C.アベグレン」「集団的意思決定」が誤り。「三種の神器」として終身雇用，年功賃金，企業別労働組合を示したのは1972年にOECD（経済協力開発機構）が公表した対日労働報告書であった。また，ドラッカーは1971年の論文で，当時の日本企業は終身雇用による長期的な職場訓練で生産性の向上を図り，集団的意思決定は合意の形成に時間を要するが，実行過程は迅速であると指摘し，これらが日本企業の成長を支える要因であると評価した。

正答 **3**

FOCUS

本テーマは国家一般職の頻出テーマであり，国家専門職でも取り上げられる機会が増えつつある。また，各試験で難易度の差はほとんどない。

第5章 現代企業の経営

━ POINT ━

重要ポイント 1　国際経営とは

- 国際経営の分析対象は，企業が海外に進出する過程（輸出→生産拠点の移転→海外子会社の設立→多国籍化）で生じる経営上のさまざまな課題にある。
- 具体的には，企業の国際化に伴う戦略や組織編成，管理手法の変化，多国籍企業の発展形態，多国籍企業を取り巻く環境条件やリスクの分析などが含まれる。

重要ポイント 2　海外投資

企業が海外で行う投資には，海外間接投資と海外直接投資の2種類がある。

海外間接投資	外国企業の株式や社債を購入し，その配当や値上がり益を得ることを目的とする。
海外直接投資	海外子会社を通じて投資対象の企業を経営し，利益を得ることを目的とする。

重要ポイント 3　企業特殊的優位と立地特殊的優位

一般に企業が海外直接投資を行う際には，次の2種類の優位性が必要とされる。

企業特殊的優位	他社が容易に模倣できず，市場からの調達が難しい経営資源を保有することで得る競争優位。技術，生産管理のノウハウ，顧客情報，組織文化などが含まれる。
立地特殊的優位	特定の国や地域で企業経営を展開することで得る競争優位。特定の天然資源，低廉な労働力，優秀な管理者や技術者などが含まれる。

重要ポイント 4　多国籍企業のモデル

「多国籍企業がどのように生成し，発展していくか」に関しては，数多くの分析が行われている。以下では1960年代以降の代表的なモデルを挙げる。

(1) R. バーノンのプロダクト・ライフサイクル・モデル

- バーノンは，米国大企業の海外進出の過程を対象として，**米国と他国の技術格差，製品のライフサイクルの進展に伴う生産拠点の移転**という観点から，多国籍企業のモデルを示した。その内容は次の段階を経る。

　① **米国で新製品の生産が開始され**，急速に市場が拡大し，成熟製品になる。
　② 米国市場の飽和に伴って輸出が開始され，やがて**生産拠点が海外の先進国に移転**される。その結果，米国も当該製品の輸入国となる。
　③ 他国との技術格差が減り，製品が標準化するにつれて**生産拠点が先進国から発展途上国に移転**する。それに伴って国際分業が進展する。

- 多国籍企業の研究が進むにつれて，バーノンのモデルに対しては，欧州企業やア

ジア企業の台頭によって米国大企業の技術的優位が該当しない事例や，米国→先
進国→発展途上国という順序だけではない海外展開のパターンも指摘された。

(2) H. V. パールミュッターのEPRGモデル

● パールミュッターは，**経営者の志向や行動，管理手法の違い**に着目し，企業の海
外展開を4つの類型に分類した。その内容は,各類型の頭文字にちなんでEPRGモ
デル（EPRGプロファイル）と呼ばれる。

本国志向型 (Ethnocentric)	意思決定は本社が行う**集権型**であり，海外子会社に裁量権はない。
現地志向型 (Polycentric)	重要な意思決定は本社が行うが，現地での**定型的な意思決定の権限は海外子会社に委譲**される。
地域志向型 (Regiocentric)	生産，販売，人事，広告などの決定を，個別市場や国家単位ではなくEU，北中米などの**広域ベース**で行う。
世界志向型 (Geocentric)	本社と海外子会社が有機的なネットワークを形成し，**世界規模で事業活動を展開**する。

(3) J. H. ダニングの折衷理論（OLIパラダイム）

● ダニングは，企業が特定の国に対して海外直接投資を行う場合，次の3条件を満
たす必要があると主張した。

所有優位性 (Ownership-advantages)	進出先の他企業に対して優位を生み出す有形・無形の資産を所有すること
立地優位性 (Location-advantages)	進出先で希少な天然資源や低コストの労働力などの優位な経営資源が得られること
内部化優位性 (Internalization-advantages)	市場取引に比べて自社での内製のほうがコスト面で優位であること

● ただし，後続の研究者たちによる分析では，事前に所有優位性がなくても海外に
進出し，新たな優位性を獲得する企業の事例も指摘されている。

(4) M. E. ポーターのマルチ・ドメスティック産業とグローバル産業

● 企業が海外市場で戦略を実施する際，**自社が属する産業の特性によって採用する
戦略の内容が異なる**。ポーターは産業の特性をマルチ・ドメスティック産業とグ
ローバル産業に大別し，それぞれの特性に応じた戦略を示した。

第5章 現代企業の経営

	マルチ・ドメスティック産業	グローバル産業
対象市場	各国の市場を個別にとらえる	世界を単一市場ととらえる
戦略目標	各国市場での競争優位の確立	世界市場での競争優位の確立
戦略の内容	各国のニーズに適応した製品やサービスの供給	標準化した製品やサービスを全世界に供給
意思決定	現地子会社への権限委譲	本社主導による子会社の統制

(5) J.M.ストップフォードとL.T.ウェルズのモデル

● ストップフォードとウェルズは，米国多国籍企業に関する調査から，これらの企業が海外進出に伴って**組織構造をどのように変革したか**を示した。その過程は次の4段階に分けられる。

①**海外子会社を設立し**，個別に事業を行う。

②海外事業を一括して管理する**国際事業部を設置する**。

③**製品別事業部制あるいは地域別事業部制への移行**：事業の拡大に伴って，海外での製品多角化率が10％以上または海外売上高比率が50％以上になると，国際事業部を廃止し，**製品別事業部制あるいは地域別事業部制へと組織編成が変化する**。いずれの事業部制を選択するかは採用する戦略（既存事業の拡大か，事業の多角化か）によって異なる。

④**グローバル・マトリックス制（グリッド構造）への移行**：さらに国際化が進展した場合，製品別事業部制と地域別事業部制を組み合わせた**グローバルなマトリックス組織を形成**する。

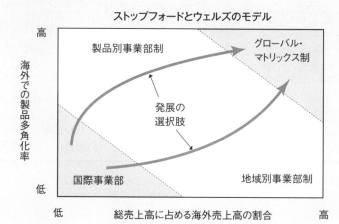

ストップフォードとウェルズのモデル

(6) C.バートレットとS.ゴシャールのモデル

● バートレットとゴシャールによれば，**多国籍企業の組織形態**は事業展開に応じて4つのタイプに分類できる。

マルチナショナル型	**権力分散型連合体**。経営資源や組織能力が各国の小会社に分散され，それぞれが進出先の市場ニーズに適応する。このタイプは戦前に海外拡張を行った欧州企業に数多く見受けられる。
インターナショナル型	**調整型連合体**。海外子会社は一定の裁量権を持つが，製品開発や経営方式は本国の親会社に大きく依存するため，本社の管理や統制の度合はマルチナショナル型よりも大きい。米国企業に典型的なタイプ。
グローバル型	**中央集権型**。親会社は子会社を厳しく管理・統制する。そのため，海外子会社の役割は本社で開発した製品やサービスの供給に限定される。輸出主体で海外進出を行ってきた日本企業に該当する。
トランスナショナル型	上述の3タイプの要素を兼ね備えた**統合型**。海外子会社は自立的な事業単位として運営される。それぞれが相互に依存するネットワークを形成し，効率的な資源配分や各国市場への適応，イノベーションの同時達成をめざす。

第5章

現代企業の経営

重要ポイント 5 **トランスファー・プライシングとタックス・ヘイブン**

● トランスファー・プライシング（Transfer Pricing）とは，**海外子会社間の取引や親会社と子会社間の取引で設定される価格を，市場での競争価格とは異なる水準に操作する**ことであり，移転価格操作あるいは振替価格操作と呼ばれる。その目的は，企業全体のコストを抑え，経営資源を効率的に配分し，税負担を軽減または回避することにある。

● タックス・ヘイブン（Tax Haven）は租税回避地と呼ばれ，**法人税などの税率が低い，または非課税の国や地域**を意味する。現在では，税負担の軽減のために世界中の企業がタックス・ヘイブンを利用している。

● 日本では，タックス・ヘイブンに設けた子会社の法人所得に一定の要件の下で課税を行う**タックス・ヘイブン対策税制**が租税特別措置法で規定されている。

No.1 経営の国際比較や国際経営に関する次の記述のうち，妥当なのはどれか。

【国家一般職・平成28年度】

1 1980年代に日本企業の生産性が伸び悩むと，日本では米国企業の経営を見習うべきとする主張が展開される。その代表的存在である W.G.オオウチは日本企業と米国企業の組織の理念型をそれぞれタイプＪ，タイプＡとして類型化したほか，日本企業のうちタイプＡと類似した経営を行う企業をタイプＺとして類型化し，タイプＺの特徴が，高い生産性に結び付くことを示した。

2 企業の対外直接投資を説明するOLIパラダイムが契機となって，多国籍企業の生成と行動原理を解明しようとする多国籍企業論の研究が活性化する。主な多国籍企業論の研究としては，企業の多国籍化を，専ら取引コストによって説明しようとする寡占的相互作用モデルや，取引コスト以外の比較優位によって説明しようとする内部化理論などがある。

3 C.A.バートレットと S.ゴシャールは，多国籍企業の組織構造を，活動の配置と活動の調整の2つの基準で類型化して示した。この類型化によると，活動の配置が分散で，活動の調整のレベルが低いものに対応する組織形態がマルチナショナル型の組織形態であり，そこで採られる国際戦略が「単純なグローバル戦略」である。

4 1950年代後半には，米国と対比した日本的経営が研究され，終身コミットメントや年功賃金などがその特徴として指摘されるとともに，日本的経営に伴う生産性の低さについても言及された。しかし，日本の高度経済成長期を経て1970年代に入ると，P.F.ドラッカーに代表される欧米の経営学者は，逆に日本的経営を経済成長の重要な要因として評価するようになった。

5 多国籍企業におけるグローバル・イノベーションのパターンは，大きく4つに類型化される。このうち，本国本社がイノベーションの主体で，その成果を海外子会社に適用するタイプが，センター・フォー・グローバル型およびローカル・フォー・ローカル型であり，逆に海外子会社がイノベーションの主体となり，本社が共有しないタイプが，グローバル・フォー・グローバル型である。

No.2 バーノンの経営の国際化理論に関する記述として，妥当なのはどれか。

【地方上級（特別区）・平成30年度】

1 バーノンは，プロダクト・ライフ・サイクル・モデルを唱え，製品ライフ・サイクルの変化に伴って技術と生産，消費のパターンが，先進国から他の国へ移転していくプロセスを通して経営の国際化を説明した。

2 バーノンは，貿易理論の中で具現化された資源移転の基本理念を拡張し，資源という概念を資本，労働，自然資源だけでなく，製造技術，管理ノウハウ，組織

設立能力をも含めて考え，資源国際移転モデルを主張した。

3 バーノンは，国際化の発展段階を意思決定権限の所在や組織構造の観点から，国内企業，輸出志向企業，国際企業，多国籍企業，超多国籍企業，超国家企業の6段階に分類したモデルを提示した。

4 バーノンは，国内志向型企業，現地志向型企業，地域志向型企業，世界志向型企業の4つのパターンに類型化したEPRGプロファイルを示して，国際化の発展プロセスを展開し，経営者の基本姿勢を重視した。

5 バーノンは，アメリカ多国籍企業について実証研究を行い，企業組織の国際化が海外子会社の設立，国際事業部の設置，製品別事業部制や地域別事業部制の採用へと移行していくとした。

No.3 国際経営に関する次の記述のうち，妥当なのはどれか。

【国家一般職・令和元年度】

1 海外市場への対応方法として，各国市場の需要状況に合わせた製品を供給する「標準化」と，できる限り共通化された製品を各国に供給する「現地化」の2つがある。C.K.プラハラードらは，前者に関連するグローバル統合の程度と，後者に関連するローカル適応の程度という2軸を用いた枠組みとしてI-Rグリッドを提唱し，両者ともに高い水準で達成可能な組織を「グローバル型組織」と呼んだ。

2 J.H.ダニングは，多国籍企業が特定の国に対して直接投資を行うための条件として，所有優位性，国際化優位性，立地優位性の3つを挙げ，それぞれの頭文字をとってOLIパラダイムと呼んだ。彼によれば，この3つの条件のいずれか1つが満たされた場合に，多国籍企業は直接投資を行う。

3 国際的な人的資源管理に関しては，海外子会社で採用した現地従業員と本国から派遣される駐在員にどのような権限や役割を与えるのかを決める必要がある。G.ホフステッドはEPRGプロファイルを提唱し，海外子会社の重要なポストの多くが本国からの駐在員によって占められ，本国が海外子会社の主要な意思決定を行うような経営志向を「世界志向型」と定義した。

4 M.E.ポーターは，国の競争優位の決定要因として，「要素条件」，「需要条件」，「関連・支援産業」，「企業戦略と競合関係」，「文化と宗教」の5つを挙げ，これらが相互に影響しあう関係にあると指摘した。これらのうち，「需要条件」とは，労働力やインフラ等の，ある特定の産業で競争するのに必要な資源における国の地位のことである。

5 C.A.バートレットとS.ゴシャールは，多国籍企業の海外子会社の役割を，海外子会社が有する能力やリソースの高低と，現地環境の戦略的重要性の高低の2

軸によって,「ブラックホール」,「戦略的リーダー」,「実行者」,「貢献者」の4つに類型化した。そして,企業にとって戦略的に重要なロケーションに位置し,かつ能力やリソースが高い子会社を「戦略的リーダー」とした。

No.4 国際経営に関する次の記述のうち,妥当なのはどれか。

1 H.V.パールミュッターが提唱した国際人的資源管理におけるEPRGプロファイルにおいては,経営志向は,本国人材が海外子会社の主要ポストを占める「ポリセントリック（P）」,現地のことは現地スタッフに任せる「エスノセントリック（E）」,第三国籍人材が活用される「レジオセントリック（R）」などに分類され,これらの経営志向は固定的であるため,互いに,他の経営志向には転換しないとした。

2 G.ハメルが提唱したI-Rグリッドは,本国組織と現地組織の統合の実現度合い（I）と,本国で開発された技術の複製可能性の度合い（R）の2軸により構成され,両者において高い水準を達成できる組織はグローバル型組織と呼ばれる。

3 J.バーキンショーとN.フッドは,海外子会社の役割は,「現地環境による影響」「現地従業員の比率」「本社からの役割の付与」「海外子会社のイニシアチブ」「海外子会社の技術水準」という5つの要因から決定されるとした。また,「海外子会社のイニシアチブ」が発揮されると,あらかじめ本社から付与された役割を果たすことができなくなるので,当該イニシアチブの発揮をなるべく抑えるべきであるとした。

4 R.バーノンが提唱したプロダクト・サイクル仮説では,既に本国において獲得された知識の優位性に基づき複数の海外市場を対象に新製品を提供するメタナショナル経営が提唱された。その利点として,資源や能力の多くが本国に集中され,海外子会社は親会社の戦略を実行することによって,規模の経済による効率性を最大化できることが挙げられる。

5 P.ゲマワットが提唱したCAGEフレームワークにおいては,多国籍企業が,現地の状況を理解できずに経営判断を誤ったり,コミュニケーションや交渉に失敗したりする要因となる,国・地域間に存在する隔たりとして,「文化」「制度・政治」「地理」「経済」という4つの要素が取り上げられている。

実戦問題の解説

→問題はP.350

No.1 の解説 経営の国際比較と国際経営　　　　　　　　　　**正答4**

　　本問は，塩次喜代明・高橋伸夫・小林俊男著，『経営管理（新版）』（有斐
閣，2009年），高橋伸夫編著，『よくわかる経営管理』（ミネルヴァ書房，
2011年）などに基づいて構成されている。

1 ✕ **タイプZ → 米国企業のなかでタイプJに似た特徴を持つ企業。**

　　冒頭の日本企業と米国企業の位置づけが逆である。1980年代に米国企業の生
産性が伸び悩むと，米国では日本企業の経営を見習うべきとする主張が展開
された。オオウチの『セオリーZ』（1981年）はその代表的研究である。オ
オウチによれば，**タイプZは米国企業のうちタイプJ（日本企業の組織の理
念型）に類似した特徴を持つ企業**で，高い生産性に結び付くことを示した。

2 ✕ **内部化理論 → 企業の多国籍化を取引コストで説明する。**

　　後半の記述が誤り。「企業の多国籍化を，専ら取引コストによって説明しよ
うとする」のは**内部化理論**である。また，S.ハイマーらが示した寡占的相互
作用モデルは，寡占市場での欧米企業による直接投資の動向に着目し，「取
引コスト以外の比較優位」によって多国籍企業の行動を分析した。なお，
OLIパラダイムとはJ.H.ダニングが示した企業の海外直接投資を説明する
ためのモデルであり，①**所有優位性**（Ownership-advantages），②**立地優位
性**（Location-advantages），③**内部化優位性**（Internalization-advantages）
が多国籍化の意思決定に影響を与えるとした。重要ポイント4の(3)を参照。

3 ✕ **多国籍企業の戦略を活動の配置と活動の調整で説明 → ポーターが提唱。**

　　本肢はM.E.ポーターの学説である。**ポーターは多国籍企業の活動を「配
置」と「調整」という基準で分類した。**この図で，「活動の配置が分散型で，
活動の調整のレベルが低い」企業は左下のカテゴリーに位置し，マルチドメ
スティック戦略を採用する。そのため，「そこで採られる国際戦略が『単純
なグローバル戦略』である」という記述も誤り。

活動の調整		
高	海外投資額が大きく，各国子会社に強い調整を行う	単純なグローバル戦略
低	マルチ・ドメスティック戦略	マーケティングを分権化した輸出中心戦略
	分散型	集中型
	活動の配置	

4 ◎ **1970年代にドラッカーらの論文によって，日本企業の経営が注目され始めた。**

　　正しい。1971年に発表されたドラッカーの論文は，それまで低く評価されて
いた日本的経営を見直す契機となった。

5 ✕ **ローカル・フォー・ローカル型 → 海外子会社がイノベーションの主体。**

　　「ローカル・フォー・ローカル型」と「グローバル・フォー・グローバル型」

の説明が誤り。バートレットとゴシャールは，イノベーションの主体が本社か子会社か，イノベーションの成果を組織間で共有するか否かという基準によって，多国籍企業のグローバル・イノベーションのパターンを①センター・フォー・グローバル型，②ローカル・フォー・ローカル型，③ローカル・フォー・グローバル型，④グローバル・フォー・グローバル型の4種類に類型化した。①は「本国本社がイノベーションの主体で，その成果を海外子会社に適用するタイプ」であり，②は各国の海外子会社がイノベーションの主体で，その成果も個別の海外子会社の中で活用される。③は各国の海外子会社がイノベーションの主体で，その成果は他の海外子会社でも共有される。④は本社や海外子会社を問わずイノベーションが展開され，そのための経営資源やイノベーションの成果もネットワーク状に共有される。

No.2 の解説　多国籍企業の理論　　　　→問題はP.350　正答 1

1 ◎ **バーノン → プロダクト・ライフ・サイクル・モデルを提唱。**

正しい。バーノンは，アメリカ大企業の海外進出の過程を分析し，アメリカと他国の技術格差，製品のライフサイクルの進展に伴う生産立地の移転という観点から，プロダクト・ライフ・サイクル・モデルを唱えた。**重要ポイント4の（1）を参照。**

2 ✕ **フェアウェザー → 資源国際移転モデルを提唱。**

J.フェアウェザーは，国際経営の理論的枠組みを示し，**「経営資源を諸国間で移転する担い手」**としての多国籍企業の役割を分析した。彼が示した経営資源の概念は，伝統的な生産要素である資本，労働，自然資源に，製造技術，管理ノウハウ（経営スキル），組織設立能力（企業家能力）を加えた点に特徴がある。

3 ✕ **ロビンソン → 国際化の発展段階に応じた組織構造を6種類に分類。**

R.ロビンソンは，国際化の発展段階に応じて，企業の組織構造を①**国内企業**（国内市場を中心に事業を展開する），②**輸出志向企業**（輸出によって海外市場を開拓する），③**国際企業**（外国企業との合弁や提携が活発化する），④**多国籍企業**（海外子会社による事業展開が活発化するが，親会社が株式所有によって海外子会社を支配する），⑤**超多国籍企業**（法規制を除いて国家の制約を越えて活動し，海外子会社の所有も多国籍化する），⑥**超国家企業**（諸国家の政治体制と摩擦を生じない限り，グローバルに活動する）に分類した。

4 ✕ **パールミュッター → EPRGプロファイルを提唱。**

パールミュッターが示したEPRGプロファイル（EPRGモデル）では，経営者の基本姿勢（経営上の志向や行動）に基づいて，多国籍企業の類型を①**国内（本国）志向型**（Ethnocentric；本社を中心とした集権型であり，海外子会社に裁量権はない），②**現地志向型**（Polycentric；現地での事業経営に関

して，海外子会社に一定の権限を委譲する），③**地域志向型**（Regiocentric；生産，販売，人事，広告などの決定を，北米や欧州など地域市場ごとに行う），④**世界志向型**（Geocentric；本社と海外子会社が有機的なネットワークを形成し，世界規模で事業活動を展開する），の4種類に分類した。**重要ポイント4の（2）を参照。**

5 ✕ **ストップフォードとウェルズ → 国際化に伴う組織変革の過程を分析。**
ストップフォードとウェルズは，アメリカ多国籍企業に関する調査から，これらの企業が海外進出に伴って組織構造をどのように変革したかを示した。その過程は①海外子会社の設立→②国際事業部の設置→③製品別事業部制や地域別事業部制の採用→④グローバル・マトリックス制（製品事業部制と地域別事業部制を組み合わせたグローバルなマトリックス組織）への移行，の4段階に分類される。**重要ポイント4の（5）を参照。**

No.3 の解説　国際経営　　　　　　　　　　→問題はP.351　**正答5**

1 ✕ **標準化 → 共通化された製品を各国に供給する。**
「標準化」と「現地化」の説明が逆である。海外市場への対応方法には，できるかぎり共通化された製品・サービスを各国に供給する「標準化」と，各国市場の需要状況に合わせた製品・サービスを供給する「現地化」の2つがある。また，問題文後半のI-Rグリッドの説明は妥当だが，「グローバル型組織」が誤り。プラハラードらは，グローバル統合とローカル適応を同時に志向する企業のアプローチを「マルチフォーカル戦略」と呼び，それに対応する組織を「マルチフォーカル組織」と呼んだ。

2 ✕ **OLIパラダイム → 所有優位性，立地優位性，内部化優位性。**
「国際化優位性」が誤り。ダニングは，多国籍企業が海外直接投資を行うための条件として，①所有優位性，②立地優位性，③内部化優位性の3条件を挙げ，頭文字をとって**OLIパラダイム**と呼んだ。①は他社に対して優位を生み出す有形・無形資産を所有すること，②は進出先で希少な天然資源や低コストの労働力などの優位な経営資源が得られること，③は市場取引に比べて自社での内製のほうがコスト面で優位であること，である。また，「3つの条件のいずれか1つが満たされた場合」も誤り。ダニングは，前述の**3条件がすべて揃ったときに海外直接投資が可能**となるとした。

3 ✕ **ホフステッド → 多国籍企業における文化の国際比較を実施。**
EPRGプロファイルについては**重要ポイント4の（2）を参照。**また，ホフステッドの学説については，**テーマ7の実戦問題No.3・選択肢1の解説を参照。**

4 ✕ **国の競争優位の決定要因 → 要素条件，需要条件，関連・支援産業，企業戦略と競合関係。**
ポーターが示した国の競争優位の決定要因に「文化と宗教」は含まれない。

また，「労働力やインフラ等の，ある特定の産業で競争するのに必要な資源」は要素条件である。ポーターによれば，国の競争優位を決定するのは，①**要素条件**（特定の産業で競争を行うために必要な生産上の要因），②**需要条件**（特定の産業の製品・サービスに対してどのような需要があり，どの程度差別化されているか），③**関連・支援産業**（国際的な競争力を持つ下請産業や関連産業が存在するか），④**企業戦略と競合関係**（企業がいかに創設，組織化，管理されているか，どのような競合関係があるか）の4要因である。

5 ◎ **バートレットとゴシャール → 多国籍企業の海外子会社の役割を類型化。**
正しい。バートレットとゴシャールは，多国籍企業における海外子会社の役割を，現地環境の戦略的重要性の高低と，保有する能力やリソース（経営資源）の高低の2軸によって，**ブラックホール**，**戦略的リーダー**，**実行者**，**貢献者**の4種類に類型化した。

バートレットとゴシャールによる海外子会社の類型

この中で，ブラックホールは，戦略的に重要な場所に進出しているが，保有する経営資源や能力が低い子会社であり，**企業業績への貢献度が低い**。戦略的リーダーは，戦略的に重要な場所に進出し，保有する経営資源や能力も高い子会社であり，将来に向けて**重要な拠点**に位置づけられる。実行者は，戦略的に重要でない場所に進出し，現地での操業を維持するに足る能力を持つ子会社である。実行者は戦略的リーダーにはならないが，**効率的な経営を実践する**。貢献者は，戦略的に重要でない場所に進出しているが，保有する経営資源や能力は高い子会社であり，**経営資源の再配分**が求められる。

No.4 の解説 国際経営   →問題はP.352　**正答5**

1 ✕ **EPRGの各志向は固定的ではなく，他の志向へ移行する場合もある。**
パールミュッターがEPRGプロファイルで示した経営志向は，①**エスノセン**

トリック，②ポリセントリック，③レジオセントリック，④ジオセントリックの4種類である。**重要ポイント4**の（2）を参照。①は**本国志向型**で，海外子会社の主要ポストは本国人材が占める。②は**現地志向型**で，現地でのマネジメントは現地スタッフに任せる。③は**地域志向型**であり，近隣諸国を束ねた地域単位で海外子会社を統括する。④は**世界志向型**であり，世界規模で人材を登用し，本国や現地以外の第三国籍人材が活用される。また，パールミュッターは，国際的な人的資源管理がE→P→R→Gの順に発展することを想定したが，実際には順番通りに発展せず，逆行するケースもあるとした。

2✕ I-Rグリッド → **C.K.プラハラードとY.ドーズが提唱。**
実戦問題No.3・選択肢**1**と同種の設問。I-Rグリッドは**国際経営の方向性を分析するフレームワーク**であり，グローバル統合（Integration）とローカル適応（Responsiveness）の2軸で構成される。ここでの**グローバル統合**とは，海外展開を世界規模で標準化し，規模の利益を追求する「効率の論理」である。**ローカル適応**とは，進出先のニーズや政府の規制など現地特有の環境条件に対応しようとする「適応の論理」を意味する。プラハラードらは，この両軸で高い水準を達成できる組織を「マルチフォーカル組織」と呼んだ。

3✕ 海外子会社の役割は，「本社からの役割の付与」など3要因からなる。
バーキンショーとフッドによれば，海外子会社の役割は，①**本社からの役割の付与**（本社が海外子会社にどのような権限や機能を与えるか），②**海外子会社の選択**（海外子会社がどのように独自の意思決定を行うか），③**現地環境による影響**（現地の政治，社会，文化などの要因が海外子会社の経営にどのような影響を与えるか）の3要因から決定される。また，本社による主導では現地のニーズに対応できない場合，海外子会社がイニシアチブを発揮し，独自の役割を果たす重要性が指摘されている。

4✕ プロダクト・サイクル仮説 → **米国大企業の海外進出の過程をモデル化。**
バーノンは，米国大企業の海外進出の過程を分析し，プロダクト・サイクル仮説を唱えた。**重要ポイント4**の（1）を参照。また，**メタナショナル経営**はY.ドーズとJ.サントス，P.ウィリアムソンが示した国際経営の概念であり，自国の優位性に基づいた戦略を超えて**世界規模で知識を入手し，活用することで価値創造を行い，競争優位を獲得する**重要性を主張した。

5◎ CAGEフレームワーク → **文化，制度・政治，地理，経済の4要素からなる。**
正しい。ゲマワットが唱えたCAGEフレームワークの構成要素は，①**文化的隔たり**（Cultural Distance），②**制度的・政治的隔たり**（Administrative and Political Distance），③**地理的隔たり**（Geographic Distance），④**経済的隔たり**（Economic Distance）からなる。①は言語，民族，宗教などの違い，②は法律，外資規制，税制，労使関係などの違い，③は物理的な距離，時差，気候などの違い，④は購買力，インフラの整備状況などの違いである。

第5章 現代企業の経営

┌ 必修問題 ┐

企業活動に関する次の記述ののうち，妥当なのはどれか。

【国家専門職・令和3年度】

1 わが国には，戦後に解体された財閥が再結合した6つの企業集団が存在し，**六大企業集団**と呼ばれてきた。これらの企業集団においては，グループ内の企業は相互に関係が深いものの，相互に株式を保持することは行われていない点に特徴がある。また，1970年代に企業集団の枠を超えた金融機関の統合等が活発化し，六大企業集団の編成は大きく崩れた。

2 **企業の社会的責任**（CSR）の一環として行われる社会貢献を総称して企業**メセナ**といい，この中で特に文化，芸術等への支援活動を企業**フィランソロピー**と呼ぶ。なお，現在国際連合においてCSRの規格化・標準化の取組が行われているが，関係団体の多さから調整作業が難航しており，2021年3月時点では完成に至っていない。

3 **ベンチャービジネス**とは，規模は中小であっても革新的で将来急成長を遂げる可能性を持つ企業を表す和製英語であり，わが国においては1970年代にベンチャービジネスの第一次ブームが起こった。しかし，第一次石油ショックにより苦境に陥るベンチャービジネスが多発した結果，第一次ブームは沈静化した。

4 **タックス・ヘイブン**とは，全く課税がなされない国や地域を指す。タックス・ヘイブンを利用した国際租税回避は，企業活動のグローバル化に伴いその重要度が高まっており，わが国においても自国企業の国際租税回避の推進を行っている。

5 第二次世界大戦後の日本企業の資金調達の特徴は，銀行の借入れを中心とする**直接金融**による資金調達が多いことであり，多くの企業はリスクの分散のため**メインバンク**を持たずに複数の銀行との取引を行っていた。しかし，バブル経済の崩壊に伴う銀行業界全体の経営状況の悪化により，多くの企業が株式発行等の**間接金融**による資金調達にシフトした。

難易度　＊

必修問題の解説

　経営史・経営事情は頻出テーマではないが，戦前・戦後の日米企業の動向や社会的に注目を集める経営上のトピックが扱われる。

1 ✕ 株式の相互持合い → 戦後の六大企業集団の特徴。

　六大企業集団（三井，三菱，住友，三和，芙蓉，第一勧銀）の特徴については重要ポイント3を参照。また，1990年代半ば以降には，企業集団の枠を超えた金融機関の経営統合が進み，現在は四大金融グループ（みずほ，三井住友，三菱UFJ，りそな）が形成されている。

2 ✕ フィランソロピー → 社会貢献活動，メセナ → 文化，芸術等への支援活動。

　企業フィランソロピーと企業メセナの説明が逆である。また，国際連合によるCSRの指針には，1999年の世界経済フォーラム（ダボス会議）で公表された**国連グローバル・コンパクト**がある。また，国際標準化機構は組織の社会的責任に関する国際規格であるISO26000を2010年に発行している。重要ポイント5の（1）と（3）を参照。

3 ◎ 「ベンチャービジネス」は和製英語である。

　正しい。ベンチャービジネスは，欧米ではStart-up Companyと呼ばれ，近年では，日本でも「スタートアップ企業」という呼称が一般化しつつある。

4 ✕ わが国では，タックス・ヘイブン対策税制（外国子会社合算税制）を制定。

　「わが国においても自国企業の国際租税回避を促進している」が誤り。**タックス・ヘイブン**（租税回避地）は，**法人税などの課税が著しく低い，あるいは全く課税されない国や地域**を指す。わが国では，タックス・ヘイブンを利用した租税回避を規制するために，タックス・ヘイブン対策税制が制定されている。テーマ24・重要ポイント6を参照。

5 ✕ 直接金融 → 出資者からの資金調達，間接金融 → 金融機関からの融資。

　直接金融と間接金融の説明が逆である。**直接金融は株式や社債の発行によって出資者から資金を調達することであり，間接金融は金融機関からの融資による資金調達**である。第二次世界大戦後の日本企業の資金調達の特徴は，**欧米企業に比べて間接金融の割合が高い**点にある。この傾向は1960年代の高度経済成長期に顕著であり，主要取引銀行である**メインバンク**からの融資が主体だったが，1990年代初頭のバブル経済崩壊後は，資金調達の手段を直接金融にシフトする企業が増加した。

正答 3

第5章 現代企業の経営

FOCUS

　経営史・経営事情の対象は，江戸時代の商家経営から財閥の形成，ベンチャービジネスやIT事業の動向まで極めて広範である。そこで扱われるトピックも各時代の特徴的な項目が選ばれることから，ある意味で経営学全般の知識が問われるテーマである。

　近年は，CSR（企業の社会的責任）に加えて，コーポレート・ガバナンス（企業統治）の動向に関する出題が増えつつある。

重要ポイント❶ 日本における大企業の形成と発展

● 明治維新以降19世紀末までは，日本の大企業は繊維企業のほかには鉄道，鉱山，非鉄金属産業に見られる程度であったが，20世紀初頭になると食品，製紙，セメント，機械，造船などにも大企業が出現した（なお，ここでの「大企業」とは，各時代で資産や売上高で上位を占める企業であり，その規模は一定ではない）。

● その後，第一次世界大戦終結までに化学，鉄鋼，電気機械部門に大企業が現れ，重化学工業が拡大する。すなわち，**日本の大企業は最初に素材産業に現れ，次いで第一次世界大戦期に生産財を中心とする最終製品を供給する産業が登場した。そして，第二次世界大戦後は新たに自動車，石油製品，家電，飲料などの消費財を中心とする大企業が急速に成長していった。**

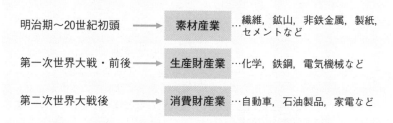

重要ポイント❷ 戦後の産業構造の変化と生産方式

● 第二次世界大戦後の日本経済は，1950年代から1970年代初頭まで高い経済成長を維持した。これに伴って日本の産業構造は**第一次産業から第二次産業へと大きくシフト**し，なかでも**重化学工業化**が進展した。鉄鋼，造船，化学，石油精製などの重化学工業部門では，積極的な設備投資によって大規模な生産設備が導入され，**大量生産方式による製品生産や自動化**が進められるなど，規模の経済（スケール・メリット）が追求された。

● 1969年を最後に経済成長率は10％を下回り，1973年の第一次石油ショック以降，日本経済は実質的に**安定成長**に転換する。この時期には省エネルギー，減量経営，生産工程の改善などが急務となり，従来の重化学工業に代わって**電気機械，輸送機械などの加工・組立産業が急成長**し，国際競争力を増した。生産技術でも，**多品種少量生産の導入，省力化，マイクロエレクトロニクス（ME）化による技術革新**が進展した。

● 1980年代以降は，貿易摩擦の顕在化，1985年のプラザ合意による円高の進行，バブル経済の高揚と急激な崩壊によって，企業を取り巻く制度や環境の流動化が進行し，**リストラクチャリング**（事業の再構築）を実施する企業が相次いだ。産業構造は**第三次産業の比重が増す**と同時に**海外直接投資が急増**し，製造業やサービス業の生産・販売拠点の海外移転が積極的に展開された。また，生産技術ではコンピュータによる情報・通信技術の導入によって，**原料調達から生産，流通までを情報ネットワークで結合し，合理化を実現する手法**が開発された。

高度経済成長期	→	大量生産方式の普及，自動化
1970年代以降	→	多品種少量生産方式の導入，ME化
1980年代以降	→	生産システムの情報化・ネットワーク化
1990年代以降	→	OEMやアウトソーシングの積極的な導入 生産拠点の海外移転　国際的な業務提携

重要ポイント 3　戦前の財閥と戦後の企業集団

- 明治期に形成され，第二次世界大戦終結まで日本経済に大きな影響力を行使した**財閥は，同族が支配する持株会社が異なる産業部門の企業の株式を保有し，子会社として傘下に収めることで巨大な企業集団を構成した。**三井，三菱，住友，安田などの「旧4大財閥」は政商型企業家によって創設され，多様な企業への投資によって急速に規模を拡大した。その結果，財閥系企業の多くは各産業で寡占的な地位を占めるに至った。

- 第二次世界大戦後，GHQによって財閥は解体されるが，1950年代以降に旧財閥系の銀行が中核となり，株式の相互持合いや系列融資，相互取引によって**6大企業集団**（三井，三菱，住友，三和，芙蓉，第一勧銀）として再編されていった。その後，1990年代初頭のバブル経済崩壊以降は不良債権と化した持合い株の放出が進み，企業集団の垣根を越えた金融機関の経営統合によって4大金融グループ（三井住友，みずほ，三菱UFJ，りそな）が形成された。

- また，これとは別に**新興の巨大企業が中心となり，傘下に多数の関連会社や子会社を持つ企業集団**（トヨタ自動車，日立製作所，松下電器産業，新日本製鐵など）も形成され，集団内での部品供給，生産システムの構築，技術開発，系列融資，人材派遣などの実施によって効率的な**中間組織（企業どうしが継続的な取引や株式の持合いを通じて緩やかに連携している形態）**として機能している。なお，戦後の企業集団の特徴については，テーマ22の重要ポイント3も併せて参照されたい。

第5章　現代企業の経営

- **CSRとは企業の社会的責任**であり，企業が社会に与える正負の影響およびその対応を意味する。CSRの内容は，株主，顧客，従業員，取引業者，地域社会など企業を取り巻く利害者集団（**ステークホルダー**）との関係の中で生じる諸問題であり，その諸問題にどのように対応するかが，企業にとっての課題となる。
- **CSRの対象は時代状況によって変遷する。**我が国では，1960年代の公害問題を契機として，企業の社会的責任が一般に問われるようになった。1970年代には企業による便乗値上げや不当買占め，1980年代には長時間労働の短縮，メセナやフィランソロピーなどの社会貢献活動の展開，1990年代には男女雇用機会均等や製造物責任，企業不祥事への対応，2000年代以降は環境負荷の削減，SRI（社会的責任投資）やSDGs（持続可能な開発目標）への取組みなどが挙げられる。

重要ポイント **5** ▶ **CSRのガイドライン**

　国際機関や各国のNPO，NGOが，CSRに取り組む際の課題や報告書の作成方法などを記載したガイドライン（行動指針）を公表している。

（1）国連グローバル・コンパクト

　国連グローバル・コンパクト（UNGC：United Nations Global Compact）は，1999年の世界経済フォーラム（ダボス会議）で，当時のコフィー・アナン国連事務総長が提唱した**企業・団体に対する行動規範**であり，「企業・団体が責任ある創造的なリーダーシップを発揮することによって，社会の良き一員として行動し，持続可能な成長を実現するための世界的な枠組み作りに参加する自発的な取り組み」を意味する。UNGCでは，人権，労働，環境，腐敗防止の4分野において，人権の擁護，強制労働の排除，環境に対する責任など10の原則を掲げている。

（2）GRIガイドライン

　NGO（非政府組織）であるGRI（Global Reporting Initiative）は，**企業や団体の持続可能な経営を実現するための手引き**である「サステナビリティ・レポーティング・ガイドライン」を2000年に公表した。2016年には新版の「GRIスタンダード」が発表され，社会正義や環境保護と長期的な収益性を両立させるために，環境，経済，社会の三つの側面から，企業や団体が果たすべき社会的責任の要件を挙げている。

（3）ISO26000

　ISO26000は，国際標準化機構（ISO）が2010年に発行した**組織の社会的責任に関する国際規格**である。ISO26000の特徴は，**認証を目的とした規格ではなく企業や団体に対するガイダンス（手引き書）**の形をとっている点にある。

実戦問題

No.1 米国企業の経営事情に関する次の記述のうち，妥当なのはどれか。

【国家総合職・平成22年度】

1 ラーナーは，1920年代末の米国非金融大企業200社において，株式所有の分散化が進んだ結果，株主が実質的な経営権を失って経営者支配の状態になっているところが，80%以上に達していることを発見した。しかし，バーリ＝ミーンズによる1960年代の研究によると，こうした経営者支配の非金融大企業は，200社において約30%にまで減少していた。

2 1960年代後半には，機関投資家に代わって個人投資家が大企業の株式保有比率を急速に高めた結果，企業の合併・買収（M＆A）ブームが起こったが，この時期の合併・買収は，同じ事業分野を営む企業間の水平的合併が一般的であった。事業間の関連性のない企業間の合併・買収によってコングロマリットと呼ばれる企業が登場してきたのは1980年代後半である。

3 1970年代前半には，経営者は株主の利益になるように企業経営を行うべきで，そのための仕組みを作るべきであると主張する，エイジェンシーの理論が台頭した。その主張に基づくと，企業活動に投資する予定がない資金を配当に回さず内部留保することは，エイジェンシー・コストを低下させるとともに株価を高め，他社からの敵対的買収を防ぐ手段となる。

4 ストック・オプションとは，経営者の報酬（年俸）の一部を，期間中の株価上昇分に比例させて支払うという制度である。この制度の下では，経営者は株価上昇が長期間続くと自己の利益が増大するので長期的な成長を重視した経営を行うようになるため，経営者の利害が短期的収益を重視する株主の利害と相容れないものとなることが一般的である。

5 第二次世界大戦後に登場した年金基金は，労働者の老後の年金の原資を作るために，給与の一部を積み立てて株式市場などで運用するものであり，機関投資家としての役割を担う。年金基金は，1970年代には上場企業の株式保有比率を高めていき，1980年代には，企業の合併・買収（M＆A）の動きを加速化させたといわれている。

No.2 わが国の企業に関する次の記述のうち，妥当なのはどれか。

【国家総合職・平成28年度】

1 第二次世界大戦後，大企業間で株式の相互持合いが進み，企業集団の形成が進んだ。その中心となったのは，戦後に持株会社指定や集中排除の対象にならなかった総合商社であった。その後，1967年に資本自由化措置が採られるようになると株式の相互持合いは弱まっていったが，1990年代のバブル経済崩壊以降は再び強まる傾向が見られる。

2 日本専売公社，日本国有鉄道，日本電信電話公社の三公社は，国の事業として運営されていたものが，第二次世界大戦後に公共事業体の事業に移行することで誕生したものである。その後，これら三公社は1980年代半ば以降，すべて民営化された。

3 吉原英樹らの研究成果によると，日本の代表的な大規模製造企業では，高度経済成長期の1958年から1973年にかけて，企業の売上高に占める単一事業の売上高が90％以上の専業型の企業の割合が増加した。一方，事業間の関連性がほとんどない非関連型多角化戦略を用いる企業の割合も，この期間で5％以上増加した。

4 日本の自動車組立メーカーの社内生産比率（内製率）は，第二次世界大戦後，一貫して米国ビッグスリーよりも高かったが，1990年代末以降，ビッグスリーは，日本企業に倣って内製率を上昇させた。また，日本の自動車組立メーカーでは，長期取引関係を結んでいる部品メーカーに対して，設計図面を詳細に指定し，部品仕様を発注前に固めておく「デザイン・イン」の関係を結んでいる場合が広く見られる。

5 第二次世界大戦後の大企業では，新規学卒者を一括採用して，企業なりの仕事のやり方を教えながら実地に習得させていく，オフ・ザ・ジョブ・トレーニングが主流であった。その結果，自動車組立など製造企業では，単一の職務をこなす単能工主体の育成が行われ，アメリカ合衆国と比較すると，複数の工程をこなす多能工の育成は行われにくかった。

No.3 企業の社会的責任（CSR）に関する次の記述のうち，妥当なのはどれか。　【国家専門職・平成30年度】

1 サーベンス＝オクスリー法（SOX法）は，米国で活動する企業の社会的貢献活動を行う基準について定めた法律である。同法は，2001年に発生したエンロン社の問題を受けて抜本的な改正が行われた。

2 企業市民とは，企業が社会貢献活動を行う基盤となる考え方である。この考え方は，企業が，社内外の利害関係者と良好な関係を築き上げることで市民社会の一員として認められた存在でなければならない，というものである。

3 社会的責任投資（SRI）とは，株主が，倫理的行動をとったり環境に配慮したりしている企業に対して，財務状況にかかわらず投資をすることである。これは，わが国を中心に発展し，近年では欧米においても取組が広がっている。

4 グローバル・コンパクトとは，CSRを推進するための組織の行動原則である。これは，1999年にダボスで開催された世界経済フォーラムにおいて，当時の潘基文（パン・ギムン）国連事務総長によって提唱され，人権，労働，環境，福祉，倫理の5分野における原則を掲げている。

5 国際標準化機構（ISO）は，2004年からCSRの基準策定に向けて動き始め，GRI（Global Reporting Initiative）のガイドラインを定めた。これは，環境・経済・社会の３つの側面からISOシリーズの認定に関する基準を掲げている。

No.4 企業統治（コーポレート・ガバナンス）に関する次の記述のうち，妥当なのはどれか。 【国家総合職・令和元年度】

1 わが国の株式所有構造についてみると，金融機関の持株比率は，企業間における株式持合いの解消などを背景として，1990年代中盤と比べて，近年は低下している。それに対して，外国法人等の持株比率は，2017年度では４分の１程度を占めており，1990年代中盤と比べて，大きく上昇している。

2 合同会社は，2006年に施行された会社法において新たに認められた会社形態である。合同会社では，株式会社と同様に，所有と経営の分離が想定されており，会社内部での自治が認められていない一方で，株式会社とは異なり，すべての出資者は無限責任を負い，会社債務に対する責任の額に制限がない。

3 2015年に施行された改正会社法では，監査役設置会社に加えて，指名委員会等設置会社が創設され，2018年時点では，監査役設置会社と指名委員会等設置会社の２つのみが，大会社である公開会社の機関設計として法的に認められている。指名委員会等設置会社では，従来の監査役会が果たしてきた機能は，監査等委員会が担うとされる。

4 2015年に，上場企業におけるコーポレート・ガバナンスの強化を目的として制定された「コーポレート・ガバナンス・コード」は，法的拘束力を有する，いわゆるハード・ローである。ただし，「コンプレイン・オア・エクスプレイン」（complain or explain）の考え方が採用されており，コードに関して不満を示すか，もしくは従わない理由を説明することで，一部の原則を実施しないことも認められている。

5 投資家が重視する財務指標の１つであるROE（return on equity）は，負債を含めた総資本に対する純利益の比率として示される。近年はROEの向上が企業に求められているが，株式市場における自社株式の購入をはじめとする資本構成に関わる方策を採ったとしても，総資本は変化しないためROEを向上させることはできない。

第5章

現代企業の経営

◆ **No.5** 企業統治（コーポレート・ガバナンス）に関する次の記述のうち，妥当なのはどれか。 【国家総合職・令和４年度】

1 会社法では，株式会社は保有する株式数に応じて株主を平等に取り扱わなければならないとする「株主平等の原則」が規定されているが，例外として，権利の内容が異なる種類の株式（種類株）を発行することも認められている。種類株の一つである優先株式は，普通株式の株主よりも議決権で優先されており，株主総会で提案された議案に関して，優先株式を保有する株主が反対する場合には，普通株式の株主の賛否にかかわらず，否決される。

2 MBO（Management Buyout）とは，買収する側の法人や個人が買収先の企業の資産やキャッシュフローを担保として借入をして，買収のための資金を調達する企業買収の手法である。MBOによって，買収時の資金調達が容易になる一方で，買収先の企業の資産やキャッシュフローが想定を大きく下回った場合には財務上の問題が生じることから，MBOの対象となる買収先の企業は，わが国では東京証券取引所の上場企業に限定されている。

3 投資家が企業の業績を評価するうえで重視する指標の一つとして，ROIC（投下資本利益率）がある。ROICとは，ROEとも呼ばれるもので，その企業の総資産を分母，利益を分子として計算される。ROICが株主にとって重視される理由は，株主資本に対するリターンを直接的に示す指標だという点にある。

4 2000年代半ばに，当時のK.アナン国際連合事務総長が「責任投資原則」を提唱するなど，環境・社会・ガバナンスの３要因（ESG要因）を重視するESG投資が，世界的に広がっている。また，年金基金として世界屈指の規模であるGPIF（年金積立金管理運用独立行政法人）が責任投資原則に署名して，ESG投資に力を入れるなど，わが国においても積極的な動きが生じている。

5 M.ポーターらは，企業の社会的責任（CSR）をさらに発展させて，CSV（Creating Shared Value：共通価値創造）という考え方を提唱した。CSVでは，企業は社会の一員であることが前提とされており，企業は自社の利益拡大や株主価値の向上を目標にすべきではなく，自社の利益や株主の価値を犠牲にしても社会的な課題の解決を果たすべきだとされる。

実戦問題の解説

→問題はP.363

No.1 の解説 米国企業の経営事情　　　　　　　　　　**正答5**

1 ✕　1920年代末の米国企業の所有構造を調査 → バーリとミーンズ。

A.A.バーリとG.C.ミーンズは共著『近代株式会社と私有財産』（1932年）において，1929年当時の金融業を除く米国大企業200社のうち，44％の企業が経営者支配の状態にあることを示した。**テーマ21・重要ポイント4**を参照。その後，R.J.ラーナーは，バーリとミーンズの方法を踏襲し，1963年に非金融大企業200社の実態を調査した。その結果，経営者支配の企業が80％以上占めることを示し，**所有と経営の分離**が進展したことを明らかにした。

2 ✕　米国でのコングロマリットの増加 → 1960年代。

1960年代後半に米国で起こった企業の合併・買収ブームでは，**コングロマリット**を展開する企業が急速に増加した。**テーマ11・重要ポイント1の（3）**を参照。

3 ✕　資金を配当に回さず内部留保する → エイジェンシー・コストを増加させる。

エイジェンシー理論では，プリンシパル（依頼人）がエイジェント（代理人）に権限を委譲し，特定の仕事を代行させる場合の委託・受託関係を分析する。株主と経営者をプリンシパルとエイジェントの関係と考えると，株主は経営者に株主利益の追求を委託することになる。しかし，経営者が自己の目標や利益を優先し，株主利益に反する意思決定（**機会主義的行動**）を行う可能性があることから，経営を監視する仕組みや，株主と経営者の利害を一致させるための報酬制度が必要となる。そのために要する費用を**エイジェンシー・コスト**と呼ぶ。したがって，「企業活動に投資する予定がない資金を配当に回さず内部留保すること」は株主利益に反する行為であり，エイジェンシー・コストを増加させるとともに株価を低下させるため，結果として他社からの敵対的買収の危険性を高めることになる。

4 ✕　ストック・オプション → 自社株購入権。

ストック・オプションは，管理職や一般従業員に一定価格で自社株の購入権を与える業績連動型の報酬制度である。この制度の下では，経営者は短期的な株価の上昇を重視する傾向が強まり，その点で経営者の利害と株主の利害は一致するが，長期的な成長を重視した経営計画は軽視されやすくなる。

5 ◎　米国の年金基金や投資ファンド → 機関投資家として大きな影響力を持つ。

正しい。

1 ✕ 旧財閥系の都市銀行が企業集団の形成で中心的な役割を果たした。

企業集団を形成する際に中心的な役割を担ったのは，旧財閥系の都市銀行である。財閥解体に伴って，総合商社の三井物産と三菱商事は持株会社指定を受けて中小商社に解体された。その後，1967年に**資本自由化措置**（外国資本による日本への直接投資の自由化）が採られるようになると，外資系企業による乗っ取りを防止するために企業集団における株式の相互持合いは強化されていった。しかし，1990年代のバブル経済崩壊以降は，収益性の向上や資本効率の改善を目指して持合い株を放出する企業が増加し，株式の相互持合いの比率は低下傾向にある。

2 ◎ 三公社は，1980年代半ば以降に民営化された。

正しい。日本専売公社は1985年に民営化し，日本たばこ産業株式会社（JT）が事業を継承した。日本国有鉄道は1987年にJR 6 社とJR貨物などに分割民営化され，日本電信電話公社は1985年に日本電信電話株式会社（NTT）に民営化された。

3 ✕ 専業型と非関連型の企業数は，ともに減少した。

後半の専業型と非関連型に関する説明が誤り。米国大企業を調査したR.P.ルメルトの先行研究に倣って，吉原らは『日本企業の多角化戦略』（1981年）において，日本企業の多角化と経営成果に関する調査・分析を行った。その際，企業の多角化の類型を専業型，垂直型，本業中心型，関連型，非関連型に分類し，本業中心型と関連型をさらに集約型と拡散型に細分化している。この中で，専業型（総売上高に占める単一事業の売上高が95％以上）は，1958年の26.3％（30社）から1973年には16.9％（20社）へと減少している。また，非関連型についても，1958年の8.8％（10社）から1973年の6.8％（8 社）に減っていることを示した。

4 ✕ 日本の自動車組立メーカーの内製率は，相対的に低い。

日本の自動車組立メーカーの社内生産比率（内製率）は，米国ビッグスリー（GM，フォード，クライスラー）よりも低い。 日本の自動車組立メーカーの社内生産比率は20〜30％だが，垂直統合によって成長した米国ビッグスリーの社内生産比率は50〜70％とされる。しかし，1990年代以降，米国ビッグスリーは日本企業の生産システムに倣って社内生産比率を従来の水準よりも低下させている。また，デザイン・インとは，部品メーカーが完成品メーカーの製品開発に協力して技術提案を行い，その際に自社の部品を製品に組み込むよう完成品メーカーに働きかけることである。

5 ✕ Off-JT → 職場を離れて集中的に行う研修。

「新規学卒者を一括採用して，企業なりの仕事のやり方を教えながら実地に習得させていく」社内研修は，オン・ザ・ジョブ・トレーニング（**OJT**）である。オフ・ザ・ジョブ・トレーニング（**Off-JT**）は，日常の仕事を離

れて集中的に行う研修を指す。OJTやOff-JTなどの技能習得・訓練の手法を導入することにより，自動車組立などの日本の製造企業では，1人の工員が複数の工程を担当する**多能工**の育成が進んだ。これに対して，担当職務を細かく区別している米国では，多能工よりも単能工の育成が主体である。

No.3 の解説　企業の社会的責任
→問題はP.364　**正答2**

1✕ **サーベンス＝オクスリー法 → 投資家保護のために制定された。**
「社会的貢献活動を行う基準について定めた法律」が誤り。2002年に米国で制定された**サーベンス＝オクスリー法**（SOX法）の正式な名称は，「上場企業会計改革および投資家保護法」である。同法は，2001年以降に相次いだエンロン社やワールドコム社の不正会計問題に対処するために制定された。その目的は，投資家保護のために企業会計の信頼性を向上させることにある。

2◎ **企業市民 →「企業も市民としての義務を負う」とする理念。**
正しい。**企業市民**は，企業の社会的責任を考える際の基本概念の1つである。特に大企業は社会に与える影響力が大きいことから，その規模にふさわしい「良き企業市民」としての責任が求められる。

3✕ **社会的責任投資 → 収益性に社会的責任項目を加えて投資を行う。**
「財務状況にかかわらず投資をする」および「わが国を中心に発展し」が誤り。**社会的責任投資**（SRI：Socially Responsible Investment）は，株主が企業の収益性や成長性などの財務指標に加えて，法令順守や倫理的な基準に基づいて投資先を選別する投資活動であり，1920年代以降に欧米を中心に発展し，1990年代末に日本でも登場した。

4✕ **グローバル・コンパクト → 持続可能な成長を実現するための取組み。**
「当時の潘基文（パン・ギムン）国連事務総長によって提唱され」以降の記述が誤り。**グローバル・コンパクト**（UNGC：United Nations Global Compact）は，1999年の世界経済フォーラム（ダボス会議）で，当時のコフィー・アナン国連事務総長が提唱した。UNGCでは，人権，労働，環境，腐敗防止の4分野で諸原則を掲げている。**重要ポイント5の（1）を参照**。

5✕ **GRIのガイドライン → サステナビリティに関する国際基準。**
GRIのガイドラインを定めたのは国際標準化機構（ISO）ではない。NGO（非政府組織）であるGRIが公表したガイドラインは，サステナビリティ（持続可能性）に関する国際基準である。**重要ポイント5の（2）を参照**。

第5章

現代企業の経営

1 ◎　**1990年代中盤と比べて，金融機関の持株比率は低下傾向にある。**

正しい。日本取引所グループ（JPX）は，全国4証券取引所上場会社を対象とした株式分布状況調査を毎年公表している。同調査における所有者別の持株比率（単元数ベース）では，金融機関は1990年代中盤に40〜44％の水準だったが，近年は低下している。また，外国法人等の持株比率は，1990年代中盤に7〜10％の水準だったが，近年は20数％に上昇している。

2 ✕　**合同会社は出資者全員が有限責任を負う。**

所有と経営の分離が想定されている株式会社とは異なり，**合同会社**は企業内部での自治が認められており，社員の全員一致によって定款の変更や会社の意思決定を行うことができる。**テーマ20・重要ポイント5**を参照。

3 ✕　**2015年施行の改正会社法で創設 → 監査等委員会設置会社。**

2015年に施行された改正会社法では，従来の委員会設置会社に加えて，監査等委員会設置会社が創設された。それに伴い，委員会設置会社の呼称は指名委員会等設置会社に変更された。そのため，2018年時点では，大会社である公開会社の機関設計としては，①**監査役会設置会社**，②**指名委員会等設置会社**，③**監査等委員会設置会社**の3形態が法的に認められている。また，指名委員会等設置会社では，従来の監査役会が果たしてきた機能は監査委員会が担う。「監査等委員会」は監査等委員会設置会社の機関である。**テーマ21・重要ポイント3**の（1）と（3）を参照。

4 ✕　**コーポレート・ガバナンス・コードに法的拘束力はない。**

コーポレート・ガバナンス・コードは，企業統治の強化を図るための指針であり，金融庁と東京証券取引所が中心に作成し，2015年に公表された。**テーマ21・重要ポイント5**を参照。コーポレート・ガバナンス・コードは，法的拘束力のない，いわゆるソフト・ローである。また，このコードでは，「**コンプライ・オア・エクスプレイン**（Comply or Explain）」の考え方が採用されており，「本コードに記載された原則を遵守するか，さもなければ遵守しない理由を説明すること」を企業に求めている。

5 ✕　**総資本に対する純利益の比率 → ROA（Return on Assets）。**

ROEは当期純利益÷自己資本×100で表される比率であり，**自己資本利益率**と呼ばれる。**テーマ19・重要ポイント7**を参照。また，自己資本は株主資本と評価・換算差額等（その他の包括利益累計額）を合計した金額である。そのため，株式市場からの自社株式の購入（自社株買い）は，当該企業の株主資本を減少させ，それに伴って自己資本も減少することから，ROEを上昇させる効果がある。

No.5 の解説　経営事情（企業統治，M&A，CSRなどを含む）　→問題はP.366　正答4

1 ✕ 優先株式の株主は，普通株の株主よりも株主総会での議決権が制限される。
前半の記述は妥当だが，「普通株式の株主よりも議決権で優先されており」以降の記述が誤り。**優先株式は，株主に分配される配当金や会社が解散した際に残った財産（残余財産）を，普通株式よりも優先して受け取る権利が付与される。**しかし，株主総会における議決権については制限が設けられる。そのため，発行会社にとって優先株式は，**普通株式に比べて配当コストの負担が大きくなるが，議決権を制限することで経営に干渉されずに自己資本を増やせるメリットがある。**

2 ✕ MBO → 経営陣による買収。
LBO（Leveraged Buyout）の説明である。**MBOは，ある企業の子会社や事業部門の経営陣が，株主や親会社から株式を買取り，事業の経営権を獲得して独立する**手法である。また，LBOおよびMBOの対象となる買収先の企業が，東京証券取引所の上場企業に限定されるという規定はない。テーマ11・重要ポイント4の（2）と（3）を参照。

3 ✕ ROE → 自己資本利益率（当期純利益÷自己資本×100）。
「ROICとは，ROEとも呼ばれる」と「その企業の総資産を分母，利益を分子として計算される」が誤り。投資家が重視する経営指標の一つである**ROIC**（Return on Invested Capital，投下資本利益率）は，**事業に投下した資本に対してどの程度の利益が創出されたかを示す指標**であり，税引後営業利益÷投下資本（株主資本＋有利子負債）×100で表される。これに対して，**ROE**（Return on Equity，自己資本利益率）は，**利益を生み出すために自己資本がどの程度効率的に活用されたかを示す指標**であり，当期純利益÷自己資本×100で表される。

4 ◎ 責任投資原則 → 機関投資家の投資決定にESG要因を加えることを提唱。
正しい。2006年に国際連合が公表した**責任投資原則**（Principles for Responsible Investment：PRI）は，機関投資家による投資決定の過程に**環境，社会，ガバナンス（企業統治）**に関する**ESG**（Environmental, Social and Governance）要因を加えることを提唱した。

5 ✕ CSV → 企業価値と社会的価値の両立を図るための事業活動。
前半の記述は妥当だが，「企業は自社の利益拡大や株主価値の向上を目標にすべきではなく」以降が誤り。ポーターらによれば，企業の社会的責任（CSR）は，通常の事業活動と別個に実施する慈善・寄付などの社会貢献が主体だが，**CSVは事業活動によって利益の拡大や株主価値の向上を実現しつつ，社会が抱える課題の解決に向けて積極的に関与しようとする考え方**である。企業が実践するCSVの主な事例としては，食品飲料企業のネスレが，取締役会の下に「CSV諮問委員会」を設置し，栄養問題，農業・地域開発，水資源問題などに取り組む活動が挙げられる。

頻出項目のチェックリスト

本書で扱った経営学のおもな項目をチェックリストにまとめた。直前期などに知識の定着度を確認する際に役立ててほしい。

●伝統的管理論

☐ テイラーが科学的管理法を提唱した背景　→　**組織的怠業**の蔓延。

☐ 課業の設定：一流の労働者の作業を**時間研究**と**動作研究**によって分析し，算定。

☐ 差別的出来高給制度：**課業を達成した者に高い賃率，未達成の者に低い賃率**を適用。

☐ 職能別職長制度：職長の職能を**計画職能**と**執行職能**に分け，特定の職能に専念させる。

☐ ファヨールは，**経営職能**（経営活動）と**管理職能**を区別した。

☐ ファヨールが示した管理職能：**予測**（計画），**組織**（組織化），**命令**，**調整**，**統制**の５要素からなる過程。

●人間関係論（ホーソン実験）

☐ 当初，**照明度**と**作業能率**の関係が分析されたが，相関は認められなかった。

☐ 継電器組立実験などの一連の実験は，**メイヨー**と**レスリスバーガー**が主導した。

☐ 実験結果から，**非公式組織の存在が公式組織の作業能率に影響を与える**ことが示された。

●動機づけ理論

☐ マズローの**欲求階層説**：生理的欲求，安全欲求，愛情欲求，尊敬欲求，自己実現欲求

☐ アルダーファーの**ERG理論**：生存欲求，関係欲求，成長欲求

☐ マグレガー：**X理論**から**Y理論**に基づく管理への移行を唱えた

☐ アージリス：合理的な**組織**と成長する**個人のパーソナリティ**は相容れないとした。

☐ ハーズバーグの動機づけ・衛生理論：**動機づけ要因**　→　仕事の達成と承認，責任の付与，仕事それ自体，昇進。**衛生要因**　→　会社の政策（方針）および管理，作業条件，対人関係，給与，監督技術。

☐ リッカート：組織には**原因変数**，**仲介変数**，**結果変数**が存在し，影響関係にある。

☐ ブルーム：個人の動機づけは，**期待**，**道具性**（手段性），**誘意性**の積で決まる。

☐ ローラー：個人の動機づけは，**成果に対する期待**，**報酬に対する期待**，**報酬誘意性**の積で決まる。

☐ デシ：**内発的動機づけ**は，取り組んでいる活動自体に喜びや面白さを見出すことで得られる。

☐ マクレランドの達成動機づけ：**達成欲求**，**権力欲求**，**親和欲求**。

☐ アトキンソン：達成動機の強さは**期待**，**価値**（誘因価），**パーソナリティ要因**で決まる。

●意思決定論

☐ バーナード：組織の成立条件　→　**協働**（貢献）**意欲**，**共通目的**，**コミュニケーション**。

☐ バーナード：組織の存続条件　→　**有効性**（組織目的の達成度）と**能率**（個人動機の満足度）。→　短期的には有効性と能率のいずれか，長期的には双方を満たす必要がある。

☐ バーナード：組織がもたらす**誘因**と個人が提供する**貢献**が均衡して組織は維持される。

☐ バーナード：上司の命令を部下が受け入れることで権限が成立する　→　**権限受容説**。

☐ サイモン：現実の人間は**制約された合理性**の下で意思決定を行う　→　管理人（経営人）。

☐ サイモン：あらかじめ設定した水準を満たす代替案を選択する　→　**満足化原理**。

☐ アンゾフ：管理階層に応じて**戦略的意思決定**，**管理的意思決定**，**業務的意思決定**に分類。

☐ 意思決定のごみ箱モデル：現実の意思決定の状況は，ある**選択の機会**にさまざまな**問題**，

解，**参加者**が投げ込まれる「ごみ箱」にたとえられる。

●コンティンジェンシー理論

☐コンティンジェンシー理論の立場：**環境条件が異なれば，有効な組織構造も異なる。**

☐バーンズとストーカー：安定した環境下では**機械的組織**が，不安定な環境下では**有機的組織**が有効。

☐ウッドワード：**個別受注生産と装置生産　→**　有機的組織を採用。**大量生産　→**　機械的組織を採用。

☐ローレンスとローシュ：不確実性が高い環境にある組織ほど，**分化**と**統合**の程度が高くなる。

●リーダーシップ論

☐アイオワ研究：レヴィンらが専制的，民主的，自由放任的の３種のリーダーシップを比較。　→　**民主的なリーダーシップ**が集団の生産性で優れている。

☐ミシガン研究：**リッカート**が主導し，多様なリーダーシップの類型を比較。
　→　職務中心型と従業員中心型では，後者の生産性が高いことを示した。

☐オハイオ研究：**高配慮・高構造づくり**のリーダーシップが，業績と部下の満足度ともに高い。

☐ブレイクとムートンのマネジリアル・グリッド：**人間に関する関心**と**業績に対する関心**を基準に，リーダーシップを理想型など５つの類型に分類。

☐三隅二不二：**目標達成機能**と**集団維持機能**に秀でた**PM型**のリーダーの業績が高い。

☐フィードラー：組織状況が好意的あるいは非好意的　→　**職務志向型リーダー**が有効。組織状況が好意的でも非好意的でもない　→　**人間関係指向型リーダー**が有効。

☐ハーシィとブランチャードのSL理論：部下の成熟度に応じて，有効なリーダーシップは**教示的（指示的）　→　説得的　→　参加的　→　委譲的（委任的）**と移行する。

☐バーナード：経営者のリーダーシップの本質は「**新たな道徳準則の創造**」にある。

●経営組織論

☐フェファーとサランシック：組織間の経営資源の依存関係を分析する**資源依存モデル**を提示。

☐取引コスト：**取引を成立させ，契約を履行する際に要する費用**。取引コストの最小化を基準として，企業は市場取引と内製のどちらかを選択する。

☐個体群生態学：新しい組織よりも，**構造的慣性の高い組織**のほうが淘汰されにくいと主張。

☐シャインの組織文化：E.H.シャインは，組織文化を**文物，価値，基本的仮定**の３層に分類した。

●組織形態

☐ライン組織：**命令の一元化**の原則を貫徹した組織。

☐ファンクショナル組織：**管理者の職能を専門化**した組織。作業能率が向上する反面，命令系統が多元化するために，責任・権限の所在が不明瞭になりやすい。

☐職能別組織（職能別部門組織，職能部門別組織）：購買，製造，流通など**職能別に部門編成**が行われる。

☐ライン・アンド・スタッフ組織：基幹業務を担当するラインにスタッフが助言・勧告を

行うが，**スタッフに指揮・命令の権限はない。**

□事業部制組織：**分権的な組織**であり，多角化した企業に適している。環境変化に柔軟に対応できるが，組織が大規模化すると事業部門で経営資源の重複が生じやすい。

□マトリックス組織：複数の組織を組み合せて**二重の命令系統**を持つ。環境変化に柔軟に対応でき，効率的な資源配分が可能だが，意思決定の迅速さに欠けやすい。

□プロジェクト・チーム：特別な課題の達成に向けて，必要な人材を集めて編成する**臨時的な組織**。通常は課題の達成後に解散する。

□SBU（戦略的事業単位）：**新たな事業開拓を実施するための事業単位**。他事業部の協力を得て活動し，事業が軌道に乗った際は新事業部として独立する。

□カンパニー制：**事業部制組織を事実上，分社化**した組織。本社は各カンパニーに資本を投下し，カンパニーは本社に対して利益を還元する。

□ネットワーク組織：個々の部門あるいは組織が緩やかに結合する**アメーバ状の組織形態**。

□社内ベンチャー：**新事業を創造するために社内に設置**される。事業開拓に必要な権限と予算などが付与される。

●経営戦略論

□チャンドラー：19世紀末から20世紀初頭のアメリカ大企業が事業の多角化に伴い，事業部制組織に移行する過程を調査・分析し，「**組織構造は戦略に従う**」という命題を示した。

□アンゾフ：成長ベクトル　→　**企業成長の方向性**。製品の新旧と市場の新旧によって市場浸透，市場開発（市場開拓），製品開発，多角化に分類される。

□アンゾフ：シナジー　→　**事業間の経営資源の共有**によって生じる相乗効果。

□垂直統合：**現事業の前段階あるいは後段階への事業拡大**。原材料の調達や加工などの方向への展開　→　後方統合（川上統合），流通，販売などの方向への展開　→　前方統合（川下統合）。

□規模の経済：生産量の増大に伴って，**製品1単位当りの生産コストが低減**する。

□範囲の経済：**複数事業の統合や部品の共通化**などによるコストの削減。

□コングロマリット：高い収益性や成長性を求めて，異業種の企業を買収・合併することで形成される**非関連型多角化**の形態。

□ルメルト：多角化と企業業績の関係を分析。**成長性では多角化の程度が高い企業が低い企業よりも優れており，収益性では中程度の多角化を展開している企業が優れている。**

□TOB（株式公開買付け）：**必要な株式数や買付け価格などを公告し**，買収対象となる企業の株主から直接に株式を調達する。

□LBO：**買収対象となる企業の資産を担保**として，金融機関から資金を調達して買収する。

□MBO：**経営陣による買収**。子会社や事業部門の経営陣が，親企業や株主から株式を買い取り，事業の経営権を獲得して独立する。

□BCGのPPM：**既存事業への効率的な資源配分**を行うための分析手法。市場成長率と相対的な市場占有率によって，各事業は問題児，花形，金のなる木，負け犬に分類される。

□経験効果：製品の累積生産量が倍加するごとに，**トータル・コストが約10～30％低下**する。

□ポーターが示した競争市場を規定する5要因：**既存企業間**の敵対関係や競争関係，**新規**

参入業者の脅威，代替製品やサービスの脅威，供給業者の交渉力，製品の買い手による交渉力。

☐ ポーターの競争戦略の３類型：**コスト・リーダーシップ戦略，差別化戦略，集中戦略。**

☐ バーニーのVRIOフレームワーク：ある資源が競争優位をもたらすか否かは，その資源の**経済価値，希少性，模倣可能性，資源を活用する組織**によって決まる。

☐ コトラー：競争上の地位に応じて，企業のタイプをシェア首位の**リーダー**，リーダーに挑む**チャレンジャー**，追随型の**フォロワー**，すき間市場で地位を固める**ニッチャー**に分類。

☐ SWOT分析：**自社事業の強みと弱み，外部環境の機会と脅威**を比較・分析。

●人事・労務管理

☐ OJT：職場での**日常業務を通じて行う研修**，Off-JT：**日常業務を離れて行う研修**。

☐ ジョブ・ローテーション：**数年単位で諸部門を異動し，基幹業務を習得する制度。**

☐ 職務給：**職務内容**に対して支払われる賃金。日本企業では普及していない。

☐ 職能給：**職務遂行能力**に対して支払われる賃金。日本企業で広く導入されている。

☐ 目標管理制度：**組織目標と各従業員の業務目標を結びつける**手法。上司と部下が相談の上で各自の業務目標を設定し，遂行の過程や結果の評価も各自に一任される。

☐ ストック・オプション：**自社株購入権**。株価の上昇に連動した報酬制度。

●生産と技術

☐ フォード・システム：**生産の標準化と移動組立法**に基づく大量生産方式。

☐ カンバン方式：**後工程から前工程**に指示伝票を送ることで，中間在庫を圧縮する手法。

☐ 自働化：生産ラインに異常が生じた際に**自動的に停止**し，原因究明を行う仕組み。

☐ セル生産方式：少人数の**多能工からなる作業チーム**が生産・加工を行う手法。

☐ OEM：**相手先ブランド**による部品や製品の供給。

☐ 製品アーキテクチャ（製品の設計構想）：モジュラー型　→　接合規格を**事前に標準化**する。インテグラル型　→　接合規格を**製品ごとに細かく調整**する。

●マーケティング

☐ マーケティング・ミックス：対象市場に適した**マーケティング諸活動の組み合わせ。**

☐ マーケティングの４Ｐ：**Product**（製品），**Price**（価格），**Place**（立地），**Promotion**（プロモーション）

☐ 製品差別化：**価格以外の製品の属性**（機能，品質，デザインなど）で異なる特徴を打ち出す。

☐ 市場細分化：年齢，性別などの特性で市場を細分化し，**個別市場に適した戦略**を実施。

☐ プッシュ戦略：対面セールスなどの**人的販売を駆使した戦略。**

☐ プル戦略：**広告・宣伝**によって顧客に訴求する戦略。

☐ 製品ライフサイクルの各段階の特徴

・**導入期**：製品の知名度向上，販売体制の整備，上層吸収価格戦略や浸透価格戦略の実施。

・**成長期**：市場が拡大し，価格競争が激化。販売チャネルの拡張，広告・宣伝の強化。

・**成熟期**：需要が飽和。新たな需要開拓に向けて製品差別化戦略や市場細分化戦略を実施。

・**衰退期**：需要が低迷。在庫調整の実施，他事業に経営資源を転換，適時の撤退。

□上層吸収価格戦略：短期的な利益の獲得に向けて，導入期に**高価格の製品**を投入。

□浸透価格戦略：シェアの拡大に向けて，導入期に**低価格の製品**を投入。

●財務管理

□財務レバレッジ：**負債の利子率（支払利子率）が総資本利益率よりも低い場合** → 負債比率の増加が自己資本利益率を押し上げる。

□資本コスト：**負債資本コスト**（支払利子）＋**株主資本コスト**（配当，株式の値上がり益）。

□損益分岐点：**売上高と費用**（固定費＋変動費）が一致して利益と損失がゼロになる点。

□資本効率に関する経営指標

・**ROA**（総資本利益率，総資産利益率）＝当期純利益÷総資本（総資産）×100

・**ROE**（自己資本利益率）＝当期純利益÷自己資本×100

・**ROI**（投資利益率）＝当期純利益÷投下資本×100

●企業形態と企業集中

□合名会社：社員全員が**無限責任**を負う。人的会社。

□合資会社：**無限責任社員**と**有限責任社員**で構成。

□有限会社：2006年の会社法で有限会社法は廃止され，**株式会社に統合**。

□合同会社：2006年の会社法で新設。**社員全員が会社の業務執行に携わることができる**。

□株式会社：**資本の証券化**により広範な資金調達が可能。株主は有限責任を負う。

□相互会社：**保険会社**に適用される企業形態。法的には非営利法人。

□純粋持株会社：**傘下企業の株式所有に専念**する企業形態。1997年に解禁された。

□カルテル：市場の支配を目的として，**同一業種の複数企業が結ぶ協定**。独禁法の禁止対象。

□コンツェルン：持株会社の株式所有などよって形成される**企業グループ**。

●株式会社制度

□公開会社：**全部または一部の株式の譲渡が自由**である株式会社

□株式譲渡制限会社：**株式の譲渡に会社の承認を必要とする**株式会社。非公開会社。

□株主総会：株式会社の**最高意思決定機関**。しかし，実態は形骸化している場合が多い。

□取締役会：株式会社の基本方針を決定する**合議機関**。実質的に経営を統括する。

□代表取締役：株式会社の**代表権を持つ取締役**。取締役会で選任される。

□監査役：**取締役の業務執行を監査**する役職。

□会計監査人：会社の会計監査を行う。**公認会計士または監査法人が就任**。

□指名委員会等設置会社：**報酬委員会，指名委員会，監査委員会**を設置。

□監査等委員会設置会社：2015年の改正会社法で新設。**監査等委員会**を設置。

□最低資本金制度の廃止：従来の商法では，株式会社の資本金は1,000万円だったが，**2006年施行の会社法で撤廃**され，原則として資本金１円でも設立可能となった。

□コーポレート・ガバナンス（企業統治）：日本では，**株主への妥当な利益還元**，情報開示の促進，取締役会の制度改革などが主な論点となっている。

●日本企業の経営

□アベグレン：『日本の経営』（1958年）で，**終身雇用**などの特徴は当時の日本企業の低い生産性の一因と指摘。

□日本企業の三種の神器：**終身雇用，年功序列，企業別労働組合**。OECDの報告書で指摘。

□日本企業の資金調達：伝統的に金融機関からの融資による**間接金融**が主体。

□稟議制度：**中間管理層による起案**を関係諸部門で合意した後，最高経営層が決裁。

□QCサークル：職場での**従業員による品質向上への取り組み**。

□日本の企業集団：1950年代以降，**旧財閥系の銀行を中心に徐々に形成**された。株式の相互持合い，相互取引，資金の融資によって各企業が緩やかに連携。

●イノベーション・マネジメント

□イノベーションのプロセス：**研究・技術開発 → 製品開発 → 事業化**。

□アバナシーとアッターバックのA-Uモデル：イノベーションは**流動期，移行期，固定期**という過程を経る。流動期で**ドミナント・デザイン**（技術的標準となる製品）が現れる。

□生産性のジレンマ：イノベーションが進むと生産性が向上するが，同時に生産設備が固定されるため，**新たなイノベーションへの柔軟な対応が阻害される**。

□分断的技術：従来の価値ネットワークをくつがえし，分断的（破壊的）イノベーションをもたらす技術。**当初は過小評価される**ことが多い。

□ネットワーク外部性：ある製品やサービスの**利用者が増えるにつれて，その利用者が得る便益が増える性質**。携帯電話，ゲーム機器などが典型例。

□デファクト・スタンダード：**事実上の標準**。競争の結果，顧客の支持を得た製品や規格。

□デジュール・スタンダード：**公的標準**。認定機関などが定めた製品や規格。

●国際経営

□海外直接投資：**海外での事業経営**に対する投資。海外子会社の設立，現地企業の買収など。

□海外間接投資：値上がり益や利子・配当を目的とした**外国企業の株式や社債への投資**。

□企業特殊的優位：**独自の経営資源を保有する**ことで得る競争優位。技術や特許など。

□立地特殊的優位：**特定の国や地域で経営する**ことで得る競争優位。希少な資源など。

□バーノンのプロダクト・ライフサイクル・モデル：米国と他国の**技術格差**と**製品のライフサイクル**に伴う生産拠点の移転という観点による多国籍企業のモデル。

□ダニングのOLIパラダイム：海外進出には**所有優位性，立地優位性，内部化優位性**が必要。

□ストップフォードとウェルズ：**海外進出に伴う組織編成の変化**を分析。海外子会社の設立→国際事業部の設置→製品別事業部制または地域別事業部制に移行→グローバル・マトリックス制に移行。

□バートレットとゴシャール：**国際化に伴う組織編成（本社と海外子会社の関係）**を，マルチナショナル型，インターナショナル型，グローバル型，トランスナショナル型に分類。

□タックス・ヘイブン：**租税回避地**。法人税率などが低い，または非課税の国や地域。

●その他

□バーリとミーンズ：1929年当時の米国企業の**所有と経営（所有と支配）の分離**の実態を調査。米国大企業200社の44％が経営者支配の状態にあることを明らかにした。

□ドラッカー：『現代の経営』（1954年）で，企業の目的は**顧客の創造**にあると主張。その実現に向けて必要な基本機能としてマーケティングとイノベーションを挙げた。

□**ISO9000シリーズ**：品質管理の国際規格。**ISO14000シリーズ**：環境マネジメントシステムの国際規格。**ISO26000**：社会的責任に関する国際規格。

索引

索引

●本書の内容に関するお問合せについて

『新スーパー過去問ゼミ』シリーズに関するお知らせ，また追補・訂正情報がある場合は，小社ブックスサイト（jitsumu.hondana.jp）に掲載します。サイト中の本書ページに正誤表・訂正表がない場合や訂正表に該当箇所が掲載されていない場合は，書名，発行年月日，お客様の名前・連絡先，該当箇所のページ番号と具体的な誤りの内容・理由等をご記入のうえ，郵便，FAX，メールにてお問合せください。

〒163-8671　東京都新宿区新宿1-1-12　実務教育出版　第二編集部問合せ窓口

FAX：03-5369-2237　　　　E-mail：jitsumu_2hen@jitsumu.co.jp

【ご注意】

※電話でのお問合せは，一切受け付けておりません。

※内容の正誤以外のお問合せ（詳しい解説・受験指導のご要望等）には対応できません。

公務員試験

新スーパー過去問ゼミ7　　経営学

2023年 9 月30日　初版第 1 刷発行　　　　　　　　　　〈検印省略〉
2024年 5 月15日　初版第 2 刷発行

編　者　資格試験研究会
発行者　淺井　亨

発行所　株式会社　実務教育出版
　　　　〒163-8671　東京都新宿区新宿1-1-12

　　　　☎編集　03-3355-1812　　販売　03-3355-1951
　　　　振替　00160-0-78270

印　刷　文化カラー印刷
製　本　ブックアート

地方上級／国家総合職・一般職・専門職試験に対応した過去問演習書の決定版が、さらにパワーアップ！　最新の出題傾向に沿った問題を多数収録し、選択肢の一つひとつまで検証して正誤のポイントを解説。強化したい科目に合わせて徹底的に演習できる問題集シリーズです。

★公務員試験「新スーパー過去問ゼミ７」シリーズ

◎教養分野
資格試験研究会編●定価1980円

新スーパー過去問ゼミ7 **社会科学**［政治／経済／社会］	新スーパー過去問ゼミ7 **人文科学**［日本史／世界史／地理／思想／文学・芸術］
新スーパー過去問ゼミ7 **自然科学**［物理／化学／生物／地学／数学］	新スーパー過去問ゼミ7 **判断推理**
新スーパー過去問ゼミ7 **数的推理**	新スーパー過去問ゼミ7 **文章理解・資料解釈**

◎専門分野
資格試験研究会編●定価1980円

新スーパー過去問ゼミ7 **憲法**	新スーパー過去問ゼミ7 **行政法**
新スーパー過去問ゼミ7 **民法Ⅰ**［総則／物権／担保物権］	新スーパー過去問ゼミ7 **民法Ⅱ**［債権総論・各論／家族法］
新スーパー過去問ゼミ7 **刑法**	新スーパー過去問ゼミ7 **労働法**
新スーパー過去問ゼミ7 **政治学**	新スーパー過去問ゼミ7 **行政学**
新スーパー過去問ゼミ7 **社会学**	新スーパー過去問ゼミ7 **国際関係**
新スーパー過去問ゼミ7 **ミクロ経済学**	新スーパー過去問ゼミ7 **マクロ経済学**
新スーパー過去問ゼミ7 **財政学**	新スーパー過去問ゼミ7 **経営学**
新スーパー過去問ゼミ7 **会計学**［択一式／記述式］	新スーパー過去問ゼミ7 **教育学・心理学**

受験生の定番「新スーパー過去問ゼミ」シリーズの警察官・消防官（消防士）試験版です。大学卒業程度の警察官・消防官試験と問題のレベルが近い市役所（上級）・地方中級試験対策としても役に立ちます。

★大卒程度「警察官・消防官 新スーパー過去問ゼミ」シリーズ

資格試験研究会編●定価1650円

警察官・消防官新スーパー過去問ゼミ **社会科学**［改訂第3版］［政治／経済／社会・時事］	警察官・消防官新スーパー過去問ゼミ **人文科学**［改訂第3版］［日本史／世界史／地理／思想／文学・芸術／国語］
警察官・消防官新スーパー過去問ゼミ **自然科学**［改訂第3版］［数学／物理／化学／生物／地学］	警察官・消防官新スーパー過去問ゼミ **判断推理**［改訂第3版］
警察官・消防官新スーパー過去問ゼミ **数的推理**［改訂第3版］	警察官・消防官新スーパー過去問ゼミ **文章理解・資料解釈**［改訂第3版］

一般知識分野の要点整理集のシリーズです。覚えるべき項目は、付録の「暗記用赤シート」で隠すことができるので、効率よく学習できます。「新スーパー過去問ゼミ」シリーズに準拠したテーマ構成になっているので、「スー過去」との相性もバッチリです。

★上・中級公務員試験「新・光速マスター」シリーズ

資格試験研究会編●定価1320円

新・光速マスター **社会科学**［改訂第2版］［政治／経済／社会］	新・光速マスター **人文科学**［改訂第2版］［日本史／世界史／地理／思想／文学・芸術］
新・光速マスター **自然科学**［改訂第2版］［物理／化学／生物／地学／数学］	

過去問演習を通して実戦力を養成

要点整理＋理解度チェック

近年の過去問の中から約500問（大卒警察官、大卒・高卒消防官は約350問）を精選。実力試しや試験別の出題傾向、レベル、範囲等を知るために最適の過去問＆解説集で最新の出題例も収録しています。

★公務員試験「合格の500」シリーズ[年度版] ●資格試験研究会編

国家総合職 教養試験過去問500	地方上級 教養試験過去問500
国家総合職 専門試験過去問500	地方上級 専門試験過去問500
国家一般職[大卒] 教養試験過去問500	東京都・特別区[I類] 教養・専門試験過去問500
国家一般職[大卒] 専門試験過去問500	市役所上・中級 教養・専門試験過去問500
国家専門職[大卒] 教養・専門試験過去問500	大卒警察官 教養試験過去問350
大卒・高卒 消防官 教養試験過去問350	

短期間で効率のよい受験対策をするために、実際の試験で問われる「必須知識」の習得と「過去問演習」の両方を20日間で終了できるよう構成した「テキスト＋演習書」の基本シリーズです。20日間の各テーマには、基礎事項確認の「理解度チェック」も付いています。

★上・中級公務員試験「20日間で学ぶ」シリーズ

◎教養分野
資格試験研究会編●定価1430円

20日間で学ぶ 政治・経済の基礎[改訂版]	20日間で学ぶ 日本史・世界史[文学・芸術]の基礎[改訂版]
20日間で学ぶ 物理・化学[数学]の基礎[改訂版]	20日間で学ぶ 生物・地学の基礎[改訂版]

◎専門分野
資格試験研究会編●定価1540円

20日間で学ぶ 憲法の基礎[改訂版] 長尾一紘 編著	20日間で学ぶ 国際関係の基礎[改訂版] 高瀬淳一 編著

国家一般職[大卒]・総合職、地方上級などの技術系区分に対応。「技術系スーパー過去問ゼミ」は頻出テーマ別の構成で、問題・解説に加えてポイント整理もあり体系的な理解が深まります。「技術系〈最新〉過去問」は近年の問題をNo.順に全問掲載し、すべてに詳しい解説を付けています。

★上・中級公務員「技術系スーパー過去問ゼミ」シリーズ

技術系新スーパー過去問ゼミ 工学に関する基礎(数学/物理) 資格試験研究会編 丸山大介執筆●定価3300円	技術系新スーパー過去問ゼミ 土木 資格試験研究会編 丸山大介執筆●定価3300円
技術系新スーパー過去問ゼミ 化学 資格試験研究会編●定価3300円	技術系新スーパー過去問ゼミ 電気・電子・デジタル 資格試験研究会編●定価3300円
技術系新スーパー過去問ゼミ 機械 資格試験研究会編 土井正好執筆●定価3300円	技術系新スーパー過去問ゼミ 農学・農業 資格試験研究会編●定価3300円
技術系新スーパー過去問ゼミ 土木[補習編] 資格試験研究会編 丸山大介執筆●定価2970円	

★技術系〈最新〉過去問シリーズ[隔年発行]

技術系〈最新〉過去問 工学に関する基礎(数学/物理) 資格試験研究会編	技術系〈最新〉過去問 土木 資格試験研究会編

年度版の書籍については、当社ホームページで価格をご確認ください。https://www.jitsumu.co.jp/